ECONOMICS OF DATA

Economics of Data in AI(Artificial Intelligence) Era

AI(인공지능) 시대의

데이터 경제학

김용환 · 임희정

도서출판 청람

| 머리말 |

전통 경제학에서는 가장 중요한 생산요소로 '노동 · 자본'을 인식하고 설명하였다. 그러나 현대경제학에서 '노동 · 자본 · 기술'로 발전하면서, '기술과 데이터의 집단지성인 지식'이란 생산요소가 추가되었다. 최근에는 21세기 지식기반경제로 발전하면서 융합경제와 데이터자본이 가장 주목받으면서 '데이터 자본주의'와 '데이터 민주주의'로 발전하고 있다. 경제의 주체도 '개인 · 기업 · 국가'에서 전 인구의 50%가 사용하는 '소셜미디어'가 중심이 되었다. 소셜미디어 활동은 동북아시아에서 가장 활발한데, 특히 대한민국 서울시는 5G 사용에 있어 전 세계 최고의 정보통신인프라를 제공하고 있다고 한다. 혁신제품과 서비스가 제공되고 있는 2021 CES에서는 'Anywhere is Home'이란 테마로 다양하고 엄청난 데이터를 기반으로 한 AI 서비스와 활용이 우리의 실생활과 COVID-19 사회를 대처하는 솔루션으로 제시했다. 즉, 디지털 기술혁신으로 빅데이터는 미래를 예측 가능하게 하고, 인공지능은 개인 맞춤형 서비스와 비즈니스로 빠르게 다가오고 있다. 데이터 기반 비대면 경제의 일반화는 포스트코로나(Post Corona) 시대의 중요한 비대면 비즈니스 변화가 전망된다. 또한 디지털 비즈니스 혁신을 통해 '바코드 비즈니스'에서 'QR코드 비즈니스'로 변화하면서, 카카오페이와 디지털화폐 및 암호화폐인 비트코인이 확산되는 새로운 경제변화를 만나고 있다.

2016년 다보스포럼에서 제시된 4차 산업혁명 이후, 디지털 기술혁신이 매우 급속하게 전 세계 정치 · 경제 · 사회 · 문화에서 활용되고 있다. 특히 2020년 코로나 팬데믹으로 인해 비대면 경제에서 디지털 비즈니스가 매우 크게 성장 · 발전하면서, 디지털 디바이드(Digital divide), 즉 디지털 불균형과 디지털 윤리가 매우 중요한 이슈가 되고 있다. 주요 산업경제와 비즈니스에도 데이터기반 디지털 트랜스포메이션(Digital Transformation), 즉 데이터 기반 디지털 전환에 디지털 혁신이 가장 중요한 성장 요소와 이슈로 주목받고 있다. 대부분의 경영자는 디지털 혁신을 통한 '빅데이터와 인공지능'을 어떻게 활용해야 하는가? 2020~2021년에 가장 많은 수익을 발생시키고 있는 산업경제와 기업 및 비즈니스 모델이 어떻게 구현되고 있는가?에 관심을 갖고 있다. 그 대표적인 사례로, '빅데이터와 인공지능'을 기반으로 하는 서비스와 제품을 제공하여 많은 수익을 발생한 애플과 테슬라를 손꼽을 수 있다. 실제 코로나사태로 발생한 '동학개미운동'의 일환으로 대변되는 서학개미가 애플과 테슬라의 주식을 가장 많이 투자하고 있다.

디지털의 속성상 역사상 가장 빠르게 변화하는 2030년대를 준비하는 소셜미디어 중심의 경제활동 주체와 비즈니스 관계자가 과연 어떠한 이슈와 지식을 교육해야 하는가? 라는 질문에 대해 단편적으로나마 이슈와 지식을 제공하고자 하는 것이 본 저서의 기본 목적이고 방향이라 하겠다. 따라서 데이터의 집단지성인 지식과 인공지능이 경제에서 어떻게 구현되는가를 설명하기 위해 '데이터 경제학(Economics of Data)'을 소개하고자 한다.

본 교재는 3개 부분으로 구성되어 있다.

첫째, 우리가 만나고 있는 새로운 경제환경을 소개한다. 1차/2차/3차/4차 산업혁명과 데이터 경제학을 소개하면서, 2008년 글로벌 금융위기 이후에 발생한 경제 이슈를 간략하게 설명하였다. 또한 데이터 기반 AI 기술혁신과 AI 경제학, 기술혁신 경제학도 간략하게 설명하였다.

둘째, 데이터의 집단지성인 지식을 기반으로 하는 경제를 소개하였다. 지식기반경제의 변화와 주요 특징, 그리고 융합경제의 발생과 융합트렌드를 간략하게 설명하였다.

셋째, 데이터 경제를 종합적으로 구체화하여 설명하였다. 디지털 혁신을 통한 데이터 경제학과 데이터 자본주의 및 데이터 민주주의 등에 대하여 설명하였다. 웹 1.0/2.0/3.0 경제와 데이터 경제의 주요 특징으로 설명하였다. 또한 데이터 비즈니스 모델과 경영전략 및 글로벌 데이터 기업 사례를 설명하였다.

본 저서는 데이터 경제와 비즈니스에 대한 종합적이고 체계적인 자료로서 '데이터 경제학(Economics of Data)'을 소개하고자 한다. '데이터 경제학(Economics of Data)'은 매우 다양한 전공 분야의 전문성과 융합화된 지식이 요구된다는 점에서 본 저서는 많은 현실적 한계를 갖고 있지만, 가장 빠르게 변화하는 2030년대를 준비하는 경제활동 주체와 비즈니스 CEO와 담당자들을 위한 기본 서적으로 추천, 제안하고자 한다. 향후 '빅데이터와 인공지능'을 기반으로 하는 서비스와 제품 및 비즈니스 모델을 중심으로 설명하는 'AI 경영(AI Business)'을 발간하여, '데이터 경제학(Economics of Data)'을 보완하고자 한다.

끝으로 본 교재가 출판될 수 있도록 지원해 준 차의과학대학교 빅데이터-인공지능연구소, 그리고 가족의 사랑과 격려에 감사드린다. 또한 지은이가 가능한 많은 각주 해설과 인용 출처를 표기하기 위해 노력을 하였지만, 부족한 점이 있더라도 넓은 배려심과 이해를 부탁드립니다.

2021년 3월

저자 김용환 임희정

| 차 례 |

Chapter 2 지식기반경제를 만나다

Chapter 3 데이터 경제를 만나다

| 표 차례 |

| 그림 차례 |

CHAPTER 1

새로운 경제를 만나다

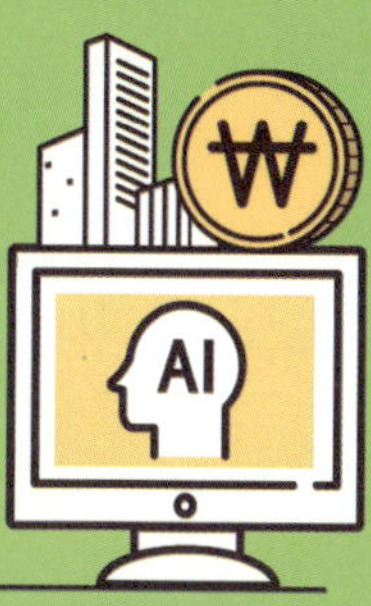

1.1 1차/2차/3차/4차 산업혁명과 데이터 경제학

1.1.1 개요

우리 민족은 현존하는 세계 최고의 금속활자본인 '직지심체요절(直指心體要節)'로 출판혁명을 선도했고, '한글'은 디지털 시대의 가장 적합한 문자로 주목받고 있다. 디지털 혁신으로, 과거의 자료와 현재 생성되는 자료를 연결하는 데이터, 즉 데이터의 집단지성이 조성될 수 있는 환경이다. 데이터가 디지털 시대의 화폐가 되는 경제상황에서, 데이터의 집단지성인 지식을 활용하는 '인공지능 시대의 데이터 경제학(Economics of Data)'을 함께 만나보자.

16세기 농업기반의 봉건경제를 붕괴시키고 탄생한 영국의 산업혁명(1760~1830년)은 수요와 공급으로 연결되는 기업/산업/시장과 가격이 소비 · 생산 · 분배를 이루게 했고, 이는 자본주의 시장경제의 발전으로 현재까지 이어져 오고 있다. 식민지 등의 원격지무역을 중심으로 하는 상업자본주의에서 기계화, 자동화된 제조업 중심의 산업자본주의로 발전하였다. 전기 및 화석연료를 사용한 산업은 중화학공업으로 발전하면서, 대규모 자본투자가 요구됨에 따라 금융자본주의로 발전하였다.

자본주의는 화폐를 중심으로 움직였지만, 2008년 글로벌 금융위기 이후 새로운 화폐인 비트코인 등의 가상화폐가 발생하였다. 4차 산업혁명의 디지털 혁신으로 발생하는 데이터가 풍부해지면서 데이터가 화폐의 역할을 대체하고 데이터 자본주의[1]로 발전하고 있다.[2] 가격이 중심인 금융자본주의에서 다양한 정보와 데이터를 기반으로 최적의 거래 상대를 찾아내는 데이터 자본주의로 전환되고 있다. 오늘날 세계 시가총액 상위

1) 빅토어 마이어 쇤베르거(Viktor Mayer-Schönberger) 옥스퍼드대 교수는 "데이터가 금융을 대신하면서 자본주의를 바꾸고 있다"며 이른바 '금융자본주의'에서 '데이터 자본주의'로의 전환을 주장하였다.
빅토어 마이어 쇤베르거 · 토마스 랑게, 데이터 자본주의, 21세기북스, 2019.

2) 영국 주간지 이코노미스트는 2017년 5월 '세계에서 가장 가치 있는 자원은 더 이상 석유가 아니라 데이터다'라는 제목의 기사를 보도했다. 이 기사는 '더 많은 데이터를 확보한 기업이 소비자를 더 잘 유혹할 제품을 만들 수 있다'라고 설명하고, 다양한 빅데이터 분석으로 산업 트렌드를 이해하는 기업만이 디지털 시대의 경쟁에서 생존할 수 있다고 설명하였다.

기업인 미국 애플, 알파벳, 마이크로소프트, 아마존, 페이스북, 넷플릭스, 중국 바이트댄스의 틱톡(TikTok), 줌(ZOOM), 텐센트의 위챗 등은 데이터를 가장 많이 보유한 회사이며, 디지털 플랫폼 비즈니스 모델을 보유하고 있다. 데이터 기반 인공지능 비즈니스 모델은 많은 유니콘 기업으로 다양하게 성장하고 있다.

한편 아담 스미스의 「국부론」에서 시작한 전통경제학의 다양한 이론들에서, 미국의 대공황에서 소개된 케인즈의 유효수요이론, 슘페터의 창조적 파괴, 자유시장경제론, 공급경제학, 기술혁신경제학, 행동경제학, 데이터 자본주의, 데이터 경제학, Web경제학 등으로 변화 및 진화하면서, 자본주의 시장경제의 기업 및 산업과 국가발전을 구현하고 있다. 조지 오웰은 「1984」에서 '과거를 지배하는 자가 미래를 지배한다'고 했다. 따라서 4차 산업혁명 시대의 데이터 경제학(Economics of Data)이란 무엇인가? 4차 산업혁명으로 인류가 전혀 경험하지 못한 빠른 속도로 기술혁신, 즉 급속한 디지털 혁신(Digital Innovation)이 이루어지면서, 정치 · 경제 · 사회뿐만 아니라 전 산업 분야와 기업의 생산 · 연구 · 관리 · 지배구조 등을 포함한 시스템에서 발생하고 있는 경제이론 및 현상과 비즈니스를 설명하는 것이다. 즉, 데이터 기반 경제와 비즈니스는 다양한 분야가 융합된 글로벌 경제를 선도하고 있으며, 데이터 비즈니스 모델에 연계된 많은 기업과 산업이 가장 많은 시장가치를 창출하는 중요한 글로벌 경제 생태계로 발전하고 있다.[3] 데이터와 데이터의 집단집성인 지식이 각 경제주체 및 국민경제 전체의 성과와 경쟁력을 결정하는 핵심요소로 작용한다. 데이터의 집단지성으로 지식의 창출 · 확산 · 습득 그리고 활용을 통해 경제주체들의 혁신능력을 배양하고 이러한 능력이 성장의 기반을 이루는 경제를 데이터 경제학(Economics of Data)으로 정의할 수 있다.

역사적으로 정치와 경제사회가 상호 긴밀하게 연결되어 진화 · 발전하면서 다양한 경제현상과 문제들이 발생하였다. 역사와 시대적 발전에 따라, '부=재산=돈'의 변화와 지배구조가 변화되어 왔다. 역사적으로 개인과 집단, 그리고 계층에게 '부=재산=돈'의 변화와 지배구조가 어떻게 연결되고 변화하고 있는가? 수렵시대에는 지형적 환경과 부족의 형성 및 부족인들의 숫자가 권력과 부를 만들면서, 노동력 확보를 위한 노예제도 및 전쟁과 식민지의 발생으로 계급사회, 즉 농업을 중심으로 한 도시국가형 왕과 귀족으로의 부의 집중이 발생하였다. 중세시대에는 수공업자와 상인계급 중심의 부의

3) Jean-Louis Monino and Soraya Sedkaoui, *Big Data, Open Data and Data Development*, Wiley, 2016. 참조

집중현상이 발생하면서, 식민지 지배확대와 교역증대와 안전을 위해 부국강병이라는 시대적 변화, 중상주의로 진화·발전하였다. 농작물 중심의 토지기반 경제구조와 봉건 영주 및 지방경제 중심의 농수산업구조를 갖는 경제체제였다. 생산을 담당하는 주체가 노예에서 농민으로 변화했지만 이 시기의 농민은 노예와 현재적 의미의 농민과 중간단계인 영주의 토지를 위탁해서 경작하는 농노였다.

1.1.2 1차 산업혁명

식민지 확대를 위한 중상주의도 1차 산업혁명인 영국의 산업혁명(1760~1830년)으로 제조업을 중심으로 하는 새로운 기업구조로 변화하면서, '해가 지지 않는 영국' 등의 '국가의 부'가 급속히 발전하였다. 새롭게 부상하는 도시경제와 자본가 및 노동자계급의 경제구조는 물질적 풍요로움으로 연결되면서, 증기기관으로 구성된 철도와 상선 및 방적기 등의 생산공정이 기계화되었다. 증기엔진의 철도와 상선은 도시와 도시, 유럽대륙 지역경제와 아시아 및 미국 지역경제를 연결하면서 새로운 시장 확대와 소비자층을 창출하게 되었다. 구체적인 사례로, 영국 산업혁명의 혁신제품으로 1789년 영국 리처드 아크라이트(Richard Arkwright)가 개발한 방적기가 국가의 부를 축적하는 데 큰 역할을 하였다. 증기엔진을 기반으로 한 방적기로 인해, 대량생산된 의복은 값싸게 대중들에게 전달되었다. 의복의 대량생산으로 대중은 자유롭게 외출하여 시장에서의 소비를 즐김으로서 영국의 산업경제 발전과 시장확대 및 구매력 증진을 선도하였다. 그 당시 영국 정부는 방적기 설계도를 나라 밖으로 유출시키는 것을 엄금했다. 하지만 21세 청년 방적기 기계공 새무얼 스레이터(Samuel Slater)가 도면을 머릿속에 기억한 뒤 미국으로 이주했다. 미국 동북부의 작은 도시 포터킷(Pawtucket)에 방직공장을 세웠고, 마침내 미국의 산업혁명에 불씨를 댕겼다. 그 덕분에 포터킷은 미국 최대의 공업도시로 성장·발전했다.

영국에서 시작된 산업혁명은 기계화에 의한 공장생산방식의 대량생산과 저렴한 가격의 도시형 시장경제의 폭발적인 성장은 사회경제구조를 변화시켰다. 첫째, 공장에서 도입된 기계화 생산 공정과 운영으로 근로자들에 대한 직업교육이 필요해지면서 정부에 의한 공교육이 시작되었다. 둘째, 대량생산과 저렴한 가격의 도시형 시장경제 성장

표 1-1 ▌경제 패러다임의 변화·발전 추이와 특성 분석

	16세기 이전 (봉건주의)	17세기~20세기 후반 (자본주의)	20세기 후반 이후부터 21세기 초반 현재까지 (지식기반경제/디지털 경제/데이터기반경제)
핵심생산 요소 (기반기술)	토지 (농업기술)	산업자본 (산업기술)	• 인적자본(IT 기술 및 융복합기술)+디지털 경제+데이터 경제/비즈니스+인공지능/로봇 • 유형자산 ⇨ 데이터/지식/기술/소프트웨어 및 서비스 등 무형자산 중심으로 가치자산/공유자산 • 4차 산업혁명: 융복합기술과 산업의 등장과 뉴비즈니스 • 개방형 R&D체계(Open Innovation)와 개방경제 • 데이터 자본주의, 자본없는 자본주의
부의 일차적 원천과 중심산업	• 토지기반 경제 • 농수산업	• 기계·금융기반 경제 • 제조업	• 지식기반의 융복합 경제, 블록체인 및 핀테크와 가상화폐와 디지털 화폐 • 금융복합 플랫폼 서비스업+사이버금융시스템(전자상거래/가상화폐 등) • Web 경제와 소셜네트워크 마케팅, 빅데이터 비즈니스, 인공지능/로봇 비즈니스 • 기하급수적 성장기업(유니콘 등)/글로벌 네트워크 경제 및 신부가가치 사슬 형성 • SNS(Social Networking Service)/VR/AR/MR/AI, 그리고 IoT, 빅데이터, 바이오신기술 등에 의한 신시장 창출 • 미국 등 선진국들은 '디지털 트랜스포메이션(Digital Transformation)' 정책을 추진
경쟁내용	비용경쟁	품질경쟁	• 시간경쟁+네트워크 경쟁 ⇨ 플랫폼 비즈니스 • 융복합화된 경쟁/공유경제(소유 ⇨ 공유)/개인맞춤형 서비스/롱테일경제 및 프로슈머, MZ세대 등 새로운 소비자 등장/디지털 데이터 비즈니스와 인공지능기반 미래예측 비즈니스, 클라우드 비즈니스, RPA(Robotic Process Automation) 비즈니스 등
경제활동 공간	지방경제 중심	국가경제 중심	• 세계경제로 확대/국가 혁신과 지역혁신체계 • 글로벌 산학연 네트워크 경제로 확대 • 융복합 중심의 첨단산업중 심 클러스터의 발전, ICT 혁신과 디지털 데이터/인공지능 기반 스마트 시티
경제운영 체제	• 국가주도 체제 • 봉건체제	• 국가와 기업 중심 • 글로벌 경제와 국제수지 및 무역분쟁(대립적 경제 관계)	• 미국 등 선진국들은 2010년경 디지털 기술을 사회전반에 적용해 국가 경쟁력을 향상시키는 '디지털 트랜스포메이션(Digital Transformation)' 정책을 추진 • 데이터 기반 기업주도의 글로벌 경제운영 • 데이터 기반 네트워크 및 제휴경영체제(협업적 경제 관계) • 데이터 기반 융복합기술 상품과 서비스, 공유경제/구독경제/고객맞춤경제/개인만족경제 • 지역별/차별화된 클러스터화/ICT 혁신과 디지털 데이터 기반 스마트 시티 • ESG(Environmental, Social, Governance)와 CSR(Corporate Social Responsibility)

자료: 김용환, 기술혁신의 산업경제발전론, 2006, 재작성

으로 상품에 부가되는 부가세가 중심이 된 새로운 세금구조가 생성되었다. 셋째, 산업혁명으로 급속한 산업구조 변화에 따른 산업 간 불균등과 실업자가 대량 발생됨에 따라 전통산업 노동자들에 대한 사회적 안정 제도인 사회안전보험이 시작되었다. 한편 사회주의 창시자인 칼 마르크스는 급속한 산업구조 변화와 산업경기 불황 발생, 그리고 자본가의 착취에서 발생한 산업예비군인 대량 실업자 발생으로 자본주의가 프롤레타리아 혁명을 통해 사회주의로 발전한다고 주장하였다.

1.1.3 2차 산업혁명

2차 산업혁명인 전기 및 전화의 발명, 자동차와 비행기 및 대형 선박 등의 등장으로 제조기반 산업들이 기계화, 자동화되면서 엄청난 경제적 성과와 부를 창출하였다. 미국의 포드자동차가 컨베이어벨트 생산공정을 도입하면서 자동차 대중화 시대를 열었다. 세계전쟁이 발생하면서 유럽의 공업단지는 파괴되었고 승전국인 미국의 달러가 세계화폐가 되었고, 세계 최대 경제대국으로 성장·발전하였다. 세계 산업자본이 미국 중심으로 구성되어, 세계전쟁에 필요한 기계공업 중심의 중화학공업 제조업과 전쟁복구에 필요한 생필품의 경공업 제조업이 급속히 발전하면서 팩스아메리카가 만들어졌다. 기술혁신의 독창성이 비즈니스 모델로 발전하면서, 독창적인 새로운 기술과 제품 및 서비스가 가장 중요한 기업경쟁력과 차별성이 되었다. 규모의 경제를 기반으로 대량생산과 생산비 절감이라는 경영전략과 다국적기업을 기반한 마케팅전략이 요구되는 시대였다. 즉, 미국의 주요 다국적기업들이 추진한 비즈니스 모델로, 새로운 기술개발로 독자적인 생산구조를 갖고, 안정적인 원료 공급망을 확보하고, 다국적기업이 전 세계를 연계한 거대한 판매량을 구축하여 수익성 높은 비즈니스 구조를 운영하였다. 경제학자 슘페터는 기술혁신이 자본주의 발전을 촉진시키는 핵심요소로 설명하였다. 기술혁신은 새로운 기술개발과 생산공정 개선 및 제품혁신의 창조적 파괴 등으로 구현되어, 기업성장과 국가경제 발전으로 이어져 자본주의 시장경제를 가속화시킨다고 설명하였다.

그림 1-1 | 21세기 글로벌 비즈니스 패러다임 변화 분석

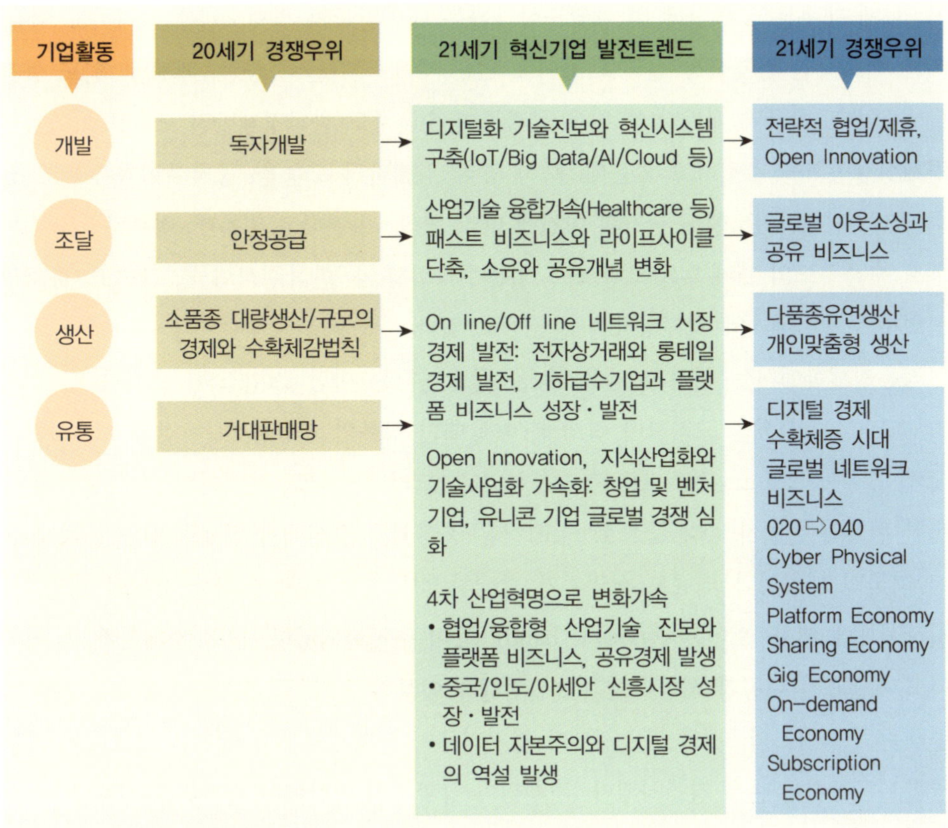

자료: 저자 작성

1.1.4 3차 산업혁명

3차 산업혁명의 중심산업인 백색가전산업의 TV, 냉장고 등 전자산업과 조선 및 자동차 등 중화학산업 발전으로 패전국가인 독일과 일본이 세계적인 경제대국으로 급성장하였다. 독일은 '라인강의 기적'으로 경제발전 모델이 되었고, 일본은 '일본주식회사'라는 새로운 경제발전 모델로 글로벌 경제질서를 변화시켰다. 그와 같은 국제경제 질서하에서 1950년대 세계에서 가장 못살았고 천연자원, 특히 에너지가 거의 전무한 대한민국은 심지어 남북간 전쟁으로 폐허가 되었지만, 세계에서 가장 빠르게 근대화된 경제기반을 구축하면서 수출과 첨단기술로 무장한 경제대국이 되었다. 수출주도 추격형 경

제모델인 한국경제가 '한강의 기적'과 '한국주식회사'라는 새로운 경제모델로 부상하면서, 현재 대부분의 후진국 및 개발도상국들은 대한민국의 경제모델을 따라하고 있다. 최근 대표적인 경제성장 실적을 보이고 있는 주요 국가들로 중국, 베트남, 인도 등을 들 수 있다. 중국과 베트남 등 많은 국가들이 수출주도 한국경제발전 모형을 학습하여 경제성장정책을 추진하고 있는데, 특히 중국 경제발전 모형을 '중국주식회사'라고 할 수 있다. 경제발전모형도 국가의 여건에 따라 변화·발전하고 있는데, 정부지원을 기반으로 수출주도의 경제발전 모형으로 '일본주식회사'와 '한국주식회사', 그리고 '중국주식회사'로 각 나라의 경제성장을 견인하고 있다.

정통경제학에서는 시장의 자율기능을 중요시하는 아담 스미스의 '보이지 않는 손(Invisible hand)'[4]을 고려하여 경제 분야에 대한 정부의 개입을 하는 것을 금기시하여 '값싼 정부(cheap government)'를 지향하였다. 그러나 영국의 산업혁명 이후 산업의 급속한 변화와 실업자 증대 등으로 크고 작은 공황과 시장실패가 발생하였다. 특히 1929년 미국의 대공황과 대규모 실업자가 발생하면서 경제 분야에 대한 정부의 개입, 즉 시장실패에 대한 '보이는 손(visible hand)' 등이 구체화되었다. 영국 경제학자 존 메이너드 케인즈는 대공황 해법이었던 뉴딜정책의 이론적 근거, 즉 정부재정정책 운용을 마련해준 경제학자다. 케인즈는 정부가 경기침체와 불황으로부터 국민을 보호해야 하는 역할, 즉 보이는 손을 강조하였다. 경제위기 상황에선 민간에서 일자리를 제공할 수 없으며 정부가 재정을 동원해 적극적으로 지원해야 한다는 '보이는 손'에 기반한 뉴딜정책은 불황으로 극심한 실업을 겪던 1930년대에 효율적인 정책대안으로 운용되었다.[5] 특히 수정자본주의 시장경제 시대에 후진국들은 근대화되지 못한 경제상황과 시장시스템 미성숙 및 저성장 등의 문제에 직면하였다. 따라서 케인스 경제이론에 근거해 정부의 시장개입 정책과 계획을 정부주도 경제발전전략으로 추진하여, 지속적인 경제성장을 지향하고 있다. 그러나 일부 과도한 정부의 시장개입은 규제 확산과 정경유착이라는 문제를 발생시켜 시장실패에 이어 정부실패를 반복하고 있다.[6]

4) '보이지 않는 손(invisible hand)'은 영국 고전학파 경제학자 아담 스미스가 「국부론」과 「도덕감정론」에서 사용했다. 시장에서 개개인의 모든 이해관계가 자연적으로 수요·공급의 조화를 이룬다는 이론이며, 시장의 자율조정기능, 즉 시장가격으로 생산/소비/분배가 자율적으로 조정된다는 것이다.

5) 케인즈는 불황 때엔 재정적자를 감수하고서라도 돈을 풀어야 하지만, 늘어난 국가채무를 줄여 재정을 흑자로 되돌려놔야 한다는 원칙을 갖고 있었다. 따라서 케인즈의 경제정책은 불황의 경제학이라고 하였으며, 유효수요 창출과 투자승수 이론과 효과 등을 제시하였다.

구체적으로 3차 산업혁명의 중심산업은 전자산업과 인터넷 및 전자상거래 발전으로 대변된다. 생산과 소비 및 비즈니스에서 읽기-쓰기-출판 시대(Read-Write-Publish Era)로 알려진 시대의 Web 경제가 발생하면서, 엄청난 정보와 데이터 확산 속도를 보였다.[7] 이러한 환경에서 기업들은 전사적자원관리(ERP: Enterprise Resource Planning)를 활용한 기업 의사결정과 경제적 효율성을 극대화하였다. 전사적자원관리는 경영정보시스템(MIS)의 한 종류인데, 회사의 모든 정보뿐만 아니라 공급사슬관리, 고객의 주문정보까지 포함하여 통합적으로 관리하는 시스템이다. ERP를 도입시 생산부문이 마케팅을 실시간으로 조회하여 생산일정을 조회 및 변경할 수 있는 등 비용낭비나 생산지연 요인을 사전에 제거하는 일이 가능하게 되어 기업들은 보다 효율적으로 경영운영이 가능하게 되었다. 따라서 3차 산업혁명에서는 무어의 법칙에 근거하여 TV/냉장고/세탁기 등 가전제품을 중심으로 한 생산공정 및 생산공장 자동화시스템과 ERP 도입, 그리고 PC의 출현과 인터넷의 일반화로 전자상거래의 발전, 스티브 잡스의 아이팟과 아이폰 등으로 인한 급속한 생산성 발전과 비즈니스 새로운 수익구조 및 수익모델이 발생하였다. 전자 · 정보기술의 급속한 기술진보를 기반으로 시장가치 1조원 유니콘 기업과 시장가치 10조원 데카콘 기업이 창출되면서 혁신적 기술혁신과 새로운 비즈니스 경제 그리고 글로벌 경제를 발전시켰다.

대규모 시설의 생산공정에 활용되는 대형컴퓨터에서 개인용 컴퓨터의 시대로 변화하면서, IBM이 PC시대의 혁신을 주도하고, MS가 윈도우를 제공하면서 'www' 공간의 전자상거래 등 Web 비즈니스와 사이버시장이 급속히 발전하였다. 1986년 애플 설립자 스티브 잡스와 1998년 구글 설립자인 세르게이 브린과 래리 페이지, 1994년 아마존 설립자 제프 베조스, 1975년 마이크로소프트 설립자 빌 게이츠, 2004년 페이스북 설립자 마크 주크버그 등이 등장하면서, 새로운 디지털 혁신과 서비스 및 기업가치 성장을 주도하였다.

---

6) 수정자본주의 시장경제에서 정부의 경제정책이 빈번하게 발생함에 따라, 국민은 정부가 유사한 경제정책을 내놓을 것이라는 합리적 기대(rational expectation)에 따라 움직였기 때문에 정부규제 정책이 작동하지 않은 '정책의 무력성'이 발생하였다. 루카스(Robert Lucas)는 이성적 경제주체들이 과거 정보만이 아니라 현재의 모든 정보와 미래에 대한 합리적 기대에 따라 행동하여 경제정책을 무용지물로 만들 수 있다는 합리적 기대가설로 노벨경제학상을 받은 바 있다.

7) Zonto, Web 3.0 is an evolution of user interaction with web technologies, 2018.

표 1-2 ▌한 · 중 · 일 경제발전 이미지 비교: 일본주식회사 · 한국주식회사 · 중국주식회사

	수출주도형 경제발전 모형	성과 분석
일본	일본주식회사: 경제>정치	• 2차 세계전쟁 전범국가 및 패전국에서 경제대국으로 급성장, 잃어버린 30년의 경제침체기, 노벨상을 독점하는 기술장인정신 유지와 역사 및 인권의식/교육 미흡 • 금권정치(정권이 교체되어도 경제계를 안정적으로 유지)와 기술 중심 제조업기반의 경쟁력 확보, 디지털 시대의 다양한 혁신구조와 창업생태계 및 탄력적인 기업문화 미흡, 전범국가의 책임과 의무 미비
한국	한국주식회사: 정치>경제	• 일본 식민지와 전쟁으로 폐허 및 미국 잉여농산물(PL480) 등 지원을 받는 세계 최빈국에서, 인구 5000만/1인당 3만불을 달성한 세계 6위 경제대국으로 급성장, 남북한 분단 경제구조 심화와 과중한 국방비, 북한 핵과 한반도 위기상황, 통일과 통일비용 • 세계최빈국 및 에너지 전량수입의 열악한 경제여건에서 수출강대국으로 발전: '한강의 기적' • 군부쿠데타와 정치 후진성으로 인해, 정치세력/정권이 교체될 때마다 정경유착의 부정부패 발생과 정치기반의 부당한 지원 · 거래로 주요 기업들의 급격한 부침이 발생(재벌총수의 구속 등), 사회적 빈부격차 심화 등 • 한국은 수출주도성장 및 세계화로 고성장을 이뤘지만, 반면에 해외의존도 너무 커 세계경제 재채기 때 먼저 감기 걸려[8] • 인구절벽 문제와 생산활동인구 감소세로 경제적 위상과 규모위축 심각[9]
중국	중국주식회사: 정치(공산당)>경제	• 등소평의 사회주의 초급이론에 근거하여, 해안지역(선전 등)을 개방하여 공산주의에 자본주의 시장경제를 도입하여 중국식 사회주의 시장경제를 발전, '디지털 전체주의'와 '새장경제' • 13억 인구의 거대한 내수시장을 기반으로 '제조업기반 세계공장'으로 성장하고, 중국의 실리콘밸리인 선전과 상하이가 세계적인 경제도시로 발전, '제조2025' 계획 추진 • 비전통적인 경제체제인 공산당 중심의 관리경제는 중국기업 지원/우대(텐센터/화웨이/알리바바 등)와 글로벌기업 차별(우버 등 글로벌기업들의 철수), 환율조작국, 지역 간 세대 간 빈부격차 심화, 도시경제 확대 및 농민공문제와 부동산투기, 경제성장율 저하(연 6% 이하 전망)와 경제활동인구의 노령화, 미중무역전쟁, 홍콩민주화, 타이완문제 등 • '중국몽'에 기반한 정치 · 경제대국을 위해 '일대일로' 정책추진으로 주변 국가들과 마찰, 급속히 확산되는 우한코로나바이러스(Wuhan Coronavirus) 등 정보 및 통계 부실과 획일적인 정보통제 및 인권문제

8) '세계화 및 경제발전이론'의 대가인 대니 로드릭 하버드대 케네디스쿨 국제정치경제학과 교수는 2010년 저서 「자본주의 새판짜기」(원제: The Globalization Paradox)에서 '세계화 · 민주주의 · 국민국가'의 세 마리 토끼를 동시에 잡을 수 없다고 설명하였다.

9) 2019년 9월 공개된 통계청 '세계와 한국의 인구현황 및 전망'에 의하면, 세계인구는 2019년 77억 1천만 명에서 2067년 103억 8천만 명으로 증가, 한국인구는 2019년 5천 2백만 명에서 2067년 3천 9백만 명으로 감소/세계인구 중 65세 이상 구성비는 2019년 9.1%에서 2067년 18.6%로 증가, 한국인구 중 65세 이상 구성비는 2019년 14.9%에서 2067년 46.5%로 증가/2015~2020년 한국의

표 1-3 ▌글로벌 디지털 기업 시가총액 순위

순위	2014	2015	2016	2017	2018	2019
1	Apple	Apple	Apple	Apple	Microsoft	Apple
2	Microsoft	Alphabet	Alphabet	Alphabet	Apple	Microsoft
3	Alphabet	Microsoft	Microsoft	Microsoft	amazon	Alphabet
4	Alibaba	amazon	amazon	amazon	Alphabet	amazon
5	facebook	facebook	facebook	facebook	facebook	facebook
6	ORACLE	Tencent	Tencent	Tencent	Tencent	Alibaba
7	SAMSUNG	intel	Alibaba	Alibaba	SAMSUNG	Tencent
8	intel	SAMSUNG	SAMSUNG	SAMSUNG	intel	SAMSUNG
9	IBM	ORACLE	intel	intel	CISCO	intel
10	amazon	CISCO	IBM	tsmc	tsmc	CISCO

자료: S&P Capital IQ(2014-2018) Corporaformation, 2019.11.22.

표 1-4 ▌2019년 시가총액 기준 글로벌 10대 기업

순위	기업	산업 분야	시가총액(USD)	시가총액(KRW)
1	마이크로소프트	ICT	1,050억달러	1,243조원
2	아마존	ICT	943억달러	1,117조원
3	애플	ICT	920억달러	1,090조원
4	구글	ICT	778억달러	921조원
5	페이스북	ICT	546억달러	647조원
6	버크셔 해서웨이	다국적지주회사	507억달러	600조원
7	알리바바	ICT	435억달러	515조원
8	텐센트	ICT	431억달러	510조원
9	JP모건 체이스	ICT	379억달러	449조원
10	존슨앤존슨	소비자 상품	376억달러	445조원

자료: Visualcapitalist.com, 2019.6.21.

합계출산율(1.11명)은 세계의 합계출산율(2.47명)에 비해 가장 낮은 수준인 반면, 2015~2020년 한국의 기대수명(82.5세)은 세계의 기대수명(72.3세)보다 높은 수준인 것으로 추정된다.

2000년대 이후부터는 인터넷을 기반으로 Web 비즈니스와 전자상거래가 활성화되었다. 그리고 2007년 애플의 스티브 잡스가 스마트폰의 혁신, 즉 아이폰을 소개하면서, 2010년대부터는 디지털 기술혁신과 모바일 데이터 기반의 전자상거래 및 공유경제 서비스, 데이터와 인공지능을 기반으로 하는 새로운 상품과 서비스 및 산업들이 급속히 부상하고 있다. IT 시장의 주도권이 PC에서 스티브 잡스가 제시한 아이폰 등 스마트폰으로 변화하는 것처럼 이제 AI 스피커나 스마트워치 및 클라우드 등으로 이동하고 있다. 구체적으로 대규모 데이터를 확보하는 글로벌 ICT 기업이 글로벌시장을 주도하고 있다. 글로벌 시가총액 5대기업은 2007년에 차이나모바일 1개였지만, 2017년에는 애플, 알파벳(구글), 마이크로소프트, 아마존, 페이스북 등 5개 기업들이 대규모 데이터를 확보하는 글로벌 ICT 기업이 시장을 주도하고 있다. 미국 투자전문지 모틀리 풀은 애플 주가가 2019년 86.2% 올랐다고 2020년 1월 12일 보도했다. 2019년 1월 14일 주당 150달러였던 애플 주가는 2020년 1월 10일 310.33달러로 2배 이상 올랐다. 애플의 시가총액은 1조 3,500만달러까지 급성장하였다. 인공지능 기계의 자가학습에 필요한 데이터가 새로운 경쟁원천이 되어 데이터를 생성·활용하는 플랫폼 및 생태계 중심으로 글로벌 산업경쟁 구도를 변화시키고 있다.

폭발적으로 디지털 데이터가 증가함에 따라 데이터 센터 등 컴퓨팅 자원을 갖춘 업체가 공공 인터넷망을 통해 기업이나 개인에게 데이터 저장·분석 등 서비스를 제공해주는 퍼블릭클라우드(Public Cloud) 산업과 클라우드 비즈니스 모델이 급성장하고 있다. 아마존의 '아마존웹서비스(AWS)', 마이크로소프트의 '애주어(Azure)', 구글의 '구글 클라우드'가 대표적이다. ICT 플랫폼이 연결된 다양한 서비스·제품군으로 시장이 확장되고 이종산업과 다양한 비즈니스에 확산·연계하고 있다. 애플, 구글, 아마존, 페이스북 등 더 많은 사용자를 확보한 대규모 플랫폼기업이 경쟁우위를 확보하는 승자독식이 발생하여, 기업 간 산업 간 '빈익빈 부익부'가 심화되고 있다. 구체적으로 애플주가가 2020년 미국 뉴욕증시 개장 첫날부터 사상 최고치를 기록했는데, 2014년 액면분할(7대 1 분할)을 한 이후 처음으로 300달러를 돌파했고,[10] 애플이 2020년 8월 19일 미국

---

10) 뉴욕 나스닥 지수에서 애플은 2019년 12월 31일 거래일 대비 2.3% 오른 300.35달러(약 35만원)로 장을 마감했다. 이날 애플의 종가는 2019년 가장 낮은 수준(149달러) 대비 두 배 이상 수준으로 시가총액 역시 1조 3,300억달러(약 1550조원)를 넘어섰다. 미국뿐 아니라 전 세계 시총 2위인 마이크로소프트(MS)의 1조 2,300억달러(약 1,424조 3,400억원)를 추월하였다. 블룸버그에 따르면 아이폰 수요 감소에 대한 시장의 우려는 줄어든 반면, 애플 TV플러스를 비롯한 스트리

상장기업 최초로 시가총액으로 불리는 2조달러 고지를 장중 돌파했다. 한국 화폐로 평가하면, 기업가치 약 2,356조원에 달하는 셈이다. 미국 정보기술(IT) 업체 주가 고공행진 속에서 애플은 사우디아라비아 국영석유회사 아람코를 뛰어넘어 세계에서 가장 비싼 기업지위를 굳히게 됐다.[11)]

2020년 8월 미국 경제전문지 포천(Fortune)의 '글로벌 500대 기업' 자료에 따르면, 중국(홍콩 포함) 기업이 124개 포함돼 미국(121개)을 추월했다. 대만 기업(9개)까지 포함할 경우 중화권 기업수는 133개에 달한다. '글로벌 500대 기업' 명단이 처음 발표된 1990년에는 중국 기업이 하나도 없었다는 점에서, 중국경제의 급속한 성장이 매우 특징적이다. 미국 중심의 팍스아메리카 경제가 '미국과 중국 중심의 경제질서'로 변화하고 있다. 1997년 처음으로 4개 중국 기업이 포함됐고, 2010년대 이후 독일 · 프랑스 · 영국 · 일본 등을 차례로 추월한 뒤 2020년 미국마저 넘어섰다. 2020년 글로벌 기업 1위는 2019년에 이어 미국의 대형 유통사 월마트가 차지했다. 2~4위는 석유화학업체 시노펙, 국가전력망공사(스테이트그리드), 중국석유천연가스(CNPC) 등 모두 중국 기업이었다. 한국 기업 수는 14개로 작년보다 2개 줄었다. 삼성전자가 지난해보다 4계단 하락한 19위를 기록했고, 현대자동차(84위), SK(97위), LG전자(207위), 기아차(229위), 한화(277위), 현대모비스(385위) 등이 순위에 올랐다. 하지만 2020년 현재 미국과 중국은 무역전쟁을 심화시키고 있어, 중국 경제성장의 상징인 '세계의 공장' 시대는 더 이상 어렵게 될 전망이다. 애플인사이더 등의 주요 외신들에 따르면, 미중 무역전쟁으로 인한 수입금지조치를 피하기 위한 공장의 탈중국 현상으로 중국의 세계공장 시대는 끝났다는 평가이다.

2020년 8월 기업평가사이트 CEO 스코어가 2014~2019년 국내 19개 업종의 매출기준 국내 1위 기업과 글로벌 1위 기업의 매출을 조사한 결과 전자상거래 국내 1위 쿠팡과 세계 1위 아마존의 매출 격차는 2014년 268.9배에서 45.7배로 좁혀졌다. 검색포털 분야에서는 구글과 네이버는 매출액기준 28.6배 격차를 보였고, 반도체부문에서는 삼성전자와 인텔이 매출이 비슷한 수준을 보였다.

많은 국가들이 디지털 기술 분야의 경쟁력이 기업과 국가의 경쟁력을 결정하는 시대에 대응하기 위해 미국 등 선진국들은 2010년경 디지털 기술을 사회전반에 적용해 국가

밍서비스가 주가에 긍정적으로 작용했다고 설명하였다.

11) 한국경제. 2020.8.20.

그림 1-2 | 업종별 대한민국 선도기업과 글로벌 1위 기업 간 격차 비교

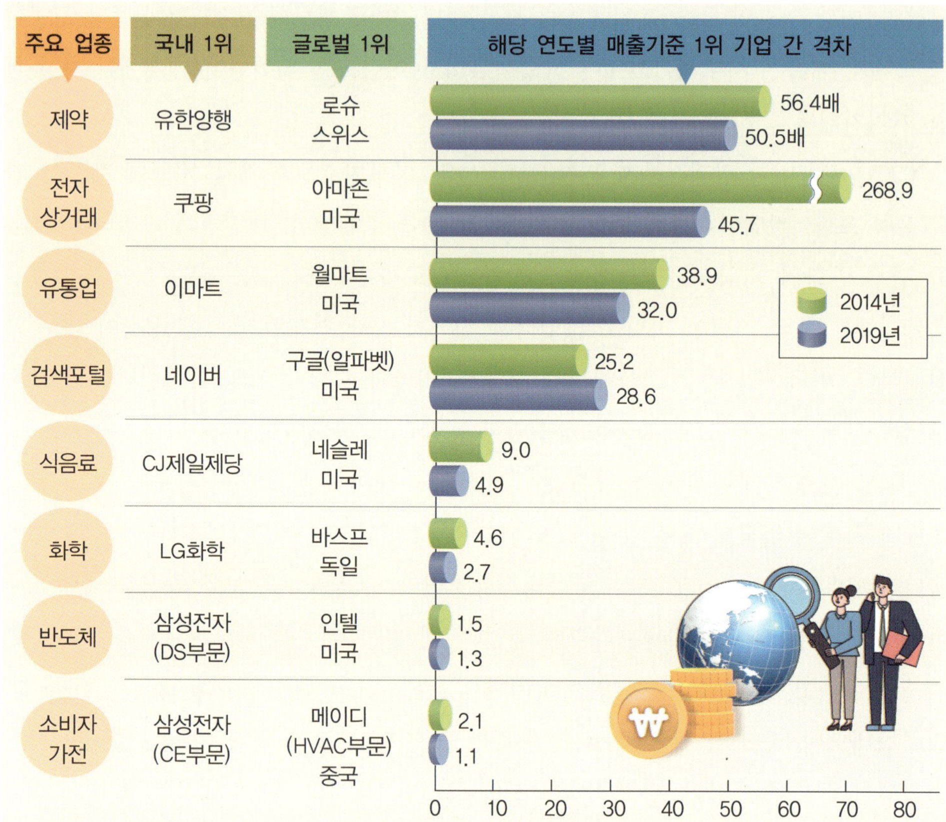

자료: CEO 스코어, 2020.8.

경쟁력을 향상시키는 '디지털 트랜스포메이션(Digital Transformation)' 정책을 추진하고 있다. 따라서 데이터 집단지성의 가속화와 생태계조성으로 다양한 디지털 데이터가 축적되어 빅데이터 기반 AI형 스마트 홈 서비스시장, 클라우드시장과 스마트 시티 등이 급속히 증가하고 있다.

2016년 세계경제포럼에서 제시된 4차 산업혁명(Fourth Industrial Revolution)은 정보통신기술(ICT)의 융합으로 이루어낸 혁명 시대를 의미하는 것으로서, 18세기 초기 산업혁명 이후 네 번째로 중요한 산업 시대라고 주장하고 있다.[12] 이 혁명의 핵심은 빅데이

12) 4차 산업혁명은 클라우스 슈밥(Klaus Schwab)이 의장으로 있는 2016년 세계경제포럼(WEF: World Economic Forum)에서 주창된 용어이며, 「제3차 산업혁명」(The Third Industrial Revolution)을 저술한 제러미 리프킨(Jeremy Rifkin)은 현재 제3차 산업혁명이 진행 중이라고 주장하고 있

그림 1-3 | 4차 산업혁명 시대의 주요 혁신 기술

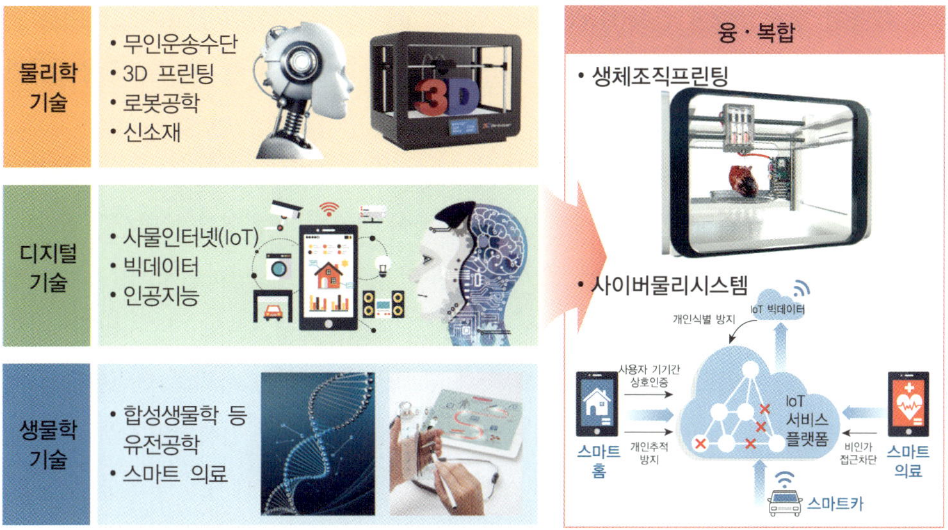

자료: ETRI, 「제4차 산업혁명」, 2016.

터 분석, 인공지능, 로봇공학, 사물인터넷, 무인운송수단(무인항공기, 무인자동차), 3D 프린팅, 나노기술과 같은 6대 분야에서의 새로운 기술혁신이다. 21세기 디지털 경제의 발전과 디지털 경제의 역설하고, 기하급수적으로 발전하는 새롭고 다양한 유니콘 기업들이 급속히 발전하고 있다.

1.1.5 4차 산업혁명

4차 산업혁명으로 인류가 전혀 경험하지 못한 빠른 속도로 기술혁신이 이루어지면서 정치 · 경제 · 사회뿐만 아니라 전 산업 분야와 기업의 생산 · 연구 · 관리 · 지배구조 등을 포함한 시스템에 큰 변화가 발생하고 있다. 2008년 글로벌 금융위기 이후 디지털 혁신으로 비트코인 등 가상화폐가 새로운 금융거래로 등장하였다. 개인은 핀테크 · P2P 등으로 재테크는 물론 대출까지 해결하면서, 개인들의 금융생활에서 기존 은행은 밀려

다. 2016년 1월 다보스포럼에서 '기술혁명이 우리의 삶을 근본적으로 바꿔 놓고 있다'며 의제로 제시한 4차 산업혁명에 대한 논의가 세계적으로 주목받고 있다.
클라우스 슈밥, 제4차 산업혁명, 새로운 현재, 2016. 참조

나고 있다.[13] 즉, 중앙 중심의 전통적인 화폐금융시스템이 디지털 가상화폐인 블록체인을 활용한 탈중앙화한 금융(Decentrialized Finance)과 분산화된 금융시스템으로 변화하고 있어, 4차 산업혁명의 새로운 변화와 디지털 혁신에 따라 글로벌 금융체계가 급속한 변화를 맞고 있다.

2019년 10월 글로벌 컨설팅업체 맥킨지는 '2019년 글로벌 뱅킹 연례보고서'에서 세계 595개 은행을 분석한 결과, 56%인 331개 은행이 글로벌 금융위기가 발생한 2009년부터 최근 10년간 자기자본비용에 못 미치는 수익을 냈다고 설명하면서, 인공지능 등 디지털 금융체계의 변화에 따라 혁신에 실패할 경우 세계은행 3분의 1은 사라질 수 있다는 분석전망을 하였다.[14] 점차 디지털 화폐 중심의 현금 없는 사회로 진입한다는 사실이다. 사용하기 편리한 신용카드, 대한민국 삼성페이 및 중국 위챗페이 · 알리페이의 QR결제[15] 등 다양한 모바일 간편결제 서비스와 다양한 가상화폐의 등장으로 지갑 속에 현금을 넣고 다니지 않아도 물건을 손쉽게 사고팔 수 있는 세상이 되고 있다. 스마트폰이 등장하면서 지급결제수단으로서의 '현금' 지위는 점점 낮아지고 있다. 이미 세계 각국에선 현금이 불필요한 사회, 디지털 화폐 중심의 '현금 없는 사회'를 맞이할 준비를 하고 있다. 이스라엘은 2014년 세계 최초로 '현금 없는 국가추진위원회'를 설립했으며, 프랑스는 2015년부터 1천 유로 이상 현금결제를 금지했다. 덴마크는 2017년부터

13) 모바일 빅데이터 플랫폼 아이지에이웍스가 5대은행(KB국민 · 신한 · 우리 · KEB하나 · NH농협) 뱅킹 앱과 카카오뱅크, 금융 플랫폼 토스를 대상으로 MAU(월간 활성 사용자수)와 설치 기기수(안드로이드)를 조사한 결과 토스가 가장 높은 순위로 나타났다. 2019년 9월 토스의 MAU는 753만 7,000명으로 500만 명대의 카카오뱅크 · KB스타뱅킹 · NH스마트뱅킹 · 쏠 등을 앞섰다. 우리은행 원터치뱅킹(351만 명)보다는 두 배 이상, 하나원큐(250만 6,000명)보다는 세 배 가깝게 많다.

14) 보고서는 "인공지능(AI)을 기반으로 리스크 관리를 강화하는 한편, 아웃소싱을 통한 비용절감, 성장동력 창출을 위한 고객기반 파악 등으로 대응해야 한다"며 "디지털 인재 확보, 첨단 데이터 분석 인프라 구축, 인수합병(M&A) 및 파트너십 추진 등을 통해 생산성을 높일 필요도 있다"고 제시했다.

15) 2020년 1월 11일 블룸버그통신 등에 따르면, 정보기술(IT) 거인 텐센트의 '중국판 트위터'인 위챗은 '2019년 보고서'에서 작년 위챗페이의 월평균 활동 계좌 숫자가 11억 5천만 개로 전년보다 6% 증가했다고 설명했다. 중국에서 QR코드를 이용한 모바일 결제 플랫폼인 위챗(微信)페이 계좌수가 11억 개를 넘어선 것으로 나타났다. 중국의 공식 인구가 14억 명 미만인 점을 고려하면 중국의 경제활동인구 대부분이 위챗페이를 사용하는 것으로 보인다. 위챗페이의 라이벌로 중국 최대 전자상거래업체 알리바바의 모바일 결제 플랫폼인 알리페이(支付寶)는 최근 보고서에서 사용자 숫자는 공개하지 않았다. 그러나 위챗페이와 알리페이가 중국에서 전체 결제수단의 80%를 점유하는 것으로 추정된다고 블룸버그는 설명하고 있다.

동전과 지폐 제작을 중단하고 현금거래 의무제 폐지 법안을 상정했으며, 호주는 2019년 7월부터 1만달러 이상은 현금구매를 금지했다. 싱가포르는 2020년부터 대중교통 이용시 현금사용 금지를 추진했다.16)

그림 1-4 | 4차 산업혁명의 특징

〈산업혁명의 발전단계별 특징〉

구분	특징
제1차 (18세기)	**동력** • 수력 및 증기기관 • 기계식 생산설비
제2차 (19~20세기)	**자동화** • 노동 분업, 전기 • 대량생산
제3차 (20세기 후반)	**디지털** • 전자기기, IT • 자동차 생산
제4차 (2015~)	**융합** • 사이버물리시스템 (Cyber-physical system)

〈4차 산업혁명 주요 특징〉

구분	특징
속도 (Velocity)	인류가 전혀 경험하지 못한 빠른 속도의 획기적 기술진보
범위 (Scope)	각국 전 산업 분야에서 파괴적 기술(Disruptive Technology)에 의해 대대적으로 개편
영향력 (System Impact)	생산, 관리, 지배구조 등을 포함한 전체적으로 시스템의 큰 변화가 예상

자료: 현대경제연구원, 2017, 작성

4차 산업혁명은 디지털 혁신이 중심이 되어 새로운 상품과 서비스 및 산업이 창출되고 있다. 과거 아날로그혁명에서 핵심 자산이 자본 · 설비 · 인력 · 원료 등이었다면, 디지털 혁명의 핵심 자산은 데이터다. 디지털 시대의 데이터가 '자산'으로 부각되는 이유는 모든 것이 연결돼 언제나 데이터의 집단지성을 주고받을 수 있으며 우리의 모든 활동이 데이터로 기록될 수 있기 때문이다. 이러한 데이터를 매개로 한 생태계가 급속하게 성장하면서 '데이터 산업'이 급부상하고 있다. IBM 마케팅 클라우드에 따르면, 현재 전 세계에 축적된 데이터 중 90%는 2015년 이후에 생산된 것이라고 한다. 향후 초연결사회와 초지능사회로 발전되면서 데이터는 더욱 중요한 자산이 될 것이다. 이러한 새로운 경제환경 변화에 따른 산업발전과 시장창출 및 비즈니스 성장이 이루어지고 있다.

16) 현금접근성 약화로 현금을 주된 지급수단으로 활용하고 있는 고령층, 장애인, 저소득층, 벽지지역 거주자 등 취약계층의 금융소외와 소비활동 제약 문제가 심화되었다.
한국은행, 최근 현금 없는 사회 진전 국가들의 주요 이슈와 시사점, 2020. 참조

그림 1-5 | 4차 산업혁명 시대의 기술혁신과 비즈니스 패러다임 변화 분석

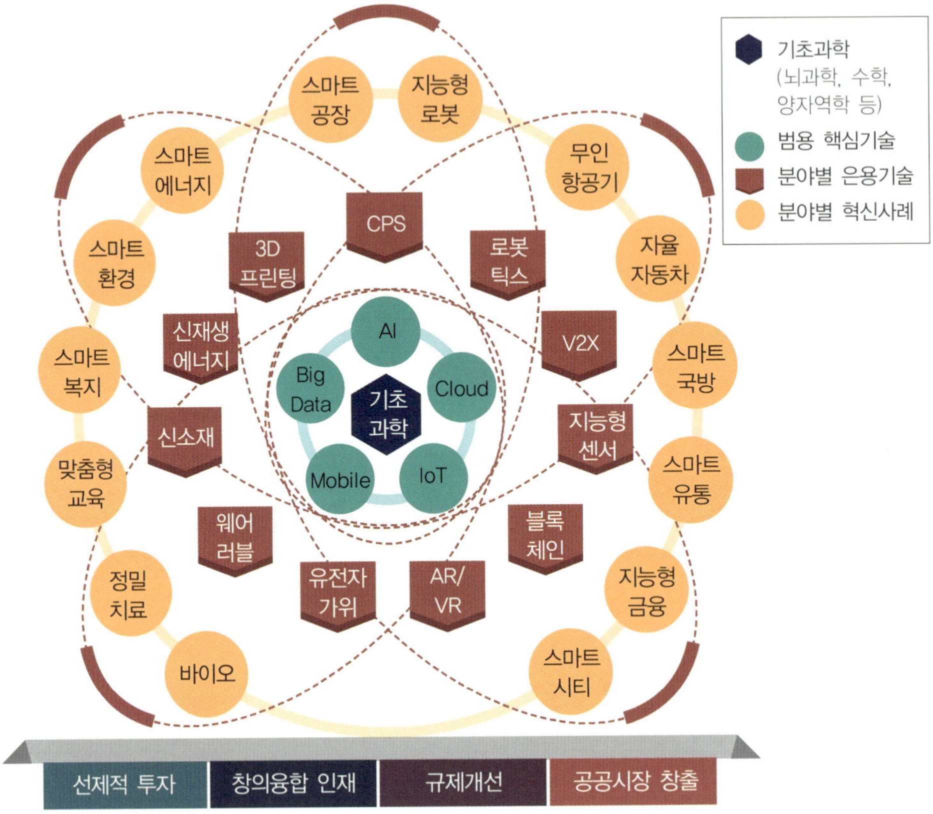

자료: 정부부처 종합, 2019.

일반적으로 전통경제학자들은 경제문제가 발생하는 기본적 원인을 자원의 '희소성'(scarcity, 稀少性)이라고 분석하였다. 이는 전통경제학의 이론적 배경으로 현대 주류 경제학의 기초가 되어 연구·발전하고 있다. 희소성의 법칙이란 경제주체들의 욕망은 무한한 데 비하여 그 욕망을 충족시켜 줄 수 있는 자원의 양은 상대적으로 유한한 것을 의미한다. 희소성 때문에 경제문제가 발생하며 또한 경제행위를 하게 된다는 아담 스미스의 이론을 정점으로 하여 전통적 경제학의 이론들이 발전하였다. 자본주의는 끊임없이 창출되는 변화를 통해 정치, 경제, 사회의 모든 면에서 변혁을 불러 일으킨다. 이집트, 그리스, 로마가 탁월한 문명을 꽃피웠지만, 불과 250년 전 태동한 자본주의만큼 인간의 일상생활과 의식, 능력에 혁명적 변화를 일으킨 체제는 없었다.[17] 아울러 4차

17) 하일브로너는 사회주의자였으나 소련붕괴 이후 공개적으로 사회주의의 패배를 시인했다. '자본

산업혁명 시대에 맞는 새로운 윤리와 규범이 요구되고 있다. 4차 산업혁명 시대에 일반화되고 있는 디지털 세상에서 발생하는 디지털 거래와 세금, 소셜미디어 기반 디지털 범죄와 가짜뉴스가 사회적 문제로 발생하면서,18) 디지털 윤리와 규범이 더욱 필요하게 되었다. ESG(Environmental, Social, Governance)와 CSR(Corporate Social Responsibility)도 주목받고 있다.

주의와 사회주의의 경쟁은 끝났으며, 자본주의가 승리했다. 자본주의는 사회주의보다 인류의 물질적 문제를 더 만족스럽게 정리한다'라고 주장하였다. 소련이 붕괴한 주된 원인은 변화하는 현실에 적응하지 않으려 한 데 있다고 설명하였다. 자본주의 혁명이 '사색'의 결과가 아니라 '생산과 활동'의 결과라는 통찰도 음미할 만하다. 자본주의가 세상을 바꾸게 된 것은 자본주의에 내재한 강력한 역동성, 즉 이윤추구 활동의 결과이지 세상을 바꾸려는 것 자체가 목적이 아니었다고 설명하였다.

로버트 하일브로너 · 레스터 서로 공저, 한번은 경제공부. 참조

18) 디지털 거래와 세금에 대한 규범과 디지털 윤리가 대표적이다. 또한 2020년 7월부터 유튜브계가 '뒷광고' 논란이 사회적 이슈가 되고 있다. '뒷광고'란 유명 유튜버나 인플루언서(SNS상에서 영향력이 큰 사람)들이 대가를 받은 광고 상품이라는 사실을 알리지 않은 채, 마치 '내돈내산'(내 돈 주고 내가 산 물건)처럼 꾸미는 것을 의미한다. 영향력 있는 유튜버들이 가짜정보를 제공하면서, 본인의 영향력을 신뢰하고 있는 많은 일반인들에 소비충동 및 믿게 만드는 일종의 사기 및 기만행위이다.

1.2 2008년 글로벌 금융위기 이후 발생한 새로운 경제이슈들

1.2.1 개요

일반적으로 경제학이란 경제주체가 소유하고 있는 희소한 자원을 가장 효율적으로 이용하여 자신들의 무한한 욕망을 충족시키는 과정에서 발생하는 경제문제를 연구하는 학문이다. 경제주체는 가계 · 기업 · 정부(그리고 최근에는 NGO로 세분) 등으로 구분한다. 자원은 전통적으로는 토지 · 노동 · 자본, 최근에는 기술의 네 가지가 구성되어 있으며,[19] 기업가의 경영능력과 지식 및 정보(빅데이터 등)를 추가하는 경향이 있다. 자원의 희소성 때문에 인간은 욕망의 최대화를 위하여 선택을 하여야 하며, 그 선택은 필연적으로 기회비용(opportunity cost)을 발생시킨다.

기회비용이란 자원의 희소성에 직면하여 선택을 함으로써 발생하는 비용이다. 즉, 한 가지를 더 얻음으로써 포기해야 하는 다른 것의 가치를 기회비용이라 한다. 희소성의 법칙에서 비롯되는 선택의 문제와 '경제화하는 것'(economizing)은 경제적 효율성(economic efficiency)을 요구하게 된다. 경제적 효율성이란 '주어진 자원으로 최대의 효과를 얻거나 일정한 효과를 얻고자 할 때 들어가는 비용을 최소로 하고자 하는 원칙'을 의미한다.[20] 따라서 자본주의가 도덕이나 윤리의 잣대가 아니고 경제적 효율을 기본 동력으로 하기 때문에, 대기업 중심 그리고 빈익빈 부익부의 빈부 격차와 빈곤층의 증대가 경제발전과 성장의 역기능으로 심각한 사회적 문제가 되고 있다. 그 예로 2011년 가을 미국에서 '1 : 99사회'라는 문제가 심각하게 등장하였다. 이는 자유시장 경제론과 시장만능주의에 의해 1%의 부자의 탐욕과 성공에 대비된 99%의 절망과 가난을 표

19) 21세기 경제사회는 지식기반 정보화 산업구조이므로 인터넷을 비롯한 정보인프라를 추가하고 있다(김용환, 기술혁신의 산업경제발전론, 기술경제경영연구원, 2006; 김용환 외, 기술혁신, 산업자원부, 2007; 김용환 외, 21세기 국가발전을 위한 기술혁신체계 설계, 과학기술정책연구원, 2009 참조).

20) 자본주의 시장경제에서 요구되는 경제적 효율성이 일반대중과 기업들에게는 풍요로움과 이익을 제공하지만, 시장경제에서 소외된 빈곤, 가난 그리고 불평등의 문제를 동시에 발생시키고 있다. 코로나-19 사태에서 보듯이 개별국들의 코로나-19 대처에서 빈부의 격차와 디지털 격차(Digital Divide)가 매우 심각한다는 점이 글로벌 이슈가 되고 있다.

그림 1-6 | 정보혁명과 데이터 비즈니스 패러다임 변화 분석

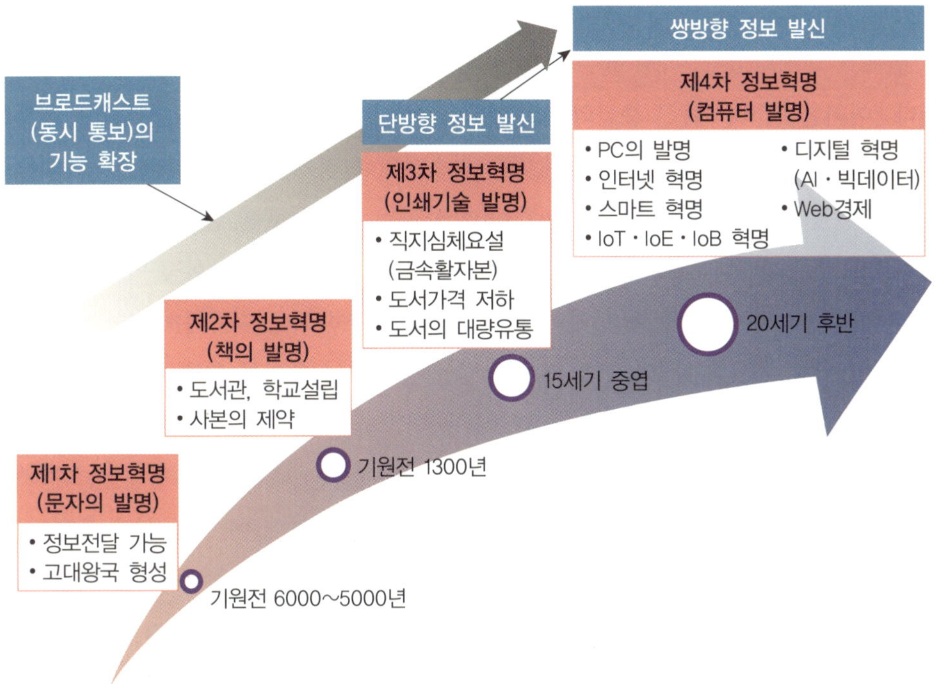

자료: 가모 다케시, 제4차 산업혁명과 새로운 인터넷 사회, 2014. 재구성

현한 상징적인 의미이다. 세계적으로 부의 불균형이 점점 심화되고 있다는 분석이 나왔다.[21] 특히 우리나라의 소득 상위 1%가 전체 소득의 16.6%를 차지하는 것으로 나타났다. 경제협력개발기구(OECD) 국가 중 미국(17.7%) 다음이다. 그만큼 '부의 쏠림' 현상이 심하다는 의미이다.[22] 아울러 삼성 등 재벌의 경제력 집중과 부의 편중과 세습이

21) 크레딧스위스가 2016년 11월 22일 발행한 '글로벌 부(富) 보고서'에 따르면, 전 세계 인구의 73.2%는 전체 순자산의 단지 2.4%만을 보유하고 있다. 반면 0.7%에 불과한 극소수의 인구가 전 세계 자산의 45.6%를 차지하고 있는 것으로 분석된다. 세계에서 가장 부유한 나라는 스위스로 국민 한 사람당 보유자산이 전 세계 평균의 11배에 달하는 것으로 나타났고, 전 세계 인구의 평균 순자산은 5만 2,800달러이다. 두 번째로 부유한 나라는 미국으로 1인당 34만 4,700달러의 순자산을 보유하고 있고, 영국의 1인당 평균 순자산은 28만 8,800달러로 세계 3위의 부자나라에 랭크됐다. 그러나 브렉시트(영국의 유럽연합 탈퇴) 이후 파운드 가치 급락세로 인해 영국의 백만장자(달러 기준) 수는 15% 감소했다.

22) 2012년 4월 22일 한국조세연구원은 우리나라 소득 상위 1%가 한 해 버는 돈이 38조 4,790억원으로, 전체(231조 9,560억원)의 6분의 1을 차지한다고 설명했다. 상위 1%의 기준은 연 소득금액 1억원 이상으로 모두 18만 명으로 추산됐다. 이는 2006년 국세통계연보를 분석한 결과다. 소득세 자료를 이용해 우리나라 상위 1%를 분석한 건 이번이 처음이었다.

확대되는 등의 현실적 문제에 주목해야 한다.

한편 역사적으로 단방향 정보전달인 문자의 발명과 책의 발명은 인쇄기술의 혁신으로 급속히 발전하였다. 특히 컴퓨터 발명과 인터넷은 데이터 기반 웹 경제를 활성화시켰다. 이러한 디지털 혁신 중심의 정보혁명을 통한 데이터 집단지성과 지식은 새로운 데이터 비즈니스를 발전시키고 있다. 즉, 희소성의 법칙에 근거한 수확체감의 법칙이 지배하던 경제활동에 수확체증의 법칙이 확산되는 촉매제로써 진화·발전하고 있다. 기업들도 단순히 이익극대화뿐만 아니라 시장경쟁에서 소외된 사회적 약자들을 위해 기부와 공헌을 하는 새로운 형태의 시장경제를 창조하고 있다. 특히 빌 게이츠(Bill Gates)는 2008년 자본주의의 지속 가능한 발전과 건강성 유지를 위해 가난한 사람들에게 이익을 나누는 '창조적 자본주의' 필요성을 역설하였다. 아울러 2011년 투자의 귀재인 워런 버핏(Warren Buffet)은 부자들이 더 많은 세금을 내 미국의 현재 사회경제적 어려움을 타개해야 한다는 '버핏세(Buffet Tax)'를 주장하였다.[23] 그와 함께 2012년 오바마(Obama) 미국대통령도 선거캠페인으로 경기부양 및 지속적인 경제발전을 위해 부자들을 대상으로 하는 '버핏세' 실시를 경제정책의 하나로써 주장하였다. 반면에 2016년 미국 대통령선거에서 억만장자인 트럼프가 소외된 백인 중하층 서민들의 지지로 당선되어 미국경제뿐만 아니라 세계경제 전망에도 불안정성이 발생했다. 특히 2018년 4월부터 시작된 미중 무역전쟁으로 전 세계 경제의 불안정성을 가속화시키고 있다.

또한 2020년 초 신종 코로나바이러스 감염증(코로나-19)이 중국 밖으로 빠르게 확산하면서 세계경제에 '팬데믹'(전염병의 세계적 대유행) 공포가 고조되고 있다. 미국 CNN 방송은 2020년 2월 24일 '코로나-19, 빠르게 경제 팬데믹이 되고 있다'는 제목의 기사에서 코로나-19가 한국과 일본 등 중국 밖에서도 확산하면서 경제충격의 빠른 회복에 대한 희망을 뒤흔들었다고 보도했다. 코로나-19가 중국에서만 확산되는 데 그치지 않고 최근에는 한국과 일본, 이탈리아, 이란 등에서도 빠르게 확진자 수가 늘자 금융시장 등에서는 코로나-19가 팬데믹(Pandemic, 세계적 유행병)으로 악화되어, 세계보건기구(WHO)가 2020년 3월 11일 공식적으로 팬데믹을 선언했다. 세계 각국은 코로나

---

23) 2011년 미국 경제전문지 포브스 선정 세계 기부순위와 기부액은 다음과 같다. 1위 빌 게이츠(마이크로소프트 창업자, 미국) 280억달러, 2위 워런 버핏(버크셔 해서웨이, 미국) 83억달러, 조지 소로스(소로스펀드매니지먼트 회장, 미국) 80억달러, 고든 무어(인텔창업자, 미국) 68억달러, 카를로스 슬림(텔맥스텔레콤 회장, 멕시코) 40억달러, 10위 마이클 블룸버그(블룸버그통신 창업자, 미국) 18억달러, 15위 마이클 델(델CEO, 미국) 12억달러 등이다.

확진자수의 변화에 따라 민감하게 변화하고 있다.[24] 글로벌 경제의 충격과 혼란이 발생할 가능성과 상황을 심각하게 우려해야 한다.[25] 특히 코로나-19의 대응에서 개별국가와 지역의 디지털 인프라의 격차인 디지털 디바이드(Digital Divide)가 더욱 중요한 글로벌 문제로 주목받고 있다.[26]

우리나라도 정부의 지원과 보호, 그리고 대다수의 국민세금과 근로자의 희생으로 급속한 성장을 이룬 재벌 및 일부 대기업들과 부자들에게 경제성장의 과실을 그대로 독차지하게 놓아두어야 하는가, 아니면 정경유착과 부당한 부의 세습을 제도적으로 방지하고 부유세 등으로 경제성장의 과실을 일반 국민들에게 어떻게 정의롭고 공정하게 분배해야 하는가의 문제들이 정치 · 경제 · 사회적으로 이슈화되고 있다.

미국의 경제학자 새뮤얼슨(Paul A. Samuelson)은 생산에 초점을 맞추어 어느 시대, 어느 체제이든 한 국가는 다음의 경제문제를 해결해야 한다: ① 무엇을 얼마나 생산할 것인가(What and how much to produce?), ② 어떻게 생산할 것인가(How to produce?), ③ 누구를 위하여 생산할 것인가(For whom to produce?)라는 문제이다. 이와 함께 최근에 제기되는 경제문제는 ④ 언제 생산할 것인가(When to produce?)와, 특히 21세기 지식기반경제에서는 ⑤ 어떻게 네트워킹할 것인가(How to network?)이다. 데이터의 집단지성과 융복합 산업트렌드로 플랫폼 비즈니스에서는 네트워킹이 더욱 중요시되고 있다.

---

24) 김용환 외, "COVID-19 확진자수 예측 모형 개발", 2020년 한국인터넷정보학회 추계학술대회 논문집 제21권 제2호 참조

25) 팬데믹(Pandemic, 세계적 유행병)은 전염병의 세계적인 대유행을 의미하는데, 14세기 유럽의 흑사병이 가장 큰 피해를 인류에 안긴 사례 중 하나로 꼽히며 스페인 독감이나 2009년의 조류독감도 세계보건기구(WHO)에 의해 팬데믹으로 분류된 바 있다. 세계보건기구(WHO)가 2020년 3월 11일 신종 코로나바이러스감염증(코로나-19)에 대해 세계적 대유행, 즉 '팬데믹'(Pandemic)으로 선언했다. 테워드로스 아드하놈 거브러여수스 WHO 사무총장은 이날 스위스 제네바 WHO 본부에서 열린 언론 브리핑에서 "코로나-19가 팬데믹으로 특징지어질 수 있다는 평가를 내렸다"고 설명했다. WHO가 코로나-19 사태와 관련해 팬데믹 판단을 내린 것은 2009년 신종 인플루엔자(H1N1) 대유행 이후 11년만이다. 1968년 '홍콩독감', 더 거슬러 올라가 1918년 '스페인독감' 등이 팬데믹의 정의에 부합하는 감염병 유행 사례이다.

26) 디지털 경제에서 나타나는 계층 간 불균형을 의미하며, 빈부 간에 디지털화가 차이가 나고 사회에서 필요로 하는 인터넷 지식을 갖추지 못할 경우 그 격차가 점점 깊어지는 것을 설명하였다. 즉 디지털 지식, 인터넷의 부익부빈익빈 현상이라고 할 수 있다. 중산층 이상 가정의 자녀들은 인터넷 환경에 노출돼 있는 반면, 저소득층 가정에서는 인터넷을 배울 기회가 부족하기 때문이다. 선진국과 개도국 및 저개발국과도 디지털 디바이드가 확대되고 있다.

1.2.2 지역간 경제블록화

경제문제들은 국내외 경제환경과 밀접한 관련을 맺고 있다. 첫째, 세계경제환경은 NAFTA,[27] EU,[28] RECP,[29] TPP[30] 등 지역 간의 경제블록화가 특징적으로 나타나고 있다. 특히 최근에는 브라질(Brazil), 러시아(Russia), 인도(India), 중국(China)의 영문 머리글자를 딴 용어로 세계의 주목받는 이머징 마켓(emerging market)의 대명사인 브릭스(BRICs)경제, 세계 신흥시장 중에서 가장 주목할 만한 시장인 중국(China)과 인도(India)를 결합하여 만든 친디아(Chindia), 그리고 인도(India), 브라질(Brazil), 남아프리카공화국(South Africa)의 영문 머리글자를 딴 입사(IBSA)경제권은 신흥 고성장 개발국가들로 주목받고 있다. 그리고 비스타(VISTA)는 베트남(Vietnam), 인도네시아(Indonesia), 남아프리카공화국(South Africa), 터키(Turkey), 아르헨티나(Argentina)의 영문 머리글자를 딴 경제용어로 브릭스에 이어 새로운 이머징마켓의 대명사로 불리고 있다. 그 외 이미아(EMEA)경제는 신흥유럽국가들(Emerging Europe), 중동(Middle East), 아프리카(Africa) 지역을 의미하며, 세계 석유매장량의 82%를 가지고 있다. 샹콩(Shangkong)은 상하이(Shanghai)와 홍콩(Hong Kong)을 합친 경제용어로, 샹콩이 세계금융 중심을 상

27) 북미자유무역협정(NAFTA: North American Free Trade Agreements)은 미국, 캐나다, 멕시코 등 북미 3개국이 자유무역지대를 창설하기 위해 추진한 협정이다. NAFTA는 EC(유럽공동체)에 이어 두 번째로 진행된 대규모 경제통합운동으로 1992년 10월 11일 체결돼 인구 3억 6,300만 명, 국내총생산이 모두 6조 4,000억 달러에 이르는 거대한 단일시장이 탄생하게 됐다. 주요 내용은 3개국 간에 재화와 서비스 이동에 대한 각종 관세 및 비관세장벽을 향후 15년간 단계적으로 철폐한다는 것이다. NAFTA에 대한 협상은 1991년 7월부터 본격적으로 진행되었으며 쟁점사항이었던 자동차의 현지부품조달비율, 멕시코 에너지산업에 대한 미국의 참여문제 등이 해결되면서 마침내 타결을 본 것이다.

28) 유럽연합(EU: European Union)은 25개국으로 이루어진 유럽의 정치 · 경제공동체이다. 유럽연합(EU)은 유럽공동체(EC) 12개국 정상들이 1991년 12월 네덜란드 마스트리히트에서 경제통화통합 및 정치통합을 추진하기 위한 유럽연합조약(Treaty on European Union, 일명 마스트리히트 조약)을 체결하기로 합의하고 각국의 비준절차를 거쳐 1993년 11월부터 동 조약이 발효됨에 따라 생긴 유럽의 정치 · 경제공동체이다. 1994년 1월 1일 이후 사용하기 시작한 EC의 새로운 명칭이다. 1999년 1월부터 유로화 단일 통화체제를 출범시켰으나, 영국이 탈퇴하는 브렉시트(Brexit)가 발생하였다.

29) 역내포괄적 경제동반자협정(Regional Comprehensive Economic Partnership)은 동남아시아 국가연합회원국 10개국과 대한민국 · 중국 · 일본 · 호주 · 뉴질랜드가 참여하는 자유무역협정이다. 2020년 11월 대한민국을 포함한 15개국이 RCEP에 가입했다.

30) 환태평양경제동반자협정(Trans-Pacific Strategic Economic Partnership)은 아시아 · 태평양지역경제통합을 목표로 모든 품목 관세철폐, 모든 비관세장벽을 철폐하고 자유화하는 협정이다.

당부분 아시아로 이동시킬 것이라고 예측되고 있다. 차이나프리카(Chinafrica)는 중국(China)과 아프리카(Africa)를 결합하여 만든 용어로 중국의 아프리카 진출 붐과 새로운 경제관계발전을 상징한다. 하지만, 2020년 7월 14일 도널드 트럼프 미국 대통령은 홍콩에 대한 특별대우를 끝내겠다며 관련 행정명령에 서명했다. 이와 함께 중국의 홍콩 국가보안법(홍콩보안법) 시행에 관여한 중국 관리들과 거래하는 은행들을 제재하는 내용으로 상·하원을 통과한 법안에 서명했다. 트럼프 대통령의 이날 행정명령 서명 및 법안 서명은 중국의 홍콩보안법 시행에 따른 후속 보복 조치로, 중국의 반발이 발생하였고, 2021년 출범한 바이든정부도 '미 · 중 갈등'이 유지되고 있다. 신종 코로나바이러스 감염증(코로나-19) 국면에서 불거진 미 · 중 간 신냉전이 더욱 격화될 것으로 전망되며, 글로벌 경제와 글로벌 가치사슬을 불안정하게 하고 있다.

1.2.3 세계경제는 새로운 변화와 도전에 직면

2008년 가을 금융자본주의 위기 및 2010년 환율전쟁과 무역마찰, 그리고 2011년 유럽국가들의 재정위기와 금융불안, 미국의 신용등급 하락, 그리고 2017년 트럼프 미국정부의 출범 등으로 세계경제 상황은 매우 불안정하게 진행되고 있다. 아울러 미국 중심의 글로벌 경제가 중국경제의 부상과 브릭스경제 등의 새로운 글로벌 경제질서로 개편, 정보통신기술(ITC) 진보에 의한 스마트폰 빅뱅과 새로운 비즈니스 상품과 서비스의 등장으로 전통경제학 이론과 기존 경제질서에 대한 도전과 변화가 요구되고 있다. 2009년 새로운 금융거래 화폐인 비트코인을 시작으로 이더리움, 디지털 화폐 등 많은 가상화폐와 중앙집중식 금융체계가 아닌 새로운 금융질서가 제시되고 있다. 특히 웹 2.0의 열린 플랫폼이 만들어내는 가치를 기업경영과 사업에 활용하는 비즈니스 2.0경제의 급속한 발전은 기업에서 기존의 대중을 대상으로 한 마케팅 대신 블로거(Blogger), 트위터, 페이스북 사용자 등에게 급속히 네트워크화하며 확대 · 발전하고 있다. 이러한 소셜네트워크의 확대 · 발전은 자스민혁명(Zasmin revolution)과 나일혁명(Nile revolution)으로 이어지면서, 리비아의 카다피정권 몰락, 이집트의 무바라크 장기집권 종식 등 중동국가들의 민주화 발생으로 이어졌다. 미국은 오바마 대통령이 SNS를 통한 선거자금 모금과 지지층의 네트워크를 구축하여 선거에 당선되었으며, 2012년 대통령선거에서

SNS를 통한 소셜미디어를 최대한 활용하였다. 언론의 통제가 이루어지고 있는 중국에서도 보시라이 전 충칭 당서기의 실각과 그의 부인 체포 등의 중국권력 투쟁[31)]이 신속

표 1-5 ▌2008년 미국 금융경제 위기 이후 새로운 도전과 변화에 직면한 세계경제

주요 도전 과제
• 미국의 금융위기 발생과 미국경제 불황, 신용등급 하락, 미국에 편향된 금융정보와 질서에 새로운 이슈 발생 • 글로벌 경제의 급속한 경기하락과 구조조정 • 2009년 미국 중심의 금융질서의 신뢰감 하락과 불신으로 새로운 가상화폐인 비트코인 등이 발생: 기존의 중앙은행 중심 금융질서에서 분권화된 금융질서로 변화 • 이더리움부터는 블록체인이 적용된 가상화폐가 발생 • 2011년 현재 유럽국가들의 재정위기와 금융시스템의 불안정 심화 및 EC경제 불황 • 자유주의무역기조가 변화하고 신보호무역주의의 가능성 커짐 • 우리나라는 주가 하락과 환율 불안정으로 실업과 국내 소비 위축 등 경제불안 가중 • 주목받는 뉴딜정책과 공공경제의 적극적인 역할과 한계 • 최근의 경제극복은 가능한가? 21세기 지식기반경제를 선도하는 새로운 블루오션은 가능한가? • BRICs 경제 등장과 세계 2위권의 중국경제 등장과 새로운 시장변화 • G20의 등장과 국제경제 질서의 재편 • 동북아경제의 발전과 한 · 중 · 일 FTA 논의 • 2010년 환율전쟁과 무역수지 흑자국과 적자국 간의 무역마찰 • 중국 위안화의 국제화 가능성 • 중국발 자본 유출입 변동의 파급영향: 세계의 공장화로 제조대국으로 급성장 • 2011년에 발생한 '1:99사회'의 사회경제적 불안정과 갈등구조 • 2008년 글로벌 금융위기를 맞이해 제조업을 부활시키고자 하는 '제조혁명(Industry 4.0)'과 사물인터넷(IoT), 빅데이터, 클라우드, 인공지능(AI) 등 새로운 ICT를 활용한 4차 산업혁명 추세 • 2016년 세계경제포럼에 의해 '4차 산업혁명' 제시와 디지털 경제 급성장 • 구글의 인공지능 알파고와 이세돌 9단과 대결, 디지털 데이터와 인공지능의 현실화, 유튜브와 틱톡의 소셜미디어가 급부상 • 2017년 비트코인이 2만달러로 상승과 블록체인 및 데이터 비즈니스의 급부상 • 2018년 미국과 중국의 무역전쟁과 세계경제 불안정 발생 • 2019년 페이스북의 리브라 가상화폐 발행 계획 발표와 미국정부의 불승인 • 미국 중심의 G-MAFIA(구글/마이크로소프트/아마존/페이스북/IBM/애플)와 중국 중심의 BAT(바이두/알리바바/텐센트)[32)] 등 거대 디지털 기업이 수익을 독점하는 플랫폼 비즈니스 발생, 디지털 기술과 가상화 세계에 익숙한 새로운 MZ세대 소비계층 부상과 스마트 시티 • 2020년 코로나-19 사태와 글로벌 경제에 심각한 영향: Low Touch Economy와 Uncontact Society의 새로운 환경변화 • 코로나-19 사태로 해서, 동학개미운동으로 동학개미 · 서학개미 등장으로 기관과 외국 투자자들에게 새로운 대한민국 주식시장을 제공, 부동산시장의 불안정과 30대의 패닉바잉(공황구매), 아울러 금과 은 및 암호화폐 비트코인의 시장거래가 급상승, 중국의 디지털 화폐 시범 추진, ESG 등

31) 2012년 2월 6일 왕리진 충칭(重慶)시 부시장 겸 공안국장의 청두(成都) 미국영사관 망명사건이 신속히 전 세계에 공개되었다. 이는 중국의 인터넷과 통신인프라의 발달로 SNS를 통한 소셜미디어가 폐쇄적인 중국정치체계와 변화를 신속히 전 세계 언론에 공개된 것이다.

히 세계에 공개되었다. 우리나라에서도 모든 선거에서 가장 영향력 있는 매체로 SNS와 동영상 등을 통한 소셜미디어가 크게 부각되는 등 전 세계의 정치 · 사회 · 경제의 시스템을 새롭게 급속히 변화시키고 있다. 특히 SNS와 동영상 등을 통한 소셜미디어가 활성화됨에 따라 구글의 유튜브와 바이트댄스의 틱톡, 동영상스트리밍 서비스기업인 넷플릭스 등이 급성장하고 있다.

디지털 경제(Digital Economy)의 도래에 따라 현실사회의 희소성과 사이버공간상의 희소성이 구분되기도 하고, 경제학의 일반적 이론인 수확체감의 법칙이 지식기반경제에서는 수확체증의 법칙으로 상반되게 나타나곤 한다. 동일한 방향으로 최대한의 속도로 진행하던 디지털 시대에서 소비자에 맞춰 제공되는 기술수준과 발전방향이 다양해지는 스마트 시대로 급속히 진화 · 발전하고 있다. 즉, 기술이 인간을 자유롭게 만들기 시작한 시대가 디지털 시대였다면, 자유로운 인간이 저마다의 방식으로 기술을 활용하는 시대가 바로 스마트 시대이다.[33]

구체적으로 최근에는 '지식기반경제', '블루오션전략', '웹 1.0/2.0/3.0경제[34] 및 웹 비즈니스와 롱테일(Long Tail)경제',[35] '프로슈머(Prosumer)',[36] '네트워크경제',[37] '융

---

32) 2019년에는 창업한지 10년이 되지 않는 중국의 디지털 기업인 샤오미가 포천에 500대 글로벌 기업으로 진입하는 등 중국경제의 급속한 성장추세가 이어지고 있다.

33) LG경제연구원, 2020 새로운 미래가 온다, 한스미디어, 2011. 참조

34) 웹 2.0의 주요 특징은 다음과 같다. ① 플랫폼으로서의 웹, ② 집단지능, ③ 데이터는 차세대의 인텔인사이드, ④ 소프트웨어 릴리스 주기의 종말, ⑤ 가벼운 프로그래밍 모델, ⑥ 특정 디바이스에 한정되지 않는 소프트웨어, ⑦ 풍부한 사용자 경험 등이다. 웹 2.0은 '개방 · 참여 · 공유'라는 가치사슬을 갖고 있으며, 대표적인 세계적인 기업으로 유튜브 및 구글, 그리고 국내기업과 프로그램으로는 네이버 및 다음 등을 들 수 있다. 웹 3.0은 컴퓨터가 시맨틱 웹 기술을 이용하여 웹페이지에 담긴 내용을 이해하고 개인맞춤형 정보를 제공할 수 있는 지능형 웹 기술을 의미한다. 지능화와 개인화된 맞춤형 웹으로 웹 2.0에서 생성된 많은 데이터와 동영상 등 빅데이터를 개인맞춤형 서비스로 구현하게 한다.

35) 웹 2.0의 등장으로 대량생산 및 소비(Mass Economy) 시장이 약화되는 한편, 다양하지만 규모가 작았던 시장인 틈새시장의 대량발생, 즉 긴꼬리((Long Tail) 시장이 매력적으로 등장하고 소비자가 생산에 참여하는 다양한 틈새시장의 대량발생 구조로 변화 · 발전하고 있다. 특히 개인화 서비스가 가능한 데이터를 전달하는 웹 3.0과 지능형 웹을 구현하는 시맨틱기술이 발전함에 따라 이러한 추세는 가속화하고 있다.

36) 프로슈머 또는 생비자(生費者)는 생산자와 소비자의 역할을 동시에 하는 사람을 나타내는 말이다. 생산 소비자 또는 참여형 소비자라고도 하며, 웹 2.0 경제가 부상하면서 중요한 비즈니스 트렌드로 발전하고 있다. 즉, Prosumer(프로슈머)는 Producer(생산자) 또는 Professional(전문가)과 Consumer(소비자)이 결합되어 만들어진 신조어이다. 프로슈머의 개념은 1972년 마셜 맥루언과 베링턴 네빗이 「현대를 이해한다」(Take Today)에서 '전기기술의 발달로 소비자가 생산자가 될 수 있다'라는 용어로 처음 등장했으나, '프로슈머'라는 단어는 1980년 앨빈 토플러가

복합기술과 제품 및 서비스', '소셜미디어[38]경제와 소셜커머스,[39]' 4차 산업혁명에 의한 디지털 기반 신산업경제의 등장과 공유경제 및 구독경제, 데이터 비즈니스와 AI 비즈니스 및 RPA(Robot Process Automation) 비즈니스, 클라우드 서비스와 비즈니스, 스마트 시티와 스마트 서비스 및 비즈니스, 새로운 소비계층인 MZ세대의 부상[40] 등이 매우 중요한 비즈니스 트렌드로 부상하여 급속히 발전하고 있다. 따라서 새로운 소비자들은 불과 10년 만에 세계적인 기업으로 도약한 인터넷의 최강자 '구글(Google)', 소셜네트워크의 '페이스북', 그리고 스티브 잡스(Steve Jobs)가 창출한 아이팟(iPod)과 아이폰(iPhone)의 신화 '애플(Apple)', 반도체 신화와 스마트 디지털 기기의 세계적 강자인 '삼성' 등을 만나고 있다. 아울러 공유경제 및 신서비스 시장 창출과 블록체인 활용 증대로 우버, 에어비앤비, 알리바바, 샤오미 등 새로운 기업들과 구글페이, 애플페이, 알리페이, 삼성페이, 카카오페이 등 새로운 서비스 창출 등으로 급속히 새로운 시장과 산업 발전이 형성되고 있다.

2010년대 중반의 거대 IT기업들인 Facebook, Apple, Amazon, Netflix, Google들을

「제3물결」에서 최초로 사용했다.

37) 21세기 지식기반경제에서는 지식의 공유와 지식수용자의 활용으로 지식의 공급자와 수요자의 니즈를 파악하여 이에 효율적인 네트워크 시스템이 구축되었고, 다양한 계층/지역 간 네트워크 형성과 집단지성으로 해서 Wiki 신드롬과 비즈니스 서비스가 형성되어, 웹 1.0/2.0/3.0 기반 서비스, 최근에는 빅데이터와 인공지능과 연계된 스마트 시티 등으로 확대·발전하고 있다.

38) 소셜미디어(social media)는 사람들이 자신의 생각과 의견, 경험, 관점 등을 서로 공유하고 참여하기 위해 사용하는 개방화된 온라인 툴과 미디어 플랫폼으로, 가이드와이어 그룹의 창업자인 크리스 쉬플리가 처음 이 용어를 사용하였다. 소셜미디어는 그 자체가 일종의 유기체처럼 성장하기 때문에 소비와 생산의 일반적인 메커니즘이 동작하지 않으며, 양방향성을 활용하여 사람들이 참여하고 정보를 공유하며 사용자들이 만들어나가는 미디어를 소셜미디어라 부른다. 소셜미디어는 접근이 매우 용이하고 확장가능한 출판기법을 사용하여, 사회적 상호작용을 통하여 배포될 수 있도록 설계된 미디어를 의미한다. 사회적 미디어(social media)는 방송 미디어의 일방적 독백을 사회적 미디어의 대화로 변환시키는 웹 기반의 기술을 이용한다. 웹 2.0과 소셜미디어는 지식과 정보의 민주화를 지원하며 사람들을 콘텐츠 소비자에서 콘텐츠 생산자로 변화시켰다. 튜니지의 자스민혁명과 이집트의 나일혁명, 리비아 등 중동국가들의 민주화와 미국과 대한민국 등의 선거 등에 매우 큰 영향을 미치고 있다.

39) 소셜커머스는 초기에는 트위터나 페이스북 같은 인맥구축서비스(SNS)를 통해 입소문을 듣고 온 구매자들의 특정 상품이나 서비스를 50~90% 파격적으로 할인된 가격에 구매할 수 있는 일종의 공동구매 사이트를 의미한다. 최근에는 온라인과 오프라인 비즈니스, 그리고 웹 1.0/2.0/3.0 비즈니스 등으로 발전하고 있다.

40) 밀레니엄-Z세대의 가치관, 관계, 사회인식, 콘텐츠, 소비에 대한 변화 등이 새로운 소비변화 트렌드를 선도하고 있다.
대학내일20대연구소, 밀레니엄-Z세대 트렌드 2020, 위즈덤하우스, 2019.

통칭하는 FAANG이 탄생했다. CNBC의 프로그램 진행자 짐 크레이머가 처음 사용하였고 이후 경제지를 비롯한 해외언론들이 이를 인용하면서 확산된 경제용어이다. 2010년 초에는 TGIF라는 용어로 트위터, 구글, 애플, 페이스북이 꼽혔으나 트위터가 성장세가 주춤해지고 아마존과 넷플릭스가 성장·발전하면서 FAANG이 글로벌 시장을 선도하고 있다. 구글의 지주회사인 알파벳은 2020년 1월 미국 기업 역사상 네 번째(MS, 아마존, 애플, 알파벳)로 '시가총액 1조 달러 클럽'에 이름을 올렸다.

지난 10년간 미국 증시를 이끈 5대 대형 기술주는 FAANG 기업인 페이스북(Facebook), 아마존(Amazon), 애플(Apple), 넷플릭스(Netflix), 구글(Google)이었지만, 2019년부터 그 뒤를 이을 주자로 펄프스(PULPS) 기업과 메가(MAGA) 기업을 주목하고 있다. PULPS는 핀터레스트(Pinterest), 우버(Uber), 리프트(Lyft), 팔란티어(Palantir, 미상장), 슬랙(Slack) 등 2019년 뉴욕증시에 상장한 테크기업이다. 우버[41]와 리프트는 차량공유, 핀터레스트는 이미지공유 및 검색 소셜미디어, 슬랙은 업무용 메신저 서비스, 팔란티어는 빅데이터 분석 기업이다. 또한 2020~2021년 미국의 전기자동차 업체 테슬라의 주가가 연일 폭등하면서 시가총액이 한때 넷플릭스를 넘어서면서 뉴욕증시를 이끌어온

그림 1-7 | 2019년 주목받는 펄프스(PULPS) 기업들

핀터레스트	우버	리프트	팔란티어	슬랙
120억달러	1,200억달러	233억달러	205억달러	170억달러
이미지공유·소셜미디어	차량공유	차량공유	빅데이터 분석	업무용 메신저 서비스

자료: 조선일보, 2020.8.17.

41) 코로나-19가 세계 최대 차량호출 서비스업체 우버의 주력사업을 조정하였는데, 2020년 2분기 실적을 집계한 결과, 음식배달 사업인 우버이츠 매출(12억달러)이 차량호출 사업 매출(7억 9,000만달러)을 훌쩍 넘어섰다.

'FAANG'(페이스북, 애플, 아마존, 넷플릭스, 구글)이 'FAANT(페이스북, 애플, 아마존, 넷플릭스, 테슬라)'로 재편될 것이란 전망까지 나왔다.[42)]

아울러 GAFA(구글 · 아마존 · 페이스북 · 애플)로 불리는 미국 테크기업들은 전통 제조업에서는 상상할 수 없는 매출과 영업이익을 내고 있다.[43)] 애플은 2018년 매출 2,656억달러에 영업이익 709억달러(약 82조 2,800억원)를 기록했다. 영업이익은 사상 최대 반도체 호황을 누렸던 삼성전자(영업이익 58조 9,000억원)보다 40% 이상 많다. 2019년 삼성전자는 글로벌 반도체시장이 흔들리며 영업이익이 반토막 났지만, 애플의 영업이익은 더 증가한 것이다. 애플은 2020년 1분기 실적 발표에서 2020년 1~3월 매출이 583억1천만달러(71조 798억원)로 작년 동기 대비 0.5% 증가했다고 밝혔고, 주당 순이익은 2.5달러였다. 코로나-19로 아이폰 생산공장과 매장이 문을 닫으면서 아이폰 매출은 7% 줄었지만 애플TV 등 콘텐츠 서비스 부문의 매출은 늘어 시장 기대에 비해서는 선방했다. 금융정보업체 레피니티브가 집계한 월가 예상치는 매출이 545억 4천만달러였고 주당 순이익은 2.26달러였다. 마이크로소프트(MS) · 구글 · 아마존 · 페이스북도 매년 10조~50조원씩 영업이익을 올린다. 수십조원대의 영업이익을 올리면서 불황도 크게 타지 않고 세계의 돈을 빨아들이는 배경에는 이들이 '세계 플랫폼(platform · 정거장) 독과점' 파워를 갖췄다는 분석이 지배적이다.

미국 '빅5' 테크기업의 주가 폭등은 현재 같은 성장세가 앞으로도 지속될 것이라는 기대감 때문이다. 2000년대 초반 보다폰(영국)이나 NTT도코모(일본) 등 통신업체와 장비업체가 인터넷 붐을 타고 글로벌 시가총액 상위권에 올랐다가 IT 버블 붕괴와 함께 쇠락한 것과는 차원이 다르다는 것이다. 테크업계에선 100여 년 전 록펠러의 석유업, 카네기의 철강업, 모건의 금융업과 같은 독과점기업들을 넘어, 전 세계의 데이터를 장악한 21세기형 독과점이 출현했다는 주장이 주목받고 있다.[44)] 반면 2020년 7월 22일

42) 2020년 2월 4일 뉴욕증시에서 테슬라는 전날보다 13.73%(107.06달러) 급등한 주당 887.06달러에 거래를 마감했으며, 전날에도 19.89% 올라 올 들어 상승률이 112%를 기록했다.

43) 2019년 12월 29일 현재, 미국 증시에서 기업가치가 1조달러를 넘는 수퍼 테크기업은 애플과 마이크로소프트(1조 2,100억달러 · 약 1,404조원)임. 그 뒤를 창업 10~20여 년 된 젊은 기업인 아마존(9270억달러), 알파벳(9336억달러), 페이스북(5,935억달러)이 뒤쫓고 있다. 이 '빅5'는 2019년 주가가 20~80% 급등하여 기업가치 순위 1~5위를 싹쓸이하고 있다. 미국 CNBC는 '미국 경제 엔진인 테크는 활황'이라고 보도했다. 5대 미국 테크기업의 시총을 합치면 약 5조달러이다. 세계 3위 경제대국인 일본의 국내총생산(GDP)이 5조 706억달러, 4위인 독일은 4조 2,91억달러, 한국은 1조 6,556억달러임. 한국이 3년 내내 생산한 가치를 한 푼도 빠짐없이 다 모아야 기업 5곳을 겨우 살 수 있다는 의미이다.

그림 1-8 | 코로나-19 사태와 주요 성장 기업들

코로나 위너 50(단위: 10억 달러)

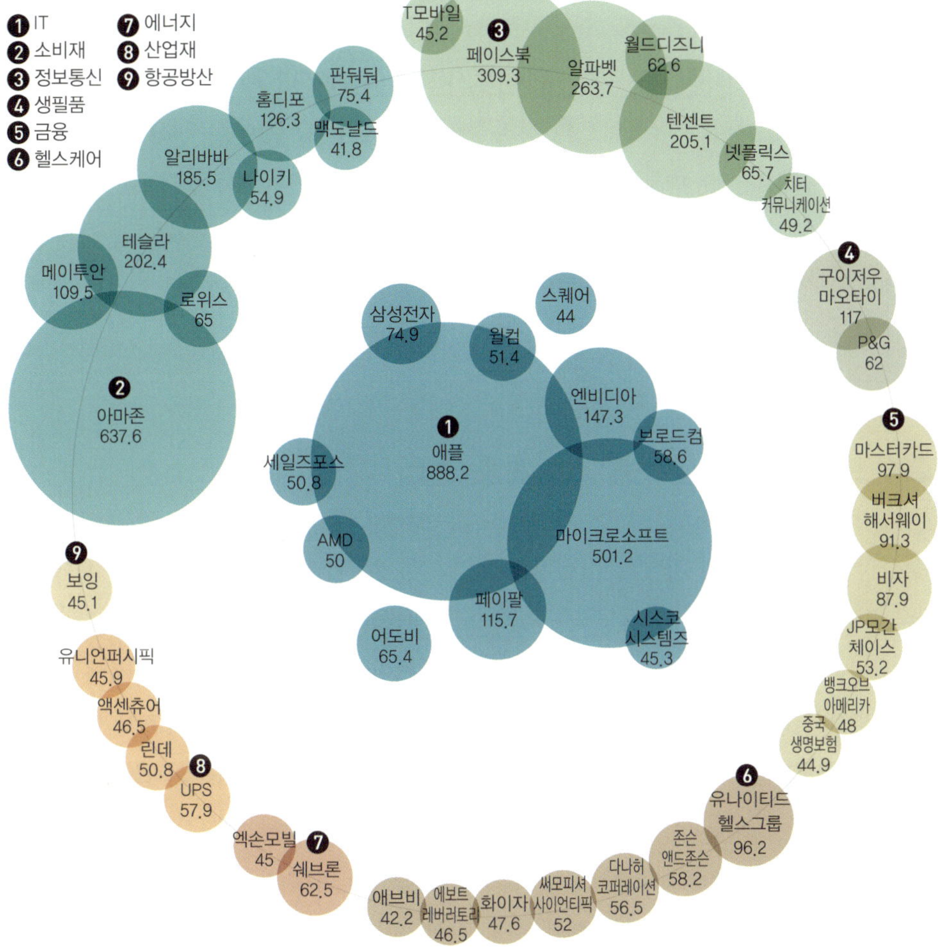

자료: 조선일보(2020.10) 3월 19일~9월 10일 시가총액 증가분 기준

CNBC 보도에 따르면, 테슬라와 5대 테크기업 주가가 나스닥 100지수 시가총액에서 차지하는 비중은 49% 수준으로 집계됐다. S&P500지수의 경우 이 기업들이 차지하는 비중은 테슬라를 제외해도 22%나 된다. 테슬라는 아직 S&P500지수에 편입되지 않은 상태다. 이런 과열현상이 이미 거품을 형성해 2000년 초 '닷컴버블'과 같은 전 세계적 거품 붕괴로 이어질 수 있다고 경고했다.

44) 조선일보, 2019.12.30. 참조

코로나-19 팬데믹으로 전 세계 경기가 위축되어 생산과 소비가 어렵지만, 애플과 아마존 및 테슬라 등 글로벌 테크기업들은 지속적인 성장을 하고 있다. 애플의 시가총액이 1조 445억달러에서 1조 9,327억달러로 8,882억달러 증가해 1위를 차지했다. 코로나 이후 모바일 기기 · 서비스 수요가 급증하면서 애플의 2020년 2분기 매출은 전년 동기보다 11% 늘었다. 2위는 이커머스의 강자 아마존이었다. 코로나 이전보다 시가총액이 6,376억달러 늘었다. 분야별로는 애플과 마이크로소프트, 엔비디아 등 코로나 위기 속에서도 선전한 정보기술(IT) 분야가 12개로 가장 많았다. 코로나로 온라인 쇼핑이 늘면서 아마존과 알리바바, 메이투안 등이 속한 소비재 분야(9개)도 급성장했다. 한국 기업 가운데선 삼성전자(20위)가 유일하게 이름을 올렸다.[45)]

1.2.4 프로슈머와 새로운 소비계층 등장

생산자 중심에서 소비자들도 소비자주권으로 생산자와 소비자의 융합인 프로슈머가 탄생되었고, 새로운 시장을 선도하는 얼리어답터(early adopter)[46)]라는 새로운 소비계층이 등장하고 있다. 아울러 제조업 중심의 하드웨어 산업에서 지식 및 디지털 세계의 창조산업[47)]이 중심인 소프트웨어 산업과 디지털 전환을 통한 스마트 팩토리 등으로 급속히 진화 · 발전하고 있으며, 디지털 기기 및 멀티미디어 융복합기술의 급속한 발전으로 새로운 시장과 제품, 서비스 및 새로운 기업들이 폭발적으로 급성장하고 있다. 특히 스마트폰, 태블릿 PC, 소셜비즈니스(social business), 모바일 오피스(mobile office), 클라우드 서비스, 그리고 SNS에서 빅데이터, 가상현실/증강현실/혼합현실(VR/AR/MR)까지 수익을 발생시키는 스마트 모바일 비즈니스 등은 새로운 산업경제 상황에서 급속히

45) 2020년 8월 Mint는 한국투자증권과 함께 코로나 팬데믹 이후 글로벌 증시에서 시가총액이 가장 많이 늘어난 기업 50개를 분석했다. 코로나 충격으로 코스피가 저점을 찍은 3월 19일부터 8월 10일까지 미국 · 중국 · 홍콩, 그리고 한국에 상장된 기업의 시가총액을 집계했다. 조선일보, 2020.8.17.

46) 얼리어답터(early adopter)는 새 제품을 남들보다 앞서 경험하려는 소비자이다. 특히 한국의 전자제품 및 디지털 기기의 소비자들을 지칭한다. 디지털 카메라의 경우 프로 이상의 지식과 관심을 갖고 있는 소비계층이 존재하고 있어 세계적인 기업인 캐논은 신상품에 대한 얼리어답터(early adopter)로 신제품 테스트베드시장인 한국시장을 주목하고 있다.

47) 디지털화와 미디어 융합이라는 시대적 추세에 민첩하게 대응하기 위한 실행가능한 전략을 제시함으로써 영국 창조산업의 도약을 모색하였다(Digital Britain, 2009. 참조).

진화 · 발전하고 있다.[48)]

구체적인 비즈니스 혁신사례를 살펴보면 다음과 같다. 1등 온라인 쇼핑몰 타오바오는 2003년 사스(SARS)가 번졌을 때 탄생했다. 기업 간 전자상거래를 주력으로 하던 알리바바그룹은 그해 5월 사스로 집에 갇힌 소비자를 겨냥해 타오바오를 서비스했다. 사스의 2200배가 넘는 확진자를 발생시킨 코로나 바이러스는 전 세계 공급망을 붕괴시키며 수많은 기업을 도산위기로 밀어넣고 있다. 그러나 몇몇 기업은 코로나라는 전례 없는 위기 속에서도 새로운 비대면 비즈니스와 새로운 소비자들을 위한 혁신을 촉발시켰다. 특히 코로나 이후 자율주행차 업계에선 무인배송 분야로 투자가 몰리고 있다. 구글 출신 엔지니어들이 2016년 창업한 미국 자율주행 스타트업 누로(NURO)는 코로나를 계기로 사업영역을 헬스케어까지 확장했다. 누로는 무인 전기차 R2를 활용해 2020년 4월부터 캘리포니아 임시 코로나 치료소에 의료용품을 운반하고 있다. 2020년 6월부터는 미국 대형 약국 업체 CVS와 손잡고 텍사스주 휴스턴에서 처방전 무인배송 서비스를 시작했다. 누로는 올 연말까지 50~100대의 R2를 가동할 계획이다.

코로나 여파로 가장 큰 타격을 입은 산업 중 하나인 소매업에서도 혁신이 나왔다. 미국 대형 소매업체 타깃(TARGET)은 코로나 감염 위험으로 매장 방문을 꺼리는 고객들을 위해 차에서 주문한 물품을 받을 수 있는 '커브사이드 픽업(curbside pickup)' 서비스 대상 품목에 신선 · 냉동식품을 추가했다. 그 결과, 2020년 1분기 커브사이드 픽업 서비스 매출은 전 분기보다 278% 증가했다. 이 회사 브라이언 코넬 CEO는 2020년 1분기 실적 발표에서 "지난 3개월간 커브사이드 픽업 매출이 작년 한 해 매출을 넘어섰다"고 말했다. 중국 온라인쇼핑몰 JD.COM(징둥닷컴)은 부동산을 온라인 생중계로 판매하고 있다. 2020년 5월 부동산 개발회사 중쥔(中駿)과 협력해 인터넷 생방송으로 주택을 판매하는 '자영 부동산' 채널을 서비스하였다. 시청자들은 인터넷 생방송으로 매물을 보고 상담 · 계약까지 원스톱으로 할 수 있다. 2020년 6월 1일 진행된 첫 생방송에는 쉬레이(徐雷) 징둥닷컴 대표가 직접 나서 총 26억위안(약 4,460억원)에 달하는 베이징 아파트 1,000채를 판매했다.

출장수리 서비스는 코로나 상황에 어떻게 해야 할까? 미국 통신회사 콕스커뮤니케이션(COX COMMUNICATIONS)은 현실의 이미지나 배경에 3차원 가상 이미지를 겹쳐

48) 후지타 아키하사 · 시노자키 이사오, 스마트 모바일 마케팅, 한국생산성본부, 쌤앤파커스, 2011. 참조

하나의 영상으로 보여주는 '증강현실(AR)' 기술을 활용했다. 콕스는 지난 3월 기술자들에게 AR회사 헬프라이트닝(Help Lightning)의 소프트웨어를 배포했다. 소비자가 스마트폰 등으로 기술자가 보낸 AR 링크를 열면 기술자가 고객이 보는 것을 동시에 보면서 해결방법을 안내한다. 이 회사는 코로나 셧다운 열흘 만에 이 서비스를 개시했다. 미국 GM(제너럴모터스)은 3D 프린팅 기술을 업그레이드 했다. 코로나 확산 초기 의료물자 수급에 큰 차질을 빚었던 미국정부는 국방물자생산법(DPA)을 발동해 자동차 제조사 GM에 인공호흡기를 생산하도록 지시했다. 자동차 제조기업인 GM이 인공호흡기를 생산할 수 있었던 건 3차원(3D) 프린팅 기술의 활약 덕분이다.[49)]

1.2.5 디지털 트윈

새로운 디지털 혁신으로 디지털 트윈의 세상을 만나고 있다. 디지털 트윈이란 현실세계에 있는 무언가의 완전한 복제품으로, 데이터를 수집하고 전송하는 사물인터넷(IoT)의 센서 덕분에 가능해졌다. 2002년 미시간대학교(University of Michigan)의 마이클 그리브스(Michael Grieves)가 처음 용어를 사용한 후 IoT 기술로 인해 더욱 많은 기업들이 사용하면서 널리 알려지게 되었다. 기업들은 디지털 트윈을 통해 사업의 효율성을 높이고 추후 생길 수 있는 문제점들을 미리 예측할 수 있게 되었다. 디지털 트윈 기술의 잠재력이 2017~2018년 가트너의 전략적 기술 트렌드 톱 10에 분류되었으며, 가트너는 2020년 210억 개의 커넥티드 센서를 통해 수억 개의 디지털 트윈이 생길 것으로 전망했다. 디지털 경계에서 사이버 아바타를 구현할 수 있게 한다.

구체적으로 구현될 사례를 설명한 미국 포브스 경제잡지 〈7 Amazing Examples of Digital Twin Technology In Practice〉[50)]에 의하면, 기업들은 다양한 이유로 디지털 트윈 기술을 사용한다. 사업 효율성의 향상이나 더 나은 직원 교육의 방법을 찾기 위해, 또는 출시 전 제품을 시험하고 문제점을 찾아 고치기 위해서도 사용한다. 제조시설 등 같은 자원이 어디에 위치해 있는지에 관계없이 (심지어 우주에 있더라도) 사업모델을 분석하기 위해서는 대부분 인공지능과 머신러닝이 사용된다. 우주탐험 초기, 나사

49) 조선일보, 2020.8.10.

50) Forbes, 7 Amazing Examples of Digital Twin Technology In Practice, 2019.5. 참조

(NASA)는 디지털 트윈 기술 이전 단계인 페어링 기술(paring technology)로 우주에 직접 가지 않고도 시스템 가동과 유지보수 등을 할 수 있었다. 엔지니어와 우주비행사들은 이와 같은 방법으로 아폴로 13 미션(Apollo 13 mission)을 진행했다. 그리고 오늘날 NASA는 디지털 트윈을 통해 차세대 운송 및 항공 수단에 대해 연구하고 있다. 디지털 트윈 기술은 또한 사람들이 미리 시뮬레이션을 해보며 IoT와 자동화에 익숙해질 수 있게 도와준다. 아울러 디지털 트윈을 통해 발견한 새로운 내용들을 현실세계에 적용할 수 있다. 디지털 트윈은 실시간 정보를 제공하기 때문에 유지 관련 문제를 최소화하고 최상의 생산효과를 낸다. 쉐브론(Chevron)은 2024년까지 도입할 디지털 트윈 기술을 통해 석유 및 정유 분야에서 수만달러의 비용을 절약할 수 있을 것으로 보고 있다.

헬스케어 분야의 디지털 트윈 활용은 의료 서비스나 환자치료 분야에서도 마찬가지로 혁명을 일으킬 것이다. 외과의사나 의료전문가들은 실제 환자 대신 환자와 신체 장기의 디지털 트윈에 실습해 볼 수 있다. 손가락 밴드만한 사이즈의 무선 센서로 환자들을 검진할 수 있고, AI를 통해 모니터할 수 있는 디지털 모델을 제공할 수도 있다. 싱가포르의 디지털 트윈은 스마트 시티로 구현되었다. 도시 계획자들은 디지털 트윈 기술을 통해 에너지 소비의 효율성을 포함한 시민들의 삶의 질을 향상시킨다. 또 어떤 분야에서 복제기술을 활용할 수 있을까? 대규모 다리/항만/터널 건설 인프라 구축, 풍력발전소나 현대식 농장, 스마트폰 기술의 시험이나 서비스 향상 등 디지털 트윈 기술이 우리 사회를 발전시킬 가능성은 무한하다.

1.2.6 기술냉전

2018년 세계경제의 흐름과 질서가 미국과 중국의 무역전쟁으로 매우 불안정하게 진행되고 있다. 그 본질은 '무역×기술패권×안전보장'의 대결로 보고 있다. 2019년 7월 11일 J.P. Morgan은 미국과 중국의 갈등이 '기술냉전(Tech Cold War)'이라는 것을 부정하였지만,[51] 2019년 12월 18일 블룸버그통신은 미국과 중국의 갈등을 '기술냉전(Tech Cold War)'이라고 평가했다.[52] 무역전쟁이 단순한 관세전쟁이 아니라 상업적 이익과

51) J.P. Morgan, "Are China and the United States fighting a 'Tech Cold War'?", 2019.7.11.

52) J.P. Morgan, "Who's Winning the Tech Cold War? A China vs. U.S. Scoreboard", 2019.6.20. J.P. Morgan, "Year in Review 2019: The U.S.-China Tech Cold War Deepens and Expands",

국가안보가 걸린, 양국의 기술우위 다툼이라는 설명이다. 2019년 11월 8일 워싱턴포스트(WP)는 미중 무역전쟁이 진정상태(cooling off)에 접어들었지만 기술전쟁은 가열되고 있다(heating up)고 경고했다. 미중 양국이 AI 개발 등 전 분야에서 경쟁하면서 무역갈등보다 더 심각한 기술패권 경쟁이 벌어질 수 있다는 의미이다. 최첨단 기술 측면에서 중국기업이 미국 기업을 위협하는 존재로 성장하면서, 기술패권과 안전 보장의 대결이 현실로 다가오고 있다.[53] 2021년 출범하는 미국 바이든 정부도 중국에 대한 제재와 갈등이 계속될 전망이다.

미국이 중국의 기술발전 가운데 특히 견제하는 분야는 AI이다. 국립인공지능보안위원회(NSCAI)는 2019년 11월 발표한 임시 보고서에서 미중 기술냉전의 가장 큰 위험은 AI에 있다고 설명했다. NSCAI는 2018년 8월 상원을 통과한 국방인증법(National Defense Authorization Act)에 따라 만들어진 국가위원회로 에릭 슈밋 전 구글 지주회사 알파벳 회장과 로버트 워크 전 국방차관이 이끌고 있다. AI는 향후 20년 내에 성장률을 두 배로 끌어올릴 잠재력이 있어 혁신의 첨단에 있는 국가들이 투자를 늘리고 있다고 블룸버그가 전했다. 21세기를 중국이 지배할 것인지, 미국이 지배할 것인지는 AI 혁신을 누가 주도하느냐에 따라 결정된다는 것이다. 부분적으로 AI는 이미 민주주의와 권위주의 정부 간 '체제경쟁'의 상징으로 떠올랐다. AI를 실생활에서 활용하는 단계는 중국이 미국을 앞서고 있다. 중국은 AI를 사회신용시스템에 도입해 21세기 '빅브러더'를 구축했다. 중국은 얼굴인식시스템과 빅데이터 기술을 사용해 시민들의 일거수일투족을 감시하고 있다. 이를 위해 폐쇄회로(CC)TV 2억 대를 도입함으로써 개인정보 보호와 인권문제 및 정부통제 강화 등이 발생하고 있다. 영국 파이낸셜타임스(FT)는 ZTE, 다화, 중국전신 등 중국기업들이 유엔 산하 국제전기통신연합(ITU)의 얼굴인식, 비디오 감시 등을 위한 국제적 표준화 작업에 참여해 선점하고 있다고 지적했다. 국민들의 정보를 강제로 수집하지 않는 민주주의 정부는 상대적으로 빅데이터 분야에서 취약하다고 블룸버그는 지적하였다.[54]

2019.12.18.

53) 다나카 마치아키, 미중 플랫폼 전쟁, 세종, 2020.

54) 미중은 '미래형 컴퓨터'라 평가받는 양자컴퓨터 분야에서도 힘겨루기를 하고 있다. 양자컴퓨터는 반도체가 아닌 원자를 저장소로 활용하기 때문에 슈퍼컴퓨터를 뛰어넘는 성능을 가졌다. 뉴욕타임스(NYT)는 미중이 양자컴퓨터를 중요한 국가안보 문제로 간주하고 우위를 확보하려 노력한다고 보도했다. 중국이 양자컴퓨터 실험실 구축에 4억달러(약 4,648억원)를 투입하자 미국도 2019년 말 12억달러 규모를 투입할 양자기술 진흥 법안을 통과시켰다.

기술냉전의 전선은 바다와 우주로 확장되고 있다. 전 세계 데이터 통신 중 1%만이 위성을 이용하며 나머지 99%는 해저케이블로 전달된다. 화웨이를 비롯한 중국 회사들이 태평양 국가들을 연결하는 해저케이블 부설 사업에 뛰어들자 미국이 우려하고 있다고 사우스차이나모닝포스트(SCMP)는 전했다. 그런가 하면 중국이 2019년 1월 3일 인류 최초로 달의 뒷면에 탐사선 '창어(嫦娥) 4호'를 착륙시키자 미국은 우주군 창설을 공포하는 등 경쟁은 모든 분야에서 확대되고 있다.

블룸버그는 2019년 6월 미중 기술냉전의 승패를 분석하며 "무역전쟁처럼 완벽한 승자가 없는 길고 긴 싸움이 될 것"이라고 경고했다. 블룸버그 평가에 따르면 시장가치가 높은 상위 10개 기술 기업의 1위부터 5위를 마이크로소프트(MS), 아마존, 애플, 알파벳, 페이스북 등 미국 회사들이 주도했다. 중국 회사는 알리바바와 텐센트가 6위와 7위에 이름을 올렸다. 삼성전자는 9위에 랭크됐다. 2020년 현재, 시장가치와 관련된 분야에선 미국이 앞서 있다는 의미이다. 중국은 AI 인재 비율에서도 미국에 밀렸다. 중국 칭화대 과학기술정책연구소에 따르면, 2017년 말 기준 미국은 28,000명의 AI 인재가 국제 AI 인력 풀에 등록돼 있으나 중국의 AI 인재는 18,000명에 불과했다. 중국 최대 반도체 제조회사 하이실리콘의 2018년 이익은 인텔의 2018년 이익 700억달러의 10분의 1 수준인 72억달러에 불과했다.

반면 중국은 일부 첨단 산업 제조와 5세대(5G) 시장점유율에서 미국을 앞질렀다. 미국이 두려움을 갖기 시작한 것도 중국경제의 갑작스러운 성장 때문이었다. 중국의 스마트폰, 항공우주품 등 생산규모는 약 4조달러에 달했으나 미국은 그 절반 수준이었다. 모바일 인프라 시장점유율에서 중국 화웨이는 29%로 점유율 1위를 차지했지만 미국 회사는 상위 3개 회사에 이름을 올리지도 못했다.[55] 화웨이는 미국의 제재에 의해, 2020

---

55) 세계 최대 통신망 장비업체이자 세계 2위 스마트폰 제조업체인 화웨이는 2019년 5월 이후 미국 정부에 의해 미국기업과의 거래가 사실상 금지되었다. 미국정부는 화웨이의 통신망 정보가 중국정부에 넘어가 안보에 위협이 될 수 있다고 주장하고 있다. 슈 회장은 또 2020년에는 2019년 상반기처럼 빠른 성장을 이룰 것 같지 않다며 '생존이 최우선 전략'이 될 것이라고 설명한다. 그는 '외부환경이 더 복잡해지고 세계경제의 하락 압력이 거세지고 있다'면서 "미국정부의 압박은 화웨이의 생존에 도전이 될 것"이라고 강조했다. 슈 회장은 이어 2019년 스마트폰 출하량이 2억 4천만대로 작년 대비 20% 급증했다고 밝혔다. 그러나 화웨이의 최신형 스마트폰 메이트 30은 지난 9월 판매에 들어갔지만, 구글의 안드로이드 운영체계(OS)를 사용하지 못했다. 화웨이는 이에 따라 하모니라는 자체 모바일 OS를 개발하고 있지만, 성공적인 대안이 되기 어렵다는 전문가들의 분석과 설명이다.
연합뉴스, 2019.12.31.

년 말에는 시장점유율이 3위로 하락했고, 하락추세는 계속될 전망이다.

한편 미국과 중국이 서로 독립적으로 다른 성장의 길로 가기에는 현실적 한계가 있다는 점을 주시해야 한다. FT는 미중이 첨단산업에 있어서 '디커플링(탈동조화)'될 수 없으며 그렇게 해서도 안 된다고 지적했다. 중국은 기술발전에 관계없이 여전히 서구 국가들의 노하우에 크게 의존하고 있으며, 미국은 '세계의 공장' 중국에 자국 회사들의 제품 생산을 의존하고 있기 때문이다. 슈밋 전 알파벳 회장 역시 '디커플링은 미국에도 손해다. AI 경쟁에 참여하더라도 미국은 극단적인 정책을 피해야 한다'고 조언했다.

구체적으로 미국의 제재를 가장 먼저, 가장 많이 받고 있는 중국 기업은 통신장비업체 화웨이이다. 화웨이는 2018년부터 이어온 미중 무역전쟁의 중심에 있었다. 미국의 화웨이 때리기는 2018년 12월 1일 캐나다 경찰이 미국정부의 요청으로 이란 제재 위반 관련 혐의를 받고 있는 멍완저우(孟晩舟) 화웨이 부회장을 체포한 것으로 시작됐다. 2019년 1월에는 미국 법무부가 미국 3위 통신회사인 T모바일의 로봇 기술을 빼돌린 혐의를 들어 화웨이 수사에 나섰다. 화웨이 압박은 도널드 트럼프 미국 대통령이 "외국의 위협으로부터 미국 정보통신기술(ICT) 및 서비스를 보호하겠다"며 5월 국가비상사태를 선포하는 행정명령을 선포하면서 최고조에 올랐다. 미국 상무부는 이어 화웨이 및 70개 계열사를 거래제한 기업 명단(블랙리스트)에 올렸고, 미국 기업이 화웨이 계열사와 거래하기 위해서는 미국 정부의 허가를 받도록 했다. 미국은 동맹국들에도 5G 인프라 사업자 선정에서 화웨이를 배제할 것을 요청하면서 반(反)화웨이 전선 구축에 나서고 있다. 이는 특히 대한민국에 주둔하고 있는 미군과 안보체계에 직접적인 영향을 주고 있다.

미국의 화웨이 제재는 안보위협 외에도 세계 5G 통신망 산업에서 화웨이를 몰아내겠다는 의도와 함축성이 담긴 것이라는 해석이 많다. 현재 통신장비 분야에서 글로벌 점유율 1위(29%)를 차지하고 있는 화웨이는 5G 분야 점유율 1위를 굳히고 있다. 2019년 2월 기준 5G 표준 필수 특허 보유 상위 10개 회사에 화웨이가 1,529건으로 가장 많은 특허를 보유한 것으로 나타났다. 2위는 핀란드 노키아(1,397건), 3위는 삼성전자(1,296건)였다. 미국 퀄컴은 787건으로 4위 중국 ZTE(1,208건)에도 한참 못 미쳤다.

중국의 '통신굴기'는 화웨이 하나에 의존하지는 않는다. 중국 차이나모바일, 차이나유니콤, 차이나텔레콤 등 3대 이동통신사는 2020년 5G 서비스 상용화를 시작했다. 소비자들은 베이징, 상하이를 포함해 중국 내 50개 도시에서 5G 서비스를 이용할 수 있다. 영국 BBC는 "중국이 세계에서 가장 큰 5G 네트워크 중 하나를 출시했다"며 상용화를 앞당긴 것은 미국과의 기술전쟁을 고려한 결정이었다고 평가했다.56)

미중 기술냉전의 확산은 바이트댄스의 중국산 동영상 제작 앱 '틱톡'과 텐센트의 '위챗'에도 연계되었다. 틱톡은 중국 베이징에 본사를 둔 스타트업 바이트댄스가 2016년부터 서비스하고 있는 동영상 플랫폼이다. 2019년 1월 틱톡의 기업가치는 750억달러로 평가돼 우버를 넘어선 세계 최대 스타트업 유니콘으로 인정받는다. '메이드인 차이나' 앱이지만 틱톡은 북미 등 글로벌 시장에서도 선풍적인 인기를 끌었다. 2017년에는 '뮤지컬.리(musical.ly)'라는 앱을 인수하며 북미 시장에 본격적으로 진출했다. 2019년 11월 기준 미국 내 틱톡 사용자는 월간 2,650만 명에 달한다. 이 중 60%가 16~24세의 청소년으로 집계돼 젊은층에서 많은 인기를 끌고 있다.

미국은 2020년 중국 공산당의 검열 가능성을 이유로 내세워 틱톡에 대한 국가안보 조사를 개시했다. 미국 민주당은 틱톡을 포함한 중국산 소셜미디어를 신병 모집에 이용하지 말 것을 미 육군에 촉구했다. 미 육군과 해군은 사이버 보안에 위협이 될 수 있다며 소속 장병들에게 정부가 지급한 휴대전화에서 틱톡을 삭제하라고 조치했다. 틱톡은 적극적 해명과 함께 '중국색 지우기'에 나섰지만 상황은 여의치 않아 보인다. 틱톡의 미국 책임자 버네사 패퍼스는 "중국정부를 포함해 어떤 외국 정부의 영향도 받지 않는다"고 해명하며 모든 미국 사용자의 데이터는 미국 버지니아주와 싱가포르에 저장하고 있다고 밝혔다. 그러나 미국정부의 압박으로 틱톡은 내년 초 홍콩증시 상장도 미뤄질 가능성이 높다. 미국 경제전문지 비즈니스 인사이더는 "틱톡이 '제2의 화웨이'가 될 수 있다"고 분석했다.57) 또한 중국의 반도체 기업 SMIC와 드론분야 세계 최고 기업인 DJI 등 60개 기업이 미국정부의 제재를 받고 있다.

---

56) 조지 W 부시 전 대통령 행정부에서 재무부 장관으로 재직한 헨리 폴슨은 WP에 기고한 칼럼에서 "미국은 중국이 5G 경쟁에서 이기도록 내버려 두고 있다. 이제는 따라잡을 시간"이라고 지적했다. 폴슨 전 장관은 AI에서 5G에 이르기까지 기술적 기반을 마련한 것은 미국이지만 이를 상용화한 것은 중국이라고 설명하였다. 5G 장비 제조업체가 없는 미국은 여전히 유럽 또는 중국에 의존해야 하는 상황에 이르렀다.

57) 동아일보, 2019.12.27. 참조

1.2.7 디지털 불매운동과 디지털 항일운동

2019년 한국과 일본의 경제전쟁이 발발하면서, 대한민국에서는 'No Japan'이라는 디지털 불매운동 및 디지털 항일운동이 촉진되었다. 2019년 7월 일본의 보복성 수출규제 조치에 따른 한일관계 경색 국면이 장기화되면서 일본제품 불매운동은 2019년 하반기 우리 국민들의 애국심을 고양시켰다. 한일무역전쟁, 그 시작은 대한민국 법원의 일제 강제징용 피해자에 대한 배상 판결이었다. 2018년 10월 30일, 한국 대법원 전원합의체는 이춘식씨(99) 외 3명의 강제징용 피해자의 일본기업들에 대한 위자료 청구권을 인정하는 내용의 판결을 확정했다.[58] 일본정부와 신일철주금은 일본이 한국을 성장시켰으며 과거 협정 조약을 통해 문제들이 이미 해결됐는데, 한국이 일본과의 국가약속을 위반했다고 주장하면서, 대한민국 대법원 판결에 대한 보복에 나섰다. 2019년 7월 4일부로 일본정부는 에칭가스(고순도 불화수소), 플루오린 폴리이미드, 포토레지스트 등 반도체 · 디스플레이 제조 관련 핵심소재 3종의 대(對)한국 수출규제 강화 조치를 취했고, 8월엔 한국을 전략물자 수출시 절차상 우대혜택을 부여하는 우방국(화이트국가) 명단에서 제외하였다.[59]

일본의 수출규제로 초기엔 한국이 피해를 받는 듯했다. 예컨대 반도체 공정에 사용되는 에칭가스는 99.999% 이상의 초고순도여야 하는데, 에칭가스를 만드는 국가는 일본 외에도 중국, 대만 등 여럿이지만 고순도 정제 기술은 일본이 가장 앞서 있다. 삼성전자와 SK하이닉스 등에 납품하는 일본 스텔라케미파 · 모리타가 세계시장을 장악하고 있기 때문이다. 하지만 일본정부의 예상과 달리 피해는 한국만 입지 않았다. 반도체 생태계 전반이 어려워지면서 일본기업들이 매출감소와 손실이 발생하기 시작했다. 일본기업들은 중국에 공장을 세워 한국에 우회수출하거나, 한국에서의 생산 방법을 찾는 등

58) 2005년 2월 이씨 등이 일본 신일철주금(옛 신일본제철)을 상대로 손해배상 청구 소송을 제기한 뒤 13년 8개월 만에 내려진 판단으로, 그동안 소송당사자 4명 중 3명은 세상을 떠났다. 하지만 신일철주금 측은 "이는 1965년 한일청구권 · 경제협력협정, 또 일본정부의 견해와도 반한다"며 "매우 유감"이라고 밝혔으며, 지금까지도 배상의무를 이행하지 않고 있다.

59) 구로다 가쓰히로 산케이신문 논설위원은 "한국이 이만큼 풍요로운 나라로 경제적으로 발전한 건 1965년 일본이 준 3억달러 덕이며, 과거 한일 간 협정 조약으로 (대부분의 문제가) 해결됐고 개인보상도 했다고 주장하였다. 이제는 한국 내부적으로 해결을 해야 하는데, 일본 기업에 대한 재산 압류 결정이 나왔다"면서 "(이번 일본정부의 수출 규제는) 일본정부가 계속 한국 내부에서 해결해 달라고 요구해 왔는데 전혀 대답이 없었기 때문에 정부가 적극적으로 나서라는 뜻에서 도발적인 처방을 쓴 것"이라고 설명하였다.

자구책을 찾았다.

일본정부가 예상하지 못한 상황은 반도체에서 그치지 않았다. 일본정부의 수출 규제는 한국 사회 전반에서 제일 큰 이슈로 거듭났다. 'No Japan'으로 불리는 한국 국민들의 '소비자운동'이 발생하여, 일본산 맥주, 일본 관광 등을 대상으로 한 전방위적 불매에 나섰고 일본경제에 많은 손실을 발생하였다. 불매운동의 결과는 수치로도 나타났는데, 2019년 9월 일본산 맥주의 한국 수출은 99.9% 급감해 사실상 퇴출됐다. 한국에서 일본차량의 신차등록건수는 60% 감소했고, 2019년 8월 일본을 방문한 한국인 관광객은 전년 동월보다 48% 줄었다. 특히 한국인 관광객에게 의존했던 일본 지방 소도시를 중심으로 지역경제가 매우 어려워졌다. 구체적으로 일본정부관광국(JNTO)이 발표한 외국인 여행자 통계에 따르면 2019년 11월 일본을 방문한 한국인은 전년 대비 65.1% 감소한 20만 5,000명으로 집계됐다. 동일본대지진 직후인 지난 2011년 3월 당시 감소세(66.4%)와 비슷한 수준까지 떨어졌다.

경색국면이던 한일관계는 우리 정부가 2019년 11월 22일 한일 군사정보보호협정(지소미아) 종료를 일단 '조건부 유예'하면서 달라졌다. 일본정부가 협조적으로 나오면서, 우리 산업통상자원부와 일본 경제산업성은 도쿄에서 국장급 수출규제 관련 정책대화를 여는 등 수출 관리 문제를 추가로 협의해 왔다. 2019년 12월 20일엔 한국에 대한 수출규제 중 반도체 소재 한 품목에 한정해 전격적으로 규제를 완화했다. 일본 경제산업성은 이 날 '포토레지스트'를 수출 개별허가 대상에서 '특정 포괄허가' 대상으로 바꾼다는 내용의 통달(고시)을 발표했다. 한국이 속한 '리'지역에서 포토레지스트를 특정 허가방식으로도 수출이 가능하게 한다는 것으로, "포괄허가 취급 요령으로 정하는 조건을 충족한 기업의 해당 품목은 반복 계속적인 거래에 한해, 개별 거래마다 신청서를 제출할 필요가 없도록 수속을 변경한다"고 적혀 있다.

그러나 일본정부가 다소 우호적 태도를 보이긴 했지만, 큰 틀을 바꿀 근본적 변화는 나타나지 않았다. 2019년 12월 24일 중국 쓰촨성 청두에서 열린 제8차 한중일 정상회의에서 문재인 대통령과 아베 신조 총리와의 정상회담 때도 일본정부의 이 같은 입장이 드러났다. 일본정부의 이 같은 기조는 당분간 변화가 없을 것으로 보인다. 일본국민 대부분이 한일관계 개선은 시급한 문제가 아니라고 생각하는 것으로 나타났기 때문이다.[60] 아베 이후 스가 정부도 큰 변화가 나타나고 있지 않다.

---

60) 2019년 12월 22일 니혼게이자이신문에 따르면 TV도쿄와 닛케이가 18세 이상 남녀 957명을 대

1.2.8 대한민국의 인구절벽과 경제활동인구 감소

대한민국의 인구절벽 문제와 경제활동인구 감소이다. 미국 워싱턴대학 보건계량분석연구소(IHME)는 2020년 7월 14일 영국의 권위있는 의학전문지 랜싯에 발표한 "2017~2100년 195개국 및 지역의 출산율, 사망률, 이주 그리고 인구 시나리오: 글로벌 질병 부담 연구를 위한 전망분석(Fertility, mortality, migration, and population scenarios for 195 countries and territories from 2017 to 2100: a forecasting analysis for the Global Burden of Disease Study)"이란 제목의 논문에서, 현재 약 78억 명인 전 세계 인구가 2064년에 97억 3,000만 명으로 정점을 찍은 후 2100년에는 87억 9,000만 명으로 감소한다는 연구결과가 나왔다.

대한민국 인구는 2017년 현재 5,267만 명에서 2031년 5,429만 명으로 정점을 기록한 이후 2100년에는 거의 반토막으로 줄어든 2,678만 명에 이를 것으로 전망됐다. 또 2100년에 인도 인구는 10억 9,000만 명(현재 약 13억 명), 나이지리아 7억 9,100만 명(현재 약 2억 명), 중국 7억 3,200만 명(현재 약 14억 명), 미국 3억 3,600만 명(현재 약 3억 명), 파키스탄 2억 4,800만 명(현재 약 2억 명)이 될 것으로 전망했다. 2100년에 전 세계의 65세 이상 인구는 23억 7,000만 명인 반면, 20세 이하 인구는 17억 명에 머물 것으로 전망했다. 또한 한국뿐만 아니라 일본, 태국, 스페인 등 23개국의 인구가 2100년에 2017년 대비 50% 이상 줄어들 것으로 지적했다. 중국의 경우엔 48%가 감소할 것으로 예상됐다. 중국은 인구증가에 힘입어 2035년 세계 최대 국내총생산(GDP) 경제국이 되지만, 2098년이 되면 미국이 다시 GDP 최대 국가가 될 것으로 내다봤다. 연구소는 출산율 하락으로 인한 인구감소를 막는 것이 향후 각국의 중대한 과제가 될 것으로 전망했다.

따라서 대한민국은 대부분의 저출산국가들이 저출산의 계곡에 빠져 있는 상태인 출산절벽의 '이행의 계곡(The Valley of Transition)[61]'에 진입해 있다. '이행의 계곡'

상으로 '일본이 양보할 정도면 한일관계 개선을 서두를 필요가 없다'고 응답한 비율이 70%였다. 반면 '관계 개선을 위해 일본이 양보하는 건 불가피하다'고 응답한 비율은 불과 20%였다. 지난 8월과 10월, 11월 조사와 유사한 결과이다.
머니투데이, 2019.12.29.

61) 이행의 계곡(The Valley of Transition)은 이전과는 다른 상태로 나아가는 이행의 과정을 설명하기 위한 사회적 개념이다. 특히 인구절벽 및 출산절벽에 처한 저출산을 벗어나지 못한 나라들로는 대한민국, 일본, 스페인, 이탈리아, 이행의 계곡을 탈출한 나라들로는 프랑스, 네덜란드, 핀란드, 스웨덴 등이 설명되고 있다.

을 극복하기 위해, 남성 위주의 가부장적 사고와 제도를 개선하고, 양성평등을 위한 교육을 강화하여 자발적인 사회경제 혁신을 추진해야 한다. 인구절벽 등의 문제를 극복하기 위한 중장기 계획을 추진하고 종합적이고 지속적인 지원체계를 세워야 할 것이다.

1.3 데이터 기반 AI 혁신과 AI 경제학

1.3.1 4차 산업혁명과 AI

1차 산업혁명에서는 증기엔진을 기반으로 방적기, 증기철도, 상선 등에 의한 파괴적 기술혁신 가속화와 생산경제 확대로 경제규모의 확대와 시장경제 활성화 및 지속적인 경제성장이 발생하였다.

2차 산업혁명에서는 전기 및 제조생산공정의 자동화, 특히 컨베이어벨트 생산시스템에 의한 자동차 산업발전 등 제조업의 생산성이 급격히 이루어지는 파괴적 기술혁신이 발생하였다. 생산경제 중심의 경제에서 생산공급과잉이 발생하면서, 미국에서는 1929년 대공황이 발생했으나, 1 · 2차 세계대전 등으로 미국을 중심으로 하는 새로운 글로벌 경제질서와 비즈니스 환경이 발생하였다.

3차 산업혁명에서는 무어의 법칙에 근거하여, TV · 냉장고 · 세탁기 등 가전제품을 중심으로 한 생산공정 및 생산공장 자동화시스템과 ERP[62] 도입, 그리고 PC의 출현과 인터넷의 일반화로 전자상거래의 발전, 스티브 잡스의 아이팟과 아이폰 등으로 해서 급속한 생산성 발전과 비즈니스 수익구조 및 수익모델이 발생하였다. 전자정보기술의 급속한 기술진보를 통해, 시장가치 1조원의 유니콘 기업과 시장가치 10조원의 데카콘 기업이 창출되면서 혁신적 기술혁신과 새로운 비즈니스 경제와 글로벌 경제를 발전시켰다.

4차 산업혁명에서는 ICT(Information Communication Technology) 기술에 기반한 디지털 산업 혁신 중심으로 기존의 사업시장이 결합 및 융합한 Cyber Physical System이 시장경제와 글로벌경제의 성장엔진으로 주목받고 있다. 특히 디지털 기술의 혁신 성과물인 데이터의 집단지성인 빅데이터와 AI(인공지능), 클라우드 등에서 발생하는 파괴적

62) 전사적자원관리(ERP: Enterprise Resource Planning)는 경영정보시스템(MIS)의 한 종류이다. 전사적자원관리는 회사의 모든 정보뿐만 아니라, 공급사슬관리, 고객의 주문정보까지 포함하여 통합적으로 관리하는 시스템이다. ERP를 도입 시 생산부문이 마케팅을 실시간으로 조회하여 생산일정을 조회 및 변경할 수 있는 등 비용낭비나 생산지연 요인을 사전에 제거하는 일이 가능해진다.

혁신을 중심으로 새로운 소셜미디어, 새로운 비즈니스가 폭발적으로 발생하고 있다. 구체적으로 SNS와 이미지 및 동영상 등으로 구성된 정형데이터와 비정형데이터를 인식 및 이해하는 인공지능의 기계학습과 딥러닝의 발전으로 디지털 헬스케어산업과 RPA (Robotic Process Automation)[63]의 융복합비즈니스 등이 폭발적으로 성장 · 발전하고 있다.[64]

빅데이터와 인공지능은 실제 마케팅 및 영업, 공급망관리 및 제조분야 등의 비즈니스 현장에서 발생하는 문제를 해결해주면서, 시장가치 1조원의 유니콘 기업과 시장가치 10조원의 데카콘기업들이 데이터와 인공지능이 융합된 새로운 비즈니스를 창출하고 있다. 15초 동영상서비스인 틱톡의 바이트댄스와 차량공유서비스인 미국의 우버 및 리프트, 2020년 현재 약 1.8억 명 유료회원을 보유한 동영상 스트리밍서비스의 세계적 기업인 넷플릭스 등이 대표적 기업이라 하겠다. 고객의 데이터로부터 다양한 데이터 신경망 분석을 기반으로 하는 넷플릭스의 빅데이터 기반 비즈니스 모델은 인공지능기술에 바탕을 둔 추천서비스이다. 즉, 고객이 원하는 시간에 즐길 수 있는 영화 등 다양한 멀티미디어 콘텐츠를 개인맞춤형으로 추천하는 시스템이다. 예를 들면 수많은 영화 중에서 주관적으로 선택해야 하는 어려움과 리스크를 해소시켜 주면서, 개인맞춤형 서비스로 고객이 대우받고 있다는 즐거움을 주는 맞춤형 콘텐츠를 제공하는 비즈니스 모델이다.

한편 디지털 시대의 '자물쇠(Lock-in) 효과'와 같이, AI 시대에도 콘웨이 법칙(Conway's law)을 고려해야 한다. 즉, 명시된 규칙과 지시사항이 없을 경우 팀이 선택한 선택사항은 해당 집단의 암묵적인 가치를 반영하는 경향이 있다는 것이다. 현재 서구와 중국의 AI 개발단계에도 간극이 존재하는데, 개인적인 아이디어와 집단 이데올로기는 AI 생태계, 코드베이스, 알고리즘, 프레임워크, 하드웨어 및 네트워크 설계에 고스란히 반영된다. 인간이 자의적으로 구축한 알고리즘을 통해, 잘못된 데이터의 기계학습을 통해 AI

---

63) RPA는 Robotic Process Automation의 약자이다. 현재는 데이터 입력 등의 단순 반복 업무 프로세스의 자동화에 주로 적용되고 있지만, 향후 AI, 머신러닝 등의 기술이 발전, RPA와 결합한다면 자료분석 및 솔루션 제시 등의 업무자동화의 영역까지도 가능할 수 있다. 기존의 로봇이 공장 생산라인의 실체적 기계였다면, RPA는 소프트웨어로 구현된 사무직을 위한 로봇으로 이해할 수 있으며, 4차 산업혁명으로 디지털화가 심화된다는 점에서 빅데이터와 AI를 통한 RPA는 매우 유망한 분야로 발전할 것으로 전망된다.

64) 글로벌 리서치기관인 트랙티카(Tractica)에 따르면, 인공지능 소프트웨어가 창출한 매출은 2017년 54억달러였지만 2025년에는 1,058억달러로 증가할 것으로 전망했다.

는 잘못된 표현과 데이터 분석을 하게 된다는 것이다.[65]

영상 플랫폼 기업인 구글의 유튜브와 바이트댄스의 틱톡은 사용자와의 과거 온라인 인터랙션, 즉 온라인 접속이력을 기반으로 한 데이터를 인공지능으로 분석해 사용자가 시청하길 원하는 것으로 예상되는 영상과 AI 기반 뉴스모아 보여주기 등을 추천하는 비즈니스 모델을 갖고 있다. 15초 동영상서비스인 틱톡의 바이트댄스도 고객이 원하는 테마별로 구성된 데이터 기반 동영상을 추천하는 비즈니스 모델을 갖고 있다. 2018년 1분기에만 4,500만 회 이상의 다운로드수를 기록해 유튜브를 제치고 세계 1위를 기록했다. 동영상의 글로벌 1위였던 구글의 유튜브의 추천서비스를 모방했지만, 유튜브의 동영상이 대부분 너무 길어 간단하면서 빠르게 이미지와 영상을 선호하는 새로운 디지털 고객들은 15초 동영상서비스인 틱톡을 선호하고 있다. 틱톡에서 사용자들은 음악과 특수효과를 이용해 재미있는 15초 동영상을 만들고 해시태그 등의 설명을 붙여 공유할 수 있어 특히 10대와 20대 사이에 많은 인기를 얻고 있다. 2010년대 후반부터 대한민국에서 가장 많이 사용하는 동영상 앱도 틱톡으로 K-Pop 등에서 많은 연예인들이 참여하고 있다. 따라서 틱톡은 흥미로운 동영상을 이용해 사용자들의 관심과 참여를 유도하고, 온라인 접속이력에 기반한 데이터를 인공지능 알고리즘을 통해 사용자 개개인에게 맞춤화된 광고영상을 제시하는 방법으로 매출을 증대시키고 있다.

2020년 2분기 전 세계 소셜미디어 이용자는 38억 1,000만 명으로 전 세계 인구의 49%가 이용 중이다. 글로벌 소셜미디어 시장에 '짧은 동영상' 열풍을 몰고 온 '틱톡(TikTok)'의 운영사 바이트댄스(Bytedance)는 2020년 1분기에 지난해 같은 기간보다 130% 상승한 400억위안(약 6조 8,420억원)의 매출을 올렸다. 이는 국내 최대 인터넷 기업인 네이버의 2019년 연간 매출(약 6조 5,934억원)을 뛰어넘는 숫자다. 일부 중국 매체는 바이트댄스에 '펑쾅인차오지(瘋狂印鈔機 · 미친 돈 찍는 기계)'라는 별명까지 붙였는데, 매년 매출을 배(倍)로 늘려간다는 의미이다, 동영상 공유 앱 '틱톡' 운영회사 중국 바이트댄스의 기업가치가 2018년 말 750억달러(약 90조원)에서 2020년 1,400억달러(약 169조원)로 두 배 가까이 성장했다. 미중 무역갈등으로 어려움을 겪고 있지만, 2012년 설립 후 8년 만에 명실상부한 세계 최대 기업가치의 스타트업으로 성장 발전한 것이다.[66]

65) 에이미 웹, The Big Nine, 토트, 2019, pp.126-169.

66) 틱톡은 코로나-19에도 불구하고 2020년 1분기 신규 다운로드수가 3억 1,500만 건을 기록했다.

글로벌 조사연구기관인 Omdia에 따르면, 코로나-19 팬데믹이 여러 산업에 미친 다양한 영향에도 불구하고, 세계 인공지능 소프트웨어 시장은 2019년 164억달러에서 6배 증가해 2025년에는 988억달러 규모로 확대될 전망이라고 전망한다. 인공지능(AI) 소프트웨어 시장은 지난 수년 동안 엄청난 성장세를 기록했다. 코로나-19 팬데믹으로 인공지능 소프트웨어 시장 전망이 꺾이긴 했지만, 업계 부문별로 그 영향이 일정하지는 않다. 에너지, 석유, 가스 및 광산업 등 일부 산업은 긴축을 단행하는 반면, 비대면 산업과 비즈니스 및 보건 분야 같은 소수의 시장은 AI 채택을 가속화하고 있다. Omdia는 코로나-19 팬데믹의 지속 기간과 그 영향의 심각성을 기반으로 네 가지 시장 시나리오를 설정했다. 여기에서 소개하는 Omdia의 온건한 시나리오에 따르면, 인공지능 소프트웨어 시장은 앞으로도 두 자릿수 성장세를 이어갈 전망이다. 다만, 2019~2025년의 누적 시장규모가 코로나-19 이전에 나온 전망보다 22% 감소될 것으로 예상된다.67)

세계 인공지능시장은 2018년 이후 2022년까지 매년 50%가 넘는 수준으로 급격히 성장하여, 2017년 125억달러 시장규모가 2022년에는 세계 인공지능시장의 규모가 1,132

그림 1-9 | 세계 인공지능 시장규모 및 추이 전망

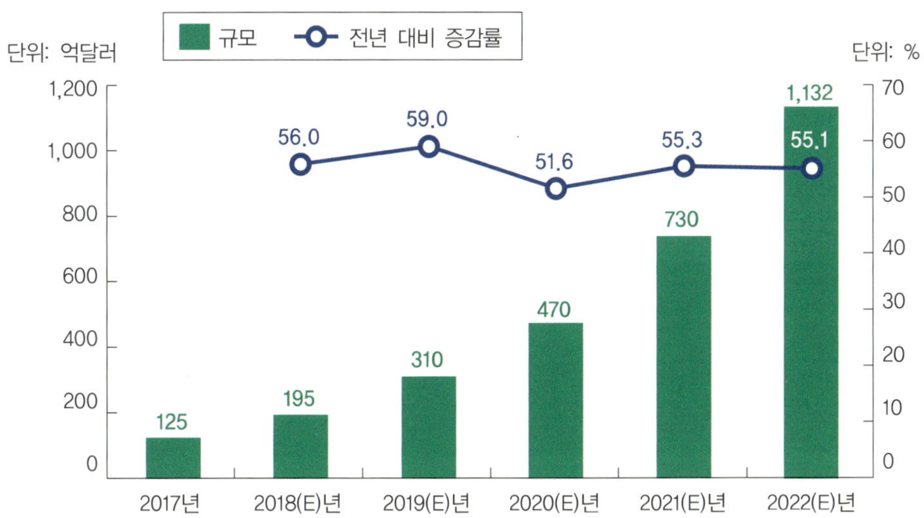

2020 5월 기준 누적 다운로드수는 20억 건에 육박하고 있다. 틱톡은 앱 내 구매로 수익을 창출하는데, 2020 4월 기준 사용자 지출이 4억 5,600만달러(약 5,500억원)에 달했다.
조선일보, 2020.6.25.

67) Omdia, *Focus Report: Artificial Intelligence Business Models*, 2Q. 2020.

억달러로 확대 발전할 것으로 전망한다. 글로벌 회계 컨설팅기업인 PwC는 인공지능이 2030년까지 매년 세계 GDP에 15조 7,000억달러를 추가할 수 있다고 예측한다. IT전문 시장조사 및 컨설팅기업인 가트너(Gartner)는 2020년까지 자연어처리 및 음성인식 인공지능 기능이 분석 플랫폼의 80% 이상에서 표준이 되리라 전망한다. 2021년까지 똑똑한 데이터 검색과 분석능력을 갖춘 인공지능 기반 플랫폼의 사용자수는 일반 플랫폼의 2배에 달하고, 더 큰 비즈니스 가치를 제공할 것으로 보인다.68)

글로벌 컨설팅기업인 매킨지에 따르면 2022년까지 인공지능 기술을 도입하지 않은 기업이 전 세계적으로 70% 정도 될 것으로 예상한다. 또한 인공지능의 파괴적 혁신은 모든 산업에서 공통적으로 발생할 것으로 전망 분석하고 있다. 스탠포드대학의 Andrew Ng 교수는 인공지능 기술이 100년 전 전기의 발명과 같다고 주장했다. 전기만큼이나 인류에 미치는 영향이 크다는 의미다. 소프트뱅크를 이끄는 손정의 회장은 앞으로 인공지능(Artificial Intelligence)을 지배하는 자가 미래를 지배할 것이라고 주장한다. 미래에는 AI, 즉 데이터를 활용해 과거를 분석하고, 이를 바탕으로 미래를 설계하는 능력이 더욱 중요해질 것이라고 설명했다. 글로벌 컨설팅기업인 매킨지에 따르면, 인공지능은 2030년까지 전 세계적으로 약 13조 달러의 가치를 추가 창출할 것으로 전망했다. 2018년 기준으로 누적 GDP가 약 16%로 증가할 것이며, 연간 GDP 성장률 1.2%에 달하는 효과다. 1차 산업혁명 시대인 1800년대 증기기관과 기계화 도입으로 0.3%의 노동생산성이 향상되고, 3차 산업혁명 시대인 1990년대 공장자동화 및 생산로봇 자동화의 영향으로 0.4%, 2000년대 정보기술 확산으로 0.6%의 생산성이 향상되었다는 점을 비교해 보면 데이터 기반 인공지능의 가치창출 규모가 상당히 크다는 것을 알 수 있다. 포브스는 세계 100대 기업의 80%가 인공지능에 투자하고 있고, 향후 대부분의 비즈니스가 데이터와 인공지능에 의해 고도화될 것으로 전망했다.69) 즉, 빅데이터와 인공지능은 실제 마케팅 및 영업, 공급망관리 및 제조분야 등의 비즈니스 현장에서 발생하는 문제를 해결해 줄 것이다.

2020년 6월 대한민국 중소기업중앙회가 스마트 공장 구축 지원사업 259기업을 조사한 결과, 중소기업 3곳 중 2곳은 스마트 공장 고도화를 위해 빅데이터 분석 도입이 필요하다고 생각하는 것으로 조사됐다. 즉, 중소기업중앙회에 따르면 2020년 6월 1~4일

68) 테크니들, 인공지능 비즈니스 트렌드, 와이즈맵, 2019, pp.59-133.
69) 정두희, 3년후 AI초격차 시대가 온다. 2019, pp.5-45. 참조

정부의 스마트 공장 구축 지원사업에 참여하는 중소제조 기업 259곳을 대상으로 조사한 결과 64.9%는 스마트 공장 고도화를 위해 빅데이터 분석 도입이 필요하다고 답했다. 필요 없다는 응답은 11.2%였고 보통이라는 응답은 23.9%였다. 빅데이터 분석 도입 필요성을 느끼는 기업이 가장 활용하고 싶은 분야(복수응답)로 꼽은 것은 불량원인 분석(39.1%). 생산최적화(23.0%), 통계적 공정분석(16.1%), 품질예측(9.6%), 수요예측(6.1%) 등의 순이었다. 빅데이터 분석을 통한 기대효과(복수응답)로는 생산량 증대(33.9%)가 가장 많고 뒤이어 원가절감(23.9%), 불량률 감소(21.7%), 생산계획 수립을 위한 수요예측(9.6%) 등의 순으로 뒤를 이었다. 스마트 공장 고도화를 위해 인공지능(AI) · 빅데이터 등에 투자할 의향이 있는 기업은 57.2%였고 투자할 의향이 없는 기업은 42.9%였다. 투자 의향이 있는 기업의 평균 투자예산은 1억 6,450만원이다. 스마트 공장에서 발생하는 제조 데이터를 분석 목적으로 저장하고 있는 기업은 89.6%였고 이들 기업의 데이터 수집 방법은 공정에서 발생하는 데이터를 PC · 태블릿 등 시스템 화면에 직접 입력하는 방식이 68.5%로 가장 많았다.

1.3.2 AI와 데이터 자본주의

Global Artificial Intelligence(AI) Market의 BCC(2020)에 의하면, 2018~2019년 세계 인공지능구조의 시장규모가 32.1% 증가했다. 이후 2025년까지 연평균 38.4% 성장하여, 1,840.7억달러의 시장으로 성장할 것으로 전망했다.

표 1-6 ▌2018~2025년 세계 인공지능구조 시장규모 전망 (단위: 억 달러)

구분	2018년	2019년	2020년 (E)	2021년 (E)	2022년 (E)	2023년 (E)	2024년 (E)	2025년 (E)	CAGR(%) ('19~'25)
시장규모	198.3	262.0	362.5	501.7	694.4	961.2	1,329.4	1,840.7	38.4%
머신러닝	77.4	102.4	142.4	198.1	275.6	383.4	533.1	741.5	39.1%
컴퓨터비전	46.6	61.9	86.5	121.1	169.4	236.9	331.0	463.1	39.9%
자연어처리	49.5	65.2	89.5	122.9	168.8	231.7	317.7	436.2	37.3%
상황인지 컴퓨팅	24.8	32.5	44.1	59.6	80.6	109.2	147.6	199.9	35.4%
성장률(YoY)	-	32.1%	38.4%	38.4%	38.4%	38.4%	38.3%	38.5%	

자료: Global Artificial Intelligence(AI) Market, BCC, 2020.

표 1-7 ▌2018~2025년 대한민국 인공지능구조 시장규모 전망 (단위: 조 원)

구분	2018년	2019년	2020년 (E)	2021년 (E)	2022년 (E)	2023년 (E)	2024년 (E)	2025년 (E)	CAGR(%) ('19~'25)
시장규모	1.07	1.50	2.07	2.87	3.97	5.49	7.59	10.51	38.4%
머신러닝	0.42	0.58	0.81	1.13	1.57	2.19	3.04	4.24	39.1%
컴퓨터비전	0.25	0.35	0.49	0.69	0.97	1.35	1.89	2.64	39.9%
자연어처리	0.27	0.37	0.51	0.70	0.96	1.32	1.81	2.49	37.3%
상황인지 컴퓨팅	0.13	0.20	0.26	0.35	0.47	0.63	0.85	1.14	35.4%
성장률(YoY)	–	39.9%	38.4%	38.4%	38.4%	38.4%	38.3%	38.5%	–

자료: Global Artificial Intelligence(AI) Market, BCC, 2020.

4차 산업혁명 시대에 있어 인공지능 발전의 기본은 데이터라는 점에서 '데이터 자본주의'가 주목받고 있다. 21세기 권력의 핵심은 데이터이며, 데이터를 쥔 국가가 21세기의 승자이며, 21세기 권력의 핵심은 데이터라는 것이 '데이터 자본주의'의 주요 내용이다. 영국 주간지 이코노미스트는 2017년 5월 "세계에서 가장 가치 있는 자원은 더 이상 석유가 아니라 데이터다"라는 제목의 기사를 보도했다. 이 기사는 '더 많은 데이터를 확보한 기업이 소비자를 더 잘 유혹할 제품을 만들 수 있다'라고 설명했다. 정교한 빅데이터 분석으로 산업 트렌드를 이해하고 활용하는 기업만이 디지털 시대의 경쟁에서 생존할 수 있다는 의미다. 오늘날 세계 시가총액 상위 기업인 애플, 알파벳, 마이크로소프트, 아마존, 페이스북은 데이터를 가장 많이 보유한 회사라는 공통점이 있다. GM, 월마트 같은 전통 기업들도 데이터 경쟁에 뛰어들기 위해 디지털 전환과 비즈니스 전쟁을 추진하고 있다.

'데이터 자본주의'를 주장하는 '빅데이터 권위자'로 불리는 빅토어 마이어 쇤베르거(Viktor Mayer-Schönberger) 옥스퍼드대 교수는 "데이터가 금융을 대신하면서 자본주의를 바꾸고 있다"며 이른바 '금융자본주의'에서 '데이터 자본주의'로의 전환을 주장하고 있다. 최근 기업들은 방대한 양의 데이터와 인공지능을 활용해 개인의 의사결정에 적극적으로 개입한다. 구글은 사용자 검색 기록을 토대로 하여 맞춤형 광고를 내보내고, 스포티파이(Spotify)는 사용자의 청취기록을 기반으로 사용자가 좋아할 만한 음악을 추천한다. 자본이 된 데이터가 기업은 물론 금융과 노동, 정부의 역할, 나아가 시장의 개념까지 변화시키다는 설명이다.[70] 이처럼 빅데이터 시대에는 어떤 결정을 기계에 위임

할 것인지 정하고 데이터의 힘을 빌려 최적의 결정을 내린 다음 서로 협업해야 한다. 데이터의 힘이 커지면서 '자본주의가 재발명될 것'이라고 설명한다. 그동안 자본주의는 화폐를 중심으로 움직이는 시장경제였지만, 미래에는 데이터가 풍부해지면서 데이터가 화폐의 역할을 대체하고 금융 자본주의의 중요성은 크게 줄어들 것으로 주장한다.71)

일반적으로 가격이 기반인 자본주의 시장경제 체제에서는 의사결정에 필요한 모든 정보를 가격이라는 하나의 수치로 단순화된다. 그 과정에서 수많은 정보가 생략되고, 세부 정보가 눈에 보이지 않으니 각종 속임수에도 취약해진다. 그래서 유기농 사과와 오렌지를 가격만으로 비교할 수 없듯이, 단순한 가격비교로는 최적의 거래로 이어지지 못한다. 하지만, 빅데이터 중심 경제에서는 정보를 가격으로 축약할 필요가 없다. 소비자는 제품이나 서비스를 구성하는 다양한 시장 정보와 데이터를 들여다볼 수 있고, AI의 도움으로 더 현명한 결정을 내릴 수 있다.

한편 구글이나 페이스북처럼 강력한 디지털 플랫폼을 보유한 기업들이 데이터를 독점한다는 비판도 나온다. 현실적으로 대부분의 국가들이 조정·규제의 필요성에 공감하고 있다. 데이터가 풍부한 시장에는 데이터를 분석해 맞춤형 추천기능을 제공하는 '디지털 지원도구'가 있기 마련이다. 현재는 아마존, 구글, 스포티파이, 에어비앤비 등이 이런 도구를 통해 고객에게 직접 서비스를 제공한다. 그러나 아마존에서 애플의 추천기능을 사용하거나 애플에서 구글의 분석도구를 사용할 수는 없다. 데이터를 생산한 주체인 소비자에게 선택권이 없기 때문에 데이터를 소수의 기업이 독점해 모두 같은 데이터 지원도구를 사용할 수밖에 없는 상황이 현실적으로 가장 우려된다.

글로벌 테크기업의 플랫폼 비즈니스 독점인 데이터 독점은 혁신도 저해한다. 혁신은 사용자 데이터 분석을 토대로 알아낸 새로운 아이디어나 정보를 기반으로 이루어진다.

---

70) 기업은 데이터 혁명에 맞춰 변화에 앞장서고 있는데, 쇤베르거 교수는 저서 「데이터 자본주의」에서 일본 후코쿠생명과 인공지능 스타트업 사베르(Saberr)를 예시로 들었다. 후코쿠생명은 IBM이 개발한 AI 왓슨(Watson)에 보험 청구 평가를 맡기고 관련 부서 인력을 줄였다. 사베르는 성격 분석 알고리즘을 개발하여, 업무 궁합이 맞는 사람들을 모아 최적의 팀을 조합한다. 이들의 주요 고객은 미국 회계법인 딜로이트(Deloitte), 프랑스 명품 그룹 LVMH(Louis Vuitton Moët Hennessy), 영국 생활용품 회사 유니레버(Unilever) 등이다.

71) 일례로 온라인 쇼핑에 경매 방식을 처음 도입한 이베이(eBay)는 최근 매력을 잃고 있다. 반면 우버(Uber)나 블라블라카(Blablacar) 같은 차량공유업체는 승객과 차량을 연결해주면서 성장했다. 전자가 금융자본주의라면 후자가 데이터 자본주의다. 가격이 중심인 금융자본주의에서 다양한 정보와 데이터를 기반으로 최적의 거래상대를 찾아내는 데이터 자본주의로 전환되고 있다는 증거다.

그런데 데이터가 구글, 페이스북, 아마존 등 대기업에 몰리면 스타트업이나 중소기업은 성장기회가 줄어든다. 애플과 구글처럼 데이터를 독점하는 기업이 분할되어야 한다는 의견도 있다. 실제로 1980년대에 미국정부는 시장독점을 우려해 미국 통신사 AT&T를 분할했다. 그러나 20년 후 AT&T는 오히려 덩치를 키워 돌아왔다. 기업을 여러 개로 분할하는 것보다 대신 혁신의 원료인 데이터가 산업 전반에 걸쳐 광범위하게 공유되도록 보장해 공정하게 경쟁할 수 있도록 해야 한다.

구글, 페이스북, 아마존 등 미국의 디지털 대기업의 수익 및 데이터 독점을 억제하고자 유럽연합에서는 2018년 5월에 개인정보보호법이 발효됐다. 기업들의 공정한 경쟁을 유도하고 개인정보보호를 강화하기 위해 만든 통합규정이다. 이는 디지털 단일 시장을 구축하고, 회원국 간의 자유로운 정보이동을 장려한다.[72)]

미국 스탠퍼드대학의 인간중심인공지능연구소(HAI)가 국제컨설팅그룹 맥킨지 등과 공동으로 작성해 2020년 발표한 '인공지능 인덱스 2019 연례 보고서'(The AI Index

그림 1-10 | Two Distinct Eras of Compute Usage in Training AI Systems

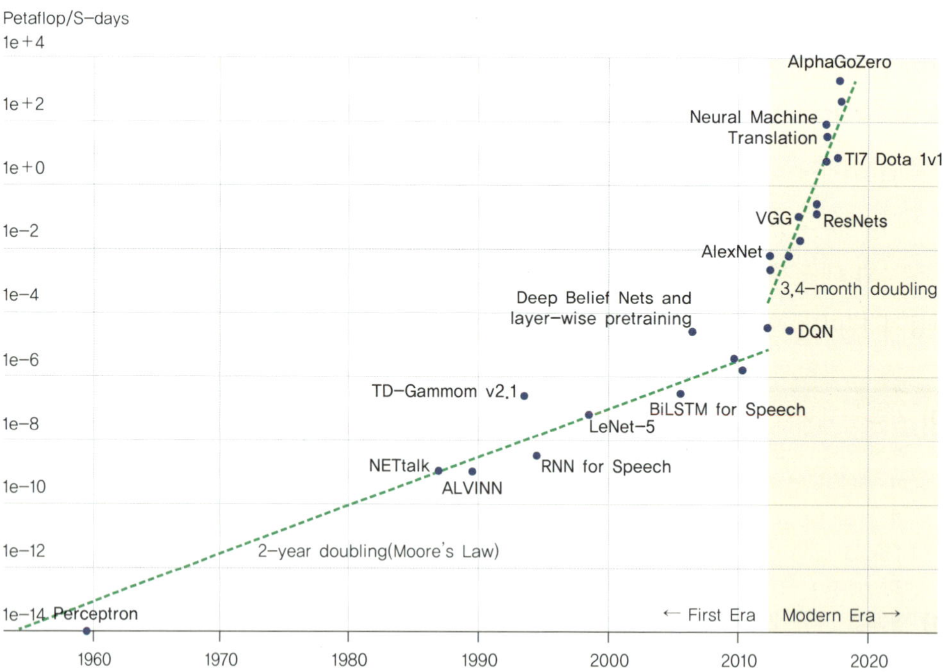

72) 빅토어 마이어 쇤베르거 · 토마스 랑게, 데이터 자본주의, 2018. 참조

2019 Annual Report)에 따르면,73) 2010년대 들어 인공지능의 성능 향상 속도가 무어의 법칙보다 7배나 빠른 것으로 분석됐다. 무어의 법칙은 인텔의 연구원 고든 무어가 1960년대에 처음 주장한 것으로, 컴퓨터 칩의 성능(연산능력)이 2년마다 2배씩 향상된다는 법칙이다. 보고서에 따르면 인공지능의 발전 속도는 2012년 이전에는 무어의 법칙과 거의 비슷했다. 그런데 그 이후 가속도가 붙어 지금은 3.4개월에 두 배씩 늘어나고 있다. 무어의 법칙대로였다면 7배에 그쳤을 것이 30만 배가 된다는 설명이다.

인공지능의 성능 향상 속도는 2012년을 전후로 가파른 상승곡선을 그리기 시작했다. 이에 힘입어 인공지능 알고리즘을 훈련시키는 데 걸리는 시간도 극적으로 단축됐다. 클라우드 기반에서 대형 이미지분류시스템 '이미지넷'을 훈련시키는 데 걸리는 시간이 2년 사이에 180분의 1 수준으로 짧아졌다. 2017년에는 3시간이 걸리던 것이 2019년 7월 현재 88초밖에 걸리지 않는다. 비용도 수천달러에서 수십달러 수준으로 급감했다. 이미지 인식의 정확도도 뚜렷하게 높아졌다. 보고서는 1,400만 개 이상의 이미지를 갖고 있는 공공 데이터 세트인 이미지넷의 식별 프로그램을 통해 분석한 결과 이미지 인식의 정확도는 85%에 이르렀다고 밝혔다. 이는 2013년의 62%에 비해 껑충 뛴 것이다. 기계번역에선 실제 업무에 이용할 수 있는 기계번역시스템 수가 2017년 8개에서 2019년엔 24개로 늘어났다.

그림 1-11 | ImageNet training time(October 2017 ~ November 2019)

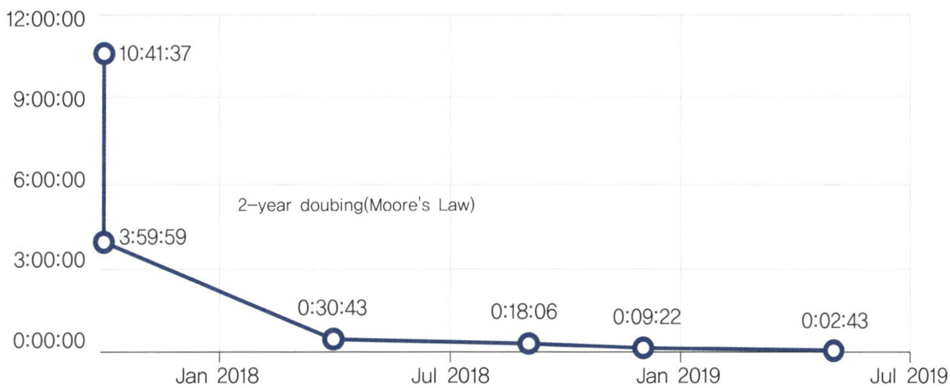

자료: Standard DAWN Project, 2019.

73) Stanford HAI, Artificial Intelligence Report 2019, 2020. 참조

이미지넷 훈련에 걸리는 시간이 2년 사이 3시간에서 1분30초 정도로 줄었다. 인공지능 시대의 도래를 알리는 또 하나의 중요한 지표는 인공지능 관련 직업수의 변화다. 보고서는 2010~2019년 9월 기간 중 취업정보 사이트 '인디드'의 채용정보를 분석한 결과 미국에서 인공지능 일자리의 비중이 2010년 이후 5배 늘어났다고 설명했다. 전체 일자리에서 차지하는 비중이 0.26%에서 1.32%로 높아졌다. 여전히 비중이 작긴 하지만, 이는 인공지능 개발에 직접 관련 있는 기술 부문만을 집계한 것이라는 점을 고려해야 한다. 인공지능의 영향을 받아 강화되고 재편되는 일자리까지 합치면 그 비중은 갈수록 더 커질 가능성이 있다고 보고서는 덧붙였다. 보고서는 미국의 경우에 한정해 분석했지만, 한국을 비롯한 다른 나라들도 비슷한 추세일 것으로 예상된다.

인공지능 기술직 중에서 구인공고의 선두 부문은 머신러닝(인공지능 일자리의 58%)이었다. 이어 인공지능(24%), 딥러닝(9%), 자연어처리(8%) 순서로 설명했다. 가장 빠른 속도로 늘어나는 일자리는 딥러닝인데, 2015~2018년 사이에 12배가 늘었다. 이어 인공지능이 5배, 머신러닝이 4배, 자연어처리가 2배 늘어났다. 수요가 늘어난 만큼 보수도 많이 상승했다. 영국의 벤처캐피탈펀드 MMC벤처스 집계에 따르면, 인공지능 엔지니어의 평균 연봉(2018년 미국 기준)은 22만4,000달러(2억 6,000만원)로, 소프트웨어 개발자 평균치 10만4,480달러(1억 2,000만원)의 2배를 넘게 인상되었다.

인공지능 관련 스타트업에 대한 투자도 연평균 50%씩 늘고 있는데, 2018년 400억달러(46조원)를 넘어섰다. 돈이 가장 많이 몰리고 있는 분야는 자율주행차 부문인데, 2018년 77억달러에 이르렀다. 이어 의료연구와 안면인식이 47억달러로 2위를 차지했다. 증가율이 가장 높은 분야는 로봇자동화(10억달러)와 공급망관리(5억달러)였다.

축적된 빅데이터를 인공지능으로 정리 및 추론을 하는 과정이 이루어지면서 빅데이터와 인공지능(AI: Artificial Intelligence)을 기반으로 자율주행자동차와 로봇, 금융거래 및 전자상거래와 배달음식시장 등 다양한 분야에서 활용되고 있다. 아울러 많은 국가들이 디지털 기술 분야의 경쟁력이 기업과 국가의 경쟁력을 결정하는 시대에 대응하기 위해, 미국 등 선진국들은 2010년경 디지털 기술을 사회전반에 적용해 국가경쟁력을 향상시키는 '디지털 트랜스포메이션(Digital Transformation)' 정책을 추진하고 있다. 빅데이터 축적과 데이터 기반 AI 생태계조성에 정책을 집중하고 있다. 대한민국은 2019년 12월 17일 범정부 인공지능(AI) 종합계획인 '인공지능 국가전략'이 발표되었다. 3대 전략으로 인공지능기술 · 데이터 등 생태계 강화, 산업융합(AI+X) · 인재양성 등 활용

그림 1-12 | 국가별 인공지능 특허등록 건수

(단위: 건)

	한국	미국	일본	유럽	중국	인도	이스라엘
2014년	67	198	40	59	358	13	1
2015년	59	218	57	53	483	20	3
2016년	114	291	39	74	596	67	1
2017년	238	417	55	82	1,006	76	2
2018년	497	678	60	100	1,351	164	9

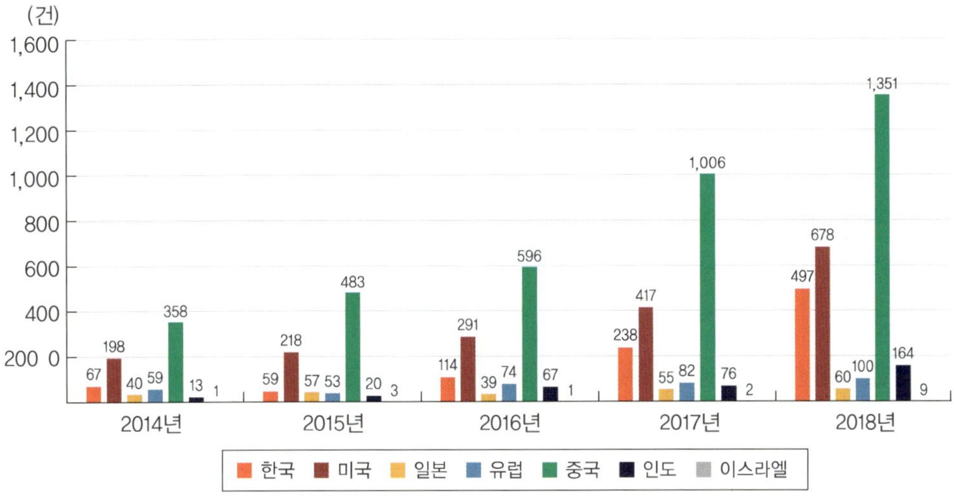

자료: 한국정보화진흥원

확대, 사람 중심의 인공지능 구현을 제시하였다. 일반적으로 인공지능 기술수준은 미국 대비 81.6%이며, 중국(88.1%)과 일본(86.4%)보다 낮다. 이외에도 인공지능 관련기술인 빅데이터의 기술수준은 미국 대비 83.4%로 중국 · 일본보다 낮지만, 응용 소프트웨어의 기술수준은 미국 대비 86.6%로 중국 · 일본보다 높은 실정이다.

민간과 공공분야의 인공지능 활용 수준이 낮은 수준이다. 국내 사업체의 인공지능 활용비율은 0.6%에 불과하며, 활용도가 낮은 핵심이유는 인공지능을 이용할 필요성이 없다고 느끼기 때문이다. 따라서 우리 정부의 인공지능 도입준비도 수준은 전 세계 26위로 전자정부 수준(세계 3위, 2018년 UN 발표)에 비해 크게 낮은 실정이다. 또한 인공지능 전문인력의 규모는 양성뿐만 아니라 활용 측면에서도 크게 부족하다. 전 세계 인공지능 핵심인재 500명 중에서 우리나라 출신자 비율은 1.4%이고, 전문인력 22,400명 중에서 우리나라에서 활동하는 인력은 1.8%에 불과한 실정이다.[74)]

그림 1-13 | 인공지능 논문등록 건수

(단위: 건)

	한국	미국	일본	유럽	중국	인도	이스라엘
2014년	34	248	73	272	315	79	3
2015년	20	294	53	272	245	118	4
2016년	43	296	58	268	283	169	6
2017년	36	360	62	301	301	170	6
2018년	37	405	76	285	440	246	6

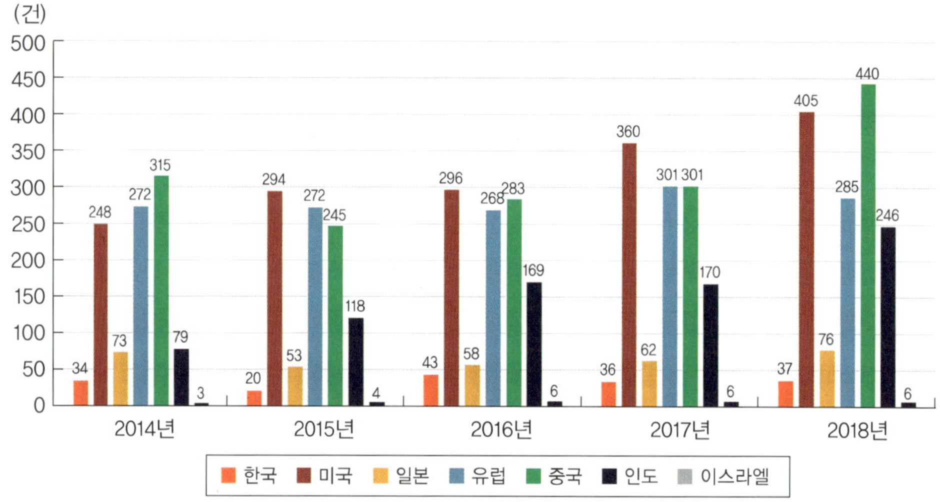

자료: 한국정보화진흥원

구체적으로 2019년 12월 한국정보화진흥원(NIA)의 '2019년 NIA AI 인덱스 · 우리나라 인공지능(AI) 수준 조사' 보고서에서 특허, 논문, 기업활동, 법제도 등 총 23개 지표별 한국의 인공지능 수준을 분석하였다.75) 2018년 기준 한국의 인공지능 특허등록 건수는 497건으로 중국(1,351건), 미국(678건)에 이어 3위로 나타났다.

대표적 인공지능 기술 분야인 음성인식, 컴퓨터비전, 자연어처리 등 세 가지 부문에서 특허등록 건수를 조사한 결과(2018년 기준) 음성인식 분야 특허등록 순위는 미국

74) 정준화, 인공지능기술 · 활용 · 인재 현황과 시사점, 2019.12. 국회입법조사처 참조

75) 비교 대상은 한국을 포함해 미국, 중국, 일본, 유럽, 인도, 이스라엘 등 총 7개 국가이고, 인공지능 대학교 · 대학원 수와 인공지능 기업 · 스타트업 등 일부 지표에서는 유럽이 영국과 독일로 나뉘어 비교 대상이 총 8개 국가로 늘었다.
NIA, "2019년 NIA AI Index, 우리나라 인공지능(AI) 수준 조사", IT & Future Strategy 보고서, 2019.12. 참조

(211건), 중국(103건), 한국(63건) 순이었다. 자율주행차 등에서 전·후방 사물을 인식하는 기술인 컴퓨터 비전 분야 특허등록 순위는 중국(166건), 미국(56건), 한국(13건) 순이었고, 자연어처리 분야 순위는 미국(47건), 중국(11건), 한국(5건) 순이었다.

2018년 기준 인공지능 특허 점유율은 중국이 47.3%로 1위였고, 미국(23.7%), 한국(17.4%)이 뒤를 이었다. 인공지능 논문 등록 건수와 인공지능 대학교·대학원 숫자 등 지표에서 한국은 하위권에 머물렀다. 2018년 기준 한국의 인공지능 논문 등록 건수는 37건으로 7개국 중 6위였다. 중국이 440건으로 1위였고, 미국(405건), 유럽(285건), 인도(246건) 등이 뒤를 이었다.

한국의 인공지능 대학교·대학원수는 2018년 12월 기준 0개로, 영국(55곳), 미국(9곳), 중국(1곳), 일본(1곳)보다 부족한 것으로 나타났다. 2019년 성균관대, 고려대, 한국과학기술원(KAIST), 포스텍, 광주과학기술원(GIST)에 인공지능 대학원이 설립됐다.

2018년 한국의 인공지능 산업 시장규모 전망치는 4,760만달러(약 558억원)로 7개 국가중 5위였다. 미국이 7억 6,650만달러, 영국 3억 1,060만달러, 중국 1억 9,970만달러에 비해 현저히 낮은 수치로 조사됐다.

2018년 분야별 인공지능 시장규모에서 한국 금융 분야 인공지능 시장규모는 1,280만달러(약 148억원)로 7개 국가 중 5위에 해당했다. 금융 분야 인공지능 시장 규모 1위는 미국(1억 8,260만달러), 2위 영국(7,540만달러), 3위 중국(5,039만달러) 순이었다.

2018년 한국 유통 분야 인공지능 시장 규모도 630만달러(약 73억원)로 7개 국가 중 5위를 기록했다. 미국이 1억 680만달러 규모로 1위, 영국이 460만달러로 2위, 중국이 309만달러로 3위였다.

2018년 6월 기준 한국의 인공지능 기업 개수는 26개로 8개 국가 중 8위를 기록했다. 인공지능 기업은 미국이 2,028개로 가장 많았고, 중국(1,011개), 영국(392개), 독일(111개) 등 순이었다. 반면 2017년 기준 한국의 인공지능 스타트업 개수는 465개로 8개국 중 2위를 차지했다. 인공지능 스타트업 개수가 가장 많은 나라는 미국(1,393개)이고, 중국이 383개로 3위를 차지했다.

데이터 경제 활성화를 위한 주요 국가 차원의 대책으로는 다음과 같다. 세계 주요국은 데이터 경제 선도를 위해 범국가 차원에서 데이터 확보, 데이터 활용 확대, 데이터 분석 인재양성 등과 함께 안전한 데이터 활용제도 정비 등 종합적인 대책을 마련해 추진하고 있다.

표 1-8 ▮ 우리나라 인공지능 수준 비교(글로벌 지표 결과)

지표명		1위 국가/데이터 값		한국 데이터 값(순위)
특허등록(합계)			1,351건	497건 (3위/7개국)
음성인식 특허등록			211건	63건 (3위/7개국)
컴퓨터비전 특허등록			166건	13건 (3위/7개국)
자연어처리 특허등록			47건	5건 (3위/7개국)
특허 점유율			47.3%	17.4% (3위/7개국)
논문등록 합계			440건	37건 (6위/7개국)
음성인식 논문수			180건	23건 (6위/7개국)
컴퓨터비전 논문수			241건	14건 (5위/7개국)
자연어처리 논문수			82건	0건 (7위/7개국)
대학교 · 대학원수			55건	0건 (5위/8개국)
Kaggle 상위 랭커			27명	1명 (8위/8개국)
시장규모			766.5백만달러	47.6백만달러 (5위/7개국)
분야별 시장 규모	미디어&광고		193.4백만달러	12백만달러 (5위/7개국)
	금융		182.6백만달러	12.6백만달러 (5위/7개국)
	유통		106.8백만달러	6.3백만달러 (5위/7개국)
	헬스케어		110.9백만달러	7.2백만달러 (5위/7개국)
	교통		82.1백만달러	5.4백만달러 (5위/7개국)
	농업		38.7백만달러	1.7백만달러 (5위/7개국)
	법률		17.7백만달러	00.4백만달러 (6위/7개국)
	오일&가스		20.7백만달러	1.3백만달러 (6위/7개국)
	기타		13.4백만달러	0.3백만달러 (6위/7개국)
인공지능 기업수			2,028개	26개 (8위/8개국)
인공지능 스타트업수			1,393개	465개 (2위/8개국)
규제 샌드박스			29건	0건 (3위/4개국)

※ 데이터 값은 2018년을 기준으로 국가별 경제규모를 고려하지 않은 절대 수치
자료: 2019년 NIA AI Index.

유럽의 경우, 유럽연합(EU) 내 데이터 경제 활성화를 위한 그동안의 전략을 정리·발표[76]하였다. 개인 데이터 보호와 활용의 양립을 위한 규정(ePrivacy Regulation,[77] GDPR[78])을 통해 디지털 신뢰를 확보하고 있다.

영국의 경우, 오픈 데이터 구축·개방을 통해 공공서비스를 혁신해 경제적 가치를 발생[79]시키고 있다. 데이터 중심 혁신으로 얻는 경제적 가치에 관해 전파하고 광범위한 이해관계자 참여를 유도[80]하고 있다. 디지털 경제법(Digital Economy Act)[81]을 통해 공공기관 상호 간 데이터 공유를 확대하고 비식별화된 개인정보 공개를 추진하고 있다.

미국의 경우, 투명한 데이터 거래를 위해 데이터법(Data Act)[82]을 제정·발표하고, 데이터 활용 혜택을 최대화하고 위험을 줄이기 위해 소비자 프라이버시 권리장전,[83] 정보유출통지법[84]을 제정하였다.

중국의 경우, 산업별 대용량 데이터 활용 강화, 기업별 데이터 활용 촉진, 빅데이터 표준 시스템을 구축하고 있다. 보안역량 강화를 통해 데이터 거래 및 데이터 경제 활성화를 위한 기반을 마련[85]하고 있다.

일본의 경우, 오픈 데이터 활용 장려 및 데이터 전송과 관련하여 기업 간 계약 가이드라인을 제공해 데이터 순환을 촉진[86]하고 있다. '익명가공정보제도'를 도입[87]하여 개인정보 보호와 데이터 활용을 촉진하고 있다.

---

76) EU, Elements of the European data economy strategy, April, 2018.

77) EU, "Proposal for an ePrivacy Regulation", January, 2017.

78) EU, "General Data Protection Regulation", May, 2018.

79) Deloitte의 연구에 따르면 영국 교통 공공 데이터의 개방은 런던 경제에 연간 최대 1억 3천만(1,911억원) 파운드를 기여
Deloitte, "Assessing the value of TfL's open data and digital partnerships", July 2017, page 5.

80) UK HM Trasury, "The Economic Value of Data : Discussion paper", August, 2018.

81) Legislation.gov.uk, "Digital Economy Act 2017", 2017.

82) US Congress, "Digital Accountability and Transparency Act", May, 2014.

83) White House, "Consumer Privacy Bill of Rights", 2012.

84) White House, "National Data Breach Legislation", May, 2014.

85) 중국 공업과 정보화부, "빅데이터산업 발전규획", 2017.1.

86) Prime Minister of Japan, "Investment for the Future Strategy 2017", May 2017.

87) 일본, 개정 개인정보보호법, 해당 개정 보호법은 2017년 5월 시행되었으며, 의료분야 데이터 이용을 활성화하기 위해 의료정보의 '익명가공 사업자' 인정 제도를 도입하는 '차세대 의료기반법'이 포함된다.

1.3.1.1 4차 산업혁명을 선도하는 AI 시대의 컴퓨팅 통찰력과 빅데이터

인공지능은 인간의 학습능력, 추론능력, 자연어의 처리 능력 등을 소프트웨어로 구축한 것으로, 컴퓨터가 인간의 지능을 모방하는 방향으로 발전하고 있다. 인공지능의 구현을 위해서는 데이터 추상화, 빅데이터 분석, 기계학습 등을 위한 소프트웨어와 소프트웨어에서 요구하는 연산을 처리할 고성능 컴퓨터(병렬컴퓨터, 에지컴퓨터, 양자컴퓨터 등)가 개발되고 있다. 아울러 구글 · 아마존 · 애플 · 페이스북 등 글로벌 테크기업들은 빅데이터와 패턴학습 기술 및 AI 등과 연계하여, 헬스케어 · 핀테크 등 금융서비스 · 자동차 및 뉴모빌리티 · 제조업 · 에너지 · 도소매 · 운송 및 물류 등 다양한 분야에서 인공지능 기술의 상용화 및 비즈니스에 집중하고 있다.

4차 산업혁명 시대에는 2019년 말 이세돌 9단과 대한민국 인공지능바둑 소프트웨어 '한돌'과의 은퇴기념 대국에서 보듯이, 인공지능과 인간의 대결에서 인공지능의 승리가 일반화되고 있다.[88] 인공지능과 인간 최고수 간의 대결 역사는 인공지능의 성장을 가장 알기 쉽게 설명한다. 1997년 IBM 슈퍼컴퓨터 딥블루가 체스 챔피언 가리 카스파로프를 물리치면서 시작된 일련의 대결에서 인공지능은 딥러닝의 등장과 함께 지난 10년새 뚜렷한 성과를 남겼다. 2011년 퀴즈쇼 '제퍼디'를 시작으로 2015년 아타리 게임(벽돌깨기), 2016년 바둑인공지능 소프트웨어 알파고, 2017년 피부암 진단, 2017년 음성인식과 포커에 이어 2018년 중국어 · 영어 번역과 온라인게임 '도타2', 단백질 합성을 거쳐 2019년 6인조 포커, 스타크래프트2에 이르기까지 숨돌릴 틈도 없이 잇따라 최고수급 인간을 제압하거나 대등한 능력을 보여주고 있다. 4차 산업혁명 시대는 빅데이터와 인공지능 혁신이 중심이 되어 산업경제 발전을 선도하고 있다. 또한 2016년 구글 자회사 딥마인드사는 AI바둑 알파고와 2017년 알파고 제로, 2020년 12월 유전정보만으로 단백질 구조를 예측하는 AI헬스케어 알파폴드(Alphafold), 2021년 1월 박세리와 대결한 AI골프 엘드릭(LDRIC) 등이 현실화되었다.

이와 같이 인공지능의 빠르고 정확한 데이터 처리와 예측 성능은 인간의 능력을 초월하기 시작했다. 최근에는 외부 데이터에 의한 학습을 넘어 스스로 데이터를 생산하

88) 이세돌 9단은 유일하게 공식전에서 인공지능 알파고를 상대로 승리를 거둔 기사다. 알파고는 현재 바둑계를 은퇴했으며 전적은 74전 73승 1패인데 여기서 1패가 바로 이세돌이 4국에서 승리한 것. 마지막 상대였던 커제 9단은 3전 전패로 무너졌다. 2019년 12월 한돌과의 승부에서도 1승을 기록하였다.

고 학습하기도 한다. 인공지능이 강력해질 수 있었던 원인은 세 가지가 있다. 인터넷 발전으로 빅데이터를 쉽게 모을 수 있게 되었고, 딥러닝(Deep Learning)이라는 기계학습 알고리즘이 개발되었으며, 컴퓨팅 성능이 획기적으로 향상되었기 때문이다. 그 결과 인공지능 시대에는 '컴퓨터 하드웨어의 성능'과 '컴퓨팅 사고 능력'이 과학기술과 산업 경쟁력의 가장 중요한 기초로 부상했다. 4차 산업혁명의 주도권 싸움도 여기서 판정날 것이다. 이런 와중에 전 세계를 전대미문의 공포와 경기침체로 몰아넣고 있는 코로나-19 팬데믹 현상으로 AI와 컴퓨팅 사고 능력에 대한 관심을 더욱 증폭시키고 있다.

4차 산업혁명을 선도하는 AI 시대 '컴퓨팅 인지력과 통찰력'이 다양한 분야에서 활용되고 있다. 인공지능이 목표한 작업을 수행할 때 빅데이터로 학습을 하고, 판단을 내리고, 미래를 예측하고, 최적 행동을 결정하는 물리적 주체는 컴퓨터이다. 인간은 알고리즘 구축과 작업명령을 컴퓨터에 내릴 뿐이다. 인간이 컴퓨터와 소통할 수 있는 수단이 있어야 하는데 이때 사용하는 언어를 컴퓨터 '프로그래밍 언어'라고 한다. 반면 컴퓨터의 기계 언어는 '1'과 '0'으로 이루어진 '디지털 2진수 언어'이다. 이렇게 언어에는 '인간의 언어', 인간과 컴퓨터를 연결해주는 '프로그래밍 언어', 컴퓨터가 이해하는 '2진수 디지털 언어' 등 세 종류의 언어가 있다. 이 세 종류의 언어를 연결하면서 사람의 생각과 지시를 컴퓨터가 이해할 수 있도록 번역하는 작업을 '코딩'이라고 한다.

코딩보다 더 확대된 개념은 '컴퓨팅(Computing)'이다. 다학제(Interdisciplinary)적인 지식과 코딩을 이용한 컴퓨터 활용으로 인간의 생각을 구현하는 체계적 · 수학적 · 과학적 · 논리적 사고 체계와 그 일련의 작업을 컴퓨팅이라고 부른다. 더 나아가 컴퓨터 기술 자원을 개발하고 사용하는 모든 활동을 가리키기도 한다. 컴퓨터를 이용한 과학적인 문제해결, 논리, 절차, 방법을 '컴퓨팅 사고(思考)'라고 한다. 이것이 바로 인공지능 시대에 필요한 '과학적 사고 체계'이다. 인공지능 시대에는 이러한 '컴퓨팅 사고력'의 확보 여부가 인간이 인공지능에 지배당할 것인가, 아니면 인간이 인공지능을 지배할 것인가를 결정한다. 무어의 법칙에 기반한 급속한 디지털 혁신으로 병렬컴퓨터, 에지컴퓨터, 양자컴퓨터로 진화하고 있다. 미래에는 고성능 지능형 컴퓨팅 사고력 없이는 일자리도 없고, 신산업도 없고, 경제성장도 없다.[89]

89) 영국은 이 컴퓨팅 사고력의 중요성을 간파하고 이미 만 5세 유치원 시기부터 컴퓨팅 과목을 매주 1시간 이상 필수과목으로 가르치고 있다. 5세부터 알고리즘을 이해해 간단한 프로그램 코딩을 하도록 하고 이를 통해 과학적 · 논리적 문제해결 훈련을 받는다. 교육과정에서는 논리적이고 조직적인 사고방식, 복잡한 문제를 분석해서 이를 명확하게 이해하는 능력, 큰 문제를 간단

그림 1-14 | '컴퓨팅 사고' 구성과 원리

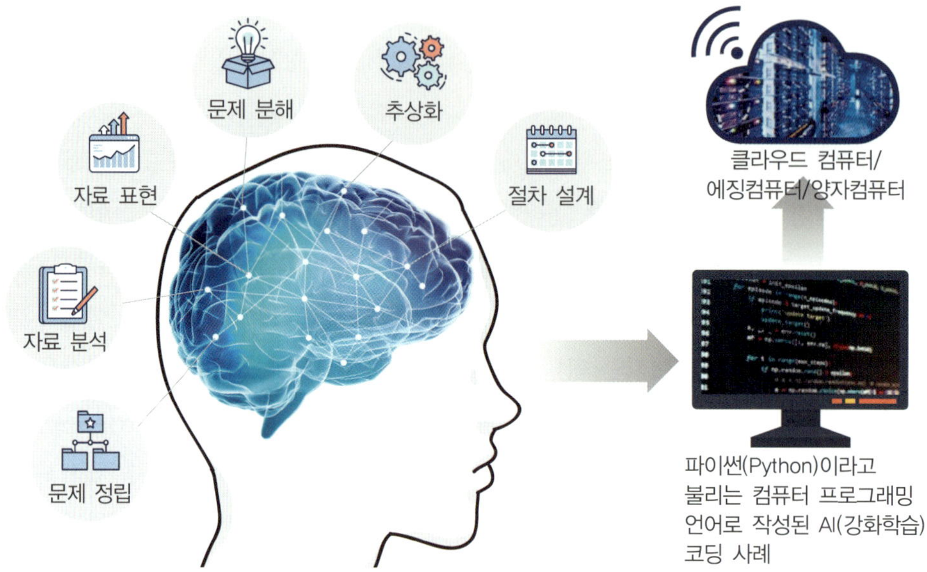

자료: KAIST, 2020. 재구성

코로나-19 팬데믹 현상으로 바이러스와의 전쟁은 한마디로 시간과의 싸움이며, 동시에 인간의 심리적 · 정치적 판단 실수를 최소화해야 한다. 이러한 시간과의 싸움에 가장 유용한 도구가 바로 인공지능 기술과 빅데이터 과학을 포함한 컴퓨팅 사고력이다. 컴퓨터는 매우 빠르고 정확하며 논리적이다. 특히 인공지능에는 인간의 심리적 오류를 고려하지 않는다. 빠르고 효율적이며 정확하게 바이러스의 발생, 변이, 전파, 숙주세포 침투, 복제, 그리고 방출 과정을 설명하고 예측할 수 있는 가능성이 있다. 대규모 위치정보, 통화정보, SNS 정보, 교통정보, 의료정보, 신용카드 정보, 온라인구매 정보, 소비자 이력 및 소비행태 정보, 다양한 시장정보, 스마트 팩토리와 생산공정관리 정보 등을 결합하면 그 정확성과 신뢰성은 더욱 높아진다. 그러면 실시간 방역 대책도 가능하다. 여기에 더해 축적된 유전자정보와 면역 데이터를 이용하면 백신 개발과 치료제 개발 시간도 단축할 수 있다. 이 과정에서 통계학, 데이터 과학, 인공지능기술, 기계역학, 미생물학, 세포학, 면역학 등이 서로 융합된다. 코로나-19와의 전쟁에서도 컴퓨팅 사고

한 여러 문제로 분할하여 추상화하는 능력, 문제를 순차적으로 컴퓨터를 이용해서 해결하는 능력을 가르친다.
조선일보, 2020.3.18. 참조

력이라 불리는 과학적 · 논리적 사고체계가 더욱 절실하다.[90] 인공지능은 비대면 시대의 다양한 비즈니스 서비스와 비즈니스 모델로 발전하고 있다.

특히 데이터 사이언티스트(Data Scientist)와 경영데이터 분석 전문가처럼 컴퓨터가 인식할수 있도록 코딩을 통한 데이터의 아키텍처(Data Architecture)인 데이터 세트(Data Set)와 데이터 큐레이션(Data Curation), 그와 연계된 통계 및 빅데이터에 적합한 베네지안 추론방식과 빅데이터 분석기법인 기계학습과 딥러닝 등의 기술을 지닌 핵심인력의 역량을 활용해야 한다. 4차 산업혁명 시대의 비즈니스 성공 핵심요인은 우수인력의 학습의지와 온라인 융합적 학습콘텐츠 및 학습인프라가 될 것이다.

우수한 인공지능일지라도 대부분 해당 분야에서만 통용되는 한계를 갖고 있다. 스타크래프트2를 아무리 잘하는 인공지능도 체스판 앞에 서면 초보선수다. 유방암을 정확하게 진단해내는 인공지능이 폐암을 정확히 진단해 내기는 어렵다. 계산력과 분석, 추론능력이 월등하다고 해서 무턱대고 일을 인공지능에 맡기는 건 위험을 자초하는 일이다. 결국 인공지능의 위력을 결정하는 건 인공지능을 어떻게 적절한 용도로 쓰느냐에 달려 있다. 이는 인공지능이 강력해질수록 인간의 판단력이 더 결정적인 영향력을 끼칠 수 있다는 의미를 함축한다.[91] 이는 4차 산업혁명 시대를 선도하는 인공지능 중심 사회경제 및 비즈니스에도 여전히 인간의 가치가 강조되는 이유이다. '무어의 법칙'보다 7배 빠르게 기술혁신하는 인공지능과 인간의 협업구조에 대한 다양한 접근과 연구에 대해 더 많은 관심과 제도 보완 및 인공지능 윤리가 요구되고 있다.

1.3.1.2 폭발하는 빅데이터와 AI 혁신 모델

최근 1년간 생성된 데이터의 양이 과거 100년 동안 생성된 것보다 많다. 미국 IT 마켓리서치 기업인 ICD(International Data Corporation)은 2025년까지 163제타바이트(제타(Zetta)는 1조 기가바이트)의 데이터가 생성될 것으로 전망한다. 방대하고 다양한 데이터를 통해 인공지능 머신의 성능은 시간이 갈수록 향상되고 있다.

미국 잡지 포브스(Forbes)에 따르면 코로나 팬데믹으로 집안 활동이 크게 늘어나면서 낮 시간대 광대역 인터넷 소비가 41% 이상 증가되었다고 한다. 가족이나 친구와의 만남과 외출, 스포츠 활동은 물론이고 직장생활도 대부분 온라인 공간에서 이루어지고

90) 조선일보, 2020.3.18. 참조
91) 한겨레, 2019.12.31.

있기 때문이다. 인터넷 사용량이 많아지면서 개인 및 공용 클라우드 컴퓨팅 데이터 센터의 활용도가 크게 높아지게 됐고, 이에 부응하기 위해 데이터 센터 인프라가 크게 성장할 수밖에 없다. 그 결과 우리나라 메모리 및 시스템 반도체 수출이 전년 동기에 비해 각각 9.8%, 5.3% 증가했다. 비대면 사회의 '온라인 중심 사이버 경제'가 반도체 메모리를 절실하게 필요로 하기 때문이다.

온라인 중심 사이버 경제는 4차 산업혁명의 기초인 '유 · 무선 네트워크 기술,' '클라우드 컴퓨팅 기술,' '빅데이터 기술', 그리고 '인공지능 기술'이 결합되어야 제 기능을 발휘한다. 가공할만한 속도의 정보 처리와 전송, 이를 뒷받침할 기술과 장비가 개발되면서 온라인상에서 원격으로 교육과 의료, 회의, 재택근무 등 비대면 경제활동이 가능하게 됐다. 일단 불이 붙은 '온라인 원격' 분야의 변화 · 진보는 폭발적인 확장성을 보이고 있다. 최근 들어 온라인으로 상품 주문과 생산, 배송, 판매 분야의 산업이 급성장하고 있다. 영화와 연극, 공연, 문학, 스포츠, 엔터테인먼트 산업도 비대면 경제 분야에서 비약적 성장을 거듭하고 있다. 이러한 온라인 사이버 경제는 핵반응을 일으키듯이 빅데이터의 폭발적 증가에 기폭제가 된다. 온라인 사이버 경제 산업에서는 매 순간 빅데이터가 발생하고, 전송되고, 저장과 분류되며, 마지막에 인공지능에 사용해 소비자의 눈높이 맞춤형 서비스로 변화 · 발전했다.

예를 들어, 우리가 매일 1시간 정도 8K TV급 고화질 해상도를 가진 온라인 화상회의나 교육을 받는다고 하면 하루 약 1GB(10^9바이트)의 데이터가 생산된다. 전 세계 30억 인구가 1년 365일 화상 데이터를 생산한다면, 1년 동안 생산되는 빅데이터 양은 약 1ZB(제타바이트)가 된다. 제타(Zetta)는 10^{21}이다. 화상회의 하나만으로도 이렇게 어마어마한 빅데이터가 만들어진다. 미래에는 숨 쉬는 것도 데이터이고 침방울 안의 바이러스도 모두 소중한 데이터가 된다. 요타(Yotta · 10^{24}) 바이트 빅데이터 시대가 곧 온다. 이렇게 되면 온라인 원격 경제에서 생산되는 빅데이터로 학습하는 인공지능은 점점 더 똑똑해질 수 밖에 없다. 인공지능과 데이터의 집단지성은 상호보완적이다. 대용량 데이터를 기반으로 머신러닝과 딥러닝 설계를 자동화하는 메타러닝(meta learning) 기술도 부상하고 있다. 이는 인공지능이 학습을 더욱 잘할 수 있도록 학습 최적화를 선도하는 기술이며, 딥러닝의 발전으로 예측의 정확성이 비약적으로 향상되고 새로운 비즈니스가 급속히 성장하게 될 것이다.

또한 인공지능은 점차 강화학습 형태로 진화하고 있는데, 인간이 학습을 이끌어주는 것이 아니라 머신 스스로 시행착오와 반복학습을 진행하며 발전하는 것이다. 인공지능이 학습알고리즘 자체를 사람이 아닌 컴퓨터가 스스로 작성하고 스스로 성장한다. 그 결과 데이터 집단지성과 인공지능의 파괴적 혁신으로 4차 산업혁명은 가속화되고 인간의 인공지능 의존도는 더욱 커지게 될 것이다. 코로나-19 팬데믹에 대응하는 디지털 혁신의 진행 결과, 코로나-19 팬데믹으로 인공지능이 인간을 능가하는 특이점 시대가 빨리 도래한다.[92] 코로나-19 팬데믹으로 인해 디지털 콘텐츠 제국인 넷플릭스가 동영상 스트리밍 비즈니스와 글로벌 시장을 급속히 확장하고 있다. 즉, 미국의 동영상 스트리밍 업체 넷플릭스가 데이터 분석을 통해 시장지배력을 확대하고, 비대면 경제활동으로 폭발적인 시장확장을 보이고 있다. 넷플릭스의 경우 2020년 약 2억 명 가입자의 주문 내용 데이터를 바탕으로 연령 · 시간대 · 지역별로 어떤 종류의 영상물을 선호하는지에 대한 상세한 분석이 가능하다. 고객의 데이터와 관련 분석 자료를 바탕으로 고객이 원하는 영상물을 추천 서비스하고 또한 차기 출시작을 결정하다 보니 비즈니스 모델의 성공 확률이 높아질 수 밖에 없다. 그 결과 애플TV플러스, 디즈니플러스, 아마존 프라임 비디오, 훌루 등이 글로벌 동영상 스트리밍 서비스 시장에서 경쟁하고 있다.

그림 1-15 | 주요 동영상 스트리밍 서비스 이용자수

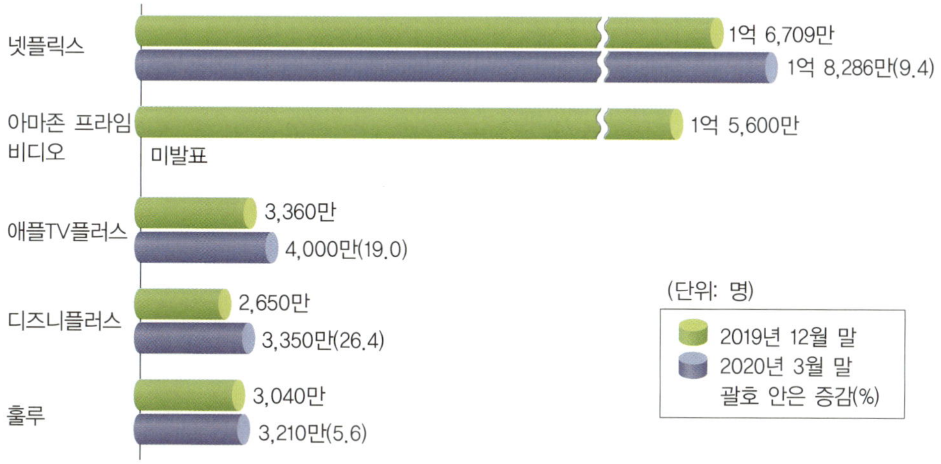

92) 조선일보, 2020.6.17.

표 1-9 ▌AI 혁신모델 세분화

	고도화	대체	창출	가치변형
예측혁신	예측기능 고도화모델	예측기능 대체모델	예측기능 창출모델	예측기반 가치변형모델
인식혁신	인식기능 고도화모델	인식기능 대체모델	인식기능 창출모델	인식기반 가치변형모델
자동화혁신	자동화기능 고도화 모델	자동화기능 대체모델	자동화기능 창출모델	자동화기반 가치변형모델
소통혁신	소통기능 고도화모델	소통기능 대체모델	소통기능 창출모델	소통기반 가치변형모델
생성혁신	생성기능 고도화모델	생성기능 대체모델	생성기능 창출모델	생성기반 가치변형모델

자료: 정두희, 3년후 AI 초격차 시대가 온다, 청림출판, 2019. p.196.

인공지능의 핵심기능과 연계한 AI 혁신전략을 수립하여 비즈니스에 활용한다. 혁신에 접근하는 4가지 방향은 다음과 같이 구분한다. 첫째, 기존 제품 및 서비스의 특정 기능을 보완하는 접근이다. 둘째, AI 기술을 이용해 기존 기능을 다른 기능으로 대체하는 것이다. 셋째, 이보다 더 적극적인 접근으로서 이전에 없던 새로운 서비스 및 기능 혹은 새로운 제품군을 창출하는 것이다. 넷째, 제품이 지닌 가치제안 및 가치전달 방식을 변형하는 것이다. 그래서 'What'에 해당하는 다섯 가지 혁신과 'How'에 해당하는 네 가지의 혁신방법을 고려하여 현실에 적합한 AI 비즈니스 모델을 구현한다. AI 비즈니스의 목적은 고객경험의 혁신이며, 최종 지향점은 고객만족이다. 수익은 고객만족에서 창출되기 때문이다. 인공지능기반 비즈니스에서의 고객만족은 그 출발점이 기술적 통찰력이라는 특징이 있다.[93)]

1.3.3 AI의 주요 특징과 활용

1956년 미국의 존 매카시(John McCarthy) 박사는 기계가 사람처럼 판단하고 학습할 수 있을 것이라는 가능성을 믿고 AI라고 이름 붙였다. 2016년 3월 구글의 딥마인드사가 개발한 바둑AI 알파고와 2019년 12월 인공지능 NHN 바둑AI 한돌에 각각 1승을 기록한

93) 정두희, 3년후 AI 초격차 시대가 온다, 청림출판, 2019, pp.187-206.

이세돌 9단이 은퇴하면서 인공지능 바둑AI에 유일하게 승리한 인간으로 남게 되었고, 아울러 인공지능을 굴복시키기가 어렵다는 사실을 인지하게 되었다.94)

그리고 AI 기반 자율주행차는 현실적으로 움직이는 데이터를 창출하는 기기로 가장 주목받고 있다. 삼정KPMG는 2020년 2월 발간한 '자율주행이 만드는 새로운 변화' 보고서에서 글로벌 자율주행차 시장규모가 올해 8조 5천억원에서 2035년 1천334조원으로 증가할 것으로 전망·분석했다. 즉, 2035년 글로벌 자율주행차 시장규모가 지금보다 150배 이상으로 성장할 수 있다는 분석·전망이다. 우리나라 자율주행차 시장규모는 2020년 1,509억원에서 2035년 26조 1,794억원으로 연평균 40% 성장세를 보일 것으로 예상 분석했다.

일본경제신문사의 〈AI 2045 인공지능 미래보고서〉에 의하면, 인공지능이 인간의 지능을 뛰어넘는 특이점(Singularity)이 다가오고 있다고 설명하고 있다. 특이점(Singularity)은 인공지능이 인간의 지능을 뛰어 넘는 역사적 분기점을 의미하며, 공상과학소설(SF)과 영화, 그리고 AI 바둑 프로그램 '알파고' 등은 기계가 인간을 넘어서는 시점을 보여주는 것이다. 구글 기술부문 이사인 레이 커즈와일(Ray Kurzweil)은 AI가 인간의 지능을 뛰어넘는 미래가 2045년에 도래할 것이며, 그때가 되면 인공지능이 스스로 인공지능을 만들기 시작하고 사람의 뇌를 컴퓨터상에 재현할 수 있을 것으로 예측했다. 2045년 인

그림 1-16 | 인공지능 적용분야

	단말기반	하이브리드	클라우드 기반
Consumer /Entertainment/Retail	개인용 VR/게임	개인비서	광고 맞춤형 커머스
Transprotation /Infrastructure	자율주행차	수송, 원격제어	교통, 네트워크 분석
Enterprise Operations	배달드론, 창고로봇	사이버보안	판매, 마케팅, 고객서비스
Oil&Gas/Agriculture	필드드론, 로봇	기후, 수질, 에너지 제어	센싱 데이터 분석
Industrial/Military	로봇, 코봇, UAV	공정제어/감시	공정운영/분석
Medical/Healthcare	의료이미지, 수질로봇	의료분석	건강분석, 상담

자료: Moor Insights & Strategies

94) 2016년 3월 알파고와의 대결에서 1 대 4로 패배했던 바둑계의 황제이며 풍운아인 이세돌 9단은 2019년 12월 은퇴기념 대국인 대결에서도 아쉽게도 1 대 2로 졌다.

그림 1-17 | 인공지능 발전 트렌드

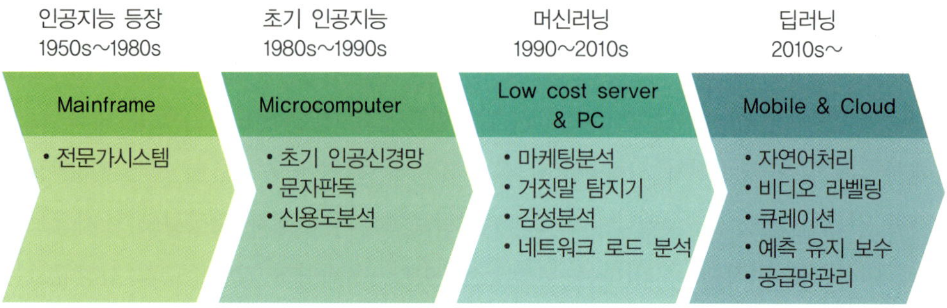

자료: LG경제연구원, 인공지능 프로세스, 새로운 혁신의 원동력 될까, 2018.11. 참조

간은 AI라는 제2의 뇌를 갖게 된다고 설명하면서, 뇌의 움직임을 데이터화하고 해석하는 브레인테크(뇌기술 및 뇌과학) 분야에서 다양한 기술개발과 기술혁신이 구현될 것이라고 주장했다.95) AI를 사용하는 사람이 될 것인가, 아니면 AI에 대체되는 사람이 될 것인가? 이제 인류는 AI와의 공존에 대한 고민을 더 이상 미룰 수 없다. 공존의 길은 결코 평탄하지 않을 것이라는 전망이 많다. 즉, 인공지능이 인류의 도약인가 시련인가 라는 질문을 하게 된다.96)

AI 윤리교육이 필요하다는 점을 인식한 미국대학들은 새로운 도전을 하고 있다. AI 연구와 교육을 선도하는 미국의 카네기멜론대학교, 스탠퍼드대학교, UC버클리대학교, 워싱턴대학교, 하버드대학교, 코넬대학교, 듀크대학교, MIT, 보스톤대학교, 맥길대학교, 그리고 캐나다 몬트리올대학교 등이 있는데, 2017년과 2018년 일부 대학들이 AI에 의해 제기된 도전에 대응하기 위해 새로운 윤리강좌를 개설했다. 하버드대학교의 버크맨 클라인 센터와 MIT 미디어랩이 합작해 '윤리학과 AI 규제'를 다룬 새로운 강좌를 제공했다.97)

95) 알파고를 탄생시킨 구글 딥마인드 CEO 데미스 허사비스는 '뇌의 움직임은 매우 복잡하지만, 컴퓨터로 재현하지 못할 것은 없다'고 주장하고 있다.

96) 노벨물리학자인 UC버클리대학교 조지 스무트 교수는 "사람이 AI에게 밀리는 시대의 위험을 대비해야 한다"고 주장하였고, 스카이프 공동설립자이며 미래의 삶 연구소 대표인 얀 탈린은 "AI 시스템은 인간의 가치에 부합할 수 있게 설계되어야 한다"고 주장하였다.
일본경제신문사 지음, AI 2045 인공지능 미래보고서, 반니, 2019. 참조

97) 미국의 경우 윤리학은 AI를 가르치는 모든 대학에서 필수과목으로, 학과 평가인증 기준에도 적시되어 있다. 미국공학기술인증원(ABET: 응용학, 자연과학, 컴퓨팅, 공학기술 분야 대학과정의 인증업무를 수행하는 미국의 비정부기구)의 인증을 받으려면 학생들이 '전문적, 윤리적, 법률적,

그림 1-18 | 인공지능 연구개발의 방향

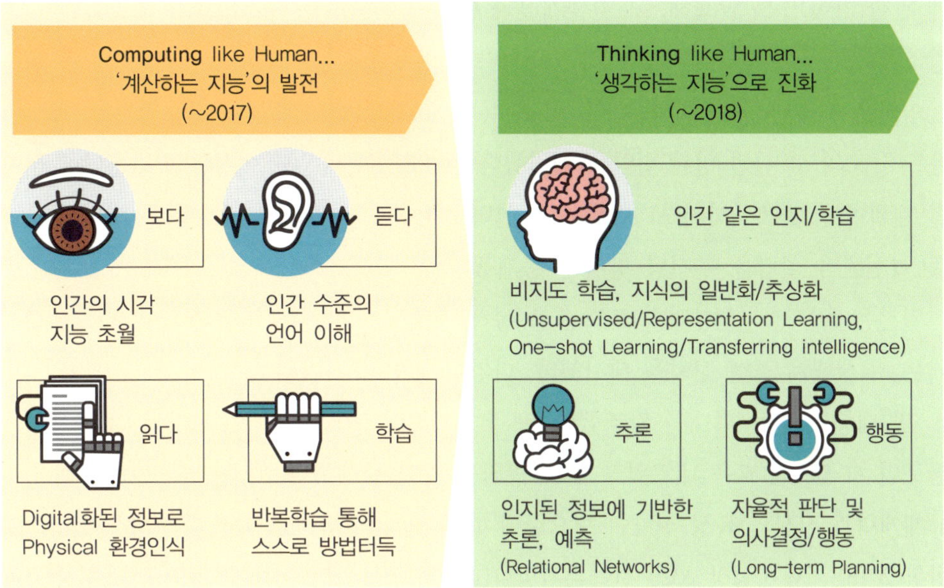

자료: LG경제연구원, 2018.

기업은 기술적 차원보다는 업무역량이라는 차원에서 AI 활용을 조명한다. 일반적으로 AI는 업무처리 자동화, 데이터 분석을 통한 통찰력 획득, 고객과 직원의 참여 및 커뮤니케이션 강화 등으로 활용이 확대되고 있다.

인공지능과 데이터 기술은 제조업을 비롯한 산업 전반에 적용되어 높은 부가가치를 창출할 수 있는 신산업 분야로 각광받고 있다. 주요국은 AI 활용 촉진을 위해 산업에 적용되는 규제를 완화하고, 윤리적 규범을 포괄하는 전방위적인 발전전략 수립을 위해 노력하고 있다.

미국 트럼프정부는 인공지능 분야에서 자국의 리더십 유지와 경쟁력 강화를 공표했다. 2019년 2월 'The American AI Initiative' 행정명령을 통해 AI 연구개발 투자 확대, AI 학계 · 산업계 종사자 대상 정보 인프라 개방, AI 인재양성, 자국의 가치와 이익에 부합하는 AI 시장개방 등을 강조하고, 연방부처별로 분산 추진되어 온 AI 정책을 통합

보안과 사회이슈 그리고 책임'과 '컴퓨팅이 개인과 조직 그리고 사회에 미치는 지역과 글로벌 충격을 분석하는 능력'을 갖추고 있음을 보여주어야 한다.
에이미 웹 지음, The Big Nine, 토트, 2019. 참조

된 관점으로 정책방향을 제시하고자 했다. 또한 2020년 1월에는 'AI 애플리케이션 규제에 관한 가이드'를 발표해, AI 기술개발과 활용을 저해하는 규제장벽을 최소화할 것을 강조했다.

영국은 2018년 4월 'AI Sector Deal'을 통해 50개 이상의 기업 · 기관들과 총 10억 파운드 규모의 AI 관련 민관 협약을 체결했다. 이 중 3억 파운드 이상은 민간분야에 투자할 계획이며, 2025년까지 AI 분야 박사 인력 1천 명을 지원하고 세계 최초 데이터 윤리 및 혁신센터 설립을 추진할 방침을 공개했다.

일본은 2016년 'AI 산업화 로드맵'을 통해 경제 · 사회 전 영역을 복합적으로 연결시키는 AI 생태계 조성 전략을 제시했다. 다양한 데이터 기반의 AI 서비스, 공공 AI 서비스 및 대중의 활용 확대를 강조했다. 또한 'AI 전략 2019'에서 AI 시대의 인재 육성과 글로벌 AI 연구 · 교육 네트워크 구축 방침을 밝히기도 했다. 대한민국도 연속성 있는 규제개혁과 신산업 육성 전략이 필요함에 따라 'Innovative Platform 혁신성장 전략투자방향(2018)', '혁신성장 2020 전략투자방향(2019)' 등 다양한 신산업 지원정책을 발표해 왔다. 신기술 · 신서비스의 원활한 시장진출 지원을 위해 실증테스트를 허용하는 '규제 샌드박스'를 도입했으며, 4차 산업혁명 시대의 새로운 성장동력을 확보하겠다는 '2020년 규제혁신 추진방안'을 제시하기도 했다. 그러나 최근 공유경제 분야를 중심으로 신산업 활성화에 걸림돌로 작용할 수 있는 정책적 불확실성이 대두되기도 했다. 이른바 '타다금지법'으로 불리는 여객자동차운수사업법 개정안이 대표적인 예다. 또한 기존 산업 이해관계자와 신규진입 사업자 간에 발생하는 규제갈등조정 역할이 미흡하다는 지적도 있다.[98]

98) 세계경제포럼(WEF)이 발표한 2019년 국가경쟁력 평가 순위에 따르면, 우리나라는 총 141개국 중 혁신역량(Innovation capability) 6위, 비즈니스 역동성(Business dynamism) 25위 등 혁신 생태계 부문에서 우수하다고 평가받았다. 반면, 기업 비즈니스 활동을 제약하는 정부규제 부담은 87위로, 방글라데시(84위)나 에티오피아(88위) 등 세계 최빈국 수준과 비슷하게 체감되고 있는 것으로 나타났다. 또한 정부정책의 안정성(76위)도 미국이나 독일 등 주요국과 대비해 매우 낮은 수준으로 조사됐다.
전경련, 주요국 신산업 지원정책 실태와 시사점, 2020.8.

표 1-10 ▌데이터 기반 AI를 활용해 경제이익을 창출하는 GAFA

	• 사용자들의 구글 검색기록, 안드로이드 운영체제(OS) 사용정보 등 • 글로벌 검색 엔진 점유율 88.2% 보유(Statista, Net Market Share, 2017) • 전 세계에서 수집되는 막대한 검색 데이터를 기반으로 이윤을 창출 • 유튜브를 통한 영상플랫폼으로 막대한 데이터 저장 및 관리 활용 • 자연어처리 기능과 빅데이터를 중심으로 구글 홈과 구글비서, 듀플렉스 등의 인공지능 플랫폼 서비스 제공
	• 2017년 4분기 글로벌 스마트폰 시장 영업이익 86%를 차지(Counterpoint Research, 2018) • 전 세계 애플 스마트폰, 태블릿, 애플워치 등의 사용자 데이터를 클라우드 환경으로 구축해 연속적인 앱 서비스를 제공 • 자연어처리 기능과 빅데이터를 중심으로 시리(siri) 등의 인공지능 플랫폼 서비스 제공 • 데이터 기반 AI를 활용한 전기차와 자율주행 자동차를 생산하는 '프로젝트 타이탄' 추진
	• 페이스북과 인스타그램에서 사용자가 좋아한 게시물, 기재한 글 · 사진 등 소셜미디어 활동정보 • 페이스북 사용자수(MAU)는 약 22억 7,000천만 명으로 전 세계 인구(76억 6,000만 명, Worldmeters, 2018)의 약 1/4 차지(Statista, 2018) • 사용자 데이터를 수집 · 분석해 사람들을 연결하고 신 서비스를 제공해 이윤창출
	• 상품검색과 구매정보, 고객구매 및 예측정보, CRM 정보 • 미국 이커머스 시장의 49.1%를 차지(eMarketer, Techcrunch, 2018) • 소비자 데이터를 수집 · 분석해 맞춤형 상품을 추천하는 롱테일 비즈니스로 이윤창출 • 자연어처리 기능과 빅데이터를 중심으로 알렉서 등의 인공지능 플랫폼 서비스 제공

자료: 각 기업 자료 정리

신뢰할 수 있는 AI를 위한 윤리 규범을 위하여 유럽위원회에서는 미래의 AI 신뢰성에 대한 중요성을 인식하고, 신뢰할 수 있는 AI를 만들기 위해 고려하고 지켜야 할 7가지 윤리 가이드라인(Ethics Guideline for Trustworthy AI)을 제정하였다.

- **인간 주체와 감독(human agency and fundamental rights)**: AI 시스템은 인간의 역할과 기본권을 지원함으로써 공평한 사회를 가능하게 해야 하며, 인간의 자율성(human autonomy)을 감소시키거나 제한하거나 잘못 인도해서는 안 된다.
- **견고성 및 안전성(robustness and safety)**: 신뢰할 수 있는 AI는 AI 시스템의 모든 수명주기 단계에서 오류나 불일치를 처리할 수 있을 정도로 안전하고 신뢰할 수 있으며 강력한 알고리즘(algorithms)을 필요로 한다.
- **개인정보 및 데이터 통제(privacy and data governance)**: 시민들은 그들 자신의 데이터에 대한 완전한 통제권을 가져야 하지만, 그들과 관련된 데이터는 그들을 해롭게 하거나 차별하는 데 이용되지 않는다.
- **투명성(transparency)**: AI 시스템이 내린 결정은 추적이 가능해야 한다.

- 다양성, 무차별, 공정성(diversity, nondiscrimination and fairness): AI 시스템은 인간의 능력, 기술(재주), 요구사항(요건)의 전체를 볼 수 있어야 하며, 그에 대한 접근성을 보장해야 한다.
- 사회적 · 환경적 복지(웰빙)(societal and environmental well-being): AI 시스템은 긍정적으로 사회 변화를 증진시키고, 지속가능성과 생태적 책임을 강화하기 위해 사용되어야 한다.
- 책임성(accountability): AI 시스템과 그 결과에 대한 책임과 그 책임을 보장하기 위한 메커니즘이 마련돼야 한다.

유럽위원회는 7가지 가이드라인에 맞추어 개발된 AI는 우리 사회를 긍정적으로 변화시키고 발전시킬 것이라고 생각하고 있으며, 향후 개발된 모든 AI는 이 가이드라인에 맞춰 개발할 것을 권고하고 있다.[99)]

1.3.3.1 AI를 통한 업무의 자동화와 마케팅 혁신

4차 산업혁명 시대는 디지털화가 패러다임이 되면서 데이터 중심의 인공지능 비즈니스와 마케팅 서비스가 다양하게 발생한다. 마케팅은 과거의 마케팅과는 다른 새로운 변화와 특징을 보이는 방향으로 진화를 하고 있다. 첫째, 많은 소비자들을 대상으로 하는 마케팅이 데이터 중심의 인공지능 비즈니스 모델인 개인맞춤형 마케팅으로 변화하고 있다. 둘째, 마케팅채널도 신문, 잡지, TV 등 오프라인 위주에서 온라인 위주로 변화하였고, 최근에는 온라인과 오프라인이 결합한 4차 산업혁명 시대의 Cyber Physical System 중심의 비즈니스로 변화하고 있다. 셋째, 온라인에서도 이메일과 인터넷 배너광고 등이 중심이었다면, 이제는 모바일과 영상, 웨어러블기기, 유튜버와 인플루언서 등을 통해 마케팅이 진행되고 있다. 최근 코로나-19로 비대면 경제(Low Touch Economy)와 비대면 비즈니스가 더욱 활성화되고 있다.

디지털에 익숙한 밀레니엄세대와 Z세대 등은 브랜드보다 가성비와 실용성을 중요시하는 소비행동을 한다. 마케팅에서 브랜드 충성도 같은 측면보다는 제품 자체의 품질과 가격이 더욱 강조되고 있다. 브랜드 시대에서 제품의 시대로, 오프라인 비즈니스에

99) High Level Expert Group on Artificial Intelligence, "Ethics Guidelines for Trustworthy AI," April 2019.

서 온라인 중심의 전자상거래에서 모바일 비즈니스로, 많은 소비 대중에서 각 개인으로 마케팅 전략과 마케팅 트렌드가 변화하고 있다. 지금까지는 경영학전략에 근거하여 인간의 수작업과 직관에 의존해 시장트렌드를 분석하거나 고객행동 예측자료를 만들었다면, 4차 산업혁명 시대의 마케팅전략은 인공지능의 방대한 데이터를 빠르게 분석하고 인간이 고려하지 못한 혹은 고려할 수 없는 사안까지 분석 · 예측하는 인공지능 마케팅 모델을 요구한다. 정확한 타깃팅과 데이터 분석을 통해 개인맞춤형 서비스를 제공하는 인공지능 마케팅을 진행한다면 개인맞춤형 서비스 제공과 브랜드 가치를 높일 수 있다. 실제 AI로 데이터를 분석하여 고객에게 매력적인 가격을 제시하는 마케팅이 일반화되고 있다. 고객이 어느 가게에 들어가 어떤 상품과 서비스를 선택하는지, 경쟁 가게에서 같은 상품과 서비스를 얼마에 판매 및 제공하고 있는지 등의 데이터를 AI가 미리 체계적으로 분류 · 조정 · 파악하여 바로 적절한 솔루션을 보내는 실시간 마케팅의 하나로 '가격최적화'가 있다. 그러나 문제점이 노출되기도 했는데, 과거 허리케인이 상륙하기 전에 아마존의 방재용품 가격이 일제히 급등하는 바람에 예측 마케팅을 활용하는 아마존은 고객으로부터 맹비난을 받아야 했다.[100)]

4차 산업혁명 시대에는 데이터 기반 인공지능 기술과 인공지능 마케팅의 결합과 융복합으로 다양한 비즈니스 모델과 1조원의 기업가치 유니콘과 10조원의 기업가치 데카콘들이 많이 출현한다. 「해킹 마케팅(Hacking Marketing)」의 저자인 스콧 브린커(Scott Brinker)의 조사에 따르면, 2011년 150개에 불과했던 마케팅 테크놀로지 솔루션은 2016년 3,800개가 넘었고, 2017년에는 5,000개가 넘었다. 4차 산업혁명 시대에는 디지털 혁신이 가속화되어 발전하는 특징과 변화를 보이고 있어, 디지털 기술의 파괴적 기술혁신으로 다양한 디지털 마케팅서비스와 디지털 비즈니스가 급속히 제공되고 있다. 마케팅에 빅데이터와 인공지능 등 첨단기술이 결합됨에 따라 경영전략, 비즈니스 집행방식, 소비자 참여 및 마케팅 활용 매체 등 마케팅 전반에 커다란 변화가 이어지고 있다. 즉, 디지털 기술혁신을 통해 데이터 기반의 시대로 진입하면서 사람이 하는 데이터 분석을

100) 야후 재팬과 후쿠오카 소프트뱅크 호크스는 후쿠오카 야후오쿠 돔 경기의 인터넷 티켓 판매분 일부를 대상으로 가격최적화를 실행하고 있다. 과거 3년간의 판매실적 데이터를 기본으로 리그 순위와 대전실적, 시합일시, 티켓매출 등을 AI에 입력하여 경기당 수요를 예측하고 그 수요에 따라 가격을 책정한 티켓을 전자티켓서비스 '패스마켓(PassMarket)'으로 판매하고 있다. 야마가타 하루 · 아스디 요스케, 5년후 비즈니스를 다시 쓸 테크놀로지 노트, 디 이니셔티브, 2020, pp.44-45.

인공지능이 대신하기 시작했다. 방대한 양의 데이터를 빠르게 분석하고 유의미한 패턴을 찾아내는 인공지능은 마케팅전략을 수립하는 데 있어 필수 불가결한 요소로 부상하고 있다. 데이터 경제의 비즈니스와 마케팅 범위는 데이터 '수집 · 생산→저장 · 관리→가공 · 유통→분석 · 활용' 과정에서 파생되는 전 산업 분야를 포괄하며, 특히 데이터가 지속적으로 축적 · 활용되면서 인공지능의 활용과 데이터 기반 인공지능 혁신으로 다양한 비즈니스 모델이 발생함에 따라 1조원의 기업가치 유니콘과 10조원의 기업가치 데카콘들이 많이 출현하고 있다.

일반적인 AI를 통한 업무의 자동화는 '로봇업무처리자동화(RPA: Robotic Process Automation)'[101]를 통해 기업 내 일반 행정 및 재무활동 같은 디지털 · 물리적 업무를 자동화하는 디지털 전환이다. RPA는 기존 업무처리 자동화 도구에서 진일보한 형태라 할 수 있다. 소프트웨어 로봇(기계)이 서버코드(Code on a Server)의 형태로 마치 인간처럼 다양한 IT 시스템에서 정보를 입력 · 소비하는 역할을 하기 때문이다.

RPA로 처리가능한 업무로는 다음과 같이 간략하게 설명할 수 있다.

- 이메일 및 콜센터 업무에서 기록 · 저장시스템으로 데이터를 전송함. 예를 들어 주소변경 및 서비스 추가 등의 고객파일 업데이트 등
- 분실된 신용카드 및 현금 인출카드 교체, 다양한 시스템에 접속해 기록 업데이트를 하거나 고객과의 소통문제를 관리 처리
- 다양한 유형의 문서에서 정보를 추려내 결제시스템 상 발생하는 서비스이용료 청구 오류 문제 등을 해결함
- '자연어처리' 기술을 이용해 법률 및 계약문서를 읽어냄으로써 필요 조문과 추출 정리 가능

RPA는 인지기술 중에서 비용이 가장 저렴하고 실행하기도 쉬워 대체로 빠른 투자금 회수와 높은 수익률이 기대된다. 그러나 소프트웨어 개발자들이 점진적으로 지능 및 학습능력을 향상시키고 있긴 하지만, 현재는 사람의 대체하는 수준보다는 보조 및 지원

---

101) RPA는 Robotic Process Automation의 약자이다. 현재는 데이터 입력 등의 단순반복업무 프로세스의 자동화에 주로 적용되고 있지만, 향후 AI, 머신러닝 등의 기술이 발전, RPA와 결합한다면 자료분석 및 솔루션 제시 등의 업무자동화의 영역까지도 가능할 수 있다. 기존의 로봇이 공장 생산라인의 실체적 기계였다면 RPA는 소프트웨어로 구현된 사무직을 위한 로봇으로 이해할 수 있으며, 4차 산업혁명으로 디지털화가 심화된다는 점에서 빅데이터와 AI를 통한 RPA는 확대 적용이 전망된다.

하는 업무처리 수준이다.

하지만 디지털 혁신 및 AI 혁신으로 이러한 애플리케이션이 자가학습 및 능력 개선이 가능하도록 급속히 발전하여, 인지능력과 추론 및 판단능력을 보유한 스마트한 업무처리자로 진화하게 될 것이다.

특히 RPA는 다양한 Back-end System(거래 처리와 결제, 물류배송, 고객관리, 협력업체관리, 보안 및 인증 등과 관련된 시스템) 관련 업무를 수행하는 데 매우 적합하다.[102] 구체적으로 에디슨에서 발전한 기업 미국 GE는 이 기술을 이용해 공급자 데이터를 통합하고 이전의 사업단위별 계약협상을 일괄 관리하면서 중복 부분을 삭제하여 첫해에 무려 8,000만달러를 절감했다.

많은 기업들이 다양한 디지털 기술혁신 및 인공지능 발전과 함께 향후 '로봇업무처리자동화(RPA: Robotic Process Automation)'로 인해, 특히 역외 외주업무 부문을 중심으로 인간의 일자리가 잠식될 가능성이 크다. 외주업체에 맡겨 처리할 업무라면 자동화를 통한 처리도 가능하다 하겠다.

1.3.3.2 데이터 분석을 통한 인지적 통찰력 획득

4차 산업혁명으로 촉발된 디지털 혁신을 통해 모바일폰과 지능형 자동차 등에서 발생하는 정형데이터와 비정형데이터의 폭발적인 증가가 발생하고 있다. 데이터의 집단지성으로 대규모 위치정보, 통화정보, SNS 정보, 교통정보, 의료정보, 신용카드 정보, 온라인구매 정보 등이 결합된 방대한 빅데이터가 폭발적으로 증가한다. 이러한 방대한 데이터는 클러우드시스템에서 저장 및 분류되고, 인공지능 알고리즘을 이용해 방대한 분량의 데이터에서 특정한 패턴을 알아내고, 그 의미를 해석하는 것이다. 특히 빅데이터를 인공지능 알고리즘을 이용해 비즈니스 인사이트를 창출하고, 나아가 개인형 맞춤서비스로 진화하고 있다.

예를 들면, 구글의 검색엔진이 2000년초부터 제공한 검색이력을 추적하여, 개인형 맞춤 검색 환경 제공과 개인형 데이터 신경망을 구축하는 것이다. 또한, 동영상 스트리밍 서비스(OTT)의 세계적 1위 기업인 넷플릭스는 다양하고 풍부한 콘텐츠를 보유하고 있으며, 2020년 현재 2억 명의 글로벌 구독자들에게 개별맞춤형 동영상 추천서비스를 제

102) 매일경제신문사, AI 경영(Artificial Intelligence for the real World), 2019, pp.11-37. 참조

공하고 있다. 즉, 넷플릭스가 보유한 방대한 데이터를 클라우드시스템에서 저장 및 분류하고, 인공지능 알고리즘을 이용해 방대한 분량의 데이터에서 특정한 패턴을 알아내어, 동영상 추천서비스를 제공하는 것이다.

인공지능의 머신러닝, 즉 기계학습과 딥러닝으로 다음과 같은 작업을 가능케 한다.

- 특정 고객이 무엇을 구매할지 예측
- 실시간 신용사기를 적발하고 보험금 청구사기를 찾아냄
- 보증데이터를 분석해 자동차와 기타 제조물의 안전이나 품질문제를 확인함
- 개인맞춤형 디지털 광고 타킷을 자동화
- 보험사에 더 정확하고 상세한 보험 통계모형을 제공
- 다양한 동영상과 이미지를 활용한 맞춤형 서비스 제공
- 인터넷 시대의 세 번째 물결인 '소셜(social)인터넷'으로 다양한 디지털 커뮤니케이션과 데이팅 및 교류 활성화

머신러닝을 통한 '인지적 통찰력'은 크게 세 가지 측면에서 기존의 데이터 분석에 기초한 통찰력과 차이가 있다. 첫째, 통상적으로 인지적 통찰력이 훨씬 더 데이터 집약적이고 구체적이다. 둘째, 컴퓨터가 인식할 수 있도록 데이터 세트(data set)를 구성하고 다양한 시험모형 및 모델을 시험 가동한다. 셋째, 모형과 모델의 질과 분석속도가 다양하게 향상된다. 즉 새로운 데이터를 이용해 예측하거나 관련 범주를 늘려나가는 능력이 시간이 지날수록 더 향상된다. 예측서비스와 개인맞춤형 서비스를 제공 가능하게 되었다. 예를 들면, 구글의 딥마인사가 개발한 바둑인공지능 소프트웨어인 알파고의 경우에도 방대하고 다양한 바둑기보 데이터를 베이지안 추론(Bayesian inference)방식으로 기계학습과 딥러닝이 활용되었다. 구체적으로 데이터의 아키텍처(Data Architecture)인 Data Set[103)]과 Data Curation[104)] 작업을 실행하고, 기계학습과 딥러닝을 실행하여 바둑인공지능 소프트웨어인 알파고를 개발한 것이다. 더욱이 2016년 구글은 바둑인공지능 소프트웨어인 알파고 알고리즘을 업그레이드시켜 '알파고 제로' 오픈소스로 공개하였다. 구글은 인공지능 시대의 표준화 작업을 추진하고 있다. 즉 인공지능 알고리즘 소프

103) 정형데이터와 비정형데이터를 컴퓨터가 인식할 수 있도록 데이터 형태를 조정 및 구분, 컴퓨터가 인식할 수 있는 변수형태로 조정하는 코딩과 프로세스를 의미한다.

104) 데이터의 구축·분석·활용 등의 전체 과정을 관리 수행하는 활동을 의미한다.

트웨어의 표준화를 선도하기 위해 구글은 2011년에 개발을 시작하여 2015년에 오픈소스로 공개한 기계학습 라이브러리인 텐서플로우(TensorFlow)를 공개하여 많은 개발자와 기업들이 사용하도록 하고 있다.[105] 딥러닝과 기계학습 분야를 일반인들도 사용하기 쉽도록 다양한 기능들을 제공한다. 2016년 알파고와 함께 산업혁신과 기업혁신에 연관하여 관심이 높아진 추세이다. 파이썬을 활용하여 연산처리를 작성할 수 있는데, 다른 언어들도 대부분 지원하지만 파이썬 관련 자료구성과 자동화가 가장 많은 실정이다. 급속한 디지털 혁신으로 인해 발생하는 엄청나고 다양한 빅데이터가 클라우드에 저장 · 분류 · 관리하는 것이 가능함에 따라, 공개된 지 그리 오래되지 않았음에도 불구하고 텐서플로우가 다양한 분야에서 활용되고 있다. 아울러 2020년 11월 AI 알파폴드(Alphafold)가 인공지능이 50년 동안 시도 끝에 사상 최초로 유전자 정보만으로 단백질 3차원 입체 구조를 정확하게 예측하는 데 성공했다.

다양한 유형의 기계학습, 특히 인간의 두뇌활동 방식을 모방해 패턴을 인식하려 하는 '딥러닝(Deep Learning, 심층학습)'으로 이미지나 언어를 식별하는 등의 인지적 작업을 수행할 수 있다. 또 새로운 데이터를 이용해 분석의 질을 높이기도 한다. 종래의 데이터 큐레이션(Data Curation)은 노동집약적인 작업이었다. 그러나 지금은 머신러닝 덕분에 전체 데이터베이스에서 포맷은 좀 달라도 확률적으로 같은 사람 혹은 같은 기업을 함축 및 의미하는 데이터를 식별해 낼 수 있다.

1.3.3.3 인지적 관여 및 서비스 실행과 고객과의 관계 개선

AI는 시장 트렌드 분석과 소비자 이력 및 소비 행동 형태를 예측 · 분석할 수 있게 한다. 이와 관련하여 CRM이란 'Customer Relationship Management'의 약자로, '고객관계관리'라고 한다. 기업이 고객과 관련된 내 · 외부 자료를 분석 · 통합해 고객 특성에 맞게 마케팅 활동을 계획하고 지원 · 평가하는 과정이다. 개인형 맞춤고객관리와 서비스를 위해 고객을 밀착 관리하기 위한 경영기법이다. 기업의 성패를 결정하는 것이 고객과의 관계라는 점에서 가장 중요한 경영기법이라고 할 수 있다. 근대화 초기 작은

105) 텐서플로우는 다음과 같은 특징을 보유한다. ① 데이터 플로우 그래프를 통한 풍부한 표현력, ② 아이디어 테스트에서 서비스 단계까지 이용가능, ③ 계산구조와 목표함수만 정의하면 자동으로 미분계산을 처리, ④ Python, C++, Go, Java, R 등을 지원하며, SWIG를 통해 다양한 언어지원이 가능하다.

지역사회에선 서로가 속속들이 다 알기 때문에 상인들은 언제 이웃의 집안 행사가 있고 무엇이 필요한지 예측해 상품을 준비해 공급할 수 있었다. 이렇게 고객과 1 대 1로 거래하거나 서비스를 제공하는 과정에서 친밀한 관계가 형성된다.

글로벌 시장이 일반화된 현재, 이런 방법을 수만~수천만 명에 이르는 불특정 다수의 고객에게 적용해 맞춤형으로 접근하기 위한 경영기법이 바로 CRM이다. 고객이 원하는 가치와 행동을 바탕으로 우호적인 관계를 유지하고, 고객의 충성도를 극대화해 기업의 가치를 높이기 위한 수단이다. 신규고객을 확보하고 기존고객을 유지하며, 고객이탈을 방지해 수익구조를 안정화할 수 있다.

- IaaS(Infrastructure as a Service): 서버를 운영하기 위해서는 서버 자원, IP, Network, Storage, 전력 등등 인프라를 구축하기 위해 여러 가지가 필요하다. IaaS는 이러한 것들을 가상의 환경에서 쉽고 편하게 이용할 수 있게 서비스 형태로 제공한다. IasS를 서비스로 제공하기 위해 기존 서버 호스팅보다 하드웨어 확장성이 좋고 탄력적이며 빠른 제공을 할 수 있는 가상화 기술을 이용한다. IasS는 PasS, SaaS의 기반이 되는 기술이다.
- HaaS(Hardware as a Service): 서버를 운영하기 위한 컴퓨터와 주변기기를 서비스하는 형태를 의미한다.
- PasS(Platform as a Service): 서비스를 개발할 수 있는 안정적인 환경(Platform)과 그 환경을 이용하는 응용 프로그램을 개발할 수 있는 API까지 제공하는 형태를

표 1-11 ▌4차 산업혁명 시대의 DaaS(Data as a Service) 활용 사례

구분	주요 사례
가상화 하드웨어 서비스 (Haas/IaaS)	중소기업은 설비투자 없이 전자상거래상에서 대규모 계산과 지출관리 운영
플랫폼 서비스 (PaaS)	하둡과 같은 대규모 데이터 계산용 미들웨어도 활성화, R/파이썬/인공지능 개방형 플랫폼 소프트웨어인 텐서플로우 등은 누구나 사용가능
소프트웨어 서비스 (SaaS)	CRM 소프트웨어 등은 개발하지 않고 CRM 전문기업인 세일즈포스나 독일 SAP 등이 제공하는 것을 이용
데이터 서비스 (DaaS)	빅데이터 저장 및 분석을 통한 CRM 소프트웨어 제공으로 개인맞춤형 서비스 제공. 특히 4차 산업혁명 시대에는 빅데이터와 인공지능이 급속히 발전함에 따라 기업들이 요구하는 개인고객 수요와 개인맞춤형 서비스 제공 가능

자료: 스즈키 료스케, 빅데이터 비즈니스, 2012, pp.195-237. 재구성

PaaS라고 한다.

- SaaS(Software as a Service): 클라우드 환경에서 동작하는 응용프로그램을 서비스 형태로 제공하는 것을 SaaS라고 한다. 예를 들어 메일 서비스를 들 수 있다. 사용자는 이 시스템이 무엇으로 이루어져 있고 어떻게 동작하고 있는지 그리고 메일 백업을 어떻게 하는지 알 필요가 없다. 그저 서비스 형태로 원하는 단말기(PC, 태블릿, 스마트폰 등등)에서 메일을 주고받으며, 필요하면 언제든지 공간도 늘려서 서비스를 받을 수 있기 때문이다.
- DaaS(Data as a Service): 디지털 혁신이 발생하는 클라우드 환경에서 데이터의 집단지성으로 저장 및 분류되는 빅데이터를 유상·무상으로 서비스한 형태이다. 미국 데이터 거래 기업인 인포칩스(Infochimps)는 데이터 매매 중개사업자이다. 미국의 18,000개 골프코스 데이터는 750달러, 미국의 저명한 사적 GIS 데이터는 400달러, 슈퍼마켓 체인 QFC 매장 전체의 주소지 목록은 실제로 판매되고 있다.

CRM을 위해선 다양하고 대량의 고객정보와 데이터를 축적해야 한다. 고객과 만나며 기업이 얻는 고객의 이름, 주소, 전화번호, 연령, 성별, 소득수준 등의 다양한 데이터를 컴퓨터 시스템에 연계시켜 데이터베이스를 구축하고 고객을 분류한 뒤, 고객의 향후 행동을 예측해 고객맞춤형 마케팅에 활용한다. 고객의 성향과 취향을 파악하고, 이 정보와 데이터를 토대로 고객이 원하는 제품을 생산하고 마케팅전략을 개발할 수 있다. 이를 위해 기업들은 CRM 소프트웨어를 사용해 왔다.

4차 산업혁명 시대의 비즈니스 특징은 차별화되고 개인화된 맞춤형 고객관리와 서비스가 요구된다는 점에서, 단순한 데이터의 저장관리로는 현실적 한계가 발생하고 있다. 따라서 소비자와 기업 등에게서 발생하는 정형데이터와 비정형데이터로 발생하는 빅데이터를 클라우드로 저장·분류하고 AI를 통한 업무의 자동화로 해결하고 있다. 즉, 데이터를 활용한 인공지능 비즈니스는 전형적인 SaaS 수익모델을 따르기 때문에 사용하기도 편하고 시스템에서 분리해내기도 쉽다.

SaaS(Software as a Service)는 클라우드 환경에서 운영되는 애플리케이션 서비스를 의미한다. 이 경우 모든 서비스는 클라우드에서 이루어지며, 소프트웨어를 구입해서 PC에 설치하지 않아도 웹에서 소프트웨어를 빌려 사용할 수 있고, 구독형태로 소프트웨어 사용료를 받기 때문에 현금흐름 측면에서 상당히 유리해 현재 대부분의 소프트웨어 기업들이 이를 수익모델로 가지고 있다. 예를 들면, 코로나-19로 갑자기 재택근무를 시행하여 회사에서 사용하는 MS의 Office 프로그램을 사용하지 못하는 경우, 월 10달러 정도의 소프트웨어 사용 구독료를 제공하면 재택업무 진행에 아무런 문제가 발생하지 않는다. MS의 Office 프로그램의 경우 처음 계약시 1달은 무료라 30일만 쓰고 사용하지 않아도 된다. 따라서 SaaS 수익모델은 접근성이 뛰어나 매출이 바로 발생한다는 이점이 있는 반면에, 효용성을 상실하면 바로 퇴출당할 수도 있는 단점이 있다.

이 비즈니스 모델은 주로 인공지능을 활용한 소프트웨어로 맞춤형 고객서비스로 구현되며, 특히 CRM(Customer Relationship Management, 고객관계관리)에서 많이 사용한다. CRM에서는 기존 고객을 계속 유지하는 동시에 잠재고객을 발굴하는 것이 중요한데, 이는 기업의 마케터들이 기존에 수행하는 작업이다. 인공지능은 이를 보조하여 기업이 보유한 대량의 데이터를 효율적으로 처리하는 동시에 기업이 보유하지 않은 외부 데이터, 예를 들면 주식, 기상, 글로벌 금시세, 암호화폐, 원유가격, 코로나-19 관련 자료, 부동산가격, 전기 등 에너지가격, 교통 및 여행, 디지털 세대의 중심인 Z세대의 소비행태 등의 정보를 결합해 기업의 마케팅을 최적화할 수 있다.[106] 그 결과, 보유 데이터에서 그동안 알지 못했던 비즈니스 인사이트를 찾아내고, 더 많은 잠재고객을 확보할 수 있다.

4차 산업혁명 시대의 비즈니스 CRM은 대량의 고객정보와 데이터를 기반으로 AI를

106) 인터넷 시대의 세 번째 물결인 '소셜(social)인터넷'의 개척자, 3억 명 이상 사용 세계 최대 AI 기반 데이팅 앱 '틴더'가 디지털 세대의 중심인 Z세대를 대상으로 서비스를 제공하고 있다. 2012년 문을 연 틴더(Tinder)는 밀레니엄 세대의 달라진 사고방식을 파고들어 파죽지세로 성장 중인 미국의 테크 기업이다. 불쏘시개를 뜻하는 틴더는 새로운 연인 관계를 시작하는 두 사람 사이에 튀는 불꽃을 표현한 말이다. 2~3년 전부터 입소문을 타다가 올해 상반기엔 넷플릭스를 제치고 글로벌 앱 매출액 1위를 기록할 정도로 성장세가 가파르다. 사용자의 절반 이상이 18세부터 25세 이하의 사회 초년생이다. 틴더의 가장 큰 특징은 디지털 기술을 활용해 구애자의 '거절당할 두려움'을 줄여주는 것이다. 상대방의 프로필 사진과 간단한 소개를 보고 마음에 들면 상대방의 사진을 오른쪽으로, 안 들면 왼쪽으로 이동하면 된다. 상대방도 자신의 프로필에 호감을 표시해야만 서로 매칭(연결)에 성공해 대화를 나눌 수 있게 된다. 데이트를 신청하려 했지만 두려움 때문에 주저하는 한 친구의 모습을 보고 서비스 개발에 착수했는데, 지금은 매일 스와이프(Swipe) 건수만 20억 건에 달한다는 게 틴더 측의 설명이다. 온라인 데이트 애플리케이션(앱) '틴더(Tinder)'가 2019년 전 세계인이 가장 많은 돈을 쓴 앱으로 조사됐다. 글로벌 앱 분석 업체 앱애니(App Annie)가 발표한 '비(非)게임 분야 지출 기준 상위 10위 앱' 보고서에 따르면 틴더는 넷플릭스, 텐센트 비디오, 아이치이, 유튜브 등 동영상 앱을 제치고 1위에 올랐다. 이 순위는 앱 내부에서 결제된 금액을 기준으로 정해졌다.
이코노미조선 334호, 2020.2. 참조

표 1-12 ▌인공지능 CRM 서비스 제공기업과 AI 활용 보유기술

CRM 서비스 기술	CRM 서비스 주요 내용
InsideSales.com	영업 최적화 플랫폼(영업대상, 영업시점 등을 컨설팅)
Drawbridge	잠재고객을 분석해 그래프화
AUTOMAT	커스터마이징된 메시지 마케팅 플랫폼(로레알과 제휴)
Chorus.ai	고객접촉을 통한 인사이트 파악으로 의사결정 향상
DigitalGenius	과거의 고객데이터를 분석해 고객에게 제품을 제안
Retention Science	개인의 평생 구입품목을 맞춤형으로 마케팅
TalkIQ	고객대화를 분석하여 니즈 및 인사이트 분석
Amplero	고객과의 인터렉션을 머신러닝으로 최적화
INVOCA	고객과의 통화 내역을 분석해 마케터에게 필요한 정보제공
Afiniti	측정가능한 수익성을 늘리는 고객의 미세한 패턴 분석
Conversica	자연어처리와 머신러닝으로 잠재고객과 접촉해 참여율을 높이는 플랫폼 보유
Gong.ai	세일즈 대화를 기록, 변환 및 분석하는 지능형 대화 소프트웨어 보유

자료: 테크니들, 인공지능 비즈니스 트렌드, 2019, p.65. 재구성

통한 업무의 자동화와 디지털 전환, 즉 '로봇업무처리자동화(RPA: Robotic Process Automation)'의 업무 수행과 처리로 변화하고 있다. 마케팅 전문 AI회사 애드고리즘(Adgorithms)이 자체 개발한 인공지능 소프트웨어 '앨버트(Albert)'가 할리 데이비슨의 마케팅에 활용된 사례를 설명할 수 있다. 앨버트는 할리 데이비슨의 CRM 데이터로부터 과거 우량 고객의 특징과 행동을 정의하고, 동일한 패턴을 보이는 고객들을 찾아 세밀하게 그룹을 지은 후 소수 샘플들을 대상으로 테스트 캠페인을 실시했다. 캠페인별로 예산과 기간을 설정하고, 광고와 커뮤니케이션의 최적 조합을 찾아내 메시지를 생성한 후 샘플고객들에게 전송했다. 그리고 이 결과를 추적해 성과가 있었던 테스트와 성과가 없었던 테스트를 구분한 후 최적 조합을 적용했다. 테스트 결과, '전화주세요(call)'라는 광고문구가 '구입하세요(buy)'라는 광고문구보다 447% 더 효과가 있다는 결과가 도출되어 광고문구를 수정했다. 이렇듯 인공지능 마케팅 소프트웨어를 활용해 각 단계 및 고객별로 독특한 맞춤형 콘셉트를 제시한 덕분에 할리 데이비슨은 잠재고객을 효율적으로 확보할 수 있었다.

AI를 통한 업무의 자동화는 '로봇업무처리자동화(RPA: Robotic Process Automation)'를 통해 업무 수행과 처리는 다음과 같이 구현되고 있다. 자연어 처리능력을 갖춘 챗봇(채

팅 로봇), 지능형 에이전트(Intelligent Agent), 기계학습(Machine Learning) 등을 활용해 직원과 고객의 참여를 이끌어내는 방식이다.107) 대표적인 RPA 비즈니스 모델로 인공지능 챗봇(chatbot)을 들 수 있다, 기업이 챗봇을 도입할 경우 기존의 상담원을 대신해 고객과 의사소통함으로써 고객에게 빠른 응대가 가능할 뿐만 아니라 축적된 대화 데이터를 머신러닝으로 학습해 고객니즈를 발굴하는 등 다른 용도로도 사용할 수 있다. 챗봇에는 기본적으로 인공지능을 활용한 음성 및 자연어처리 기능이 탑재된다. 일반 소비자의 접근과 소통에 유리하며, 음성 및 자연어 데이터가 축적되고, 이를 인공지능이 활용하는 것이다. 즉, 챗봇은 일반 소비자들을 대상으로 한 독립된 플랫폼으로도 가능하다. 대화형 메신저로 기능하며 일반 소비자들을 대상으로 상품을 판매하거나 광고를 노출함으로써 수익을 발생시킨다. 현실적으로 챗봇서비스가 주관적이면서도 다양한 질문을 자주 하는 고객들에게 최적화되었다고 보기는 어렵지만, 데이터가 대량 축적되고 인공지능 기술이 고도화됨에 따라 딥러닝 중심의 지능형 챗봇으로 발전하고 있다.

인공지능기반의 플랫폼 사업을 비즈니스 모델로 하고 있는 기업들은 기존의 서비스와 연계하여 데이터 기반의 다양한 서비스를 제공하고 있다. 대표적인 사례로 IT 제품에 인공지능을 결합한 아마존의 알렉사, 구글의 구글 홈과 구글어시스턴터, 애플의 시리, MS의 코타나(Cortana), 삼성의 빅스비 등이 있다.

구체적으로 분석해보면,

- 4차 산업혁명 시대의 비즈니스 CRM은 대량의 고객정보와 데이터를 기반으로 AI를 통한 업무의 자동화
- 네이버 등 인터넷미디어에서 발생하는 가짜뉴스 및 악플에 대한 삭제와 조정에 단순한 단어뿐만 아니라 문맥을 통한 검색과 조정이 가능한 지능형 자동제어시스템
- 비밀번호 문의에서부터 기술지원에 이르기까지 점점 다양해지는 고객문제에 대해 전부 자연언어로, 그리고 연중무휴로 고객서비스를 제공하는 지능형 에이전트
- 코로나-19 발생과 확진에 대한 대처 절차와 재난지원금 수령 절차 등에 대한 국민들의 질문에 응답하는 정부서비스 시스템
- IT, 직원혜택 및 복지, 인사정책 등에 관한 직원의 질문에 응답하는 사내 사이트
- 소비자와 소매업자들에 대한 맞춤화, 참여, 판매촉진을 목적으로 한 제품 및 서비스를 추천하는 시스템

107) 매일경제신문사, AI경영(Artificial Intelligence for the real World), 2019, pp.11-37. 참조

표 1-13 ▮ 챗봇서비스 제공 기업과 AI 활용 보유기술

챗봇서비스 AI	챗봇서비스 내용
Amelia	디지털 직원(digital employee)을 만드는 인공지능(AI) 소프트웨어
Solvy	고객지원용 대화형 플랫폼
x.ai	개인 스케줄링
Snipe	하드웨어 기기와 결합시킨 개인화된 가상비서
CareerLark	직원 업무평가
Lattics	직원 업무평가
Kitt.ai	핫 키워드 탐색 및 대화형 엔진인 챗플로우
babylon	헬스케어 정보 문의 답변용 메신저
Disco	기업 미션 공유 및 가치 전파
Talla	기업 내부 문의에 대한 지휘 본부 기능
sher.pa	고객의 질문 전에도 답변이 가능한 가상비서
네이버 'AI 클린봇 2.0'	문맥을 인식하고 악플 탐지 성능을 한층 개선한 'AI 클린봇 2.0'을 도입 네이버뉴스 · 스포츠 · 쥬니버 등에 달린 악플을 자동으로 감지해 가려주는 기술

자료: 테크니들, 인공지능 비즈니스 트렌드, 2019, p.66. 재구성

- 병원 등의 보건의료서비스 제공자가 개별 환자의 건강상태와 이전 진료 및 치료이력을 고려해 개인맞춤 치료계획을 설계하는 건강관리 및 치료추천시스템, 즉 빅데이터에 의한 개인맞춤형 의료서비스인 정밀의료시스템 구현
- 다양한 동영상과 이미지를 활용한 맞춤형 서비스 제공
- 인터넷 시대의 세 번째 물결인 '소셜(social)인터넷'으로 다양한 디지털 커뮤니케이션과 데이팅 및 교류 활성화

2020년 6월 네이버는 자동으로 악플을 걸러주는 AI(인공지능) 기술을 개발하여, 악플 탐지 성능을 한층 개선한 'AI 클린봇 2.0'을 공개했다. 네이버뉴스 · 스포츠 · 쥬니버 등에 달린 악플을 자동으로 감지해 가려주는 기술이다. 기존 클린봇은 댓글에 '개'나 '씨' 같은 말로 시작하는 욕설이 있어야 악플로 인식했다. 클린봇 2.0은 여기서 한발 더 나아가 욕설이 없더라도 모욕적이거나 타인을 비하하는 표현이 있으면 악플로 인식하는 신통한 기능을 갖췄다. 문장 맥락을 이해해 악플을 가려내는 것이다. 덕분에 악플 탐지 능력이 기존 대비 2배 이상 향상된 것으로 알려졌다.[108)]

네이버는 2019년 10월부터 사람처럼 문장의 맥락을 이해할 수 있는 AI 개발을 시작했다. 6개월 이상 네이버뉴스 댓글에서 욕설은 없지만 모욕적인 내용의 댓글을 골라내 1억 건 이상 학습시켰다. 그 결과, 95%의 정확도로 욕설 없는 악플을 잡아내는 데 성공했다. 물론 문맥을 사람처럼 완전히 인식하는 과정은 쉽지 않았고, 인터넷상에서 생기는 신조어나 변칙어를 일일이 잡아내 학습시키기에는 현실적 한계가 있지만, 빅데이터 기반 지능형 인공지능의 개발수준과 속도가 지속적으로 높아지고 있다.[109)]

1.3.4 AI가 적용된 비즈니스 사례 분석

1.3.4.1 CRM 비즈니스와 AI: 실시간 시장정보와 고객정보를 예측가능

최근 인공지능 분야에서 주목받고 있는 AI 머신러닝은 데이터 분석 및 예측, 영상인식, 음성인식, 자연어처리, 보안 및 윤리 등 다양한 산업 분야와 비즈니스에서 활용되고 있다. 인공지능 관련 산업과 비즈니스가 차지하고 있는 시장규모, 시장성장성, 수익성, 경쟁력, 수명주기 및 시장촉진 · 저해요인 등을 고려한 사업리스크를 분석해보면, 인공지능 산업과 비즈니스는 시장의 매력도가 높은 것으로 판단된다.[110)]

4차 산업혁명 시대의 비즈니스 CRM은 대량의 고객정보와 데이터를 기반으로 AI를 통한 업무의 자동화를 구현하기 위해 변화하고 있다. 다양한 디지털 기술혁신 및 인공지능의 발전과 함께 향후 '로봇업무처리자동화(RPA: Robotic Process Automation)'로 인해, 특히 역외 외주업부문을 중심으로 인간의 일자리가 잠식될 가능성이 크다. 외주업체에 맡겨 처리할 업무라면 자동화를 통한 처리도 가능하다 하겠다. 하지만 일상적인 의사소통문제는 기계가 대신하게 하고 고객불만 사항을 처리하거나 두서없이 말하는 고객을 응대하는 등의 더 복잡한 업무는 고객 담당자에게 맡기는 추세이다.

---

108) 네이버 관계자는 "예컨대 뉴스 서비스에 '저런 쓰레기 같은 인성으로 뭘 하겠다고 나대는 건지…'라는 내용의 댓글이 달렸다면, 클린봇 2.0은 문맥상 '쓰레기'가 특정인을 낮잡아보는 비하 표현으로 쓰였음을 감지하고 자동으로 블라인드 처리할 수 있다"고 밝혔다.

109) 이규호 네이버 이용자 피드백플랫폼 리더는 "인터넷 댓글은 축약어와 오탈자가 많은 데다 비속어 한 개에도 10만 개 이상의 변칙어가 있어 완벽히 악플을 잡는 데에는 아직 한계가 있다"며 "실제 적용 과정을 통해 정확도를 높여나갈 계획"이라고 설명했다.
연합뉴스, 2020.6.19.

110) 한국신용정보원, AI기술 · 시장 동향, 2020.12.

대표적인 사례로 1999년 마크 베니오프 CEO[111]가 창업한 CRM 전문 시스템 기업인 세일즈포스[112]는 비즈니스 업무관리 및 CRM 분야의 세계 1위기업인 독일의 SAP를 제치고 세계 1위로 성장 · 발전하면서, 다양한 디지털 기술혁신 및 인공지능 발전과 함께 '로봇업무처리자동화(RPA: Robotic Process Automation)'를 활용한 빅데이터와 클라우드 기반 CRM 서비스를 진행하고 있다. 즉, 세일즈포스(SALESFORCE)는 설립 13년 만인 2012년 CRM 소프트웨어 최강자인 독일 소프트웨어 기업 SAP를 제치고 세계 시장점유율 1위에 올라섰다. 시장조사업체 가트너에 따르면 세일즈포스의 세계 시장 점유율은 2016년 기준 18.4%이고, 2020년엔 26.2%로 상승했다. 세일즈포스는 영업용 CRM 소프트웨어 '세일스 클라우드(Sales Cloud)'를 사용해 고객 연락처와 판매활동을 관리한 기업의 거래 성사율이 43% 높아졌고, 생산성은 44%, 수익은 37% 향상됐다고 설명한다. 가트너의 분석에 따르면 세일즈포스의 CRM 성능은 오라클, 마이크로소프트, SAP 등 경쟁사보다 훨씬 우수하다는 평가다.

CRM 시장은 SAP나 오라클과 같은 거대 글로벌 IT 기업이 장악하고 있었다. 세일즈

---

111) 1964년에 태어난 그는 어릴 때부터 IT 분야에서 독보적인 재능을 보였다. 15세의 나이에 리버티소프트웨어(Liberty Software)라는 게임 회사를 세우고 게임을 만들었다. 게임을 판매해 이때부터 한 달에 1,500달러를 벌었다. 서던캘리포니아대학교(USC)에 입학한 그는 애플에서 인턴으로 일하며 스티브 잡스와 인연을 맺었다. 대학을 졸업한 후 베니오프는 세계적인 소프트웨어 기업 오라클에 입사해 '올해 최고의 신입사원'에 뽑히기도 했다. 뛰어난 성과를 거둬 입사 3년 만에 마케팅 부문 부사장으로 초고속 승진하며 오라클 역대 최연소 부사장이라는 기록을 세웠다. 베니오프는 1999년 오라클을 퇴사하며 "기업용 패키지 소프트웨어 시대는 끝났다"라고 선언했고, 세일즈포스를 창업했다. 그가 오라클을 나온 지 10년 만에 세일즈포스는 오라클의 CRM 부문 매출을 앞섰다. 베니오프는 세일즈포스 창업을 준비할 때 애플의 CEO 스티브 잡스에게 조언을 구했고, 잡스는 '애플리케이션 경제 창조'를 강조했다. 이 조언은 베니오프가 세일즈포스를 플랫폼 기업으로 만들겠다고 결심하게 했다. 그는 월 65달러에 CRM 소프트웨어를 이용할 수 있게 하는 파격적인 가격정책으로 사업을 시작했고 고객을 사로잡았다. 세일즈포스 전체 지분 가운데 5%를 소유하고 있는 그의 자산은 50억달러에 달한다.

112) 세일즈포스는 2017년 미국 경제전문지 〈포천〉이 '가장 일하기 좋은 기업' 1위로 선정했다. 개발자 평균 1억 6,000만원에 달하는 높은 급여와 수준 높은 복지, 양성평등(관리직 46%가 여성), 사회환원 등 모든 항목에서 직원들의 만족도가 높았다. 파트타이머도 주당 20시간 이상 일하면 건강보험 혜택을 주는 등 복지수준이 높다. 세일즈포스는 직원이 일하기 좋은 기업일 뿐만 아니라, 사회공헌도 적극적이다. 베니오프는 자선가이기도 하다. 그는 2000년 '1-1-1 모델'을 만들었다. 자본의 1%와 제품의 1%를 사회에 환원하고 전 직원이 업무시간 1%를 자원봉사 활동에 사용하도록 한다는 것이다. 2016년 3월 현재 세일즈포스는 총 1억 1,500만달러를 기부했고, 직원들의 총자원봉사 시간은 130만 시간(약 148년)에 달한다. 세일즈포스의 기술은 28,000개의 비영리 단체가 사용한다. 이 '1-1-1 모델'은 700여 기업이 세일즈포스를 따라 채택하고 있다.

포스는 후발주자였다. 품질 면에서 아주 뛰어나거나, 가격을 크게 낮추지 않으면 CRM 소프트웨어를 구매해 쓰고 있는 기업이 거래처를 세일즈포스로 바꾸기가 쉽지 않다. 세일즈포스는 가격과 품질이라는 두 분야에 차별화된 마케팅전략을 추진하였다. 세계 최초로 클라우드 기반으로 CRM 소프트웨어를 매월 소정의 요금을 받고 제공하는 개념(서비스형 소프트웨어, SaaS)을 만들었다. 기업이 고객의 방대한 데이터를 세일즈포스의 클라우드에 저장하면 언제 어디서나 필요할 때 여러 직원이 다양한 기기를 통해 인터넷에 접속해 이용할 수 있게 한 것이다. 인터넷만 연결돼 있으면 소프트웨어를 바로 실행하고 이용할 수 있다. 소프트웨어를 따로 구매하거나 설치하지 않아도 된다는 서비스를 제공하여 차별화된 마케팅전략을 구현하였다. 즉, SaaS는 소프트웨어의 여러 기능 중 사용자가 필요한 서비스만 이용할 수 있도록 만든 것이다. 소프트웨어 유통 방식에 근본적인 변화를 가져온 개념이다. 소프트웨어 회사가 하나의 플랫폼을 이용해 여러 고객에게 서비스를 제공하고, 사용자는 이용한 만큼 요금을 낼 수 있기 때문이다. 이 방법은 기업이 새로운 소프트웨어를 구매하는 데 드는 비용을 대폭 줄여주고, 인프라 투자와 관리 부담도 줄여준다는 차별화된 마케팅 서비스전략이다.

규모가 작은 회사는 주먹구구식으로 이루어지는 상품 개발과 판촉 활동에 불만을 느끼면서도, 비용부담 때문에 CRM 도입을 망설였다는 점을 마케팅 포인트로 인식하고, 세일즈포스는 SaaS 개념을 도입해 문턱을 낮췄고 시장을 확대할 수 있었다. 세일즈포스는 클라우드와 AI를 통해 뛰어난 품질과 합리적인 비용으로 거대 기업을 고객으로 확보하고 있다. 아마존 · 비자 · 델타항공 등이 세일즈포스의 고객이며, 글로벌 유통업 상위 20개 기업 가운데 절반이 세일즈포스의 CRM을 이용한다. 총 15만 개 이상의 기업을 고객으로 두고 있고, 구글 · 페이스북 · 버버리 · 로레알 · 던킨도너츠 등 다양한 산업군에 걸친 고객을 확보하고 있다.

특히 축적된 CRM 데이터와 클라우드 서비스를 기반으로 세일즈포스는 '세일스 클라우드' '서비스 클라우드' '마케팅 클라우드' 등의 CRM 소프트웨어 제품을 차별화하고 맞춤형 서비스를 하고 있다. '세일스 클라우드'는 세일즈포스가 출시한 첫 제품으로, 영업팀의 역량을 강화하고 수주 가능성을 높이는 CRM이다. 연락처를 관리하고 모든 데스크톱 또는 모바일 기기에서 영업 기회를 추적할 수 있는 서비스로, 고객들이 CRM 서비스를 이용할 때 가장 처음 진입하게 되는 서비스다. 요금은 제공하는 기능에 따라 월 75달러, 150달러, 300달러의 3가지 종류가 있다.

가트너에 따르면 영업용 클라우드 CRM 시장은 2017년 68억달러에서 2022년엔 113억달러로 연평균 11%씩 성장할 것으로 전망된다. 이 시장에서 세일즈포스의 점유율은 45.3%다.

'서비스 클라우드'는 고객이 원하는 것이 무엇인지 예측이 가능하도록 돕는 서비스다. 세일스 클라우드를 이용해보고 세일즈포스의 솔루션에 신뢰를 갖게 된 기업들이 더 많은 기능을 요구하게 되면서 개발됐다. 세일스 클라우드를 통해 판매가 증가한 것을 경험한 기업은 확보한 고객을 관리하고 장기간 유지하기 위해 서비스 클라우드를 이용하게 된다. 가트너는 이 시장이 2022년까지 연평균 12% 성장할 것으로 예측했다. 세일즈포스의 점유율은 19.9%로 1위다.

'마케팅 클라우드'는 이메일, 소셜미디어, 인터넷 웹페이지에서 고객과 상호작용하고 맞춤형 판촉활동을 벌일 수 있게 한다. 기업이 전자상거래 시장에 대응할 수 있도록 한 '커머스 클라우드'도 있다. 전통적인 오프라인 업체들이 전자상거래 분야에 빠르게 진출하고 있는데, 이 제품은 온라인에 낯선 기업이 빠르게 적응하도록 도와주는 CRM이다. 마케팅 · 커머스 클라우드는 고객에게서 얻은 방대한 정보를 CRM을 통해 매출 증가로 이어지도록 한다. 세일즈포스는 2012년 이 시장에 진입했으며, 시장점유율은 2위다. 하지만 점유율이 계속 높아지고 있고 성장가능성도 크다. 가트너는 마케팅 클라우드 시장이 2022년까지 연평균 19% 성장할 것으로 전망했다.

이밖에 모든 세일즈포스의 데이터를 앱으로 자동 연결해 데이터를 통합 관리하는 '포스닷컴'도 있다. 애플의 '앱스토어'와 같은 세일즈포스만의 앱 생태계 '앱익스체인지'도 있다. 이 앱 장터를 B2B(기업간 거래) 시장에 도입했으며, 현재 3,000여 개의 앱이 올라와 있다.

4차 산업혁명 시대의 비즈니스 CRM은 대량의 고객정보와 데이터를 기반으로 AI를 통한 업무의 자동화라는 트렌드를 인식하고, 세일즈포스는 오라클과 SAP처럼 인수 · 합병(M&A)으로 성장동력을 마련하는 전략을 진행하였다. 세일즈포스가 2006년부터 인수 · 합병(M&A) 기업만 55개에 달한다. 구체적으로 세일즈포스가 마케팅 클라우드 시장에 진입한 것은 2012년이었다. 후발주자로 불리했던 세일즈포스는 2014년 이그잭타깃(ExacTarget)을 인수한 이후부터 본격적으로 성장했다. 세일즈포스는 사물인터넷(IoT)과 인공지능(AI)을 CRM에 도입해 제품 기능을 더욱 고도화하고 있다. 2017년 2월엔 딥러닝 기술을 접목해 '아인슈타인'이란 AI 플랫폼을 출시했다. 이 플랫폼을 통해

CRM의 자동화라는 목표를 실현하고 있다. 또한 세일즈포스가 2015년 인수한 '템포(Tempo)'는 AI 캘린더 앱 업체로, 소셜미디어에 사용자가 올린 정보를 수집해 미팅 일정에 맞춰 필요한 정보를 제공한다. 2016년 인수한 크룩스(Krux)는 AI를 이용해 인터넷 정보를 수집하고 분석하는 업체다. 세일즈포스는 이를 통해 정보 분석 기능을 향상하고, 마케팅 클라우드 부문 AI 기능을 향상하도록 하고 있다. 최근에는 클라우드와 AI 활용을 극대화하면서, 2021년 현재 업무용 메신저 기업인 슬랙(Slack)을 인수 중이다.

따라서 4차 산업혁명 시대의 비즈니스 CRM을 선도하는 세일즈포스는 대량의 고객 정보와 데이터를 기반으로 AI를 통한 업무의 자동화를 구현하기 위해 변화하고 있다. CRM의 다양한 디지털 기술혁신 및 인공지능 발전과 함께 '로봇업무처리자동화(RPA: Robotic Process Automation)'에 기반한 개인/기업 맞춤형 CRM 서비스를 지향하고 있다.

1.3.4.2 챗봇 비즈니스와 AI: 인간의 일자리를 위협하는 똑똑한 AI 비서

최근에는 '로봇업무처리자동화(RPA: Robotic Process Automation)'와 딥러닝의 연결이 심화됨으로써 '로봇업무처리자동화(RPA: Robotic Process Automation)'로 무장한 디지털 직원이 화이트칼라 직원의 업무도 대체하고 있다. 구체적인 사례로 스웨덴 현지 은행인 SEB(Skandinaviska Enskida Banken)와 세계적인 의료기술 업체인 미국의 벡톤디킨슨(Becton Dickinson)은 실물과 똑같은 지능형 에이전트 아바타 어밀리아(Amelia)를 IT 지원센터에 투입해 업무를 처리하고 있다. 인공지능 소프트웨어 기업인 IP소프트가 2014년 공개한 인간형 AI 챗봇 어밀리아는 로봇업무처리자동화 소프트웨어 챗봇이다. AI(인공지능) 소프트웨어 업체 'IP소프트'의 채용 화면에 등장한 디지털 가상직원 어밀리아(Amelia)는 정장 차림의 금발 백인 여성이며, IP소프트가 2014년 공개한 인간형 AI 챗봇 어밀리아와의 대화는 자연스러워 사람과 이야기하는 기분으로 업무를 처리한다. 어밀리아는 현재 글로벌 500여 회사에서 콜센터 상담원 등으로 일한다. 미국 올스테이트 보험사는 2017년 어밀리아를 채용한 이후 고객 상담 시에 첫 전화로 고객 불만이 해결되는 확률이 67%에서 75%로 올랐다.

우리나라에서도 챗봇을 활용한 서비스가 일반화되고 있는데, 2020년 6월부터 네이버 댓글 AI가 비속어 없어도 문장 맥락으로 악플을 잡는다고 설명한다. 'AI 클린봇'이 빅데

그림 1-19 | 어밀리아(Amelia-6)

자료: 조선일보, 2020.5.15. 참조

이터로 고도화하여 AI가 상습 악플러 이용을 제한하겠다는 것이다. 네이버 AI 클린봇은 그동안 욕설과 비속어가 들어간 댓글을 자동으로 탐지해 블라인드 처리해 왔다. 2020년 4월부터 웹툰, 쥬니버, 스포츠, 뉴스 등에 차례로 적용됐다. 업그레이드된 AI 클린봇은 이날부터 악성 댓글 판단기준을 '욕설 단어'에서 '문장 맥락'으로 확대한다. 비속어가 없어도 문장 맥락을 고려해 모욕적이거나 무례하다고 판단되면 블라인드 처리하는 것이다. 네이버는 악성 댓글 빅데이터를 기반으로 축약어와 오탈자가 많은 구어체 댓글의 특성을 분석했다고 설명했다.[113]

113) 네이버는 AI가 악성 댓글 노출을 막는 'AI 클린봇'을 한층 고도화했다고 2020년 6월 19일 밝혔다. 앞으로 네이버 댓글은 인공지능(AI)이 문장 맥락까지 고려해 모욕적인 표현을 가려낸다는

딥러닝 덕에 인간 감정까지 파악한다는 어밀리아 같은 인간형 AI 챗봇과 숫자만 알려주면 알아서 보고서까지 만드는 RPA(로봇 활용 공정자동화) 등 일명 화이트칼라(white-collar, 사무직) 로봇과 문장으로 상습 악플러를 가려내는 네이버의 'AI 클린봇'이 빅데이터로 고도화하여, 급속히 발전하고 있다. 컴퓨터 과학자들이 개발한 머신러닝(기계학습)과 딥러닝 기술혁신으로 가능하다. 특히 머신러닝 과정 중 하나인 딥러닝(심화학습)을 통해 경험을 통한 지식 습득이 가능해졌다. 기존의 머신러닝은 일방적인 데이터 주입이 필요했다면 딥러닝은 AI가 스스로 데이터를 학습하고 시행착오를 거쳐 알고리즘을 개선해가고 있다.[114)]

1.3.4.3 디지털 헬스케어 비즈니스와 AI: 맞춤형 정밀의료가 가능

2020년 11월 인공지능이 50년만에 처음으로 인간의 실험결과와 대등한 수준으로 단백질 3차원 입체구조를 예측하는 헬스케어AI 알파폴드(Alphafold)가 구현되었다. 한편 대한민국은 2019년 디지털 바이오헬스케어산업 등 바이오헬스산업은 미래자동차 · 차세대반도체와 함께 3대 중점산업으로 선정 및 육성되고 있다.

디지털 헬스케어의 선구자인 Eric Topol 박사는 2018년 〈네이처 디지털 메디슨〉 창간호에서 "우리의 목표가 성공적으로 달성된다면, '디지털 의료'는 머지않아 '정밀의료'라고 불리게 될 것이다"라고 했다. 낮은 출산율과 길어지는 수명으로 전 세계는 빠른 속도로 초고령화 사회에 진입하고 있다. 의사 수의 증가가 환자가 늘어나는 속도를 따라잡지 못하고, 기존 의료시스템은 과부하에 걸려 정상적인 작동이 불가능해 질 것이다. 그런 시기가 오면 디지털 헬스케어는 마침내 '디지털'이라는 수식어가 필요 없는 '뉴노멀(new normal, 새로운 표준)'이 될 것으로 전망된다. 즉, '디지털' 떼고 '뉴노멀'

것이다. 업그레이드된 AI 클린봇은 악성 댓글 상습 작성자도 자동으로 판단한다. AI 클린봇이 인지한 '상습 악플러'는 일정기간 댓글 서비스를 이용할 수 없게 제한된다. 네이버는 댓글 이용 제한 조치 반복 정도에 따라 댓글 작성 가능 개수와 공감을 누를 수 있는 한도를 제한하는 정책을 준비하고 있다고 예고했다. 연합뉴스, 2020.6.19. 참조

114) 1998년 미국 뉴욕에서 설립된 IP소프트는 디지털 직원(digital employee)을 만드는 인공지능(AI) 소프트웨어 기업으로, 인도출신으로 뉴욕대 교수로 재직한 체탄 두베가 IP소프트 CEO로 있으며, 직원은 1,500명이며 매출은 비공개되어 있다. 디지털 가상직원 어밀리아(Amelia)는 한번 통화한 고객의 내용을 기억해 답변하는데, 수천 개 통화를 동시에 연결가능하다. 20개 언어를 구사가능하며, 30초에 300쪽 매뉴얼을 암기가능하다. 현재 챗봇 IQ 47.2로 양자컴퓨터 발전으로 급속히 똑똑해질 것으로 전망된다. 조선일보, 2020.5.15. 참조

로 진화하는 헬스케어는 데이터를 활용해 24시간 의료 모니터링받는 세상을 제공한다. 코로나-19로 인해 초고령화 사회가 오기도 전에 기존 의료시스템의 한계가 드러났다. 비대면 의료에만 국한된 얘기가 아니다. 별다른 노력을 하지 않아도 주어지는줄 알았던 '건강함'도 당연하지 않은 것이 됐다. 온종일 마스크를 쓰고 코로나-19에 대항할 면역력을 적극적으로 기르는 '건강한 노력'이 당연해졌다. 모든 데이터와 기술을 동원해 건강을 지켜줄 수 있는 디지털 헬스케어라는 미래가 성큼 다가왔다.

그림 1-20 | 디지털 헬스케어 시장규모

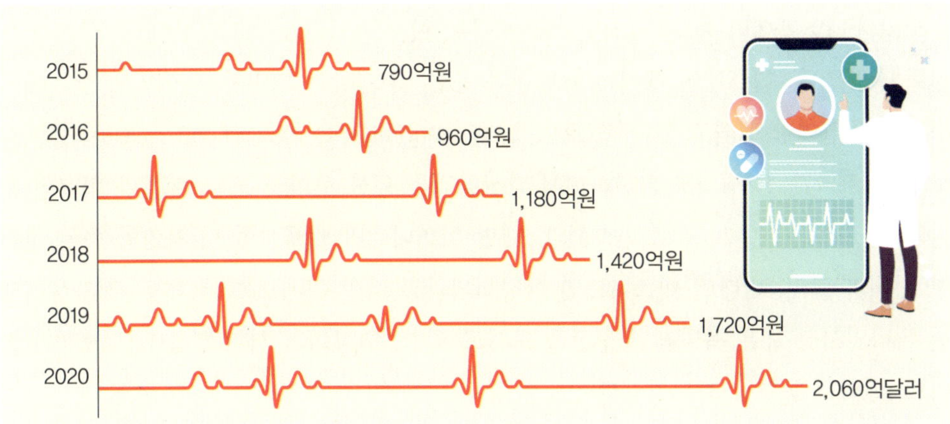

자료: 스태티스타

머신러닝은 인공지능을 구현하는 구체적인 알고리즘으로써, AI 알고리즘을 이용하여 대용량의 헬스케어 데이터를 분석하고 학습하며, 현상과 진료에 대한 판단이 가능하다. 특히 빅데이터 분야의 결합을 통해 데이터의 감지 · 이해 · 실행 · 학습 등 다양한 기능을 수행함으로써 헬스케어 전분야(의료 영상처리, 위험분석, 진단, 시약개발, 코로나 백신과 치료제 개발 등)에 적용되어 큰 기여를 하고 있다. 즉, 디지털 헬스케어는 더 많은 데이터와 AI를 활용해 더 높은 의료를 구현하는 것이 핵심이다. IBM에 따르면, 인간의 건강과 관련된 데이터는 의료 데이터, 유전체 데이터, 그 밖의 외부 데이터 등 크게 세 가지로 나뉜다. 한 개인은 일생을 살면서 의료 데이터를 0.4TB(테라바이트), 유전체 데이터를 6TB, 외부 데이터를 1100TB 만들어내고, 이들 데이터가 각각 건강에 미치는 영향은 10%, 30%, 60% 순이다. 지금까지의 의료체계는 의료 데이터에 집중하며, 유전체 데이터를 제한적으로 활용하는 정도였다. 가장 큰 영향을 미치는 외부 데이터는 측정하는 것 자체가 기술적으로 불가능했다. 디지털 헬스케어가 실현되면 그동안 놓쳤던 모든 데이터를 측정하고, 저장하며, 분석해 활용하는 100% 디지털 헬스케어 의료가 가능해진다. 의료시장에 확대되고 있는 디지털 웨어러블 기기가 일반화되면서, 과거엔 아프면 의료기관을 찾았지만, 앞으로는 아프지 않기 위해 24시간 의료 모니터링을 받는다. 의사가 결정하는 치료법에 내 몸을 맡기는 대신, 내 유전자가 가장 잘 받아들일 수 있고, 내 생활양식과 환경에도 딱 맞춘 치료법을 제공받게 된다. 우울증이나 수면장애 등 정신질환을 약 기운으로 억누르는 대신, 데이터로 정신적 문제의 원인을 찾아 디지털 치료제를 사용한다.

코로나-19 팬데믹 이후, 디지털 헬스케어분야는 Open Innovation과 Open Science로 진화되고 있다. 헬스케어 데이터가 협업과 융합 및 개방이 되면서, 데이터와 헬스케어 시장의 핵심역량이 되고 있다. 코로노믹스(Coronomics, Corona+Economics) 측면에서 보면, 코로나가 전 세계로 확산하면서 가상공간을 통한 사회적 교류, 이른바 비대면 문화와 비즈니스가 '뉴노멀'로 변화했다. 대면 비즈니스인 여행산업 및 자영업 등의 심각한 침체와 달리, 비대면 비즈니스인 화상회의와 온라인 콘서트, 음식배달, 전자상거래 및 온라인시장 등은 폭발적인 성장을 보이고 있다. 화상회의 서비스 줌(Zoom)과 구글미트, 인터넷 동영상 스트리밍서비스 넷플릭스, 애플TV, 디즈니TV 등의 기업 시장가치와 매출액이 급증하고 있다. 세계적으로 인구의 고령화와 건강에 대한 수요 증가로 바이오헬스케어산업에 대한 시장의 규모는 빠르게 성장하고 있다. 〈Global Market Insight(2020)〉 자료에 의하면, 디지털 헬스케어산업의 시장은 연평균 29.6%씩 성장하여 2025년에 5,044억달러가 될 것으로 전망했다.

하지만 한국의 디지털 헬스케어는 규제에 묶여 발전하지 못하는 현실적 한계가 있다. 전 세계에서 원격의료를 명시적으로, 전면적으로 금지하는 나라는 한국이 유일하다. 웨어러블 기기를 통해 당뇨병과 같은 만성질환 환자의 건강을 실시간으로 관찰하는 원격 모니터링부터, 스마트폰으로 환부(患部)를 찍어 원격 판독을 요청하는 서비스까지 모두 금지돼 있다. 원격의료는 그나마 대면 진료를 통해 해소할 수 있지만, 유전체 데이터와 관련된 규제는 아예 대체재조차 없다. 미국의 23앤드미(23andMe)와 같은 디지털 헬스케어 기업은 개인의 유전정보를 분석해 어떤 음식이 잘 맞고 어떤 운동이 적합한지, 개인의 신체 특성은 어떻고 부족한 영양소는 무엇인지, 심지어 주요 질병에 걸릴 확률이 얼마인지까지 알려준다. 그러나 한국에서는 몇 가지 항목을 제외하면 대부분의 민간 유전자 검사가 금지돼 있다.

모든 데이터가 의료데이터가 될 수 있는 시대에서 디지털 헬스케어는 개인의 건강을 넘어 차세대 산업영역으로도 급부상하고 있다. 디지털 헬스케어 스타트업에 유입된 투자금은 2015년 74억달러(약 8조 8,100억원)에서 2019년 160억달러(약 19조원)로 증가했고, 특허 취득건수는 같은 기간 연 271개에서 617건으로 늘었다. 시장조사기관 글로벌 마켓 인사이트는 디지털 헬스케어 시장규모가 연평균 29.6% 성장해 2025년 5,044억달러(약 602조원)에 이를 것으로 전망했다. 글로벌 빅테크 기업들도 디지털 헬스케어 시장을 놓고 치열한 경쟁을 벌이고 있다. 구글은 방대한 데이터를 바탕으로 한 인공지능(AI) 기술 예측 의학을 선도하는 한편, 60여 개 헬스케어 스타트업에 투자해 '구글 생태계'를 조성하고 있다. 대표적인 개인 유전정보 분석 기업인 23앤드미도 구글 창립자 세르게이 브린의 전 부인 앤 워치츠키가 설립한 스타트업이다. 애플은 아이폰과 애플워치 등으로 수집한 데이터를 소프트웨어 공급자가 활용할 수 있도록 해서, 헬스케어 버전의 '앱스토어'를 만들겠다는 계획을 세웠다. 아마존은 클라우드 서비스와 유통에서의 강점을 살려 원격의료와 의약품 배송에 집중한다. 유니콘(기업가치 10억달러 이상)을 넘어 데카콘(기업가치 100억달러 이상)으로 성장하는 디지털 헬스케어 스타트업도 늘어나는 추세다.

중국의 원격의료 기업 '핑안굿닥터'와 미국의 원격의료 기업 '텔라닥'은 2020년 7월 8일 기준 시가총액이 나란히 170억달러(약 20조 2,500억원)를 넘겼다. 만성질환자 관리 서비스를 제공하는 리봉고헬스는 92억달러, 유전체 연구기업 10X지노믹스는 89억달러로 데카콘의 문턱까지 올라왔다.[115] 코로나-19 팬데믹에 대응하기 위해 기업들은 데이터와 AI 활용을 보다 많이 하고 있다. 그렇지 못한 기업들과는 상품과 서비스 및 비즈니스 경쟁력, 그리고 기업성과면에서 차이를 더욱 크게 나타내고 있다.[116]

따라서 4차 산업혁명 시대에는 디지털 헬스케어 혁신으로 다양하고 방대한 데이터 구축과 AI 기술혁신이 급속히 진행되고 있어, 2021년 AI 의료시장의 규모는 66억달러로 2014년 대비 10배 성장할 전망이다. 현재 급속한 발전을 거듭하고 있는 인공지능(AI)은 치료전달, 만성질환관리, 예방 및 웰니스(wellness), 분류 및 진단, 진단법, 임상결정 지원 등 6개 영역에서 큰 영향력을 발휘하고 있다. AI가 의료부문을 혁신할 잠재성이 지

115) Economy Chosun 356호, 2020.7.13. 참조
116) McKinsey, Glbal survey: The State of AI in 2020, 2020.

표 1-14 ▌의료발전 패러다임의 변화

	과거	현재	미래
의료지식	증상 기반	제한적 지식/패턴 기반	빅데이터/알고리즘 기반
의료행위	직관적 의료	표준적 의료(일반화)	정밀의료(개인맞춤)

표 1-15 ▌헬스케어 분야에 적용되는 빅데이터 유형

구분	생성·관리자	주요 내용
개인유전정보	시퀀싱 기업	개인의 유전자 염기서열 정보(1인당 약 30억 개)를 수집한 데이터
개인건강정보	개인	IoT 등 다양한 디바이스로 수집되는 개인정보(예: 운동, 식사, 수면 등)
전자의무기록	의료기관	환자의 진료정보를 전산화하여 이력 관리되는 정보
국민건강정보	공공기관	진료, 의료급여 내역, 건강검진결과 등의 국민건강 관련 데이터

대한 가운데, AI 의료시장은 2014년 기준 6억달러 규모에서 향후 2021년에는 66억달러로 10배 가량 증가할 전망이다. 시장 잠재성이 큰 상위 10대 의료 AI 애플리케이션으로는 ① 로봇지원 수술(400억달러), ② 가상 간호조무사(200억달러), ③ 행정 워크플로우 지원(180억달러), ④ 사기탐지(170억달러), ⑤ 약물복용 오류 감소(160억달러), ⑥ 커넥티드 장비(140억달러), ⑦ 임상실험 참가자 식별자(130억달러), ⑧ 예비 진단(50억달러), ⑨ 자동영상진단(30억달러), ⑩ 사이버보안(20억달러)의 순이다. 특히 AI 지원 수술은 일명 '최소 침습 수술'로 환자 입원기간을 21% 단축시켰으며, AI 기반의 가상 간호조무사는 환자 증상을 원격 평가한 후 치료가 필요한 경우 의사에게 알림을 주어 환자의 불필요한 병원 방문을 감소시키고 있다.117)

특히 4차 산업혁명 시대의 신산업으로 부상한 빅데이터와 바이오헬스 분야는 의료발전 패러다임을 전환하고 있다. 유전체 분석 및 ICT 발전으로 유전자 등 데이터를 활용한 개인별 맞춤의료(빅데이터 기반 정밀의료)로 패러다임이 전환하고 있다. 유전체 분석비용과 시간도 2003년 27억달러와 소요시간도 8년 정도 수준에서, 2017년 1,000달러 이하로 시간도 48시간 이내로 비용과 시간이 절감되었다. ICT의 발전으로 데이터 축적(IoT와 센서)이 클라우드·블록체인·5G 등을 통해 지능화된 AI와 RPA의 활용과 비즈니스 확대가 폭발적으로 성장하고 있다.

117) Intellectsoft, 2020.507.; Foley, 2020.5.18. 참조

구글 자회사인 딥마인드(DeepMind)가 2019년부터 제공하는 헬스케어 AI서비스는 영국의료보험가입자 100만 명의 데이터를 활용하여 녹내장, 백내장 등 안과질환을 30초 내에 진단해낼 수 있는 의료기기를 출시하고 있다. 세계 최대의 데이터 제국인 구글은 미래 비즈니스 성장엔진으로 데이터와 인공지능을 연계한 디지털 헬스케어사업을 추진하는 것으로 보인다.

디지털 혁신으로 의료데이터를 수집하는 의료 사물인터넷(IoT)이 생명과학 전 부문의 혁신을 예고하고 있다. 의료 사물인터넷(IoT) 시장이 연평균 30%씩 증가해 2024년 1,880억 달러 규모에 달할 전망이다. 의료 IoT 솔루션 시장에 영향을 미치는 4개 거시 환경적 핵심 요소로는 ① 인구 노령화에 따른 혁신 헬스케어 솔루션에 대한 수요 증대, ② 질병 예방에 집중, ③ 원격 모니터링 및 의사 증대, ④ 보건지출 및 금융지원 증가 등이 있다. 특히 질병 예방과 관련해 현재 생명과학 분야는 조기 진단의 표준화에 주력하고 있는 실정이며, 향후 다양한 IoT 웨어러블 장비가 동 분야의 혁신을 가져올 것으로 기대된다.

의료 IoT는 R&D 디지털화 등, 생명과학부문 전반에 지대한 가치를 제공할 것으로 전망된다. R&D 측면에서 '스마트 연구소(smart labs)'는 클라우드 플랫폼 · 커넥티드 평가 툴을 통해 R&D를 혁신하고, 웨어러블 장비는 환자 데이터를 자동 수집해 '커넥티드 임상실험 모니터링'을 실현하고 있다. 디지털 제조측면에서 '의약품 품질 및 제조 환경 컨트롤'은 환자 안전과 규제 준수에 결정적인 요소로, 이를 위해 IoT 기반의 커넥티드 생산라인을 구축해 의약품 품질의 가시성을 확보하고 있다. 공급망 측면에서 커넥티드 센서에 기반해 실시간 추적함으로써 '의약품 운송 감독 및 제품 무결성(integrity) 확보'가 가능하게 되었다. 환자 측면에서는 IoT를 통해 이용가능한 새로운 데이터가 만들어지면서 환자의 개별맞춤형 치료를 지원하게 된다.[118)]

구체적인 사례로 2020년 미국 MIT 연구팀이 바디센서(bodysensor) 장착 의류를 개발하였다. 즉 MIT 연구팀은 의류에 부착된 미세 전기센서를 통해 심박동수 · 호흡 · 체온 · 움직임 등의 활력징후를 추적함으로써 24시간 환자 모니터링이 가능한 의류를 개발하였다. 기존의 센서는 패치(patch) 타입으로 피부에 테이프로 부착하는 방식인 데 반해, MIT 연구팀의 센서는 ① 길고 유연한 줄(strip) 형태로 에폭시(epoxy)로 감싼 후 섬유 틈에 넣어 직조, ② 섬유 틈 사이로 피부와 접촉, ③ 테이프나 고정기구가 불필요,

118) Capgemini, 2020.4.17.; intellectsoft, 2020.5.5. 참조

④ 다른 의류에 넣어 재사용이 가능하다는 특징이 있다. 연구팀은 체온 센서 30개와 가속도계 1개가 부착된 프로토타입(prototype) 셔츠를 설계했으며, 셔츠는 착용자의 움직임 · 심박동수 · 호흡률을 측정한 후 해당 데이터를 스마트폰으로 무선 전송하도록 했다. 셔츠는 사이즈별 제작이 용이하고 셔츠 외 다양한 의류로 확대 적용이 가능하다. 현재 연구팀은 혈류산소 수준이나 여타 건강지표 모니터링을 위한 센서를 추가하는 작업을 진행 중이다. 동 센서 타입은 '맞춤형 원격의료', 특히 가택 및 병원입원환자, 운동선수, 우주비행사 등의 모니터링에 사용될 것으로 기대된다.[119)]

신약 디자인에도 인공지능이 이용되고 있는데, AI 기반 신약개발 스타트업 투자아(twoXAR)는 인공지능을 이용한 연산 플랫폼을 통해 유망신약 후보물질을 알려주고, 사전연구를 통해 그 유효성을 입증하여 리스크를 제거해 준다. 또한 아톰와이즈(atomwise.com)도 신약 후보물질 발굴과 관련된 인공지능 플랫폼을 제공하는 비즈니스 모델을 바탕으로 한다.

위키백과에 의하면, IBM의 왓슨(Watson)은 자연어 형식으로 된 질문들에 답할 수 있는 인공지능 컴퓨터 시스템이며, 시험 책임자 데이비드 페루치가 주도한 IBM의 DeepQA 프로젝트를 통해 개발되었다. 왓슨은 IBM 최초의 회장 토머스 J. 왓슨에서 이름을 따왔다. 1997년 딥 블루 vs 가리 카스파로프 체스 게임에서 IBM 딥 블루가 체스 세계 챔피언 가리 카스파로프를 이겼다. 그 이후 IBM은 새로운 도전을 하였다. 2011년 기능 시험으로서 왓슨은 퀴즈쇼 제퍼디!에 참가하였으며, 인간과 대결하여 승리한 컴퓨터 시스템이다. 왓슨 개발 커뮤니티는 17개 산업 및 학문 부문의 개발자 550명 이상으로 구성되어 있으며 그 가운데 100명 이상이 이미 상업용 '인지' 앱, 제품, 서비스를 도입했고 전 세계 100만 명 이상의 개발자들이 IBM의 블루믹스(Bluemix) 플랫폼에서 WDC(Watson Developer Cloud)를 이용해 새로운 비즈니스 아이디어를 시범 운영, 시험, 배치하고 있다. 현재 주요 활용 분야는 단 한 종류의 왓슨만이 존재하는 것이 아니고 종양학 전문 왓슨, 방사선학 전문 왓슨, 내분비학, 법학, 세금 규정, 소비자 서비스 등 전문 왓슨이 다 따로 있으며 그렇게 해야 각 시스템에 맞는 데이터를 입력해 정확하게 훈련시킬 수 있기 때문이다.

대한민국 의료분야에 적용된 구체적 사례를 살펴보면 다음과 같이 정리된다. 2016년 인천 가천대학교 길병원에 암진단 '왓슨 포 온콜로지'가 도입되었고, 2017년 암환자의

119) MIT News, 2020.4.23.; Medgadget, 2020.4.24. 참조

종양세포와 유전자 염기서열을 분석해 맞춤형 치료법을 추천하는 '왓슨 포 지노믹스'가 부산대학교 병원에 도입되었다. 이외 대구가톨릭대병원, 계명대동산병원, 건양대병원, 조선대병원, 전남대병원 등 모두 7개 병원이 왓슨을 도입했다. 2017년 12월 가천대 길병원이 도입 1주년 심포지엄에서 발표한 의견 일치율은 56% 수준으로, IBM과 미국 메모리얼 슬로언 케터링 암센터가 소개하는 대장암 등 5개 암에서 91~100%의 일치율보다 크게 떨어진다. 인종적 특성 등에 따른 차이라고 설명하기도 하나, 애초부터 훈련용 데이터를 검증용으로 사용하는 등 성능이 과장되었다는 의견도 있다. 식품의약품안전처는 2017년 말 '빅데이터 및 인공지능기술이 적용된 의료기기의 허가·심사 가이드라인'을 발표하면서 왓슨을 '비(非)의료기기'로 분류했다.

최근 왓슨을 만든 IBM에서부터 균열이 발생하고 있는데, 2018년 5월 IBM은 왓슨을 실패한 사업으로 규정하고 사업팀을 구조조정했다. 이후 약 700억원을 투입해 종양학 전문 지침(Oncology Expert Advisor)을 개발 중이던 MD앤더슨암센터와도 이별했다.120)

한편 최근 왓슨의 시대를 마무리할 의료용 AI 개발이 진행 중이다. 과학기술정보통신부가 주도하고 국내 대형병원 25곳이 참여하는 '닥터앤서(Dr.Answer)'가 대표적이다. 닥터앤서란 AI 기반의 정밀의료 솔루션으로 다양한 의료 데이터를 연계하고 분석해 개인 특성에 맞는 질병을 예측하고 진단과 치료방법 등을 지원하는 지능형 소프트웨어를 의미한다. 닥터앤서 개발의 주관기관은 정보통신산업진흥원, 총괄주관병원은 서울아산병원 등이다. 사업단이 집중하는 질환은 3개 분야(심혈관, 암, 뇌) 8개 질환(심뇌혈관질환, 심장질환, 유방암, 대장암, 전립선암, 치매, 뇌전증, 소아희귀난치성유전질환)이다. 국가에서 비용이 많이 드는 질환이나 소프트웨어를 개발했을 때 영향력이 큰 질환 중심으로 집중하고 있다. 기업들이 소프트웨어를 개발하고, 플랫폼은 카카오에서 제공한다.

글로벌 제약기업 화이자(Pfizer)는 IBM의 AI 시스템 '왓슨'을 이용해 면역종양학의 신약개발 분야에서 매우 복잡한 연구과정을 가속화하는 방식으로 확대 적용의 문제를 해결하려고 한다. 면역종양학은 인체의 면역체계를 이용해 투병을 돕는 새로운 암치료법이며 신약이 출시되기까지 길게 잡아 십수년이 걸린다. 왓슨은 광범위한 문헌과 실험

120) 자세한 내용은 알려지지 않았지만, 왓슨의 데이터에 불만을 가진 MD앤더슨암센터가 먼저 계약을 깬 것으로 알려졌다.

보고서 같은 사내 자체 데이터를 통합 검토해 각 데이터 간 관계성과 숨은 패턴을 찾아냄으로써 신약표적, 연구용 병용요법, 신약처방 대상인 환자 선정 등의 식별을 가속화한다.

디지털 헬스케어는 신종 코로나 바이러스 감염증(코로나-19) 사태 이후 가장 주목받는 미래 산업 분야다. 시장조사기관 스태티스타에 따르면, 세계 원격의료 시장규모는 2019년 265억달러(약 32조원)에서 2021년 412억달러(약 50조원)까지 커질 것으로 전망된다. 국내외 투자자와 투자업체도 디지털 헬스케어 사업에 거금을 투자하고 있다. 손정의 회장이 이끄는 소프트뱅크가 운용하는 비전펀드는 2018년 이후 8개 헬스케어 기업에 투자했다. 2020년 6월 25일 현행 의료법상 원칙적으로 금지됐던 비대면 진료를 전국 네 곳의 대형 병원에서 재외국민을 대상으로 향후 2년간 임시 허가하겠다고 밝히면서 이 날 원격의료 솔루션 업체 '비트컴퓨터'의 주가가 30% 가까이 급등하기도 했다. 코로나-19로 비대면 디지털 헬스케어는 일상 속 익숙한 '뉴노멀(new normal, 새로운 표준)'로 자리잡게 될 것이다. 여기서 더 나아가 코로나-19 이전부터 의료진이 문제 삼아 왔던 불필요한 진료로 낭비되는 인력과 진료시간 문제를 해결하기 위해서라도 원격진료는 계속 확대될 것이다. 전문가들은 미국 진료건수 중 30% 이상이 불필요한 진료로 소모된다고 한다. 이를 원격진료를 통해 효율화하자는 목소리가 높다. 또한 코로나-19로 사회적 관계가 단절되면서 우울감, 외로움 등을 느끼는 사람이 급증하고 있다. 이들이 사생활을 보호받으며 안전하게 치료받을 수 있는 디지털 헬스케어 시장 역시 성장할 것으로 전망된다.

원격 심혈관 치료 스타트업인 '하트비트헬스(HBH)'는 온라인기반 심혈관 치료관리 솔루션 플랫폼이다. 심장병 전문의와 환자를 연결해 장기적으로 서로 소통할 수 있는 공간을 마련하고 애플리케이션(앱)을 통해 환자의 치료 데이터를 수집한다. 이 업체 역시 잠재적 고객층을 효과적으로 설정해 자신의 플랫폼으로 끌어들인 좋은 사례다. 하트비트헬스는 다수 병원과 보험 업체를 통해 데이터를 수집해 심장병에 걸릴 확률이 높은 사람들을 먼저 찾아낸다. 그 다음 이 사람들에게 "당신이 심장병에 걸릴 확률이 높은지 미리 확인해봐"라며 원격으로 심장병 검사를 하도록 마케팅한다. 더 나아가 이 검사에서 부정적인 결과를 얻은 사람들이 검사 후에도 지속적으로 자신의 플랫폼에서 심장 상태를 모니터링하고 전문가로부터 조언받으며 생활하도록 유도한다. 끝으로 이러한 서비스를 받은 사람들은 심장질환으로 고통받을 확률이 낮아진다는 점을

표 1-16 ▌주목해야 할 디지털 헬스케어 기업들

분야	회사이름	사업내용	지표(특이사항)
노인의료	Welbe Health 웰브헬스 (Welbe Health)	집에서 생활하는 노인을 위한 원격케어 시스템	올해 2월 3,000만달러 규모 시리즈 C 투자 유치 성공
헬스케어 데이터	REDOX 리독스 (REDOX)	의약품 판매 업체와 헬스케어 업체 간 데이터 공유 지원	헬스케어 기관 500곳 이상과 소프트웨어 업체 236곳과 제휴
정신건강	AbleTo 에이블루 (Able to)	원격으로 우울증, 불안증, 스트레스 등 정신질환 치료	2,100만 명의 환자를 원격으로 24시간 지원
마약중독 치료	Better Life 베터라이프파트너스 (Better Life Health)	원격으로 마약중독자와 상담치료 지원	중독치료센터 등 30여 곳의 가관과 제휴
심장병	Heartbeat 하트비트헬스 (Hearthbeat Health)	온라인기반 심혈관 치료관리 솔루션으로 환자와 의사 연결	올해 3월 820만달러 규모 시리즈 A 투자 유치 성공
1차 의료	iorahealth 아이오라헬스 (Iora Health)	1차 의료기관 의료진과 환자의 지속적인 대면 · 비대면의 소통 · 모니터링 네트워크 관리	연평균 70% 성장률, 미국 전역 48곳에 헬스케어센터 설립

자료: 406벤처스

데이터를 통해 확인하며 서비스 효과성을 입증한다. 예를 들면, 하트비트헬스 앱을 썼더니 심장이 안 좋은 사람들이 심근경색 때문에 병원에 실려 갈 확률이 현격히 낮아졌다.[121]

1.3.4.4 지능화된 로봇 서비스

2020년 현대자동차의 세계적인 지능형 로봇전문기업인 보스톤다이나믹스의 인수는 지능형 로봇과 모빌리티와의 연계로 매우 주목받는 변화라 하겠다. 로봇자동청소기는 크루즈 미사일 스랙기술이 적용되어 공간과 목표를 인식하면서 청소를 하는 것이다.

잇사(Eatsa) 식당은 2015년에 샌프란시스코의 소마(SoMa) 지역에 첫 점포를 내면서 운영되고 있다. 잇사는 영양가가 아주 뛰어난 남아메리카 원산의 곡물인 퀴노아를 주

121) Economy Chosun 356호, 2020.7.13. 참조

요 성분으로 하는 채식요리를 판매한다. 잇사는 퀴노아에 옥수수, 콩, 가지 같은 재료와 과카몰리를 곁들여서 '남서부 스크램블' , '걱정없는 카레' 같은 이름으로 내놓았다. 퀴노아는 동물성 단백질 생산에 필요한 에너지의 30분의 1만으로도 생산할 수 있어서 효율적이다. 또한 콜레스테롤과 글루텐이 없다.

구글 자회사인 딥마인드사는 2016년 이미지를 만드는 인공지능 '딥드림'을 선보였고, 같은 해 딥드림이 제작한 그림전시회를 열었다. 마이크로소프트와 델프트공대는 협업 프로젝트로 '더 넥스트 렘브란트'를 진행했다. 그 결과 인공지능이 제작한 가상 인물의 초상화를 그렸다. 렘브란트의 화풍을 똑같이 재현했다는 평가이며, AI 화가가 그린 그림이 미술거래소에서 실제 거래되기도 했다.

2016년 공개된 소니사의 '플로 머신즈'는 비틀스 스타일, 재즈 스타일 등 다양한 종류의 음악을 '창작'했다. AI를 사용해 성공가능성이 있는 음원을 분석하고 선별하는 스타트업 '뮤직 엑스레이(Music Xray)'가 있는데, AI는 지금까지 히트한 노래의 멜로디와 리듬 데이터를 분석한 뒤 여기에 마케팅 비용 등을 더해 성공 확률을 계산한다. 26만 5천명의 아티스트가 보내온 곡을 조사하고 그 곡에 전문가가 얼마나 관심을 보일지를 추측한다.[122)]

2019년 12월 사법정책연구원은 서울법원종합청사에서 '인공지능(AI)과 법 그리고 인간'이라는 주제의 심포지엄을 열였다. 에스토니아는 세계 최초로 블록체인 기술이 현실화된 국가인데, 카이 해르만드 에스토니아 법무부 차관은 2020년부터 분쟁가능성이 적은 7,000유로(900만원) 이하 소액재판의 경우 AI 판사가 판결한다고 소개했다.

스포츠에서도 '로봇심판(RoboUmp)' 도입과 활용이 현실화되고 있다. 비디오 판독 등의 영역에서 첨단기술은 이미 심판의 판정을 돕고 있다. 수년 내 야구장에서 볼-스트라이크 판정을 로봇이 내리는 장면을 볼 수 있을 전망이다. AP통신은 2019년 12월 22일 '메이저리그(MLB) 심판들이 볼-스트라이크 자동판정시스템(Automated ball-strike system) 개발에 협조하기로 합의했다'고 보도했다. 자동판정시스템 도입은 롭 만프레드 MLB 커미셔너가 밀어붙이는 사업 중 하나이다. 이 사안을 반대할 것으로 예상했던 심판들이 전향적인 자세를 보이면서 이르면 2022년부터 '로봇심판'이 MLB에 등장

122) 미국을 대표하는 재즈가수 노라 존스(Norah Jones)가 발표한 앨범에 수록한 음원을 조사한 결과, AI는 12곡 중 10곡이 90% 이상의 확률로 히트할 것이라는 결과를 제시했다. 결국 전 세계에서 대성공을 하였고, 이 앨범에 수록된 'Don't know why'는 그녀의 대표곡이 되었다.

할 것으로 이 매체는 전망했다. 실제 2019년 7월 미국 펜실베니아주 요크에서 열린 독립리그 애틀랜틱 올스타전에서 AI 심판이 공개되었다.123)

중국은 공산당에 의해 개인정보 수집과 데이터 축적이 계획적으로 추진되고 있다는 특징이 있다. 이러한 지원에 따라 2018년 윈치대회에서 알리바바는 IoT 시장으로의 전면 진출을 선언하며 '5년 내 100억대 기기 연결'을 목표로 하고 있다고 발표하면서, 후발주자인 알리바바가 IoT와 AI 시장을 선도하고 있다. 2019년 압사라 클라우드 컨퍼런스에서 알리바바는 IoT 운영시스템 알리OS(AliOS)의 업그레이드 버전을 공개하였는데, 바로 AIoT 시대를 향한 차세대 AI 설비 운영체제인 알리OS 3.0버전(AliOS Things 3.0)이다. 알리클라우드의 AIoT 플랫폼 업무는 스마트 시티, 스마트 구역(园区), 스마트 홈 등을 포괄한다. 스마트 홈 분야에서 다양한 협력을 통해 이미 수백 종류의 3,000만 대 이상의 스마트 가구 아이템이 알리바바의 플랫폼과 연결되어 있다. 스마트 시티 분야에서 240여 곳의 협력 파트너를 두고 있으며 우시(无锡), 슝안(雄安), 하이난(海南) 등에서 스마트 시티 조성을 진행하고 있다. 스마트 제조 분야에서 10개 업종에서 500곳 이상의 협력 파트너를 보유하고 있다. 알리바바 클라우드 인텔리전스 부총재 마징(马劲)은 알리바바 AI 서비스는 전 세계적으로 10억 명이 사용한다고 공개했다. 알리바바 클라우드가 매일 처리하는 사진은 10억 장 이상이며 하루에 무려 120만 시간에 달하는 영상을 처리한다고 덧붙였다. 알리바바 클라우드가 하루에 처리하는 자연언어는 5천억 구(句)로 이 엄청난 데이터 처리량 덕분에 알리바바는 중국에서 가장 큰 규모의 AI 기업으로 거듭났다. 알리바바는 'ET City Brain'으로 부르는 AI를 위한 큰 비전을 갖고 있다. 이 프로그램은 스마트 시티 카메라와 센서를 통해 엄청난 양의 지역데이터를 수집해 중국정부와 개개인의 소셜미디어 계정으로 전송한다. 알리바바는 AI 플랫폼을 이용해 교통관리, 도시개발, 공중보건수요 그리고 곧 일어날 것 같은 사회적 불안을 파악하는 예측모델링 작업을 한다. 중국 경찰들이 신원확인 등으로 사용하고 있는 클라우드 서비스에 연결되어, 정부의 데이터 독점과 관리 및 통제가 발생할 가능성이 있

123) 기술적으로는 어렵지 않다. 스트라이크 존은 '유니폼 어깨 윗부분과 바지 윗부분 중간의 수평선을 상한선으로 하고, 무릎 아랫부분을 하한선을 하는 홈베이스의 상공'(KBO리그 야구 규칙)으로 규정돼 있다. 야구 규칙은 명확하고 판례 같은 건 필요 없다. 따라서 '로봇심판'은 당장에라도 도입할 수 있다. MLB는 2006년 투구트래킹시스템(Pitch f/x)을 도입했다. 2017년부터는 고성능 카메라와 레이더 기술을 결합한 스탯캐스트(Statcast)를 제공한다. 시청자와 관중은 투구 스피드뿐 아니라 릴리스 포인트, 회전축 변화, 수직 · 수평 이동까지 알 수 있다.
중앙일보, 2019.12.28. 참조

다.[124] 이는 공산당에 의한 디지털 전체주의의 특징을 보여주고 있다.

알리바바의 AI 번역 기능은 엄청난 데이터 처리를 바탕으로 연산학습 능력이 빠르게 발전하고 있다. 알리바바 AI 알고리즘은 매일 약 55만 시간의 음성언어를 처리하고 있으며 알리샤오미(阿里小蜜, 알리바바 산하 전자상거래 플랫폼의 챗봇)는 매일 500만 명 이상의 고객을 상대하고 있다. 알리바바의 스마트 번역기는 매일 10억 회 이상 사용되고 있다. 알리바바의 스마트 통·번역을 담당하는 알리AI는 연구기관인 다모위엔(达摩院)의 클라우드상에서도 사용하고 있다. 외부 사용자가 알리클라우드에 접속했을 때 곧바로 알리AI의 능력을 사용할 수 있다. 알리바바가 제공하는 클라우드 일체형 음성 번역기는 스마트 홈 서비스와 연동되어 홈IoT 플랫폼에서도 사용할 수 있다고 한다. 알리바바의 결제 시스템인 즈푸바오(支付宝, Alipay)에서 적용하고 있는 이미지 번역 서비스도 전시회에서 선보여졌다. 즈푸바오 앱에서 외국 상품을 스캔하면 모바일 화면에서 바로 중문으로 번역되어 보인다. 한국의 파파고 앱에서도 해당 서비스를 사용하고 있으나 정확도 면에서 즈푸바오의 번역이 훨씬 자연스러웠음을 확인할 수 있었다.[125]

알리바바의 자율주행 실험에 대한 노력의 결실은 2019 압사라 클라우드 컨퍼런스의 전시에서 다양한 형태로 구현되었는데 대표적인 사례가 바로 전시관 곳곳을 돌아다니던 '음료자판기 자율주행 자동차'이다. 자동차에 붙어있는 QR코드를 즈푸바오(支付宝)로 스캔하면 음료가 있는 문이 열리고 원하는 상품을 고른 후에 즈푸바오(支付宝)로 바로 결제까지 가능하다. 자율주행 차량에 탑재되는 알리OS(AliOS) 기반의 '반마 미(Banma ME)' 서비스도 관람자들의 인기를 끌었다.

알리바바의 빅데이터 기술을 기반으로 모든 교통상황을 한 곳에서 관리할 수 있는 '인텔리전트 하이웨이(Intelligent Highway)' 기술도 스마트 모빌리티 부스에서 큰 인기를 끌고 있었다. 유량데이터, 도로 교통상황 등 모든 교통 데이터를 분석한 후, 한데

124) 중국 경찰 클라우드는 정신건강 문제와 관련 있는 것으로 간주해 사람들을 모니터하고 추적하기 위해 개발되었지만, 사실은 공개적으로 정부를 비판하거나 소수민족 출신인 사람이 대상이다. 즉, 정부와 견해를 달리하여 비판한 사람들과 위구르인이라고 불리는 무슬림 소수민족을 모니터링하고 추적하도록 설계되었다. 에이미 웹 저, The Big Nine, 토트, 2019. 참조

125) 알리바바의 다모위엔(达摩院) 연구원이자 자율주행 실험실의 책임연구원인 왕강(王刚)은 자율주행 연구의 난점으로 '복잡한 도로'를 꼽았다. 알리바바 자율주행 실험실에서는 복잡한 도로를 정확히 인식하기 위해 데이터 구동, 고차원의 세밀화, 동태행위 등 3가지 분야로 나누어 도로 상황을 분석한다. 빅데이터 분석으로 도로 장면을 세분화하고 최종적으로 자율주행을 실현하는 게 목표이다. 왕강(王刚)은 알리바바가 자율주행에 투자하는 이유는 '물류를 더욱 편리하게 만들기 위함'이라고 강조했다.

모아 관리가능한 해당 기술은 중국에서 가장 붐비는 명절이나 기념일 때 고속도로 상황을 효율적으로 관리할 수 있을 것으로 분석된다.

알리바바는 배달용 로봇 개발에도 심혈을 기울이고 있다. 이번 전시에서 선보인 알리바바의 배달용 로봇은 현재 시범 운영 중인 AI호텔 '페이주부커(菲住布渴, Fly Zoo)'에서 사용되고 있다. 룸서비스를 주문하면 로봇이 음식을 방으로 가져다준다. 로봇은 혼자서 엘리베이터도 탈 수 있으며 장애물도 감지한다.

알리바바의 다오위엔(达摩院) NHCI 랩과 알리바바 디자인랩이 함께 개발한 '레피니티(Refinity)'는 사용자경험 중심의 쇼핑 서비스이다. 홀로그래픽 사이니지(holographic sinage) 기술로 별도의 웨어러블 기기가 없어도 변화를 느낄 수 있다. 해당 기술은 사람이 손을 가져다 대면 화면 속 물건이 반응하며, 가까이 다가가서 상품 투시도까지 확인할 수 있다. 직접 쇼핑몰에 가지 않아도 눈과 손으로 상품을 체험할 수 있는 신기술이다.

한국에 카카오페이가 있다면 중국에는 알리바바의 즈푸바오(支付宝, Alipay)가 있다. 중국 모바일이 있어야만 계정을 만들 수 있기 때문에 한국에 사는 한국인들은 사용 제한이 있다. 최근 즈푸바오가 필리핀, 말레이시아, 인도네시아, 태국, 인도, 파키스탄, 방글라데시 등을 포함한 전 세계 9개국 진출에 성공했다. 블록체인 기술을 활용해 송금 시간을 단축하는 등 결제시스템의 혁신을 거듭하고 있다. 중국은 작년 기준 국내 지불 방식 중 모바일 결제가 차지하는 비중이 무려 78.5%에 달하며 대부분이 QR코드 결제였다. "중국에서 거지도 QR코드로 결제한다"는 말을 데이터로 증명한 셈이다. 중국의 또다른 대표 결제방식인 위챗페이와 함께 중국을 QR코드 왕국으로 만든 데 일조한 즈푸바오는 이제 '안면인식결제'를 널리 보급하기 위해 노력하고 있다. 공공기관과 협력하여 즈푸바오 내 안면인식으로 책을 대여하거나 자판기에 있는 안면인식 기기로 얼굴을 인식해 문을 열고 상품을 결제하는 방식이다.[126] 정부지원에 의해 전자화폐 QR코드 서비스를 중국이 선도하고 있다.

학습능력을 갖춘 인공지능(AI)이 장착된 자율주행 차량과 수만 건의 이미지 데이터를 순식간에 식별하는 연산능력을 갖춘 컴퓨터는 인류에게 상상도 못했던 편리성을 제공했다. 화성탐사 로봇인 스피리트와 오퍼튜니티는 지구에서 무려 5,500만㎞ 떨어져 전파 신호가 도달하는 데만 3분이 넘는 화성의 척박한 표면을 수년간 각각 7㎞와 45㎞

126) 중앙일보, 2019.10.10. 참조

를 자율주행해 경탄을 자아냈다. 그런데 이 똑같은 기술이 전장(戰場)에서는 인류에게 엄청난 공포를 초래할 수 있다. 바로 '킬러 로봇'이라는 '자율살상무기(LAWs: Lethal Autonomous Weapons)'다. 킬러 로봇은 공격목표 선정과 살상(殺傷) 결정을 인간의 개입 없이 자율적으로 하는 AI 로봇이다. 인간의 판단에 따른 살상을 알고리즘으로 대체한 것이다. 결코 먼 얘기가 아니다. 안토니우 구테흐스 유엔 사무총장은 2020년 2월 제네바 인권이사회에서 킬러 로봇을 기후변화, 소득불평등 등과 더불어 인권을 위협하는 글로벌 이슈로 선정했다. 물론 이 킬러 로봇은 영화 '터미네이터'에서 그랬듯 인간과 비슷한 모습을 하고 악조건에서도 끊임없이 적응하는 만능 '로봇 병사'는 아니다. 좀 더 좁은 범위의 구체적 임무를 수행하도록 알고리즘에 따라 움직이는 로봇이다. 이미 각국은 고도의 AI가 장착된 킬러 로봇을 배치했거나 개발하고 있다.

구체적으로 미국 해군이 2016년 개발한 135톤짜리 대잠(對潛) 무인 함정인 시 헌터(Sea Hunter)는 자율운항으로 하와이에서 캘리포니아까지 바다 밑을 훑는다. 또 유조선이나 군함에 비정상적으로 접근하는 선박을 미리 탐지해 에워싸고 공격하는 무인 '스웜 보츠(Swarm Boats)'도 배치했다. 이 보트들은 서로 통신하면서 마치 군무(群舞)를 하듯이 조화를 이뤄 타깃에 돌진한다. 2000년 10월 예멘 항구에서 미 구축함 콜(Cole)이 이슬람 테러 집단의 자살 폭탄 보트 공격을 받아 17명이 전사한 뒤, 미 해군이 변화무쌍한 해양 환경을 고려해 화성탐사 로봇의 센서를 더욱 개발한 결과였다. 2016년 10월 캘리포니아주 차이나레이크에서 F-18 전투기가 투하한 100대의 소형 드론들은 마치 물고기 · 새떼처럼 집단적 유기체로 날아가면서 타깃들을 차례로 둘러싸 공격했다. 이스라엘이 실전 배치한 AI 드론인 하피(HARPY)는 2시간가량 반경 100㎞ 공중에 떠 있다가 적의 레이더 신호가 감지되면 수초 내에 폭격한다. 특정 타깃이 미리 입력된 것도 아니고, 공격 결정에 인간이 개입하지도 않는다. 하피는 한국과 중국, 인도, 터키 등에도 판매됐다. 대한민국 휴전선을 감시하는 테크윈의 SGR-AI도 이론적으로는 목표물을 자체 판단해 경기관총을 발사하는 킬러 로봇이다. 이 밖에 러시아, 중국, 영국 등도 타깃을 스스로 선정해 공격하는 미사일과 탱크 로봇을 개발하고 있다.[127)]

127) 네덜란드의 민간단체 '팍스(Pax)'는 2019년 11월 보고서에서 "킬러 로봇은 화약과 원자폭탄에 이어, 전쟁에서 제3혁명"이라고 평했다. 이 단체에 따르면, 미국 록히드 마틴과 레이시언, 중국항공공업그룹(AVIC)과 중국항천과기집단(CASC), 이스라엘의 IAI와 라파엘, 터키의 STM 등 전 세계에서 30개 군수업체들이 킬러 로봇을 개발 · 생산하고 있다. 호주 뉴사우스웨일스대학교의 킬러 로봇 전문가인 토비 월시는 "드론과 통신이 두절되거나 지연시간(lag time)이 발생하고

1.3.4.5 무인매장과 무인식당, 그리고 가상화 서비스

디지털 혁신에 의해 소비자의 편의성과 관리비용 절감을 위한 무인매장과 무인식당이 증가하고 있다. 2020년 비대면 시대에 GS 등 편의점이 월 1.5억 명이 만나는 공간, 즉 비즈니스 데이터가 발생하는 데이터 생태계로 변화하고 있다.

2016년 12월 아마존이 공개한 캐시어가 없는 무인매장 아마존고(Amazon Go)와 같이 잇사에 간 손님들은 음식 맛을 보기 전에 색다른 것과 마주쳤다. 손님들은 종업원과 전혀 마주치는 일 없이 주문을 하고 계산을 하고 음식을 받았다. 이 식당에 들어가면 죽 늘어서 있는 태블릿 컴퓨터가 눈에 보인다, 그 중 하나를 사용하여 주문을 하고 신용카드로 지불을 한다(잇사에서는 현금을 쓸 수 없다). 요리가 준비되면 커다란 화면에 고객이름의 머리글자(신용카드에 찍힌 이름을 이용한다)가 뜬다. 이름이 목록 위쪽에 다다르면 옆에 번호가 나타난다. 약 20개의 배식구 중 어디에서 음식이 나올지 말해주는 번호다. 벽에 난 작은 구멍들이 배식구인데(네모난 배식구가 층층으로 배열되어 있다-옮긴이), 덮개가 붙어 있다. 덮개는 사실 투명한 LCD(Liquid Crystal Display, 액정표시장치)다. 액정화면 한가운데에 고객의 이름과 오른쪽 위 구석에 작은 원형 표시가 뜬다. 고객이 그 표시를 두 번 두드리면, 덮개가 열리면서 포장된 음식이 나타난다(식당 실내에는 약간의 좌석이 배치되어 있다).

처음 오는 손님에게 주문과정을 알려주고 질문에 답하기 위해 관리직원이 있긴 하지만, 대부분의 고객은 직원을 접할 필요가 없다. 잇사의 초기평가는 좋았다. 리뷰사이트인 옐프(Yelp)의 한 회원은 잇사에 대해 이런 말을 남겼다, "그 누구와도 말하거나 상호작용을 할 필요가 없이 몇 분이면 컴퓨터 화면을 통해 맛 좋고 영양가 있는 저렴한 음식이 나오는 식당이다." 잇사의 인기는 제2의 기계 시대의 한 가지 중요한 현상을 잘 보여주는 사례다. 현실세계에서 사람들 사이에 이루어지는 많은 거래와 상호작용이 이제 디지털 인터페이스를 통해 완성된다는 것이다. 즉 많은 업무 과정들이 디지털 공간에 존재함으로써 정보의 조각(bit)을 저장하고 변형하는 것이 가능하다. 잇사에서 음식을 주문하고 지불하고 어디에서 받을지를 경험하는 것은 그런 과정의 사례다. 하지만 그 과정들이 완전하게 자동화되었다고 말하는 것을 의미하진 않는다.

전파 방해를 겪는 상황에서, 군(軍)으로서는 자율적으로 작동하는 킬러 로봇에서 새로운 가능성을 보게 된다"고 말했다.

1.3.4.6 가상화(Virtualization)

가상현실(VR) · 증강현실(AR) · 혼합현실(MR)기술이 일반화되면서, 2020년 전 세계 인구의 49%가 소셜미디어를 이용하고 있다. 즉 가상화는 확산되고 있는 중이다. 한 예로 비행기를 탈 때, 가방검사를 받을 필요가 없이 탑승구에 도착할 때까지 항공사 직원과 말할 일이 거의 없다. 공항의 자동발권기에서 탑승권을 뽑거나, 스마트폰에 다운로드받기 때문이다. 해외여행을 한 뒤 미국공항에 내릴 때는 글로벌 앤트리 키오스크(Global Entry Kiosk)라는 자동화 기기를 사용하여 통관과 입국심사 정보를 제출하고 입국하면 된다, 또한 미국 내에서 비행기를 탈 때 완전히 자동화된 보안검사를 거치게 된다.

가상화는 네크워크와 간편한 디지털 장비가 어디에나 있을 때 촉진된다. 현금인출기(ATM)가 확산되었을 때 많은 사람들은 더 이상 계좌에 든 현금을 찾기 위해 은행원을 찾지 않았다. PC 기반의 온라인 뱅킹을 통해 고객은 입출금 내역을 확인하고, 현금을 이체하고 지불하는 등 여러 가지 일을 집에서 할 수 있게 되었고, 스마트폰과 앱 덕분에 이제는 이러한 일들을 어디에서나 할 수 있게 되었다. 많은 은행거래 앱들은 마침내 또 한 가지 편의사항을 덧붙였다. 즉 고객들이 휴대전화 카메라로 사진을 찍어서 수표를 입금할 수 있도록 했다. 가상화된 은행거래의 점점 커지는 위력과 범위, 편의성이 미국에서 은행원수가 해마다 줄어들고 있는 주된 이유일 것이다. 2007년에 미국의 총 은행원수가 60만 8,000명으로 정점을 찍은 이래로 거의 20%가 감소했다. 최근에는 삼성페이, 카카오페이, QR코드, 모바일쿠폰 등의 디지털 화폐가 일반화되고 있기 때문이다.

대부분 무인계산대의 기술은 혼란스럽고, 따라서 사용하는 데 시간이 걸리고, 기기가 자주 먹통이 되기도 한다. 하지만 우리는 시간이 흐를수록 무인계산대가 점점 나아져 왔음을 인식하고 있으며, 앞으로도 더욱 지능화할 것이라고 예상한다. 무인계산대 시스템의 개발자들은 경험을 점점 더 쌓아갈수록 기술과 사용자 경험을 개선할 것이고, 오류율과 사용자 불만을 줄이는 법을 터득할 것이다.

이는 미래의 무인계산 기계와 절차가 매우 다를 수도 있음을 의미한다. 하지만 우리는 지금까지 그것이 별다른 발전이 없었다고 해도 대규모 가상화가 이루어질 것이라고 예상한다. 실제로 이루어진다면 아마존고(Amazon Go)처럼 보일 것 같다. 아마존고는 2016년 12월에 온라인 거인인 아마존이 시애틀에 개장한 면적 약 170제곱미터의 편의

점이다. 아마존고는 계산원도 무인계산대도 없는 소매점이다. 대신에 매장 안에 설치된 센서와 카메라를 머신러닝 기술 및 스마트폰 앱과 결합하여 고객이 쇼핑바구니에 담은 모든 상품을 추적한 후, 무엇이든 가게에서 가지고 나간 상품은 청구를 한다. 언론인 로이드 알터(Lloyd Alter)는 "아마존고는 소매점을 온라인 기술로 개선한 것이 아니다. 그곳은 벽돌담에 에워싸인 온라인 경험이다"라고 밝혔다. 이 경험 속에서 쇼핑카트는 현실이지만 계산대는 가상화된다.

가상화가 아주 널리 퍼질 것이라는 주장에 맞서는 또 다른 주장은 일부 상호작용이 중심인물(고객, 환자, 유망고객 등)에게 편하고 적절한 태도의 인간적인 접촉을 원한다는 생각이다. 금융 서비스업계에서는 개인이나 가족의 재산 중 상당부분은 투자자문가에게 맡기도록 설득하려면 최소한 한 번은 만나서 대면회의를 하는 것이 필요하다는 게 통념이었다. 하지만 웰스프론트는 2011년 12월 설립된 이래로 35,000여 가족으로부터 30억달러가 넘는 돈을 수탁받았는데, 탁자를 마주하는 일도 중요한 역할을 하는 투자자문가도 전혀 없이 가상화 서비스만으로 전액 이체받았다.128)

1.3.5 유토피아인가, 디스토피아인가?

가정과 사무실에서 우리의 마음과 몸은 기계들과 어떻게 일하게 될까? 두 가지 주된 방식이 있다. 첫째, 기계가 물질세계에서 더 많은 일을 할 수 있게 됨에 따라 인간은 점점 더 일을 덜하게 될 것이고, 대신에 우리 뇌를 쓰게 될 것이다. 인류의 가장 오래된 산업분야인 농업에서는 스마트팜 등과 같은 사례가 일어나고 있다,

작물을 기르기 위해 땅에서 일하는 것은 오랫동안 사람이 하는 가장 노동집약적인 일 중 하나였다. 그러나 이제 가장 지식집약적인 일로 변화하고 있는데, '농부의 삶(The Farmer's Life)'이라는 블로그를 운영하는 인디애나주 농부인 브라이언 스콧(Brian Scott)은 이렇게 설명한다. "나의 할아버지가 탈곡기와 수확기를 운전하던 시절에는… 수확량과 낟알의 수분함량 같은 것을 인쇄가능한 지도로 작성하는 한편, 보이지 않는 GPS 신호를 통해 스스로 움직이는… 오늘날의 기계 같은 것들을 상상도 못했을 것이다.

128) 웰스프론트는 투자 결정을 내릴 때 인간의 판단을 아예 배제했을 뿐 아니라 자산이전 거래의 전형적인 무대와 배역들(설비를 잘 갖춘 사무실, 고급스러운 소책자, 접수 담당자, 전문가다운 인상의 상담가 등)을 완전히 없애고 온라인 서류로 대체한 자산관리 회사이다.

대부분의 현대 공장에서 일하는 노동자들은 더 이상 힘이 세고 강인할 필요가 없다. 대신에 노동자들은 성가신 문제가 생길 때 표시되는 단어와 숫자를 편하게 대해야 하며, 기계와 함께 일할 수 있어야 한다.

사람들이 로봇 및 그 부류와 함께 일하는 두 번째 방법은, 말 그대로 로봇 옆에 있는 것이다. 공장 노동자들은 오랫동안 기계에 둘러싸여 때로 기계와 좁은 곳에서 복작거리면서 일해 왔다. 우리의 날카로운 정신, 예리한 감각, 능숙한 손, 튼튼히 버티는 발의 조합은 아직 그 어떤 기계도 따라오지 못했으며, 앞으로도 대단히 가치 있는 조합으로 남아있을 것이다. 대표적인 사례는 이탈리아 볼로냐에 있는 두카티(Ducati) 모터사이클 공장이다. 두카티 엔진은 아주 복잡한데, 자동화가 거의 전무하다는 것을 확인했다. 두카티는 이 모든 능력을 지닌 자동화 장치가 결코 없다고 판단했기에 엔진 조립을 계속 인간이 맡았다.

많은 소매점들의 창고에서도 그와 비슷한 능력이 요구된다, 아마존처럼 온갖 모양, 크기, 성분으로 이루어진 물품을 파는 곳들은 더욱 그렇다. 아마존은 선반에서 모든 상품을 확실하게 집어서 상자에 넣을 수 있는 디지털 방식의 손이나 '집게(grabber)'를 아직 알아내거나 개발하지 못했다. 그래서 아마존은 영리한 해결책을 찾아냈다. 선반을 사람에게 가져오면, 사람이 맞는 물품을 골라서 배송할 상자에 담는 방식이다. 선반은 무릎높이의 주황색 로봇에 실려서 거대한 물류센터를 돌아다닌다, 이 로봇은 본래 보스턴에 위치한 키바시스템즈(Kiva Systems)가 개발했다.[129] 이 로봇은 선반 밑으로 들어가 선반을 들어올려서 사람이 있는 곳으로 가져다준다. 사람이 필요한 물품을 집으면 로봇은 다른 사람이 있는 곳으로 간다. 이런 방식으로 사람들은 기계보다 더 우위에 있는 자신의 시각과 손재주를 활용 할 수 있으며, 이 선반 저 선반으로 걸어다닐 때 들어갈 체력과 시간의 낭비를 피할 수 있다.

로봇과 드론에 대한 인간의 우위는 얼마나 더 오래 유지할 수 있을까? 이는 자신 있게 답하기 어려운 질문이다. 하지만 우리의 감각, 손, 발은 적어도 앞으로 몇 년 동안은 기계가 따라잡기 어려운 조합일 것처럼 보인다. 로봇은 일상적인 발전을 이루고 있지만 인간처럼 일을 하려고 시도할 때에는 우리보다 여전히 훨씬 느리다. 아무튼 우리의 뇌와 몸은 물질세계가 제시한 문제들을 잘 푸는 설계에 보상을 하면서 수백만 년에 걸쳐 진화한 끝에 나온 것이다.

---

129) 아마존은 2012년에 이 회사를 인수했다.

미래를 전망하면, 모든 디지털 사물에서 이루어지는 발전 덕분에 비트(bit)의 세계를 넘어 원자의 세계에 있는 사람들 및 사물들과 상호작용하는 기계를 만들 수 있게 되었다. 아주 복잡한 부품이나 단순한 부품이나 만드는 비용이 별 차이가 없어진다는 것이다. 기본적으로 둘 다 그저 아주 얇은 층을 쌓은 더미이기 때문이다. 예를 들면 서로 얽힌 톱니바퀴 하나를 3D 프린팅으로 만드는 것만큼 쉽게 만들 수 있을 것이다.

혁신가들은 3D 프린팅 기술을 금속 부품을 제작하는 데에도 적용하면서, 제조공정 분야의 혁신을 이루었다. 레이저로 금속가루를 녹여 얇은 층으로 만들어서 하부구조(앞서 쌓은 층들로 이루어진 것)에 층층이 붙여 올려서 만든다. 이 과정은 또 다른 매우 바람직한 특성을 낳는다. 단단한 것을 작업하는 데에도 구애받지 않게 된다는 점이다. 티타늄 같은 극도로 단단한 금속은 기계로 만들기가 어렵고 비용도 많이 들지만, 한 번에 한 층씩 쌓는 일은 알루미늄 같은 더 부드러운 금속을 다루는 것만큼 쉽다. 그저 가루에 레이저를 어떻게 쪼일지 조정하기만 하면 된다. 제조공정의 단순화로 다양한 산업혁신이 발생했다.

복잡성과 강도, 둘 다에 구애받지 않게 되면 오랫동안 지속되었던 많은 제약에서 풀려난다. 예를 들어, 훨씬 더 빨리 식힐 수 있는 플라스틱 부품 주형을 만들기가 쉬워진다. 텍사스주 오스틴의 DIM코퍼레이션(DIM Corporation)은 금속합금을 3D 프린팅함으로써, 기존 방법으로는 만들 수 없었을 복잡한 통로 속에 많은 작고 가는 관들을 집어넣는 일을 해냈다. 이 관 안으로 뜨거운 플라스틱을 흘려보내는 것이 아니다. 대신에 차가운 액체를 흐르게 함으로써 새 부품을 성형한 뒤 빨리 식힐 수 있다. 그래서 부품을 더 좋은 품질로 20~35퍼센트 더 빨리 만들 수 있다.

회의주의자들은 이 시점에서 점점 더 값싼 플라스틱 조각들이 세상에 계속 쏟아지면서 매립지를 뒤덮고, 바다를 질식시킬 혁신을 인간이 일으키고 싶어 하는 것은 아닌지 물을지도 모르겠다. 우리는 상황을 다르게 본다, 플라스틱의 과소비와 부적절한 폐기가 나쁘다는 데에는 동의하지만, 3D 프린팅의 발전이 대단히 유익할 것이라고 본다.

3D 프린팅으로 만든 종양 모델의 경우, 3D 프린팅이 등장하기 전 외과의사는 자신이 찾고 있는 악성 조직 덩어리를 정확하게 표현한 모형을 만들 현실적인 방법을 갖고 있지 못했다. 주형은 모형을 많이 찍어낸 때에만 경제성이 있기 때문에 주형을 만드는데 필요한 돈과 시간적 여유가 없었을 것이다.

3D 프린팅의 가장 중대한 혜택은 저렴하게 실험해보고 주문 제작할 수 있다는 점일 것이다. 유용한 부품의 착상이나 필요에서부터 완성에 이르기까지의 경로에서, 주물 제작이나 다른 기존의 제조과정처럼 시간을 잡아먹고 비용이 많이 드는 단계들은 점차 배제되고 있다.[130)]

원자를 원하는 최종 형태로 변형하는 작업을 하는 기계들은 무어의 법칙 덕분에 계속 개선되고 있다. CPU와 메모리 칩만큼 빠르게 더 나아지면서 동시에 더 저렴해지는 것은 아니더라도 인상적인 발전을 이루고 있는 것은 분명하다. 20년 전의 기계들에 비해 더 저렴하면서 더 높은 수준으로 더 많은 일을 할 수 있다. 이런 발전에 힘입어서 모든 유형의 혁신가들(더 많은 취미 활동가, 개인발명가, 학생, 공학자, 기업가 등)이 이런 기계를 쓸 수 있게 되었고, 이 기계들은 사람들에게 더 많은 가능성을 탐색할 수 있는 능력을 제공한다.

1.3.6 코로나-19와 AI

디지털 바이오헬스케어산업은 문재인정부의 3대 중점 육성산업이고, 코로나-19 팬데믹 시대의 중요한 미래산업으로 부상하고 있다.[131)] 코로나 시대에는 디지털 디바이드, 백신 디바이드, 치료제 디바이드가 심화되고 있다는 점에서, 디지털 데이터와 AI 기반 디지털 바이오헬스케어산업, 그리고 ICT와 디지털 뉴노멀이 만드는 코로나 이코

130) 설계 및 공학 소프트웨어 기업 오토데스크(Autodesk)의 전 CEO 칼 베스(Carl Bass)는 3D 프린팅이 훨씬 더 큰 이야기의 일부일 뿐이라고 본다. 그는 우리에게 이렇게 말했다, "나는 적층 가공이 제조 방식을 진정으로 변혁시켜 온 것들의 한 부분집합이라고 봅니다. 저렴한 마이크로프로세서를 사용해서 기계를 정확하게 제어하는 것이지요." 베스의 말의 요지는 센서와 코드가 현재 아주 얇은 물질 층을 정확히 쌓는 데에만 쓰이고 있지 않다는 것이다. 유리판과 세라믹 타일을 자르는 것에서부터 모든 종류의 금속을 구부리고 깎는데 이르기까지 다른 모든 제조기술에도 적용되고 있다는 것이다.
앤드류 맥아피, 에릭 브린욜프슨 지음, 이한음 옮김, Machine/Platform/Crowd, 청람출판, 2019, pp.112-137. 참조

131) 장필호 · 김용환, "디지털 바이오헬스케어산업의 부가가치 추이변화와 산업정책에 관한 연구", 2020 한국기술혁신학회 추계학술대회, 2020.11.6.
장필호 · 김용환, "디지털 바이오헬스케어산업의 파급효과 및 투자효과 분석", 인터넷정보학회지, 제21권 제3호, pp.71-81.
장필호 · 김용환, "디지털 바이오헬스케어산업의 고용유발효과에 관한 연구", 한국IT서비스학회지, 제19권 제2호, pp.23-35.

노믹스(Corona Economics)132) 및 코로나 비즈니스 변화에 더욱 많은 관심과 투자가 발생하고 있다. 코로나-19 팬데믹으로 인해 디지털 뉴노멀 시대로 급속히 변화하면서, '언택트 사회와 경제'를 가능하게 하는 디지털의 중요성이 한층 더 커지고 있다. 집과 사무실, 학교와 병원, 시장과 유통, 여가와 라이프스타일까지 모든 경계와 한계, 세상의 기준과 표준이 달라지고 있다.

본항에서는 코로나-19 관련 디지털 기술을 요약하여 설명한다. 코로나-19와 관련한 앱과 이니셔티브가 증대되고 있는 가운데, 전염병 극복을 위해 인공지능(AI) · 블록체인 · 원격의료 등 다양한 디지털 기술을 활용하고 있다. 예를 들어 ① 인공지능(AI) · 로봇 · 드론 기반의 질병 추적, ② 블록체인 기반의 보험지불 관리 · 의료 공급망 유지, ③ 3D 프린팅을 통한 의료용품에 대한 긴급 수요 충족, ④ 오픈소스 기술에 기반한 의료장비 공급 최적화, ⑤ 원격의료를 활용해 전염병 확산 저지 등 코로나-19 극복을 위해 채택되고 있는 대표적 디지털 기술을 선정하여 설명한다.133)

1.3.6.1 인공지능(AI)

AI는 비구조화된 대용량 텍스트 데이터를 처리함으로써 지역별 신규 감염자수를 예측하고 질병확산 통제를 위한 전략을 평가하고 최적화한다. 또한 AI 애플리케이션을 통해 ① 드론 기반의 의료물품 전달, ② 환자 병실 소독, ③ 치료제로 유력한 새로운 분자 생산, ④ 바이러스의 RNA 이차구조 예측 등이 가능하다. 그 외 가짜뉴스 탐지 알고리즘은 기계학습을 적용해 소셜미디어의 정보를 채굴하고 있으며, 코로나-19와 관련해 충격을 유발하는 단어를 추적함으로써 각종 잘못된 정보가 전염병처럼 확산되는 '인포데믹(infodemic)'134) 속에서 신뢰성 있는 온라인 소스를 규명하고 있다.

그 외 안면인식기술 및 열감지시스템을 활용한 AI 애플리케이션은 감염자 및 감염자의 최근 동선을 추적해 자가격리 정책 강화 및 전염병 확산 저지에 기여하고 있다. 이와 관련해 ① 중국 검색업체 '바이두(Baidu)'는 적외선 안면인식기술 기반의 시스템을 베이징 칭허(Qinghe) 기차역에 배치해 분당 200여 명을 스캔 · 촬영, ② 모스크바 당국은 안면인식기술을 활용해 감시카메라 영상을 스캔한 후 중국에서 온 유입자를 식별하

132) KT경제경영연구소, 코로나 이코노믹스(Corona Economics), 2020.

133) 글로벌 보건산업동향 348호, 2020.6.1. 참조

134) 인포데믹은 '정보전염병'으로 정보(information)와 전염병(epidemic)의 합성어

고 있다.

백신 개발과 관련해 EU집행위원회(EC) 및 유럽의약품청(EMA)은 공중보건 위기 상황 시 사용가능한 백신의 평가 · 승인 속도를 제고하는 절차를 마련하는 중이다. 코로나-19 관련 신약 개발을 촉진하기 위해서는 대규모 데이터베이스를 신속하게 검색하고 대용량 의료 데이터를 처리할 수 있는 AI의 역량이 관건이다. 하지만 대부분의 보건시스템은 지역 인구집단의 니즈를 반영할 만한 알고리즘 및 알고리즘 훈련에 필요한 데이터 수집 역량이 부족한 실정이다. 또한 공중보건 위기 시 프라이버시 관련 자기결정권이 제한됨에 따라 정책입안자들은 위기관리 정책의 윤리성을 고려하여 권리침해를 최소화하는 범위에서 공중보건 목표를 달성해야 한다.

인공지능 진단을 통해 비대면 · 프로세스 효율화가 가능한 미래의료를 실현할 수 있다. 일부 국가들이 통원 및 의료의 불편함을 해결하는 수단의 하나로 활용하기 시작한 AI진단은 '비대면식(式)' '프로세스 효율화'가 포인트다. 비대면식의 대표격인 중국의 무인 AI진단박스는 외형은 증명사진 자판기로, 정면에 있는 마이크와 카메라를 통해 환자의 상태나 목소리를 확인하고 AI가 환자를 진단한다. AI의 진단내용은 대기 중인 의사가 확인 · 승인한 후 환자에게 통보하고, 필요한 약은 자판기에서 즉시 구입할 수 있어 환자들에게 통원 · 대기시간 없는 진료서비스가 가능하다. 영국 기업이 개발한 앱은 증상을 입력하면 채팅을 실시한 후 AI가 방대한 데이터로 기계학습된 결과를 알려주는데, 긴급처치가 필요하다고 판단되면 앱을 통해 필요한 처치를 알려주는 트리아지(triage) 알고리즘이 적용되는 것도 특징이다. 일본에서 AI 실용화를 검토 중인 의료 분야는 게놈의료, 화상진단지원, 진단 · 치료지원, 의약품개발, 간병 · 치매, 수술지원 등 6개 분야이다. 일본 후생성은 AI 기반 진단 · 치료지원 프로그램을 이용해 진료를 하는 경우라도 진단, 치료 등을 실시하는 주체는 의사이며 의사는 최종적인 판단 책임을 진다고 규정하고 있다. 저출산 · 고령화가 진행 중인 일본에서 AI 진단의 특징인 '비대면식 프로세스 효율화'는 통원이나 대기시간 같은 불편함을 해결하는 역할이 될 전망이다.[135)]

135) 第一生命経済研究所, 2020.3. 참조

1.3.6.2 블록체인(Blockchain)

코로나-19 바이러스 전파자 감지 및 백신 개발 속도 제고가 중요한 가운데, 블록체인 기술은 의사결정 촉진을 위한 투명하고 저렴한 수단을 제공해 전염병 관리의 핵심 기술로 부상하고 있다. 블록체인 애플리케이션은 ① 하루 수백 번씩 업데이트되는 '원장(ledgers)'을 창조함으로써 질병 발생 현황을 모니터링, ② 진단의 정확도 및 치료 효과성을 제고, ③ 의약품 및 의료물품 공급망을 추적, ④ 의료 데이터 관리 및 질병 증상 패턴을 규명할 수 있다.

블록체인시스템을 통해 보건당국은 ① 의료계의 상호운용성 문제를 해결, ② 데이터 저장 및 공유를 촉진해 임상실험을 신속화, ③ 임상실험 데이터 수집 및 보고의 신뢰성을 보장할 수 있다. 특히 코로나-19 관련 주목받는 블록체인 솔루션으로는 ① 기부금이 우한 지역의 감염자 치료에 사용되기까지의 흐름을 추적하는 솔루션, ② 코로나바이러스 보험금 청구 공유 플랫폼 '시앙 후바오(Xiang Hu Bao)', ③ 증상자 및 무증상자가 바이러스 관련 정보를 직접 보고하는 싱가포르 '알고란드 파운데이션(Algorand Foundation)'의 '아이리포트-코비드(IReport-COVID)' 등이 있다.

정부와 생명공학 기업이 질병 확산 추적 및 알고리즘을 훈련하려면 민간 의료 데이터가 긴급하게 요구되기 때문에, 향후 개인정보보호 규제가 완화될 것으로 기대되고 있다. 유럽의약품청(EMA) 산하 '인간의약품위원회(Human Medicines Committee)'는 코로나-19 치료제의 증거 수집을 위해 각 조직의 연구 자원을 대규모 멀티센터 및 임상실험에 통합해 줄 것을 요청했다. 또한 임상 타임라인을 단축하고 신뢰성 · 보안성 · 투명성을 지원하기 위해서는 상호운용성 · 환자 프라이버시 · 투명성 · 데이터 순수성을 구비한 다양한 블록체인 기술 채택이 필요하다.

1.3.6.3 오픈소스 기술(Open-source technologies)

데이터의 집단지성으로 폭발적으로 증가하는 빅데이터의 신속한 공유가 전염병 극복의 관건인 만큼, 대규모 정보 저장소 및 IT 플랫폼 구축을 통해 데이터 공유를 촉진하기 위해서는 데이터를 저가에 제공하는 데이터 엔지니어링기술과 데이터 분석 역량이 필요하다. 이 같은 규모의 데이터 수집은 대개 세계보건기구(WHO) 및 유럽질병예방 및 통제센터(ECDC)의 공조로 이루어진다. 또한 오픈데이터 이니셔티브와 오픈소스 프로젝트가 개발되어 ① 연구 데이터 및 과학 간행물에 대한 접근성을 증대, ② 산소호흡기 등 의료장비 생산의 청사진을 공유해 품귀 현상을 타개해야 한다.

오픈소스 분석툴을 기반으로 집단지성의 즉각적 공유가 가능해진다. 예를 들어, ① '저스트 원 자이언트 랩(Just One Giant Lab)'은 오픈소스 코로나바이러스 검사 방법론을 개발·공유함으로써 공인 연구소들의 검사키트 생산을 지원, ② 오픈소스 애플리케이션인 '넥스트스트레인(NextStrain)'은 SARS-CoV-2 유전체의 염기서열을 분석 중인 세계 각지의 연구소로부터 데이터를 수집한 후 '유전자 나무(genomic tree)' 형식으로 데이터를 중앙화한다. 하지만 오픈 데이터베이스 구축에 있어서 개인정보보호 및 보안, 공개 데이터 소유권, 데이터 접근에 필요한 전문성 등의 측면에서 다양한 우려가 제기되고 있는 실정이다. 지속가능한 오픈데이터 생태계 센터 구축에 있어 해결과제는 데이터의 상호운용성 및 품질, 구조, 신빙성, 순수성 등이며, 이는 다양한 소스의 데이터를 효과적으로 결합함에 있어 필수적이다. 또한 데이터 공유 및 오픈소스 이니셔티브들이 법적 장치의 공백 속에서 형성되고 있다는 점이 문제로 지적되며, 현재로서는 WHO의 '2016년 데이터 공유 정책 준칙(2016 Policy Statement on Data Sharing)' 등이 있지만 국가 간 데이터 공유에 대한 법적 강제는 불가한 실정이다.

1.3.6.4 3D 프린팅

산소호흡기·검사키트·안면마스크 등의 가용성 증진을 위해 각 정부는 생산량 증대 및 공급 최적화에 주력하고 있으며, 이에 대한 해결방안으로 3D 프린팅 기술이 유력하다. 이와 관련해 ① 홍콩이공대(PolyU)는 3D 프린팅 기법으로 안면보호구를 제작, ② 3D 프린팅 업체 '얼티메이커(Ultimaker)'는 3D 프린팅 허브·전문가·설계자를 연결한 글로벌 네트워크를 구축, ③ 뉴욕의 병원은 3D 프린팅 기법으로 일일 2,000~3,000개의 코 검사용 면봉을 제작하고 있다. 의료품에 대한 수요가 급증하고 있고 있지만, 3D 프린팅 기반의 의료품을 채택하기에 앞서 법적 요구조건에 부합되도록 적절한 테스트를 거쳐 승인하는 것이 필요하다. 한편 3D 개발자들의 제조 규모 확장 역량에 대한 의문도 제기되고 있다.[136]

136) European Parliament, Ten technologies to fight coronavirus, 2020.4. 참조

1.4 기술혁신 경제학[137)]

1.4.1 기술진보와 경제성장

아담 스미스의 시장경제 중심의 고전학파 경제학은 '보이지 않은 손'과 '가격기구'가 정상적으로 작동하지 않는다는 현실적 한계가 발생하였다. 구체적으로 영국의 산업혁명 이후 자본과 노동의 생산요소를 기반으로 운영되는 산업과 기업들의 급속한 성장으로 국가경제 발전을 선도하였지만, 급속한 산업구조 변화로 발생하는 자본주의체제 경제공황과 실업사태를 구조적으로 해소하지 못했다. 이 후 1929년 미국 대공황으로 직면한 자본주의 경제위기를 해결한 정부 및 공공경제 개입의 새로운 고용경제이론과 정책들을 제시한 케인즈경제학이 국가경제성장과 경제발전의 주요 패러다임으로 발전하였다.

케인즈와 동시대에 활동한 경제학자 슘페터(Joseph Alois Schumpeter, 1883년 2월 8일~1950년 1월 8일)[138)]는 일찍이 자본주의 경제체제의 성장을 위해 창조적 파괴에 의한 기술혁신의 중요성을 역설한 이래, 기술과 성장에 관한 많은 연구와 이론적 발전이 이루어지고 있다. 슘페터는 오스트리아 출신의 미국 경제학자이다. 오스트리아 학파에 많은 영향을 준 경제학자로, 창조적 파괴라는 용어를 경제학에서 널리 퍼뜨렸다. 위키백과(Wikipedia)에 의하면, 슘페터의 저서 「자본주의, 사회주의, 민주주의」(원제는 Capitalism, Socialism and Democracy, 1942)에서 정립된 개념이다. 창조적 파괴란 마르크스 경제학을 재해석한 것으로, 기술의 발전을 끝없이 기존의 기술체계를 부수고 새로운 체계를 쌓아가는 과정이라고 보는 것이다. 그는 한계효용학파의 완성자로 수리적 균형 개념을 이에 도입하였고 혁신적 기업가가 이윤을 창조한다는 이론을 전개하였다.

슘페터는 ① 발명을 위한 연구, ② 혁신을 위한 개발, ③ 상품화의 3단계를 구분하고

137) 김용환, 기술혁신의 산업경제발전론, 2006. 참조

138) 슘페터는 모라바(당시에는 오스트리아-헝가리 제국의 영토였고 현재는 체코에 속함)에서 태어났다. 빈대학에서 경제학을 배우고 체르노비츠대학·그라스대학 등의 대학교수를 지냈으며, 제1차 세계대전 이후 오스트리아 공화국 정부 재무 장관·은행 총재를 거쳐, 다시 학계에 들어가 1926년 본대학 교수를 지냈다. 그 후 미국에 가서 하버드대학 교수가 되어, 1932년 미국에 귀화하였다.

발명보다는 혁신에 더 많은 비용이 소요되고 혁신보다는 상품화에 더 많은 비용이 소요된다고 주장하였다. 따라서 충분한 자본을 가진 기업이 보다 많은 혁신을 할 수 있다고 주장하였다. 슘페터는 경제학자이면서 정치학자이기도 했는데, 저서 「Capitalism, Socialism and Democracy」를 통해 "민주주의란 인민이 단지 자신을 통치할 사람(들)을 승인하거나 거부할 수 있는 기회를 가지는 것에 지나지 않는다"라고 주장했다. 즉 민주주의란 어떤 숭고한 이상도, 정치사상도 아니고, 단지 정치적인 수단 내지는 기제라는 것이다. 그렇기 때문에 슘페터가 바라본 민주주의는 곧 '선거'이고, 민주주의의 발전과 성숙이란 보다 완전하고 안정적인 선거제도를 구축하는 것이다.

슘페터는 자본주의의 발전이 오히려 자본주의에 회의적인 사회 분위기를 만들어내고 이로 인해 복지국가나 과도한 팽창정책의 규제에 대한 요구, 협동조합 등 자본주의에 반대하는 가치들을 만들어낸다고 생각하였다. 이러한 사회 분위기가 확산됨으로써 '창조적 파괴' 원칙을 통해 자본주의는 소비자의 진정한 욕구를 채워주는 재화를 생산할 수 있고 경제 파동과 실업 등을 해결할 수 있는 사회주의로 진화한다. 자본주의에 풍요로움을 가져다 준다고 할 수 있는 창조적 파괴가 오히려 그 풍요로움을 토대로 자본주의를 사회주의로 교체시킨다는 것이다.[139] 사회주의 경제의 종주국가인 소련체제의 붕괴 등으로 자본주의의 사회주의로의 교체는 일어나지 않았지만, 창조적 파괴에 의한 새로운 글로벌 혁신기업인 애플, 구글, 마이크로소프트, 아마존, 페이스북 등이 4차 산업혁명 시대를 선도하고 있다. 특히 4차 산업혁명 시대에는 디지털 기술혁신과 융복합 혁신이 국가경제 발전뿐만 아니라 시장경제 발전의 중요한 요인이 되고 있다.

기술과 경제성장의 관계에 관한 연구의 흐름을 이론적으로 고찰해보면, 1950년대부터 1970년대까지는 대체로 기술을 외생변수로 간주한 외생적 성장이론이 주류를 이루었다. 1980년대 들어서는 기술을 경제주체가 의도적으로 증가시켜 이것이 성장을 자극한다는 내생적 성장이론이 등장하였다. 특히 2008년 노벨경제학상을 받은 폴 크루그먼 뉴욕시립대 교수는 내생적 성장이론을 '1980년대 가장 영향력 있는 이론'이라고 평가했는데, 1990년대 성장이론의 주요 토대가 된 것이 2018년 노벨경제학상을 수상한 로머

139) 단 유의해야 할 것은 여기서 말하는 사회주의는 정확하게는 민주적 절차로 자본주의의 문제점을 해결해 나가는 사회민주주의에 가깝다는 것이다. 또 슘페터는 이 과정에서 지식인의 존재가 중요하다고 여겼는데, 자본주의 아래에서 교육의 기회가 자본주의 이전 사회에 비해 훨씬 개방되지만 노동의 기회는 한정되어 있기 때문에, 교육을 받고 노동의 기회는 얻지 못한 지식인들이 사회개혁의 필요성을 역설하는 것이다.

(P. Romer)[140]의 이론이었다.[141] 과거 경제학에서 기술은 경제성장의 '외생변수(알 수 없는 외부 요인)'로 간주됐지만, 로머 교수는 연구 · 개발(R&D) 노력으로 축적된 기술이 경제성장을 좌우한다고 주장해 학계에 큰 파장을 불러일으켰다. 이른바 '내생적 성장이론(endogenous growth theory)'이다. 그는 지식의 상품화와 기업의 연구 · 개발(R&D) 투자가 경제성장의 원동력임을 연구분석 · 규명했다.

외생적 성장론은 성장에 있어서 기술을 외부에서 주어진 것으로 받아들이는 변수로 보는 반면, 내생적 성장론에서는 경제체제 내에서 다른 생산요소와의 관계 속에서 성장에 기여하는 변수로 간주한다. 따라서 외생적 성장론이 기술진보율 자체만 측정하고, 기술진보를 가져오는 원인에 대해서는 중점을 두지 않았으나, 내생적 성장론에서는 기술진보를 가져오는 요인에 중점을 둔 것이라 할 수 있다. 2018년 노벨위원회는 보도자료에서 폴 로머는 경제의 장기 지속성장을 추동하는 지식 및 기술적 혁신이 갖는 의미에 주목해 기업이 왜, 그리고 어떻게 새로운 아이디어와 기술을 생산해 내는지에 대한 경제적 메커니즘을 주장했다며, 1990년대에 이른바 '내생적 성장이론'의 이론적 기초를 제공했다고 설명하였다. 로버트 솔로(Robert Solow)의 성장모델로 대표되는 그 이전의 거시경제학 성장모형은 경제성장의 원천인 새로운 기술진보가 시장 바깥에서 외생적으로 결정된다고 보았으나, 로머 교수는 이를 극복하고 기술진보가 기업과 시장 안에서

140) 2018년 노벨경제학상 수상자 폴 로머 교수는 30대에 기존 경제성장에 관한 통념을 뒤집은 새로운 이론을 주장하며 경제학의 패러다임을 바꾼 '천재 학자'로 불린다. 로머 교수는 강의실을 나와 창업자로도 활동한 '괴짜', 세계 빈곤 퇴치와 저개발국 도시화 운동에 앞장서면서 '행동가' 혹은 '신(新)식민주의자'라는 상반된 평가를 받았다. 2000년 교육 소프트웨어 회사 '아플리아((aplia.com)'를 창업해 사업가로 변신한 그는 2007년까지 최고경영자(CEO)로서 회사를 이끌었다. 회사를 키워 지분을 매각한 2007년 세계은행이 수석 이코노미스트직을 제의했지만 이를 거절하고 후진국 개발 운동에 나섰다. 이후 계속 강단에 섰던 그는 2016년 세계은행 수석 이코노미스트가 됐는데, 주류 경제학계를 향해 '퇴행' '돼지가 립스틱 바른 꼴'이라는 노골적인 독설을 날려 학계에 파문을 일으켰다.

141) 스웨덴 왕립과학원 노벨위원회는 2018년 노벨경제학상 수상자로 거시경제학의 새 분야인 '내생적 성장(Endogenous Growth)' 이론을 도입한 폴 로머 뉴욕대 교수(63)를 선정했다. 신고전파 경제학의 대표적인 경제성장론자인 로버트 솔로(1987년 노벨경제학상 수상)의 모델을 기반으로 경제분석의 지평을 기술혁신이 경제에 미치는 장기적인 영향까지 확대했다고 평가했다. 솔로 모델은 '경제성장은 경제체제 밖에서 외생적으로 발생한 기술진보에 의해 일어난다'는 가설과 한계생산체감의 법칙, 즉 자본투자를 하면 장기적으로 성장률이 떨어질 수 있다는 논리가 핵심이다. 반면 폴 로머 교수는 연구개발(R&D)을 통해 새로운 지식과 기술혁신, 즉 내생적 성장이 일어나면 지속성장이 가능하다는 설명이다. 선진국과 후진국 간 경제격차가 줄어들지 않는 주요 이유도 여기에 있다.

경제적 유인에 의해 내생적으로 결정된다고 주장했다. 이 이론은 그 후 경제의 장기 번영과 새로운 아이디어를 진작하기 위한 정부 정책 및 규제를 둘러싼 수많은 연구로 이어졌다.

기술진보를 가져오는 요인에 대해 내생적 성장론에서는 크게 네 가지 형태로 구분하고 있다.[142] 즉, Romer의 학습효과,[143] Lucas의 인적자본론,[144] Romer[145]와 Aghion & Howitt 등의 R&D투자,[146] Barro의 공공 하부구조[147] 등이 주요 변수로 도입되고 있다. 외생적 성장론에서는 생산성이 외생적 기술진보에 의해 향상되며, 국가 간 생산성 및 성장률은 시간이 지남에 따라 수렴하는 경향이 있다고 주장하고 있다. 이에 반해 내생적 성장론에 의하면 노동과 자본의 가격은 국제적으로 수렴되지만, 지식은 그렇지 않아 국가 간 생산성 및 성장률의 격차가 오랫동안 지속될 수 있다고 보고 있다.[148] 그러나 학자들에 따라 국가 간 성장률 격차와 관련하여 많은 상이한 연구결과가 제시되고 있다.[149]

일반적으로 솔로 모델은 '경제성장은 경제체제 밖에서 외생적으로 발생한 기술진보에 의해 일어난다'는 가설과 한계생산체감의 법칙, 즉 자본투자를 하면 장기적으로 성장률이 떨어질 수 있다는 이론인 반면에, 폴 로머 교수는 연구개발(R&D)을 통해 새로운 지식과 기술혁신, 즉 내생적 성장이 일어나면 지속성장이 가능하다는 입장이다. 선

142) Cameron G., *Innovation and Economic Growth*, Centre for Economic Performance, Discussion Paper, No.277, Feb., 1996, p.2.

143) Romer P., "Increasing Returns and Long Run Growth", *Journal of Political Economy*, Vol. 94, 1986.

144) Lucas, R. E. Jr., "On the Mechanics of Economic Development," *Journal of Monetary Economics*, Vol.22, 1988.

145) Romer P., "Endogenous Technical Change", *Journal of Political Economy*, Vol.98, 1990.

146) Aghion P. and Howitt, P., "A Model of Growth Through Creative Destruction," *Econometrica* 60, 1992, pp.323-351.

147) Barro R., "Democracy and Growth", Journal of *Economic Growth*, 1(1) 1996, pp.1-27.

148) Cameron G., *Innovation and Economic Growth, Centre for Economic Performance, Discussion Paper*, No.277, Feb., 1996, p.10.

149) Grossman & Helpman에 의하며 국가 간 성장률은 수렴하지 않고 더욱 확대된다는 주장이 있는 반면, Barro 등은 인적자본 등을 성장모델에 포함시켜 조건부 수렴가능성을 제시하고 있다. 또한 많은 내생성장론의 실증분석에 의하면 기술의 파급효과가 성장과정에서 중요한 변수가 되고 있다는 점이 제시되고 있다.

Grossman G. M. & E. Helpman, *Innovation and Growth in the Global Economy*, 2nd, the MIT Press, 1992.

진국과 후진국 간 경제격차가 줄어들지 않는 주요 이유도 여기에 있다. 로머 교수는 시장실패, 즉 일정 성장을 이룩한 후 성장이 정체되고 기업이 더 이상 R&D에 관심을 안 가질 때는 정부 개입을 통해 성장을 독려할 수 있다고 진단하기도 했다. 예를 들어, 기업이 R&D를 하면 보조금을 주거나 신기술 특허권을 제공하는 방식으로 환경을 조성해주면 R&D를 늘리려는 수요가 생기면서 성장이 계속될 수 있다는 논리다. 이는 한국을 비롯한 '중진국 함정'에 빠진 국가에 많은 시사점을 전달하고 있다.[150)]

그 외에도 경제성장에 있어서 기술의 역할을 강조하는 이론에는 기술격차이론(technology gap approach)이 있는데, 여기서는 국가 간 성장격차의 발생요인이 무엇인가를 연구하였다. Posner, Gomulka, Cornwall 등의 학자들이 중심이 되어 주창한 기술격차론은 국가 간 성장률 격차를 설명하기 위하여 1960년대부터 발전된 모델이다. 이 모델은 특히 국가 간의 기술격차의 발생원인에 초점을 둔 것으로 두 가지의 상이한 힘, 즉 기술혁신이라는 기술격차 확대요인과 모방이라는 기술격차 축소요인의 복합된 결과로 국가 간 기술격차가 발생한다고 주장하였다.

국가혁신체제에서는 국가별 성장이 R&D투자 등 양적인 변수뿐 아니라 정책이나 제도적인 영향을 받는다는 점이 강조되고 있다. 특히 개도국의 경제발전 및 근대화 과정에서 다양한 R&D투자 등 양적인 변수뿐 아니라 정책이나 제도적인 영향을 받기 때문에 정부의 관리 기능과 지원역할이 매우 중요하다. 그러므로 개도국에서 중진국 및 선진국으로 진입할 때는 R&D투자 등 양적인 변수뿐 아니라 정책이나 제도적인 영향을 받는다. 따라서 정부의 관리 기능과 지원역할이 얼마나 시장자율적으로 할 수 있는가가 매우 중요하다는 것이다. 경제가 선진화됨에 따라 시장 중심의 자율적인 혁신시스템이 더욱 중요하다는 점을 이해해야 한다.

1.4.2 경제성장과 기술혁신

일반적으로 기술혁신은 새로운 재화나 서비스를 만들어 시장에서 상업화시키거나 새로운 생산방식이나 설계를 도입하여 부가가치를 향상시킴으로써 궁극적으로 기업이윤의 증대를 가져오는 것을 의미한다. 경제학자 슘페터(Joseph Alois Schumpeter)는 혁

150) 매일경제와 한국경제의 2018.10. 기사 참조

신을 기술의 발전뿐만 아니라 새로운 시장의 개척, 상품공급방식의 변경 등 경제에 충격을 주어 변동을 야기시키고, 이것에 의해 동태적 이윤을 발생시키는 모든 계기를 의미하는 것으로 정의하고 있다.[151] 따라서 기술혁신은 그것을 구체화하기 위한 설비투자가 수반되어 호황을 일으켜, 노동생산성을 향상시킨다. 또한 새로운 제품과 보다 성능이 좋고 값이 저렴한 제품을 생산하여 새로운 산업을 창출하고, 기존산업의 변혁을 창출한다는 것이다. 이 같은 기술혁신은 생산성을 높이기 위하여 새로운 작업방법, 장비, 작업의 흐름을 도입하여 실용화하는 공정혁신과 새로운 제품 및 서비스를 개발하거나 기존의 제품 및 서비스를 개선하는 제품혁신을 포괄하고 있다.[152] 그러므로 기술혁신은 자본주의 경제발전의 원동력이라 할 수 있는 지위를 차지하면서 발전하고 있다.

이론적인 관점에서 보면, 기술혁신에 대한 고전적인 접근은 선형모델(Linear Model)이라고 할 수 있다. 선형모델은 연구는 개발을 잉태하고, 개발은 생산으로 변화한다는 이론이며, '연구(과학) → 개발(기술) → 생산'이라는 일방향성을 강조하고, 기술혁신에 관계하는 행위자들 사이에 상하관계를 설정하는 모델이라 할 수 있다. 이 모델에서는 개발에서 연구로 또는 생산에서 개발, 연구로의 피드백을 염두에 두지 않았다. 연구성과는 큰 어려움 없이 개발과 생산에 응용된다는 것이다. 따라서 중요한 것은 새로운 지식을 창출하는 연구활동 또는 과학이다. 이 때문에 과학활동을 수행하는 집단은 기술과 생산활동을 수행하는 집단보다 우위에 있고, 과학자들이 창출한 지식을 응용하는 집단이 기술자 · 생산자들이기 때문에 하위계층으로 인식하였다. 결국 선형모델에서는 과학기술 지식의 창출과 발전은 과학지식 창출에 핵심적인 역할을 담당하는 과학자 집단이 주도할 수밖에 없다.

고전적 혁신이론에 의하면, 기술혁신정책의 방향은 연구 또는 과학분야의 육성에 초

151) 슘페터는 유럽의 산업구조에 관한 연구, 즉 경제발전론(1912)에서 혁신의 결과로 기존시장이 파괴되고 신시장이 생겨나는 '창조적 파괴과정'을 혁신의 개념으로 인식하였다. 구체적으로 혁신의 개념을 두 가지로 구분하였다. 조직 또는 개인이 새로운 아이디어, 제품, 서비스, 제도, 프로그램, 과정, 정책 등을 창안, 개발, 실용화하는 혁신 1의 경우와, 이미 개발 활용되고 있는 것을 새롭게 다시 인지, 도입, 사용하는 일련의 행위인 혁신 2의 경우를 의미하였다. 즉, 혁신은 새로운 정책이나 제도를 개발하여 실용화하거나(혁신 1의 경우), 이미 활용되고 있는 것들의 품질을 높여가는 모든 활동(혁신 2의 경우)을 의미한다.

152) 공정혁신의 예로는 주문생산에서 대량생산이 가능했던 포드자동차의 컨베이어벨트 생산방식 등을 들 수 있고, 제품혁신의 예로는 애플사의 PC 개발, 인터넷 서비스 및 e-비즈니스, 레인콤의 MP3, DMB, On-line/Off-line서비스, 넷플릭스의 동영상 스티리밍서비스, 배달의 민족의 배달서비스 등을 들 수 있다.

점이 맞추어지게 된다. 이 부문에 정부의 지원이 이루어지면 지식이 창출되고 그것이 흘러가 기술과 생산에 활용될 수 있기 때문이다. 예를 들면, 국방이나 보건의료 연구와 같은 임무지향적 분야에 대한 유사한 논리에서 설명될 수 있다. 이들 분야는 시장 실패가 나타나기 때문에 국가가 자원을 투입해야 하는 분야이고 또 여기에서 창출된 지식이 흘러가 민간분야의 기술혁신과 생산을 자연스럽게 도와줄 수 있다.

그러나 이와 같은 선형모델은 1980년대 이후 EU국가들을 중심으로 이루어진 기술혁신연구(Innovation Studies)에 의해 비판을 받으면서 기술혁신을 분석하는 모델로서의 위상이 약화되고 있다. 최근 지식기반경제로의 변화 · 발전과 정보통신과 나노기술을 비롯한 다양한 기술진보 등으로 환경이 급속히 변화 · 발전함에 따라 기술혁신을 바라보는 지배적인 관점이 기술혁신의 상호작용모델로 집중되고 있다. 선형모델을 근본적으로 비판하면서, Klein, Rosenbeg(1987)와 Lundvall(1992) 등에 의하여 기술혁신의 상호작용모델이 등장하였다. 이 모델에 따르면 기술혁신은 본질적으로 불확실하며 다양한 시행착오를 거치게 되며, 각 단계를 거치면서 많은 변화를 겪게 된다고 설명하였다. 즉, 과학이나 연구는 기술혁신의 출발점이 아니며, 오히려 이들은 기술혁신과정에서 필요할 때 사용되는 자원이라고 인식할 수 있다. 연구, 개발과 생산 분야는 기술혁신과정에서 지속적으로 상호작용을 주고받으면서 발전하게 되며, 이들은 혁신과정에서 각기 동등한 부문으로서 활동한다는 것이다. 따라서 기술혁신의 원천은 연구개발만이 아니라 기업활동의 모든 영역이 포함될 수 있다. 이러한 이론적 체계와 함축성은 혁신체계론을 통하여 더욱 구체화되었다.

1.4.3 산업기술경제에 대한 새로운 이해

1.4.3.1 산업기술경제의 새로운 개념의 탄생

기술경제에 대한 산업기술적 접근방법론에는 기술계통도(Technology Tree), 실험계획법(DOE: Design of Experiment), TRIZ, 가치곡선(Value Curve), 기술로드맵(TRM: Technology Road Map), 품질기능전개(QFD: Quality Function Deployment) 등이 있으며, 이들 방법론은 크게 기술지향적(Technology-Driven) 방법론과 시장지향적(Market-Driven) 방법론으로 구분할 수 있다.

1.4.3.2 산업기술경제의 새로운 방법론

1) 기술 Tree

기술 Tree는 기본적으로는 시장 니즈와 기대되는 성능을 예측하고 실현하는 기술방식을 연구하는 방법이다. 그 전개 내용 면에서는 기술로드맵이나 QFD(Quality Function Deployment)와 중복되는 부분도 있는 것으로 보이지만, 다음과 같은 내용을 포함하여 추진하고 있다.

① 연구 테마(기술)가 어떠한 니즈나 용도로 활용될 수 있다고 제안된 것이며, 그 사업성과 사회적인 영향의 크기는 어떠한가?
② 실현하는 기술방식이나 성능목표의 수준이 세계에서 어떤 위치에 있는 것인가?
③ 왜 그 기술방식을 선택한 것인가?
④ 기술 데이터베이스를 어떻게 정리하여 활용할 것인가?
⑤ 개발계획을 수립하는 방식(Critical Path의 발견)은 논리적인가?

기술 Tree의 특징은 주로 ②항 및 ③항의 전개 방법에 있다.

연구개발 과정에서, 예컨대 '니즈의 개념을 정의한다', '용도 제안 콘셉트를 형성한다', '핵심기술을 정의한다', '과학기술 활용의 가설을 세운다', '기술이나 지식을 공유화(체계화)한다', '방식기술을 선택한다', '기술 문제를 정리한다', '해결 기술을 발상한다', '실험 파라미터(Parameter)를 확정한다', '실험하여 검증한다', '기술 데이터를 정리한다' 등에 대하여 여러 가지의 정보를 모아서 효과적으로 추진하는 방법이 필요하다.

상기 항목을 상세히 설명하면, 첫째 '연구 테마가 어떠한 니즈나 용도로 활용될 것이고 그 사업성은 어떤가'라는 점은 연구자 자신에게 '시장'이나 '니즈', '사용 방식'을 강하게 의식시켜 연구 결과를 사업으로 연결지을 수 있도록 해주고 있다.

연구자의 관심은 기술에 집중되기 쉬워서 당초 기술 개발의 타깃이었던 용도만을 염두에 두고 그 이상으로 확대하지 않으려는 경향이 있다. 기술 Tree는 기술을 '기능'으로 표현하므로 별도의 용도나 기술방식을 폭넓게 생각하게 하여 연구자의 시각을 넓힐 수 있다.

한편 기술이 사회적으로 큰 영향을 주는 것은, 크게 기술 그 자체가 평가되는 경우와 그 기술을 활용한 제품이 시장에 도입되는 시기에 평가되는 경우가 있다. 즉 전자의 예로, 첨단기술 가운데 하나로 주목받고 있는 나노기술의 신소재인 'Carbon Nano Tube'를 들 수 있고, 후자의 예로는 21세기 로봇 시대의 개막을 알리며 등장한 포르투갈 리스본에서 열린 2019 웹 서미트에서 소개된 보스턴 다이내믹스의 로봇개 '스팟(SPOT)'과 인간형 로봇 '아틀라스', 그리고 일본 혼다의 인간로봇(Humanoid Robot) 'ASIMO'와 국내의 '휴보'에 응용한 첨단기술을 들 수 있다.

둘째, '실현하고자 하는 기술 방식과 성능 목표 수준이 세계에서 어떤 위치에 있는 것일까'라는 항목은 해당 연구 분야에서 세계의 연구자가 치열한 경쟁을 하고 있는 현실을 연구자에게 심도 있게 인식시킨다.

기술 Tree는 학회의 연구논문이나 전문 문헌, 특허 정보 등을 연구자가 정보를 수집하게 하고 스스로 그 수준을 확인하는 환경을 만든다. 이러한 환경을 만들기 위해서는 조직적으로도 기술 마케팅을 지원하는 스태프가 측면에서 기술의 위치 정보를 주도록 하는 기구를 생각해 볼 필요가 있다.

연구원은 의식적으로 자기가 하고 있는 기술의 특이성 · 우위성의 위치와 그 기술이 가지고 있을 개연성을 끌어내는 일을 하고 있다. 이를 위해서는 연구자가 자기의 기술을 공개하여 객관화하는 것이 중요하다. 기술이 다른 분야의 연구자나 신진 연구자와 의견을 주고받는 것이 자신의 연구기술에 새로운 발견가능성을 높여주기 때문이다. 기술을 공개해서 검토하게 하는 것이 바로 '기술 Tree'이다.

셋째, '왜 그 기술 방식을 선택한 것일까'는 일반적으로는 연구개발자 자신의 발상에서 나온다고 볼 수 있다. 고휘도 청색발광 다이오드(Diode)를 개발한 나카무라 슈지(현재 캘리포니아 대학교수)가 그 재료가 가지는 우수성을 자신의 뛰어난 개발력으로 끌어내, GaN계 재료를 활용한 이야기는 유명하다. 이와 같이 기술 방식은 대부분 연구자 자신의 창조성과 열정에 의존하게 된다.

넷째, '기술 데이터베이스를 어떻게 정리하여 활용할까?' 하는 측면에서는 기술 Tree의 기능을 인덱스로 보면, 기술 데이터베이스의 보관 · 검색 · 활용을 비교적 쉽게 할 수 있다. 기술정보에는 학회의 논문이나 문헌, 특허정보, 실험순서, 실험데이터 등이 있다. 이때 기술 Tree를 활용하여 기술 데이터베이스를 간결하게 정리하는 것이 중요하다.

수치 자료는 별도로 하더라도 논문이나 문헌, 특허는 문자정보나 그림이 대부분으로 양도 방대하며, 더구나 검색하여 필요한 자료를 찾아내더라도 자료를 읽는 데 시간이 많이 걸린다. 다소간의 훈련이 필요하지만 기술 Tree에 의한 기술 정리 방법을 활용하면 문자형의 정보를 간결하게 정리할 수 있다.

다섯째, 개발계획 수립 방법(Critical Pass의 발견)을 보면, 기술 Tree는 기술(기능)을 세분화 · 체계화하고 자기들이 개발하는 기능분야를 요소 기술별로 그룹화하여 개발계획을 수립할 수 있다.

중요한 기능의 목표 · 성능 · 특성을 설정하고 나면, 실험방법과 그 측정방법 등을 검토하여 보다 확실하게 실험계획의 논리성을 높이는 것이 필요하다. 나아가 기능 분야를 요소기술별로 그룹화함으로써 연구개발에 있어서 역할 분담, 외부 위탁 연구 분야 선정, 특허 전략수립의 방침 · 결정 같은 개발에 관한 운용도 가능하다.

기술 Tree는 단지 기술을 대 · 중 · 소로 분류하는 것이 아니라, 니즈를 기능과 성능 · 특성으로 변환하는 것을 연구하는 논리 기법이며, 이를 구체적으로 실현하기 위한 기술 방식과 원리 메커니즘을 논리적으로 정리하는 것을 원칙으로 하고 있다.

2) 실험계획법(DOE)

누구나 공통적으로 주어진 연구시간을 어떻게 활용하느냐에 따라 연구의 질과 성과가 판가름난다. 연구자들이 연구를 수행하는 데 가장 기본적인 출발점은 바로 자신이 몰두할 연구개발 분야를 찾는 일이다. 여기서는 연구개발 활동을 다음과 같이 탐색(探索), 사색(思索), 그리고 모색(摸索)으로 구분한다.

- 탐색(探索, Searching): 연구분야의 특허, 논문, 경쟁사 등을 조사, 기존 지식이나 지혜의 재활용
- 사색(思索, Thinking): 지식, 지혜, 실마리, 창안하는 사고, 창의적 사고
- 모색(摸索, Groping): 실험 · 실증 등과 같이 지루하게 반복되는 일을 암중모색하는 활동

여기서 탐색하는 일은 좌뇌 활동으로 문제를 명확화, 정보수집 및 분석 등의 업무와 관련되며, 사색하는 일은 우뇌의 활동으로 유추나 자유로운 연상이나 발상 등과 관련된다고 볼 수 있으나 암중모색은 바람직한 두뇌활동과는 거리가 있는 것으로 생각할 수 있다. 따라서 연구자들은 암중에서 모색하는 시간을 줄이고 이를 과학화하고 되도록 탐색하고 사색하는 시간을 늘려 우뇌와 좌뇌의 균형적 활용에 힘써야 한다.

실험계획법은 공학 및 과학연구를 체계적으로 계획 · 수행하고, 통계적으로 분석하는 연구방법론이다. 일반적으로 해결해야 할 문제점에는 많은 요인들이 포함되어 있으며, 대부분의 경우 문제점의 해결은 이러한 요인들에 대한 최적화로 귀착될 수 있다. 특히, 문제점에 영향을 미치는 요인들이 많아질수록 실험에 대한 경우의 수가 기하급수적으로 증가하기 때문에 문제점과 요인들과의 상관관계를 경험적 혹은 이론적으로 명백히 알아낸다는 것은 매우 어려운 일이다. 미국의 경우, 자본력의 강점을 이용하여 가능한 한 많은 실험을 수행하고, 일본은 과학적이고 통계적인 방법을 이용하여 최소의 실험을 수행하는 효율적인 접근방식을 취하고 있다. 반면, 우리의 경우 경험과 직관을 이용한 그야말로 암중모색의 실험을 수행하고 있는 것이 현실이다.

그림 1-21 | DOE의 개요

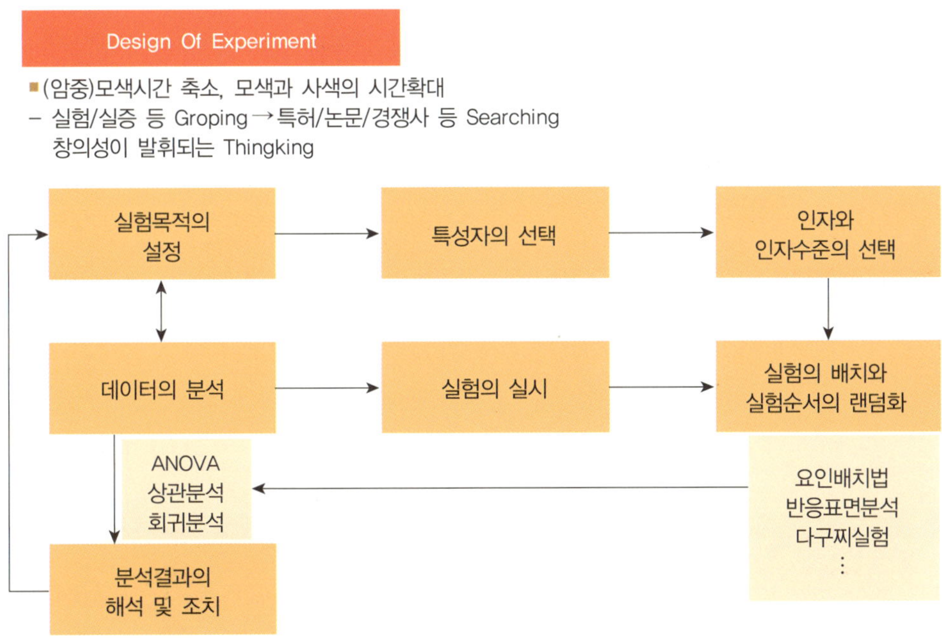

※ 실험의 시행착오 감소

3) TRIZ

TRIZ(Teoriya Resheniya Izobretatelskih Zadach)는 창의적 문제해결을 위한 이론(Theory of Inventive Problem Solving)의 러시아어 약자이며, TRIZ의 목적은 창의적 문제해결을 위한 '개념 해결책(Concept Solution)'을 제공하는 것이다. 그러므로 제품의

기획 · 설계 · 제작 · 양산의 모든 단계에서 적용되어진다.

기술자 혹은 연구자가 기술적인 문제를 만났을 때 일반적인 문제해결 방법은 '최적화(Optimization)'이나 이러한 일반적인 해결 방법은 혁신적인 창조적 해결책으로 이끌어주는 경우가 드물다.

TRIZ는 200만 건 이상의 특허를 분석하여 창조적 문제해결의 공통점을 분석하여 창조적 문제해결의 원리를 구체적으로 제공하였다. 훌륭한 특허에서 드러나는 창의적 문제해결의 사례에서는 그것이 단순한 최적화의 결과가 아닌, 모순을 극복한 결과라는 사실을 알았다.

모순이라는 것은 어느 한 특성이 좋아지면 다른 특성이 나빠지게 되는 현상이다. 이러한 모순을 해결할 때에 창의적 문제해결이 도출되고 이러한 모순의 해결에 쓰이는 공통의 원리들을 제시한 것이다. 또한 이러한 모순의 극복 과정, 극복의 연속이 기술적 발견과 진화를 이끌어가고 있다고 한다.

대개의 기술개발의 획기적 발전은 이렇게도 못하고 저렇게도 못하는 모순의 상황을 극복한 것이라는 생각으로 TRIZ는 지난 100년간 이러한 모순을 극복하는 데 사용된 공

그림 1-22 | TRIZ의 개요

TRIZ

- 과거 인류축적 지식(특허) 재사용: 온고지신
- 인간의 창의성에는 공통의 문제해결 원리가 존재한다는 가정에서 출발
- 창의성을 개인 차원에서 시스템 차원으로 승화, 구현

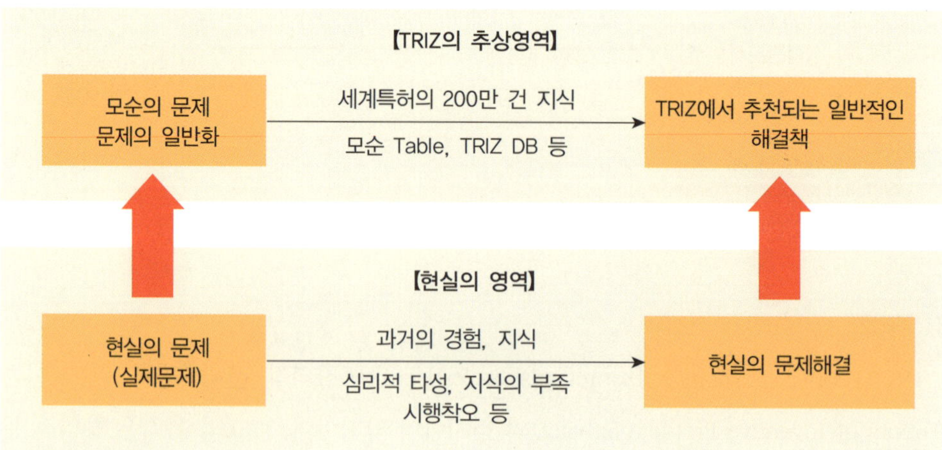

※ 모순 문제해결의 창의적 접근

통된 발명원리들을 일반적인 툴로 제공한다. 그러한 Tool에는 40가지 발명원리(40 Principles), 76가지 표준해결책(76 Standard Solutions) 등이 있어 일반인들도 이러한 원리들을, 모순을 해결하는 데 사용할 수 있다.

[그림 1-22]는 이러한 TRIZ를 통한 창의적 문제해결 과정을 도식적으로 나타내고 있다. 우선 현실의 문제를 모순의 문제로 바꾼 후, TRIZ에서 제공하는 모순을 해결하기 위한 툴을 이용하여 모순을 해결하는 해결책을 도출해내는 것이다.

4) 가치곡선(Value Curve)

가치곡선은 특정 기업이나 업종에서 고객에게 제공하는 가치를 그림으로 나타낸 곡선으로, 혁신적인 제품이나 서비스를 찾아내는 데 효과적으로 활용할 수 있는 도구이다. 이 연구 방법은 고객가치혁신의 원천(源泉)을 선정하는 데 유용하다. 고객은 “이 제품, 서비스를 통해 무엇을 얻으려고 하는가?”에 대한 해답을 근원적이고 과학적으로 찾아내는 방법이다.

가치혁신의 초점은 고객의 입장에서 사업전략을 구상하고, 고객의 가치를 통해 전략을 수립함으로써 신시장을 개척하는 등 모든 것에 대한 출발의 원점에서 고객을 기준으로 삼는 것이다. 또한 가치혁신을 추구하는 기업은 고객의 다양한 요구를 만족시키고자 노력하기보다는 목표고객이 특히 중요하다고 생각하는 특성 및 기능만을 갖춘 우수한 품질의 제품, 서비스에 역점을 두어야 한다.

가치혁신은 이와 같은 가치혁신의 논리에 따라 고객에게 어필되는 새로운 가치곡선을 창조하는 데에 목적이 있다. 바로 혁신하고자 하는 가치요소를 분석 · 평가하여 이를 새롭게 창출하는 것이 가치곡선이다.

가치곡선 분석의 ERRC 사이클인 제거(Eliminate), 감축(Reduce), 향상(Raise), 창조(Create)로 이루어진다.

- 우리가 당연하다고 생각하는 요소 중에 없애야 되는 것은 무엇인가?
- 업계표준 이하로 낮추어도 되는 요소는 무엇인가?
- 업계표준 이상으로 높여야 하는 요소는 무엇인가?
- 업계가 아직 제공하지 않아 새롭게 창조해야 하는 요소는 무엇인가?

▶ 그림 1-23 | 가치곡선 사례

Value Curve

▪ 새로운 '가치곡선' 발견의 4가지 열쇠
- Eliminate: 업계에서 당연시하는 요소 중 제거해야 하는 것은?
- Reduce: 업계표준 이하로 낮추어야 할 요소는?
- Raise: 업계표준 이상으로 높여야 할 요소는?
- Create: 업계에서 제공한 적이 없는 요소 중 창출해야 하는 것은?

▶ 그림 1-24 | 가치곡선 도출의 단계

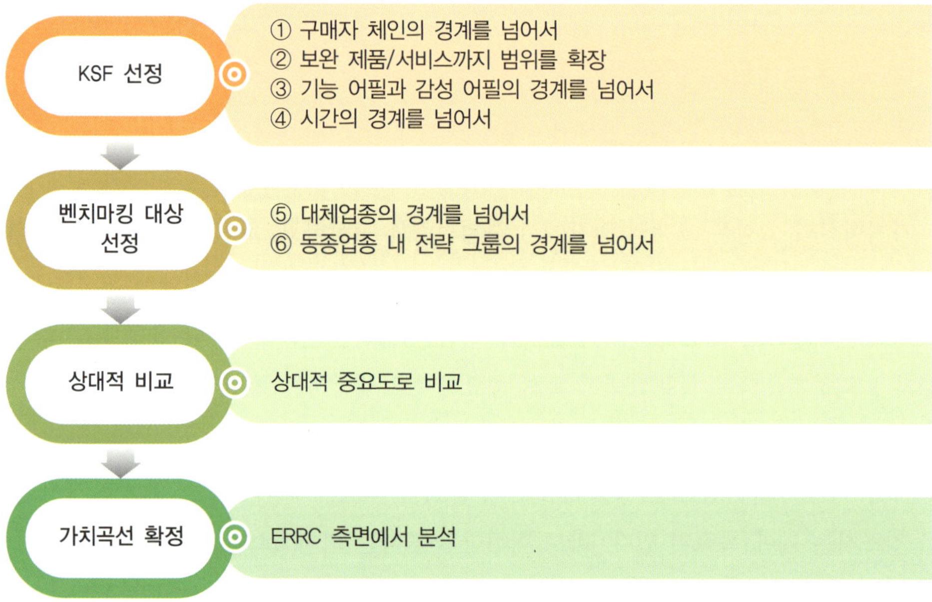

자료: "전략형 R&D를 위한 과학적 연구방법론에 관한 연구", 길영준 외, STEPI에서 인용한 "삼성전자 사내교육 자료(2000)" 재구성

5) QFD(Quality Function Deployment, 품질기능전개)

품질기능전개(QFD)는 고객의 요구가 최종 제품과 서비스에 충실히 반영되도록 하여 고객의 만족도를 극대화하는 데 초점을 맞추고 있는 품질경영의 방법론 중의 하나이다. 또한 연구개발 부문의 6시그마 활동의 중심인 DFSS(Design For Six Sigma) 전개에 있어 핵심적인 방법론이다. 고객 요구사항을 사업전략과 내부 핵심역량에 투영하여 경영의

성과로 연결하고자 하는 6시그마 활동에 있어서, QFD방법론의 역할은 고객이 중요하게 생각하는 CTQ(Critical To Quality)를 정의하는 문제해결 프로세스의 첫 번째 단계라 할 수 있다.

고객의 요구사항의 반영이라는 측면에서 볼 때, 명시적인 고객의 니즈에 대한 QFD 방법론의 적용은 효과적인 접근방식이라 할 수 있는 반면, 암시적인 고객의 니즈를 효과적으로 도출할 수 있는 것인가에 대한 문제에 대해서는 '어떻게 하면 고객에게 새롭고 탁월한 가치를 제공할 것인가'를 고민하는 전략적 문제로 사고를 전환해야 할 것이다. 다시 말해, QFD는 도출된 CTQ들에 대한 최적의 방법을 제공하는 것이 아니라 단순히 고객의 요구가 어디에 있는지를 파악하기에 용이한 기법이라는 것을 염두에 두고, 타 방법론과의 연계를 통한 QFD 활용의 한계를 보완하는 작업이 필요하다

그림 1-25 | QFD의 개요

Quality Function Development

- 고객 CTQ 명확화가 연구개발 성공의 80% 좌우
  - 고객 요구사항을 기능, 기술로 전환하여 전개
  - 고객 CTQ/기능/기술(설계, 프로세스) 간의 관계 명확화

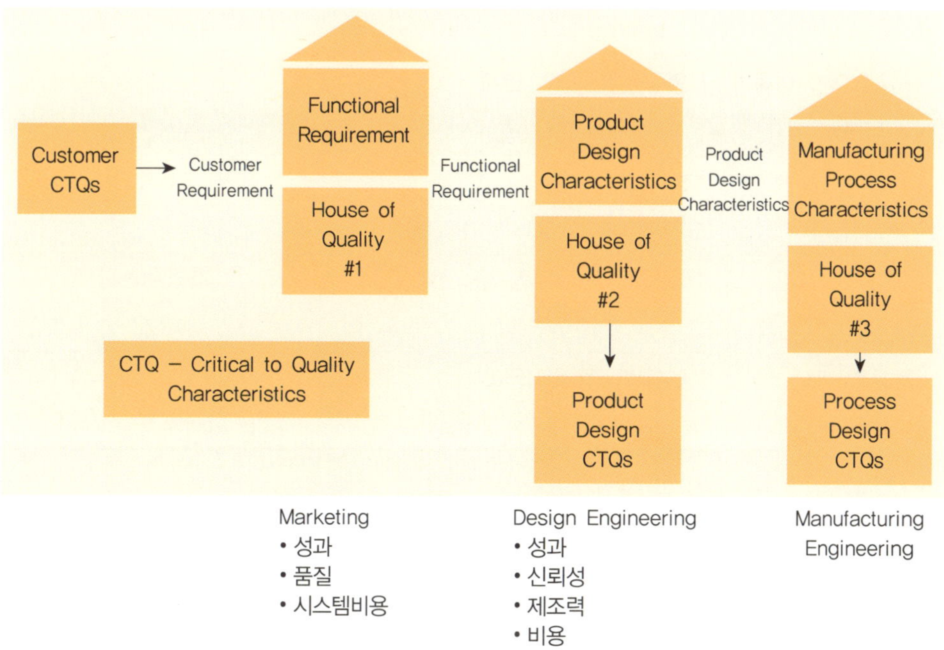

※ 품질기능 전개업종

하겠다.

[그림 1-26]은 QFD를 나타내는 형식인 HOQ(House Of Quality)와 각각의 구성요소에 대하여 설명하였고, [표 1-17]에 QFD 항목과 타 연구방법론과의 연계를 요약하였다.

그림 1-26 | HOQ(House Of Quality)와 각각의 구성요소

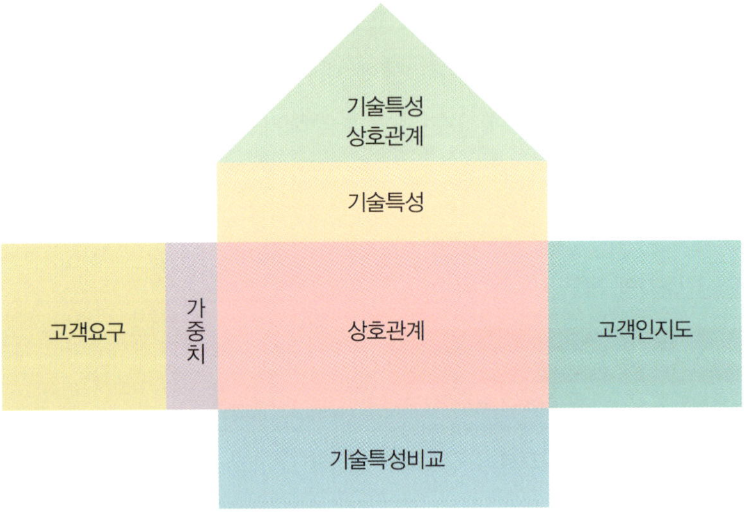

표 1-17 | QFD 항목과 타 연구방법론과의 연계

항목	내용	연구방법론
고객요구(CA)	고객의 요구사항	Affinity Diagram, FGI
가중치	고객의 요구사항에 대한 가중치	AHP
기술특성(EC)	고객 요구충족을 위한 기능 전개	기술 Tree
기술특성 상호관계	EC 간의 상호관계 규명	TRIZ
고객인지도	CA에 대한 고객인지도 평가	Value Curve
기술특성 비교	핵심기능에 대한 평가 및 Spec 결정	DOE, Robust Engineering

1.4.4 혁신시스템과 기술혁신[153)]

1.4.4.1 기술혁신의 개념과 특징

일반적으로 혁신체계는 여러 수준으로 설명된다. 국가수준에서 혁신체계를 본다면 국가혁신체계를 다루는 것이고, 산업수준에서 혁신체계를 분석하게 되면 산업혁신체계(sectoral innovation system) 또는 혁신클러스터(innovation cluster)를 다루는 것이다.

혁신체계론을 협의적으로 해석한다면, 국가혁신체계론은 1980년대 후반에 등장한 논의로써 기존의 신고전학파 경제학적 접근방법과 다른 시각에서 기술혁신과 과학기술정책을 인식하고 있다(Freeman, 1987; Coombs et al., 1987; Lundvall, 1992; Nelson, 1993; Edquist, 1997; Freeman and Soete, 1997; Tidd et al., 1997; Metcalfe, 2001). 혁신체계론은 영국의 SPRU(Science Policy Research Unit)를 모태로 해서 이루어진 기술혁신연구와 Nelson & Winter(1982)로부터 시작된 진화론적 경제학을 이론적 근거로 하여, 조절이론 등과 같은 제도주의 경제학 그리고 자원기반 전략경영론(Barney, 1991; Montogomery, 1995; Teece et al., 1997) 등과 상호작용을 하면서 발전해 왔다. 현재 OECD나 주요국에서 주된 접근으로 활용되고 있는 국가혁신체제론은 기술혁신과 과학기술정책을 분석하는 지배적인 패러다임이 되고 있다(OECD, 1998; Caracosta and Muldur, 1998).

21세기 세계경제의 변화 추세는 자본과 노동이 가장 중요한 투입요소이던 시대를 지나 기술과 지식[154)]이 가장 중요한 핵심요소인 지식기반경제로 급속하게 이행하고,[155)]

---

153) 김용환, "기술혁신과 기술사업화에 관한 고찰", 2005 경영관련 학회 통합학술대회 발표 논문, 기술경영경제학회

154) 지식(knowledge)은 일반적으로 경제학 교과서에 나오는 일반재화와 다른 특수성을 가지고 있다. 첫째, 눈덩이효과(snowball effect)와 수확체증의 특성을 가지고 있다. 지식은 많이 축적될수록 새로운 지식의 창출이 더욱 용이해진다. 둘째, 지식은 비경합적(non-rivalry)이며 부분적으로 배제가능한(partially excludable) 공공재적 특성을 지닌다. 즉, 한 개인이 가지고 있는 지식은 얼마든지 공유가능하며, 이에 대한 타인의 접근을 완전히 막을 수도 없다. 셋째, 지식의 외부성(externality)과 집적의 경제이다. 즉, 지식은 그 공공재적 성격 때문에 외부로 파급되어(spillover) 관련 경제주체 모두의 생산성을 높이며, 따라서 지식근로자가 많이 모여 있는 집단일수록 그 생산성이 높다. 최근 정보화의 급진전으로 지식전파의 한계비용이 '0'에 가깝게 떨어졌기 때문에 지식의 창출과 정보화가 이루어지면 자연스럽게 지식기반경제가 도래하는 것처럼 보이는 견해도 있다. 그러나 지식의 습득, 재생산, 활용에 들어가는 비용은 결코 '0'이 아니다 지식의 확산이나 활용의 수준은 개인 또는 기업의 흡수능력에 크게 좌우되며, 결국 이러한 흡수능력에 대한 투자수준에 의해 결정된다. 따라서 정보화는 지식기반사회로 가는데 도움

이러한 지식기반경제로의 이행을 촉진시키는 직접적인 주요 동인이 혁신적인 과학기술의 진보와 발전이다. 지식의 핵심적인 구성요소는 혁신적인 과학기술 지식, 구체적으로 연구개발(R&D)과 기술성과 확산이라고 할 수 있다.

국가발전을 위한 국가혁신 정책으로 기술혁신의 중요성이 점차 강조되어 세계 각국의 기업은 물론, 정부도 기술경쟁력 확보에 총력을 기울이고 있다.[156] 이러한 기술혁신은 국가발전과 경제성장에 매우 중요한 의미로 인식되면서, 국가의 전 부문이 상호협력을 통해 기술혁신을 효과적으로 창출하는 방안이 모색되는 가운데 새롭게 대두된 실천적 개념인 국가혁신시스템(NIS: National Innovation System)이 부상하게 되었다. 21세기 지식기반경제의 도래와 글로벌 경쟁체제가 심화되면서 세계 각국은 국가혁신체제 구축으로 지속적인 성장엔진을 창출하고자 하였다. 특히 과학기술력을 중심으로 기술·산업경쟁력을 확보하기 위한 R&D 투자 확대 및 기술성과 확산을 위한 제도적 지원과 다양한 기술사업화 지원프로그램을 강화하고 있다.

전 세계적으로 '혁신주도형 경제체제' 구축을 위한 국가차원의 관심이 높아지고 있는데, 구체적으로 국가혁신시스템을 구성하는 요소는 혁신주체, 혁신유인 및 자극요소, 학습시스템, 확산을 위한 제도적 측면 등으로 구분된다. 특히 혁신주체는 기업, 연구기관, 대학교 등 혁신시스템 내의 생산자 및 공급자의 형태로 존재하면서, 혁신을 창출하기 위한 제반활동을 수행하는 주체이다.[157] 또한 국가경쟁력의 핵심요건으로 '새로운

을 줄뿐이지 그것 자체가 지식사회가 되는 충분조건은 아니다.

155) 지식기반경제의 용어에 대한 의미가 다양하게 해석되고 있다. 일반적으로 지식기반경제와 혼용되어 사용되는 용어로서 지식기반산업, 지식기반사회, 지식국가 등이 있다. 각 용어에 대해 학술적 차원의 명확한 정의가 내려진 것은 아니지만 다음과 같은 의미로 해석하여 사용하는 것이 무난하다. 지식기반산업은 지식을 노동, 자본 등의 전통적인 생산요소보다 더 주된 생산요소로 활용하거나 소부가가치의 지식서비스 그 자체가 상품이 되는 산업을 말한다. 지식기반사회란 보다 넓은 개념으로서 경제발전에서 차지하는 지식의 중요성과 역할은 물론이고, 개인의 사회적 행위와 지위 확보 등에 필요한 조건으로서 지식이 점점 핵심적 요소가 되어 가는 사회를 말한다. 한편 지식기반국가는 경제, 산업, 사회전반이 지식사회를 지향하는 국가체제라는 의미로 지식기반사회와 유사한 의미로 사용되고 있다. 지식집약적 제조업의 팽창보다 더욱 두드러진 변화는 교육, 정보, 통신 등 지식집약적 서비스산업의 급격한 팽창이다. 서비스부문, 즉 3차 산업의 생산·고용비중이 증대하는 경제의 서비스화 현상은 선진 산업국가들 간에 공통된 소위 후기산업사회의 일반적인 추세이다. 지식기반경제의 도래는 농경사회에서 산업사회로의 전환에 비견할 수 있는 패러다임 전환(paradigm shift)적 사건이다. 선진국에서는 지식기반경제가 유형자본의 희소성과 가치를 일차적으로 강조하던 종래 산업자본시대를 대치할 21세기의 새로운 경제/사회 패러다임이 될 것이라는 인식이 자리잡고 있다.

156) OECD, Innovation Policy and Performance, 2005. 참조

표 1-18 'Innovation Tomorrow'에서 제시된 혁신정책의 발전 단계

구분	내용
제1세대 혁신정책 (제2차 세계대전~1990년)	과학적 성취→기술→상품으로 이어진다는 선형모델에 기반
제2세대 혁신정책 (1990~현재)	1세대의 선형성을 극복하고 연구에서 상업화 과정에 이르는 수많은 피드백을 강조, 여러 혁신주체들의 상호작용적 학습을 통해 혁신이 이루어진다는 관점을 채택
제3세대 혁신정책	2세대 혁신정책의 의의는 아직도 충분히 존재하지만 그것만으로 사회적으로 필요한 혁신을 이끌어내기에 충분하지 않음. 혁신과 다른 정책 영역의 관계, 혁신과 정책결정과정의 관계 등에서 다양한 제도적 설계가 필요

자료: European Commission(2002), Innovation Tomorrow: Innovation Policy and Regulatory Framework - Making Innovation an Integral Part of the Broader Structural Agenda.

지식 창출과 확산'이 대두되면서 지식(knowledge), 학습(learning),[158] 그리고 네트워크(network)를 핵심으로 한 국가혁신체제를 국가정책으로 구현하기 위한 노력이 적극적으로 추진되고 있다. 즉, 국가혁신체계는 국가적 차원에서 지식의 창출, 학습, 활용을 통한 기술혁신에 초점을 맞춘 논의로서 지식의 변화를 다루는 조직학습이론과 긴밀하게 연계되어 있으며,[159] 혁신적인 지식확산 및 기술성과 확산 등으로 발전하게 되었다.

157) Lundvall(1992)은 국가혁신체제를 설명하는 이론적 모형에 관계없이 일반론적인 관점에서 반드시 포함되어야 할 혁신주체로서 기업조직, 공공기관, 금융기관, 연구개발조직 및 교육훈련기관을 강조하였다.
Lundvall, B. A.(ed.), *National Systems of Innovation: Towards a Theory of Innovation and Interactive Learning*. London: Printer Publishers, 1992.

158) 국가혁신체제의 구성요소들의 학습은 기술혁신의 원천이고, 이러한 학습효과의 창출에 있어 제도적 역할이 중요하다. 즉, 동적인 속성의 혁신이 제도와 상충하게 되면서 제도가 혁신창출하기 위한 학습이 발생하고, 이러한 학습을 기술적 학습(technological learning)이라 하며, 이와는 반대로 제도의 변화를 가져오는 학습을 제도적 학습(institutional learning)이라고 분류·정의하고 있다.

159) Johnson(1992)은 기술혁신이 학습을 통해 이루어진다고 파악하면서 기술학습이 이루어지는 유형을 분류하였으며, 이를 통해 기술혁신이 조직의 다양한 영역에서 이루어진다는 점을 강조하고 있다. 즉, 학습유형에는 학습의 의도성과 창출되는 지식의 특성에 따라 세 가지로 분류된다. ① 생산활동의 부산물로 나타나는 학습: 실행을 통한 학습(learning-by-doing), 사용을 통한 학습(learning-by-using), 상호작용을 통한 학습(learning-by-interacting), ② 탐색을 통한 학습: 기업의 R&D부서의 학습, ③ 탐구를 통한 학습: 대학과 공공연구기관의 학습
그 외 혁신은 기존의 기술과 지식들을 조직과 제도 내에서 파괴하면서 발생할 수 있기 때문에 이러한 폐기학습(unlearning)에 대한 개념도 학습의 개념으로 병행하여 고려해야 한다.
Johnson, B., "Institutional Learning", In: Lundvall, B. A.(ed.), *National Systems of Innovation: Towards a Theory of Innovation and Interactive Learning*. London: Printer Publishers, 1992, pp.24-44.

기술혁신 및 기술성과 확산시스템의 구조고도화 요구는 다음과 같이 구체화되고 있다. 첫째, 모방에서 창조로의 전환이다. 도입된 성숙기술에 의한 경제발전은 한계에 부딪치고 있으므로, 후발국의 기술추격을 뿌리치며 선진국과의 첨단기술개발 경쟁을 이겨나갈 수 있는 독창적 기술을 확보하기 위한 창조적 기술혁신을 대폭 확대해야 한다. 이를 위한 구체적인 조치인 R&D 투자의 증대와 그 결과물에 대한 지식이전과 확산 및 기술성과 확산의 차별화된 프로그램들이 요구된다.

표 1-19 ▌기술혁신 생태계 분석

기술혁신은 '기술개발 → 상업화 → 성숙화 → 소멸 → 새로운 기술개발'이 지속적으로 이루어지는 과정으로서 각 단계 사이에 지속적인 피드백이 작용 • R&D와 R&BD 프로그램의 중요성 부각 • 연구성과의 기업화 · 사업화로 다양한 창업과 유니콘 발생
기술혁신은 생태계의 에너지에 해당하며 혁신주체는 유기체, 정책과 제도는 환경에 해당 • 혁신주체인 산 · 학 · 연 · 관 네트워크와 유기적 협력프로그램이 중요시됨 • 지식이전과 기술이전에 대한 세부적 프로그램으로 구체화
유기체와 환경이 유연하게 재조합되어 기술혁신이 왕성하게 발현될 수 있는 최적의 보금자리를 제공하는 것이 관건 • 연구성과의 기업화 · 사업화로 다양한 창업과 유니콘 발생 • 기술형 혁신기업의 창업 및 보육과 육성, 신기술 및 신시장의 출현 • 글로벌화와 글로벌 협력공동체 부상과 글로벌 협력네트워크 • 블루오션(Blue Ocean) 전략과 블루오션 달성 • 4차 산업혁명 시대의 디지털 혁신과 디지털 생태계 • 디지털 전환의 필수전략: 빅데이터와 AI 활성화를 위한 기업의 클라우드 기반 비즈니스 모델

둘째, 기술혁신의 자기조직화(self-organization)를 위한 인센티브 강화와 시스템적인 특성을 들 수 있다. 기술혁신의 중심축인 기업들이 다양한 기술적 아이디어를 자생적으로 창출할 수 있는 인센티브를 강화하기 위하여 기술혁신적이며 시장친화적인 체제를 구축해야 하며, 특히 혁신적 기술사업화 프로그램을 위한 기술 · 경영 · 금융 · 교육 등의 지원환경 구축과 신기술 혁신기업의 창업 보육 활성화 등의 혁신적 제도개혁이 요구된다. 또한 혁신체제론에서 혁신은 주로 개별기업 단독으로 수행되기보다는 시스템을 구성하는 다른 조직들과의 상호작용을 통해 이루어진다고 파악한다. 즉, 혁신주체들의 네트워크를 통해 혁신활동이 이루어지는 것이 일반적인 현상이라는 관점을 보인다.[160] 이러한 시스템에 의한 혁신과정은 제도화된 패턴을 따라 이루어진다. 따라서

160) 이와 같은 관점은 기술변화에 대한 '기술압박모델(technology push model)'이나 '수요견인모

국가혁신체제를 구성하는 제도들은 제도화가 되면 안정성을 지니면서 유지하게 되며, 혁신주체들은 그 제도를 따라 행동을 하게 되고 또 이 행동을 통해 그 제도를 재생산하게 된다.[161]

셋째, 기술혁신에 대한 동태적 능력(dynamic capability)의 확보가 요구된다. 일반적으로 슘페터의 전통적 혁신체제론에서는 혁신을 통한 자본주의 경제의 진화와 발전에 관심을 두고 있다. 혁신체제론에서 본 경제시스템은 기본적으로 불균형 시스템이므로 경제시스템은 균형을 이루는 것이 아니라 계속해서 변화 및 진화하고 있는 시스템이다.[162] 예를 들면, 오늘의 경제활동은 어제의 그것이 그대로 재생산되는 것처럼 보이지만, 새로운 요소를 내포하면서 진화한 것이다. 또한 경제시스템이 지속적으로 진화·발전하는 동력은 혁신체제로부터 주어지기 때문에, 경제시스템은 혁신체제 그 자체라고 할 수 있다. 이러한 동학적 및 동태적 특성으로 혁신은 자연스럽게 균형상태에 변화를 가져오는 특별한 것으로서 외부의 충격에 의해 나타나는 특이한 현상이 아니라 일상적으로 일어나고 경제시스템 어디에서나 존재(ubiquitous)하는 것이다. 직접적으로 기술지식의 창출을 목표로 하는 연구개발 활동뿐만 아니라 일상적으로 수행하는 생산 활동, 마케팅 활동 등에서도 새로운 지식이 창출되는 혁신이 이루어진다. 따라서 개별기업 단독으로는 급변하는 기술혁신 환경의 동태성과 다양성에 대응하기 어렵기 때문에, 내부의 기술자원과 외부의 기술자원을 결합시킬 수 있는 기술통합(technology integration)

델(demand pull model)' 등과 같은 선형모델에 대한 근본적인 비판의 의미를 내포하고 있다. 기술압박모델에서 제시하는 바와 같이 출연연구소나 대학에 자원을 집중 공급하여 기술공급을 증대시킨다해서 기술혁신이 활발히 이루어질 수 있는 것이 아니며, 수요견인모델이 주장하는 것처럼 기업들이 설비투자를 늘리거나 기술혁신제품에 대한 정부구매가 이루어진다고 해서 자동적으로 기술혁신이 이루어지는 것이 아니라는 것이다. 혁신의 시스템적 특성이라는 것은 기술을 공급하고 그 기술을 활용하는 혁신주체들 간의 상호작용적 학습과 그것을 통한 기술지식의 통합이 제도적으로 이루어져야 기술혁신이 촉진된다는 것을 의미한다.

161) David(1994)는 이 제도들은 관성을 가지고 있기 때문에 쉽사리 변화하지 않기 때문에, 제도는 경로의 의존성을 갖게 된다고 주장하였다.
David, P.A., "Why are institutions the 'carriers of history'?: Path dependence and the evolution of conventions, organizations and institutions", *Structural Change and Economic Dynamics*, Vol.5, No.2, December 1994, pp.205-220.

162) 혁신체제론에서는 기존의 경제시스템을 변화시키는 '혁신능력(innovating capability)'이 경제시스템의 진화와 성과에 결정적으로 작용한다고 파악하고 있다. 혁신능력은 시스템 내·외부에 있는 자원과 조직적 업무(organizational routine)를 통합하여 새로운 자원과 조직적 업무를 형성하는 능력으로서 동태적 능력(dynamic capability)이라고 할 수 있다.
Nelson and Winter, 1982; Teece et al., 1997; Pavitt, 2002. 참조

등 환경 변화에 탄력적으로 대응하는 능력을 확보해야 한다. 따라서 급변하는 기술혁신 환경의 동태성과 다양성에 대응하기 위한 산·학·연·관의 혁신적 R&D 투자와 다양한 기술사업화 프로그램이 필요하다 하겠다.

넷째, 기술혁신 활동에 대한 정부의 역할과 개입이 요구된다는 것이다. 신고전학파 경제학에서 논의하는 시장실패론은 지식의 창출과 이전, 확산, 활용과 관련된 혁신과정에서 시장실패가 발생하기 때문에 이의 해소를 위해 정부가 개입해야 한다는 입장을 취하고 있다. 시장실패론의 관점에서 보면, 연구개발 활동을 통해 창출되는 과학기술지식은 공공재적인 특성을 지니고 있다. 과학기술지식은 사회적으로 유용한 성격을 가지고 있지만 과학기술지식 창출활동의 경우 사적 수익보다 사회적 수익이 크기 때문에 시장 메커니즘을 통해 연구개발 활동에 대한 투자가 미흡하다는 것이 일반적이다. 따라서 정부의 개입을 통해 연구개발에 대한 인센티브를 제공하고 연구개발 성과를 전유할(appropriation) 수 있는 제도적 틀을 갖추어야만 그 사회에 필요한 최적의 연구개발 활동이 이루어질 수 있다. 정부는 연구개발 활동에 대한 기술사업화 프로그램을 추진하거나, 보조금을 지급하고 세금을 감면하거나, 지적재산권 제도 및 기술사업화 정보를 데이터베이스화하거나, 기술사업화 지원정책의 추진을 구체화함으로써 연구개발비용을 낮추거나 연구개발 투자에 대한 수익성을 높여 기업들의 연구개발 투자를 촉진하게 된다(Metcalfe, 1995; Metcalfe and Georghiou, 1998).

한편 기술혁신정책의 변화·발전적인 측면에서 고찰하여 보면, 기술혁신정책을 혁신능력 육성이라는 관점에서 접근할 수 있다(Nauwelares and Wintjes, 2000). 특히 혁신

표 1-20 ▌혁신체계의 진화와 발전 비교·분석

모방형·폐쇄적 혁신체계	창조형·협동적 혁신체계
선진기술의 모방·개량	융합형 신기술 및 핵심기술의 선도적 창출
R&D의 기술이전 및 상업화	시장지향적 R&BD+Global Networking
단기적인 문제해결과 지원체계	장기적 성장동력의 확보와 지식산업의 발전
혁신자원의 양적 확충	혁신자원의 질적 고도화와 지식서비스 발전
혁신주체의 개별적 육성	혁신주체의 연계체계 강화
지역 간 불균형 성장	전 지역의 균형적 발전
국내완결형 혁신체계	국제개방형 혁신체계
과학기술의 육성과 선택과 집중 지원정책	사회경제발전을 위한 과학기술과 지원정책, CPS(Cyber Physical System)

중소기업을 위한 기술정책을 살펴보면 다음과 같은 차이와 변화를 보인다. 전통적으로 자원공급과 요소투입을 중시하는 정책적 관점에서는 중소기업들이 기술인력을 고용하는데 보조금을 지급하는 정책(인적자원지원), 중소기업의 연구개발 활동에 대한 예산지원 및 보조금이나 융자지원정책(금융자원지원), 창업보육센터를 통한 인프라지원정책(시설지원), 연구소나 대학에서의 기술이전정책(지식지원) 등을 중시하였다. 그러나 혁신능력을 강조하는 관점에서는 기술기획 및 관리업무를 담당하는 기술기획관리자 고용지원(인적자원지원), 혁신성과 확산을 위한 기술사업화와 창업보육센터를 통한 서비스지원(지식지원), 산·학·연·관이 중심이 된 다양하고 체계적인 기술관리·교육·훈련지원, 경영활동지원 등과 같이 자원의 직접적인 지원보다는 그 자원들을 효과적으로 활용할 수 있는 활동과 능력 제고에 지원의 초점이 맞추어진다. 이를 통해 혁신 중소기업들은 기술혁신을 효과적으로 수행하는 데 필요한 혁신적 잠재력(innovating routine)을 내재화할 수 있게 되며, 특히 산·학·연·관의 혁신주체들의 상호작용적 학습(interactive learning)으로 기술혁신 성과가 보다 다양하고 구체화되어 나타나게 된다.

1.4.4.2 4차 산업혁명과 디지털 혁신

ICT의 급속한 발전과 더불어 디지털 경제(digital economy)가 글로벌 경제의 화두로 급부상하고 있다. 4차 산업혁명에 대한 최근 논의는 디지털 경제의 진전을 기초로 하며, 이는 경제, 산업, 사회, 문화 전 측면에서 실질적인 변화와 혁신을 선도하고 있다. 이와 같은 관심이 촉발된 배경으로서, 기술적인 요인 외에 경제성장 둔화에 따른 성장동력 창출, 인구고령화, 기후변화 등이 연계되고 있다. 특히 디지털화(digitization) 또는 디지털 전환(Digital Transformation)은 경제·산업의 혁신에서 가장 중요한 역할을 하는 요인이다.

디지털 트랜스포메이션은 '일반기업 혹은 비즈니스를 디지털 기술을 활용해 변화시키는 것'으로 정의할 수 있다.[163] 구체적으로 ICT는 전 산업에 걸쳐 활용되는 '도구(tool)'로서 생산성 향상으로 대표되는 광범위한 영향을 주는 바, GPT(General Purpose Technology, 범용기술)로 대두되고 있다. 디지털 산업혁신의 가장 중요한 측면은 디지털화가 산업혁신의 과정 자체를 혁신시킨다는 것으로서, 디지털화를 통해 ① 실시간의

163) 테크니들, 인공지능 비즈니스 트렌드, 와이즈맵, 2020, pp.107-167.

세밀한 사업활동 측정(measurement), ② 저비용의 신속한 사업 실험(experimentation), ③ 관찰과 아이디어의 광범위하고 용이한 공유(sharing), ④ 보다 빠르고 충실하게 제품 혁신 프로세스 복제(replicate) 등이 가능해진다.164)

그림 1-27 | 디지털 산업혁신역량의 국가 간 비교

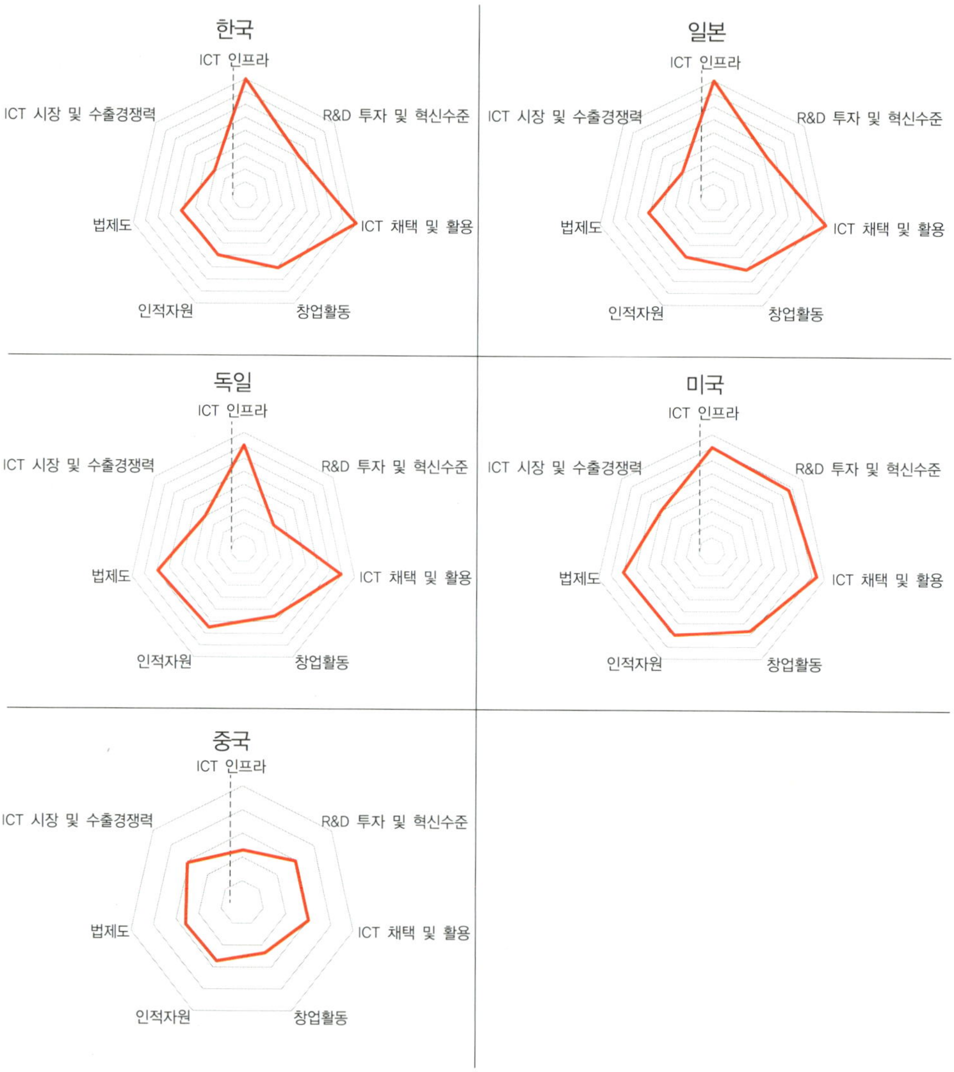

자료: KIEP(2016)

164) Brynjolfsson, E, "ICT, innovation and the e-economy," in Strauss, Hubert(ed.), *Productivity and growth in Europe: ICT and the e-economy*, EIB Papers, Vol.16, 2011, pp.60-76.

1) 미국의 디지털 산업혁신정책

미국은 ICT 자본이 산업의 생산성 증가에 기여한다는 범용기술 가설을 가장 분명하게 입증하는 국가이다. 미국에서 ICT는 1980년대부터 경제성장의 핵심 동력으로 떠올랐고, 인터넷 플랫폼 기업을 중심으로 한 디지털 혁신은 오바마 행정부에서 중장기 경제성장의 원천으로 자리하였다. 미국의 디지털 산업혁신은 ICT 및 인터넷서비스 기업이 주도하고 있으며, 전통 제조기업 역시 디지털화를 통해 회생을 추진하고 있다. 미국 정부는 미국혁신전략(Strategy for American Innovation)과 범정부 차원의 IT 연구개발 프로그램인 NITRD을 통해 디지털 산업혁신에 필요한 전략적 연구분야 및 첨단기술에 대해 투자하고 있다. 연방정부 차원에서 정보총괄책임관(CIO)과 최고기술정책관(CTO) 직제를 운영하여 디지털 기반의 정부조직 운영 개선과 산업혁신을 도모하였다. 민간이 디지털 혁신을 주도하되, 정부는 빅데이터, 사물인터넷 등 디지털 산업 플랫폼과 기초기술에 대한 R&D 투자, ICT를 활용한 공공문제의 해결, 소비자정보보호와 같은 제도 구축에 주력하였다. 최근 중국 화웨이, SMIC, 틱톡, 위챗 등에 대한 미국의 대중국 제재와 갈등에서 보듯이, 민간주도 디지털 기반 첨단기술에 대한 미국정부의 보호와 투자지원 확대가 진행되고 있다. 민간주도 AI 혁신기술개발 등 간접지원, 통상정책으로 미국 기업플랫폼들이 전 세계에 활용될 수 있도록 통상규범을 도입했다.

2) EU의 디지털 산업혁신정책

유럽은 미국과 대조적으로 지속적으로 ICT에 대한 투자가 부족하고 경제성장에 대한 ICT의 기여도가 낮다고 평가했는데, EU는 그 원인으로서 역내 디지털 시장의 분절을 지목하였다. EU는 2015년 디지털 단일시장전략(Digital Single Market Strategy for Europe)을 출범시킴으로써 회원국 간 데이터 이동자유화 등 역내 디지털 장벽 해소를 통해 디지털 시장을 통합하고 공동의 혁신기반을 창출하고자 하였다. 디지털 단일시장 전략의 일환으로 2016년 발표된 유럽산업디지털화(Digitising European Industry)는 제조업을 유럽 디지털 산업혁신의 중심으로 부각시켰다. 미국과 달리 EU의 디지털 산업혁신은 정부주도적인 경향을 보이며, 전략 분야에 대한 민관 공동투자, 중소기업 디지털화, 기술상용화 촉진 등을 중점적으로 추진하고 있다. 주요 정책방향으로 ① 산업 데이터플랫폼 등 ICT 인프라 구축, ② 연구개발지원, ③ 데이터 거래촉진제도 구축 등을 추진하고 있다.

3) 독일의 디지털 산업혁신정책

EU의 디지털 산업혁신의 중심에 있는 독일은 첨단 제조업과 ICT 서비스 분야에서 세계적인 경쟁력을 확보하고 있으며 견고한 중견·중소기업기반을 바탕으로 제조업 디지털화를 선도하고 있다. 독일은 제조업 디지털화의 비전을 정책 차원에서 제시한 최초의 국가로써, 독일 특유의 방식에 따라 학계와 산업계에서 논의가 시작되어 정부 차원의 정책으로 추진되고 있어 장기적인 준비가 이루어졌다는 것이 특징적이다. 정책 추진과정에서 연방정부는 중장기 계획과 과제를 담당하면서 이해관계자의 정책플랫폼 구축에 주력하여 기업의 자발적 참여를 유도하고 있다. 또한 중소기업의 참여를 정책적으로 촉진함으로써 인더스트리 4.0(Industrie 4.0)의 전경제·사회적 확산에 주력하고 있다. 즉, 독일 중심으로 제조업을 유럽데이터 기반 혁신의 핵심(Industry 4.0)으로 설정했는데, 산업데이터를 제조현장에서 사용하는 비율은 40% 수준이며 이와 같은 추세가 증가하고 있다.

4) 일본의 디지털 산업혁신정책

일본은 장기적인 경기침체와 급격한 인구 노령화를 겪으면서 디지털 산업혁신에 집중하고 있다. 일본은 ICT 제조업과 서비스업에 고른 경쟁력을 확보하고 있으며, 세계적인 제조업기반과 로봇기술을 보유하고 있다. 또한 장기적인 경기침체에도 불구하고 기초분야 R&D에 대한 지속적인 투자를 통해 원천기술에서 세계적인 경쟁력을 확보하고 있다. 일본은 상기한 강점을 기초로 하여 디지털 산업혁신을 추진하는 한편, 전통 제조업 분야에서의 공정혁신에 초점을 맞추고 있다. 일본은 디지털화에 대한 기업과 사회의 인식이 아직 낮은 편으로 정부가 주도적인 역할을 하고 있으며, 특히 자연재해 예방, 행정효율화, 교육 등 당면한 사회적 문제해결을 위해 ICT 기술을 활용하는데 정부의 역할을 강조하고 있다. 또한 클라우드 서비스, 사물인터넷, 인공지능, 빅데이터 등 주요한 분야들이 산업혁신 차원에서 서로 연계되어 있다는 판단에 따라 연구개발 및 각종 지원정책 등에서 정부 차원의 통합적 지원체계를 구축 중이다. 특히 자율자동차와 모빌리티, 제조·로봇, 바이오·소재, 플랜트·보안, 스마트 홈 등 5대 중점분야를 중심으로 산업디지털화 협력 프로젝트 지원과 제도적 기반 마련 등을 추진하고 있다.

5) 중국의 디지털 산업혁신정책

중국은 거대시장을 바탕으로 인터넷 플랫폼 분야에서 세계적인 시장점유율을 확보하고 있으며, 미국의 강력한 경쟁자로 부상하고 있다. ICT를 활용한 전사회적인 혁신이 정책적으로 중요한 의미를 가지며, 인터넷 플랫폼 기업을 중심으로 한 혁신생태계 구축과 창업 장려가 핵심이다. 다양한 기술수준의 산업이 공존하고 있기 때문에 전통산업의 구조 전환과 첨단산업의 육성을 동시에 추진해야 하는 복합적인 과제를 안고 있다. 중국정부는 공산당 일당독재를 기반으로 제조업에서 감소하는 일자리를 대신하는 방안으로 창업을 적극적으로 장려하며, 특히 정부와 함께 IT 대기업이 창업과 혁신을 위한 플랫폼 운영에 적극적인 협력관계를 가져간다는 점이 특징적이다. 중국정부는 공유경제나 인터넷 금융, 의료 등 분야에서 개방적인 입장을 취하고 있으며, 새로운 유형의 사업에 장애요인이 될 수 있는 규제를 제정하지 않음으로써 기업이 사업확장을 타진할 수 있는 기회를 보장하고 있다. 중국은 각종 규제에도 불구하고 거대시장으로서 글로벌 기업들의 진출이 활발한 시장이지만, 우버를 비롯한 기업들이 불공정한 규제로 중국시장에서 퇴출되는 사례도 발생하고 있다. 중국기업은 부족한 기술력을 보완하기 위해 적극적으로 해외 선진기술을 도입하는 상황이므로 사물인터넷과 같이 외국과의 협력수요가 증가하는 분야에서 시장이 확대될 것으로 예상된다.[165)]

현재 중국 시진핑정부는 과학기술 '혁신강국' 건설을 목표로 첨단과학기술 육성전략, 첨단산업경쟁력 강화정책, 과학기술인재 육성전략을 추진 중이다. 중국은 과학기술 혁신강국 건설 3단계 목표를 달성하기 위해, 2020년까지 혁신형 국가대열에 진입하고, 2030년까지 혁신형 국가 선두에 서며, 2050년까지 글로벌 과학기술 혁신강국으로 도약하겠다는 전략을 계획 · 추진하고 있다.[166)]

165) KIEP, "디지털 경제의 진전과 산업혁신정책의 과제: 주요국 사례를 중심으로", 2016.
166) KIEP, 오늘의 세계경제, Vol.20. No.18. 2020.6.24.

표 1-21 ▌주요국의 디지털 산업혁신정책

	미국	EU	독일	일본	중국	한국
주요 정책	• NTRD(1991~) • 미국 혁신전략(2009~) • 첨단제조업육성 정책(2009~)	• 디지털 단일시장 전략(2015~) • Boost 4.0 (데이터 플랫폼) • 새로운 유럽산업전략(2020) A New Industrial Strategy for Europe	• 신 하이테크 전략(2006~) • 인더스트리 4.0 (2013~)	• ICT 성장전략 (2013) • 일본재흥전략 (2013) • 일본재흥전략 (2016) • Active Japan ICT (2020)	• 중국제조2025 (2015) • 인터넷 plus 전략 (2015) • 일대일로 • 대중창업/민중혁신	• 신성장동력 (2011) • 창조경제전략 (2013~) • 제4차 과학기술 기본계획 (2018~22), 제6차 국가정보화 기본계획 (2018~22) • 디지털 기반산업 혁신 성장전략 (2020) • 디지털 뉴딜 (2020)
추진 배경	• 단기성과 중심의 경제구조에 대한 반성 • 장기 경제성장 및 일자리 창출 기반 마련 • 디지털화를 통한 산업경쟁력 재편	• 경제활동인구 감소, 경제성장률 저하에 대응 • 역내 디지털 장벽 해소를 통한 디지털 시장 통합과 공동 혁신 기반 창출 • 미국, 중국에 대응한 경쟁력 확보	• 경제활동인구 감소, 숙련공의 고령화 및 기후변화 등에 대응 • 지속적인 경제성장 • 산업경쟁력 창출	• 장기간의 경제침체 • 급격한 트렌드에 대응한 디지털 산업혁신 추진	• 노동인구 감소 및 인구고령화에 대응 • 글로벌 디지털 경쟁력 확보 • 전통산업의 고부가가치화	• 전통 제조업 경쟁력 저하에 따른 새로운 성장동력 창출 • 급격한 인구고령화
경쟁 기반	• 거대시장 보유 • ICT 서비스/소프트웨어분야의 경쟁력과 높은 연구개발 투자 비중 • 250대 글로벌 ICT 기업 중 82개 보유(고용 비중 약 30%, 2011)	• ICT 분야 첨단기술 보유 • 첨단 제조업의 비교우위 • ICT R&D의 상대적 부진 • ICT 플랫폼 산업의 낮은 경쟁력	• 세계적인 제조업 및 ICT 서비스 분야의 경쟁력 • 첨단제조업 선도 • 견고한 중견·중소기업기반	• ICT 제조업 및 서비스업의 고른 경쟁력 • 세계적인 제조업 및 로봇산업 경쟁력 • 기초분야 R&D의 경쟁력 • 디지털화에 대한 낮은 인식	• 거대시장 보유 • ICT 플랫폼 기업의 급격한 발전으로 미국의 경쟁국으로 대두 • 거대한 제조업 기반 보유 • 개인정보보호 등 제도적 기반 미흡	• 자동차, 전자, ICT 제조업의 우수한 기반 • ICT 제조업에 비해 ICT 서비스의 낮은 경쟁력 • 인터넷 플랫폼 기업의 잠재력 보유 • 높은 R&D 투자 규모
특징/ 전략 방향	• 민간주도, 인터넷 플랫폼 기반 디지털 혁신 • 서비스기업의 글로벌 시장 지배력 강화	• 역내 정보 이동 자유화 등 디지털 시장 통합을 통해 혁신기반 확대/개방을 통한 규모의 경제 실현	• 경쟁우위 분야인 제조업을 중심으로 디지털 혁신을 추진 • 정부는 정책 수립의 플랫폼 구축에 매진	• 정부의 통합적인 추진체계를 수립함 • 제조업을 중심으로 한 디지털 혁신 추진	• 경제사회 전반의 디지털 혁신 및 생태계 구축 • 디지털화를 통한 제조업 고부가가치화	〈과제〉 • 작은 시장을 극복하기 위한 개방적인 디지털 혁신체계 마련이 시급

<table>
<tr>
<td></td>
<td>• 제조기업은 소프트웨어 등 기술력을 기반으로 ICT 솔루션 기업으로 전환
• 정부는 기초 R&D 투자, 의료 등 사회적 당면과제 해결, 첨단기술 상용화 지원에 집중
• 연방정부 차원의 통합적인 추진체계 수립</td>
<td>• 제조업을 중심으로 산업 디지털화에 자원을 집중
• 전략분야의 민관 공동투자 독려
• 기술개발자와 사용자의 네트워크 구축을 통한 기술 상용화
• 빅데이터 가치 협회(민간연구개발)</td>
<td>• 기술표준화 선도</td>
<td>• 경쟁력이 높은 로봇산업을 디지털 혁신의 전면에 부각
• 통합적인 정부 추진체계 수립</td>
<td>• 개인정보 보호 등 제도 구축에 눈을 돌림
• 스마트 시티, 교통 등 대규모 투자 추진에 따른 협력가능성</td>
<td>• 디지털 산업혁신 선도분야(예: 스마트 공장)에 대한 지원 필요
• 기초기술 R&B 강화
• 제도여건 개선
• 기술사용자 중심의 지원체계 마련 등
• 한국판 뉴딜: 디지털 뉴딜+그린뉴딜
• AI데이터에 대한 법적 권한 설정 및 보호 등을 위한 가이드라인, 법률제정</td>
</tr>
<tr>
<td>공통과제</td>
<td colspan="6">• ICT 인프라 개선
• 빅데이터, 사물인터넷, 클라우드 컴퓨팅 등 데이터 경제의 공통 기반기술 개발 및 적용에 투자
• 전략 산업/분야: 첨단제조(산업인터넷), 인공지능 및 로봇공학, 첨단자동차, 스마트 시티, 의료, 에너지 등
• AI 정책+AI 규제 프레임워크, 디지털화를 통한 국가당면과제 해결
• 사물인터넷 등 첨단기술 확산을 위해 개인정보보호 및 국경 간 데이터 이동 자유화, 사이버 보안, 지식재산권 등 기술 · 제도 여건 개선
• 디지털 금융체계, 인간 중심의 디지털 윤리, 디지털 세금, 디지털 고용구조(Gig Economy) 창업기반 강화, 전문인력 수요 등에 대응</td>
</tr>
</table>

자료: KIEP, 2016. 재구성

CHAPTER 2

지식기반경제를 만나다

2.1 지식기반경제의 부상

2.2 지식기반경제의 변화와 주요 특징

2.3 융합경제의 발생과 메가트렌드

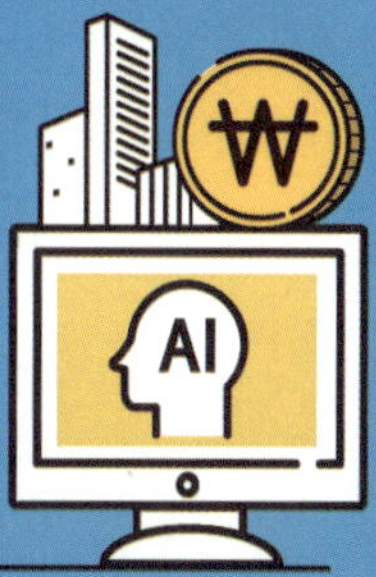

2.1 지식기반경제의 부상

2.1.1 지식기반경제(Knowledge-Based Economy)란?

2.1.1.1 21세기 지식기반경제의 의미와 주요 특징[1)]

21세기의 새로운 경제사회 패러다임은 디지털 혁신 중심의 지식기반경제이다. 이는 지식이 각 경제주체 및 국민경제 전체의 성과와 경쟁력을 결정하는 핵심 요소로 작용하며, 디지털 혁신 등을 통한 지식의 창출·확산·습득 그리고 활용을 통해 경제주체들의 혁신능력을 배양하고 이러한 능력이 성장의 기반을 이루는 경제를 의미한다. 일반적으로 지식기반경제와 혼용되어 사용되는 용어로서 지식기반산업, 지식기반사회, 지식국가 등이 있는데, 각 용어에 대해 학술적 차원의 명확한 정의가 내려진 것은 아니지만 다음과 같은 의미로 해석하여 사용하는 것이 무난하다.

지식기반산업은 지식을 노동, 자본 등의 전통적인 생산요소보다 더 주된 생산요소로 활용하거나 고부가가치의 지식서비스 그 자체가 상품이 되는 산업을 의미한다. 넓은 개념의 지식기반사회란 경제발전에서 차지하는 지식의 중요성과 역할은 물론이고, 개인의 사회적 행위와 지위 확보 등에 필요한 조건으로서 지식이 점점 핵심적 요소가 되어 가는 사회를 의미한다. 한편 지식기반국가는 경제, 산업, 사회전반이 지식사회를 지향하는 국가체제라는 의미로 지식기반사회와 유사한 의미로 사용되고 있다. 다양한 데이터가 정보가 되고, 그리고 그러한 정보와 데이터가 집단지성을 통해 지식으로 발전하는 지식기반 데이터 경제로 발전한다.[2)]

1) 지식(知識, knowledge)은 일반적으로 경제학 교과서에 나오는 일반재화와 다른 특수성을 가지고 있다. 첫째, 눈덩이효과(snowball effect)와 수확체증의 특성을 가지고 있다. 지식은 많이 축적될수록 새로운 지식의 창출이 더욱 용이해진다. 둘째, 지식은 비경합적(non-rivalry)이며 부분적으로 배제가능한(partially excludable) 공공재적 특성을 지닌다. 즉, 한 개인이 가지고 있는 지식은 얼마든지 공유가능하며, 이에 대한 타인의 접근을 완전히 막을 수도 없다. 셋째, 지식의 외부성(externality)과 집적의 경제이다. 즉, 지식은 그 공공재적 성격 때문에 외부로 파급되어(spillover) 관련 경제주체 모두의 생산성을 높인다. 따라서 지식근로자가 많이 모여 있는 집단일수록 그 생산성이 높다. 김용환, 기술혁신의 산업경제발전론, 기술경제경영연구원, 2006. 참조

2) Jean-Louis Monino and Soraya Sedkaoui, Big Data, Open Data and Data Development, Wiley, 2016.

지식기반경제의 도래는 농경사회에서 산업사회로의 전환에 비견할 수 있는 패러다임의 전환적 사건이다.

경제사회 발전론적 관점에서 보면 인류가 도구를 사용한 이래, 인류의 진보와 경제적 성장은 언제나 새로운 아이디어와 혁신에 의하여 이루어져 왔으며 이를 가능케 한 것은 지식, 즉 지식의 경제적 및 과학기술적 응용과 발전이었으며, 기술발전 과정에서 일어나는 지식의 연계는 이미 지식사회의 개념 등장 이전부터 사회학과 경제학 등에서 다루어 왔다.

그런데 지식집약적 제조업의 팽창보다 더욱 두드러진 변화는 교육, 정보, 통신 등 지식집약적 서비스산업이 급격히 팽창하고 있다는 점이다. 서비스부문, 즉 3차 산업의 생산·고용비중이 증대하는 경제의 서비스화 현상은 선진 산업국가들 간에 공통된 소위 후기산업사회의 일반적인 추세이다.[3)]

경제의 서비스화 현상은 독일과 같이 과거 이러한 추세가 크게 진척되지 않던 나라들에서도 두드러지게 나타나고 있으며, 더욱이 경제의 서비스화 구조 또한 점차 고도화되어 가는 추세이다. 특히 음식, 숙박 등과 같은 전통적인 소비자 서비스의 비중은 정체하거나 감소하는 반면, 고급인력을 요구하고 정보·지식활동과의 관련도가 높은 지식집약적 서비스의 비중이 크게 늘어나는 새로운 유형의 추세가 관측되고 있다. 예를 들면, 단순한 가격과 비용뿐만 아니라 음식과 숙박에 엔터테인먼트와 문화예술이 연계되어, 새로운 서비스 그리고 '소셜커머스의 반값서비스'가 새로운 비즈니스를 창출하고 있다. 최근에는 SNS와 동영상 및 사진 등을 활용한 소셜미디어 비즈니스가 폭발적으로 증가하고 있다.

한편 이 과정에서 정보통신기술혁명, 세계화 등의 구조적 변화요소들이 상승작용을 일으켜 경제뿐만 아니라 국가 간 역학관계, 노동의 성격, 사회의 가치체계 및 문화에 이르기까지 광범위한 변화를 초래하고 있다는 견해가 제시되고 있다. 이에 따라 새로운 변화의 경제적 측면을 강조하는 지식기반경제 용어 대신에 '지식기반사회' 또는 '지

3) 미래학자 다니엘 벨(Daniel Bell)은 미래의 사회를 '지식가치'가 '노동가치'를 대치하는 '후기산업사회'로 전망하였다. 피터 드러커(Peter Drucker)가 제시한 지식사회론의 대두는 한 사회의 생산과 경영에 관한 새로운 논의를 본격적으로 불러 일으켰는데, 그 핵심은 '지식의 활용'에 있다. 피터 드러커의 분류에 따르면, 산업혁명기에 지식은 주로 도구, 공정, 제품에 적용되었고 생산성 혁명기에는 지식이 노동활동에 적용되었던 반면, 경영혁명기에는 지식이 지식 자체에 제공된다고 한다. 즉, 지식이 지식을 활용하는 시기라는 것이다.

식사회'라는 표현도 사용되고 있다.

지식기반경제의 도래로 선진국에서는 지식기반경제가 유형자본의 희소성과 가치를 일차적으로 강조하던 종래 산업자본시대를 대치할 21세기의 새로운 경제 · 사회 패러다임이 될 것이라는 인식이 자리잡고 있으며, 하드웨어 중심의 제조업에서, 소프트웨어 중심의 지식서비스로 부의 집중과 새로운 비즈니스 확장이 급속히 이루어지고 있다. 이는 21세기 지식기반경제의 주요 트렌드로 구현되고 있는 스마트 비즈니스로 제조업과 서비스산업에 다양성과 융합기술을 연계하여 새로운 서비스와 제품을 제공하고 있다. 특히 하드웨어, 소프트웨어, 네트워크 서비스, 그리고 사용자들이 융합되는 새로운 가치사슬인 트라이버전스(Trivergence)혁명[4]과 콰드로버전스(Quadrovergence)혁명[5]으로 구체화되고 있다. 그러나 산업사회로의 발전이 뒤져 있는 개도국들의 경우 아직은 이에 대한 인식이 충분치 않으며, 우리나라에서도 지식기반경제에 대한 관심이 본격적으로 일기 시작한 것은 최근의 경제발전 패러다임이다.

경제사회 발전론적인 측면에서 지식은 역사적으로 성장과 변화를 유도하는 중요한 요소였으며, 지식의 결과물인 증기기관, 전기, 전화, 자동차, 비행기, 컴퓨터, 인터넷 등의 발명은 인류의 생활과 경제행위에 커다란 변혁을 가져왔었다. 이처럼 과거에도 지식의 중요성이나 지식이 경제사회 발전에 미치는 영향에 대한 인식이 항상 존재해 왔음에도 불구하고, 오늘날 지식과 데이터의 중요성이 전면적으로 부각되고 있는 이유는 다음과 같다. 디지털 혁신으로 촉발된 PC와 인터넷, 스마트폰, SNS를 통한 소셜미디어와 소셜커머스 등의 스마트 혁명에 직면하고 있는 21세기는 지식과 데이터를 원동력으로 하는 새로운 변화의 물결이 과거와는 비교할 수 없을 정도로 급속히, 그리고 광범위하게 일어나고 있다.

4) 하드웨어(HW), 소프트웨어(SW), 서비스의 3박자를 뜻하는 '트라이버전스(Trivergence)'혁명이 글로벌 산업 지형과 비즈니스 변화를 선도하고 있다. 트라이버전스는 하드웨어, 소프트웨어, 네트워크 서비스가 융합되는 현상을 말한다. 하드웨어와 소프트웨어, 네트워크 서비스 3개의 축은 전통적인 오프라인 비즈니스를 파괴하고 있다. PC 기반의 인터넷, TV 기반의 미디어, 휴대폰 기반의 커뮤니케이션이 하나로 합쳐지는 것이 대표적인 사례이다. 교통 · 통신 · 노동의 삼중융합을 주장하는 사람도 있다.

5) '콰드로버전스(Quadrovergence, 4개의 융합이라는 뜻)'에서 찾을 수 있다. 콰드로버전스는 인프라 · 하드웨어 · 소프트웨어 · 서비스 등 4개가 융합된 것으로, 그 정점의 가치는 바로 콰드로버전스가 이루어내는 사용자 인터페이스(UI: User Interface)와 사용자 경험(UX: User eXperience)이다. 미국은 사용자 경험 기술을 핵심가치로 하는 콰드로버전스 최강국으로서 스마트 시대의 세계 IT를 호령하고 있으며, 미국 애플사를 통해 볼 수 있다.

최근 4차 산업혁명을 대변하면서 디지털 기술혁신이 활발히 이루어지고 있다. 4차 산업혁명의 핵심 기술은 인공지능(AI), 빅데이터(Big Data), 클라우드 컴퓨팅(Cloud Computing)으로 대표되는 ABC로 설명할 수 있다. 결국 ABC를 확보한 기업이나 단체가 개인과 사회가 생산하는 모든 데이터를 독점하고, AI로 분석해 현재 상태를 판단하고 미래를 예측한다. 이러한 글로벌 경영전략은 시장경쟁에서 절대적인 우위를 점하겠다는 의도가 숨어 있다. 이처럼 4차 산업혁명 시대를 맞아 빅데이터 플랫폼을 확보하기 위한 경쟁은 국가와 기업의 생존이 달린 문제로 전개되고 있다. 그 결과, 산업자본 시대에 형성되어 오랫동안 우리의 생활을 지배하던 각종 제도와 관행, 경제적 기반, 가치체계 일체가 중대한 도전을 받으면서 점차 4차 산업혁명 시대로 진화하고 있다. 특히 최근에는 구글과 페이스북, 카카오톡, 유튜브 등이 SNS와 동영상을 통한 소셜미디어와 소셜커머스 등으로부터 발생하는 방대한 자료들을 활용하는 빅데이터 시장이 형성 · 발전하고 있다.

새로운 패러다임으로서 잠재적 기회요인과 위협요인은 향후 전 세계 모든 국가, 모든 국민을 대상으로 급속히 확산될 것으로 전망할 수 있다.[6] 예를 들면, 하드웨어, 물적자원 중심의 소위 자원기반경제에서 지식, 서비스 등 소프트웨어 중심의 지식기반경제로의 이행은 5차주기인 정보화혁명의 진전과 인터넷을 중심으로 한 웹 경제(개방, 참여, 공유 · 분배)로 진화 · 발전하고 있다. 신산업구조의 효율적 경제구조 혹은 첨단산업단지 모델인 실리콘밸리가 탄생하였고, 신기술형 벤처기업들이 중심이 되어 미국을 비롯한 세계 산업 환경변화의 초석이 되었다. 즉, 미국의 경우 1980년대 말 시작된 것으로 보이는 제5파동은 초기 진행단계를 넘어 이미 본격적인 발흥기(Up-Swing Stage)에 접어들었으며, 구산업이 몰락하고, 실리콘밸리를 비롯한 첨단산업단지를 중심으로 한 신산업, 즉 첨단기술형 혁신기업들이 발흥하는 등 패러다임 전환에 따른 창조적 파괴(Creative Destruction)가 향후 더욱 본격화할 것이다. 예를 들면, 마이크로소프트, 애플,

6) 슘페터의 장기파동(Schumpeterian long-wave)가설은 세계경제의 역사적 흐름에서 과학기술 및 산업생산방식의 혁명적 변화가 약 50년을 주기로 규칙적으로 나타난다고 하는 것이다. 18세기 중반 산업혁명 이후 지금까지 모두 기술경제 패러다임(techno-economic paradigm)의 혁명적 변화로 구분되는 총 4차례의 장기파동이 있었으며, 현재 세계경제는 정보화혁명을 계기로 제5차 주기에 접어든 것으로 인식되고 있다. 최근에는 파동주기가 50~60년에서 30~40년으로 감소하고 있는 것으로 관측되는데, 20세기 들어서 신기술 탐구를 위한 연구가 대형화 · 조직화되고 혁신(innovation)의 기술과 도구가 고도화됨으로써 혁신속도가 가속화된 것이 그 원인으로 지적되고 있다.

구글, 아마존, 페이스북 등의 새로운 제품과 서비스로 무장한 혁신기업들이 새로운 비즈니스 플랫폼을 제시하면서 글로벌 시장을 선도하고 있다.

지식자산의 축적 면에서 앞서 있고 고도화된 산업구조를 이미 가지고 있는 선진국들의 경우, 지식기반경제로의 이행은 현재 경제사회 발전단계에서 자연스러운 진화의 성격이 강하다. 즉, 실리콘밸리와 같은 신산업 첨단클러스터의 인프라구축 및 효율적인 네트워크 시스템의 운영이 요구된다.

따라서 대개의 선진국들의 경우, 정보기술혁명 등 새로운 기술적 요인에 능동적으로 대처하면서 지식자산의 축적과 기업의 혁신활동을 보다 촉진할 수 있는 방향으로 기존 제도를 재정비하고 있다. 즉, 첨단산업단지 모델의 필요성과 그것을 중심으로 디지털 산업의 구현, 제조업과 유통 및 금융의 효율적 제고, 전자상거래, SNS를 통한 소셜미디어, 소셜커머스 등을 중심으로 한 가상공간에서의 경제활동 등의 새로운 가치를 창조하는 정책적 전략이 핵심을 이루고 있다.[7)]

그 결과 지식기반경제 사회의 첨단산업단지 모델인 지역산업군집(Regional Industrial Cluster)은 종래의 생산 및 거래비용 축소를 위한 산업의 단순한 집적지로서의 역할을 넘어서, 기술혁신과 지식창출 근원지의 역할이 증대되고 있다. 따라서 특정산업을 중심으로 '집적(Agglomeration)된 지역산업자원'을 '유기적으로 연계(Network)' 발전시키는 산업의 군집화(Industrial Clustering)와 이를 바탕으로 지역혁신체제(RIS: Regional Innovation System)를 구축하는 것이 지역경제발전의 새로운 모델로 대두되고 있으며, 주요 선진국들은 첨단산업단지를 구축하여 지역기술혁신을 기반으로 한 신산업발전을 지향하고 있다.[8)]

지식의 눈송이 및 집단지성효과는 IT를 비롯한 디지털 산업에서도 하드웨어 중심에서 소프트웨어 중심으로 급속히 새로운 가치사슬과 부가가치를 창출하고 있다. 즉, 21세기 지식기반경제하에서 애플, 구글, 페이스북 등의 혁신기업들이 새로운 글로벌 제품 및 서비스 플랫폼으로 뉴비즈니스와 가치사슬을 창출하고 있다는 것이다.

7) 1848년 이후 캘리포니아에서 총 20억 달러 상당의 금이 발견되어 미국경제의 부를 창출한 것에 비교해 디지털 혁명을 새로운 부를 창출하는 뉴골드러시라고 부르고 있다. 한국경제, 산업경제백서, 2001, p.22.

8) 김동주 외 6인, 지식정보화시대의 산업입지와 군집 연구, 국토연구원, 2001, pp.1-4.

2.1.1.2 21세기 지식기반경제의 산업들과 '디지털 트랜스포메이션'

21세기 지식기반경제에서는 지식을 기반으로 하는 산업이 당연히 발전할 것으로 전망되고 있다. 지식의 눈송이 및 집단지성효과는 산업에서도 하드웨어 중심에서 소프트웨어 중심으로 급속히 새로운 가치사슬과 부가가치를 창출하고 있다. 즉, 새로운 글로벌 제품 및 서비스와 시장의 출현과 가치사슬을 창출하고 있다는 것이다. 이를 업종으로 보면 크게 지식기반제조업과 지식기반서비스업으로 구분할 수 있다.

지식기반제조업은 제조업종에 있어서 지식을 기반으로 하는 산업을 의미하는데, 메카트로닉스, 반도체, 생물산업, 신소재, 전자정보기기, 정밀화학, 항공우주, 환경산업 등이 있다. 지식기반서비스업은 서비스업종에 있어 지식을 기반으로 하는 산업을 의미하며, 글로벌 헬스케어, 글로벌 교육서비스, 녹색금융, 디지털 콘텐츠와 소프트웨어, 관광, 기업지원서비스, 물류, 문화, 정보서비스, MICE(회의(Meeting), 보상관광(Incentive travel), 컨벤션(Convention), 전시회(Exhibition)) 산업 등이 있다. 또한 이러한 지식기반산업을 핵심 기술별로 분류해보면, 흔히 언급되는 첨단기술산업의 업종으로 IT(Information Technology), BT(Biology Technology), NT(Nano Technology), GT(Green Technology), ER(Environment Technology), CT(Culture Technology) 산업 등이 있다.

맥킨지 "Value creation in industrials"(2020.12) 자료에 의하면, 기술혁신을 통해서 산업들이 다양화 · 세분화 · 지식화하는 가치창출과 비즈니스 성과를 나타내고 있다. 특히 코로나-19 팬데믹 충격과 비즈니스 변화, 대면 비즈니스 기반 기업들의 구조조정, 디지털의 가속화, 글로벌 공급망의 구조조정으로 다양하고 세분화된 지식기반 가치창출 기업으로 변화하고 있다. 대면 비즈니스의 대표적인 여행산업 분야의 에어비엔비와 우버의 변화가 급속히 나타나고 있다. 가상공간을 통한 사회적 교류, 이른바 비대면 문화와 경제 및 비즈니스가 '뉴노멀'로 현실화되고 있다. 구글 미터와 줌 등을 통한 화상회의와 배달의 민족과 미국 도어대시(DoorDash)[9] 등에 의한 음식배달의 일상화는 ICT 기업에 도약의 기회와 디지털 트랜스포메이션(Digital Transformation) 투자 및 디지털 서비스를 제공하고 있다. 특히 일본활력연구소는 디지털 전환(Digital Transformation)

9) 스탠리 탱 외 3명이 스탠퍼드대학 수업 공동프로젝트에서 시작하여, 2020년 12월 뉴욕증시에 상장되었다. '당신이 좋아하는 레스토랑 배달해 드립니다'를 슬로건으로 하여, 미국 음식배달 시장 점유율 50%로 1위 기업이다. 월평균 이용소비자가 1,800만 명이며, 3,026억달러 미국 음식배달 · 테이크아웃 시장에서 선도기업이다.

으로 제조업의 비용구조, 가치창출구조가 근본적으로 변화하면서, '제품' 판매만으로는 충분한 수익실현이 어려워질 것으로 전망했다.[10] 따라서 GAFA(구글/애플/페이스북/아마존)와 BAT(바이두/알리바바/텐센트) 등의 글로벌 테크기업들이 디지털 플랫폼 기반 비즈니스 모델을 구축하여 경쟁력을 확보 · 강화하고 있다.

표 2-1 ▌지식기반산업의 주요 업종들

분류방식	산업	대표적 업종
업종별 분류	지식기반제조업	메카트로닉스, 반도체, 생물산업, 신소재, 전자정보기기, 정밀화학, 항공우주, 환경
	지식기반서비스업	
핵심 기술별 분류	IT	정보통신기기, 소프트웨어 및 컴퓨터 관련과 IT 융합시스템(텔레메틱스, 디지털 방송 등)
	NT	신소재 및 나노융합, 전자소자, 광소자, 태양전지 등 에너지 관련
	BT	유전공학, 단백질공학, 생물공정, 바이오제약(바이오시밀러 등) 및 의료기기, 고부가 식품산업 등 생명공학기술 관련
	CT	디지털 콘텐츠, 게임산업, 만화산업, 음반산업 및 디지털 방송 등
	ET	환경설비산업, 환경자원사업, 환경서비스산업 등
	GT	신재생에너지, 탄소저감에너지, 고도 물처리, LED 응용, 그린수송시스템, 첨단그린도시

주: 업종별 분류의 대표적 업종은 지식경제부와 산업연구원에서 제공하는 "지역통계정보DB(R-SID)"의 분류기준과 신성장 동력산업을 중심으로 정리하였음.

그림 2-1 ㅣ 디지털 트랜스포메이션의 실행배경 및 추진방향

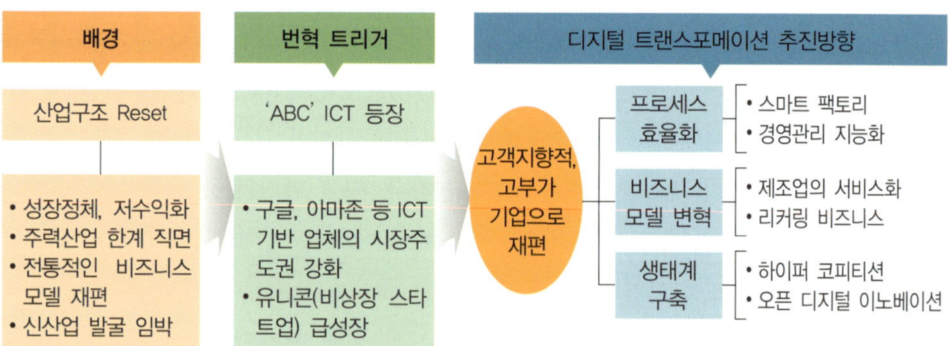

주: 'ABC' ICT=AI(인공지능), B(Big Data), C(Cloud)
자료: 현대경제연구원, 선진기업의 디지털 트랜스포메이션 추진동향과 시사점, 2018. 참조

10) 한국데이터산업진흥원 데이터산업동향 이슈브리프, 2020.7.

표 2-2 ▌디지털 트랜스포메이션의 정의

구분	주요 내용
Brain & Company	디지털 엔트프라이즈 산업을 디지털 기반으로 재정의하고, 게임의 법칙을 근본적으로 뒤집음으로써 변화를 일으키는 것
AT Kearney	모바일, 클라우드, 빅데이터, 인공지능, 사물인터넷 등 디지털 신기술로 촉발되는 경영환경상의 변화에 선제적으로 대응하고, 현재 비즈니스의 경쟁력을 획기적으로 높이거나 새로운 비즈니스를 통한 신규 성장을 추구하는 기업활동
PWC	기업경영에서 디지털 소비자 및 에코시스템이 기대하는 것들을 비즈니스 모델 및 운영에 적용시키는 일련의 과정
Microsoft	고객을 위한 새로운 가치를 창출하기 위해 지능형 시스템을 통해 기존의 비즈니스 모델을 새롭게 구상하고 사람과 데이터, 프로세스를 결합하는 새로운 방향성을 수용하는 것
IBM	기업이 디지털과 물리적인 요소들을 통합하여 비즈니스 모델을 변화시키고 산업 전반에 새로운 방향성을 정립하는 것
IDC	고객 및 시장(외부환경)의 변화에 따라 디지털 능력을 기반으로 새로운 비즈니스 모델, 제품 서비스를 만들어 경영에 적용하고 주도하여 지속가능하게 만드는 것
World Economic Forum	디지털 기술 및 성과를 향상시킬 수 있는 비즈니스 모델을 활용하여 조직을 변화시키는 것

자료: 테크니들, 인공지능 비즈니스 트렌드, 와이즈맵, 2020, p.108.

'디지털 트랜스포메이션(Digital Transformation)'은 ICT를 활용해 새로운 솔루션 창출, 운영혁신, 사업기반 재구축 등으로 제공되어 신성장을 추구하는 활동을 의미한다. IBM은 디지털 트랜스포메이션을 기업 디지털과 물리적인 요소들을 통합하여 비즈니스 모델을 변화시키고, 산업에 새로운 방향을 정립하는 전략으로 설명하고 있다. 2000년대 중반까지는 디지털 트랜스포메이션 개념은 주로 비즈니스 프로세스의 효율성 증대를 목적으로 경영활동에 ICT를 적용하는 데 초점을 두었다. 2008년 글로벌 금융위기를 맞이해 제조업을 부활시키고자 하는 '제조혁명'과 사물인터넷(IoT), 빅데이터, 클라우드, 인공지능(AI) 등 새로운 ICT를 활용한 4차 산업혁명 추세가 이어지면서 비즈니스 모델 개편까지로 개념이 확장·발전하고 있다.

최근 4차 산업혁명 추세로 경쟁력 제고와 신산업 개발을 목적으로 디지털 기술을 활용해 사업과 경영구조를 재편할 목적으로 실행을 가속화하고 있다. 기업생존 연한이 점점 짧아지고 수익성 강화를 목적으로 디지털 기술을 활용해 제품과 운영 활동에 근본적인 변혁이 강하게 요청되고 있기 때문이다. 현재 디지털 트랜스포메이션은 첨단제조기술·ICT 등 기술 적용과 프로세스 효율화에서 더 나아가 비즈니스 모델 변혁과 생태계 구축까지 확장 실행되고 있다.

구체적으로 제조와 연관해서는 '인더스트리 4.0(Industry 4.0)과 스마트 팩토리(Smart Factory)' 등 제조공정의 디지털화, GE의 '생각하는 공장(Brilliant Factory)', 지멘스의 사이버물리시스템(CPS)으로 전 가치사슬 관리의 디지털화 실현이 대표적이다. 경영에 연관해서는 로봇을 이용한 자동응대시스템이나 빅데이터 분석 등 '경영관리의 지능화'가 진행 중이다, 비용절감과 외부 대응력 강화를 목적으로 단순 반복적인 비즈니스 프로세스를 자동화하거나 경영환경 관련자료 수집 및 영향도 분석을 자동화하는 것이다. 또한 최종 제품(제품, 서비스, 솔루션)에 ICT를 적용하여 고기능화하는 것뿐만 아니라, 제품에 기반한 서비스 사업으로 이동하는 '제조업의 서비스화'로 바뀌고 있다. 아울러 현재 생태계 구축은 '하이퍼 코피티션(Hyper-Copetition) 확대'와 '오픈 디지털 이노베이션(Open Digital Innovation) 강화' 두 방향으로 진행되고 있다.

'하이퍼 코피티션(Hyper-Copetition)은 업종, 경쟁 여부에 상관없이 글로벌 협력업체, 사업파트너까지 포함한 수평통합(Horizontal Integration)을 구축하는 전략이다. 아마존 인공지능 플랫폼을 활용한 스마트 가전 개발, 자동차 메이커들의 자율주행차 개발과 관련해 데이터 처리 기술을 지닌 에비디아, 인텔과의 협력 등이 대표적이다. 오픈 디지털 이노베이션(Open Digital Innovation)은 디지털 기술 확보를 목적으로 외부 스타트업 및 연구기관 등 외부조직과의 협업을 통해 자사의 제품 및 비즈니스의 신속한 개발을 실현하는 것이다. 지멘스는 스타트업과의 협력 실행조직인 NEXT47를 설립했고, 디어 앤컴퍼니(Deere & Company)는 자율주행 로봇 이벤트 후원, 농업분야 스타트업에 지분 참여 등을 추진하고 있다.[11] 블룸버그에 따르면 2019년 TV광고 매출은 전년보다 3.6% 감소하고, 인쇄광고 매출은 19.6% 급감했다. 반면 디지털 광고 매출은 14.9% 증가했다. 이런 시대에 눈부신 성장을 이룬 미디어 기업이 있는데 독일 악셀 스프링거다. 빌트(Bild)나 디벨트(Die Welt) 같은 신문이 주력인 미디어그룹인데, 매출이 2009년 21억유로에서 2018년 32억유로로 늘었다. 특히 디지털 분야 매출이 전체 매출의 71%에 이른다. 디지털 분야 이익 기여도는 84%인데, 디지털 전환에 성공한 대표적 미디어 기업으로 꼽히는 이유다.

11) 현대경제연구원, 선진기업의 디지털 트랜스포메이션 추진동향과 시사점, 2018. 참조

표 2-3 ▮ 디지털 트랜스포메이션의 추진영역과 사례

추진영역	변혁초점	추진사례(기업)
프로세스 효율화	제조공정, 제품개발, 공급체인 재편	• 스마트 팩토리(GE, 아디다스, 지멘스) • 경영관리 지능화(다우케미컬)
비즈니스 모델 변혁	제품, 서비스, 솔루션 개발	• 제조업의 서비스화(GE, 테트라팩, 보쉬) • 리커링 비즈니스(소니, 도시바)
생태계 구축	시장, 고객, 경쟁구조 재구축	• 하이퍼 코피티션(아마존, 엔비디아) • 오픈 디지털 이노베이션(지멘스, 디어앤컴퍼니)

자료: 현대경제연구원, 선진기업의 디지털 트랜스포메이션 추진동향과 시사점, 2018. 참조

표 2-4 ▮ 글로벌 ICT 기업 Top 100 국가별 기업수 (단위: 개)

국가	기업명	총계
한국	삼성전자	1
미국	애플, MS, 아마존, 알파벳, 페이스북, 비자, 테슬라, 엔비디아, 버라이즌, 페이팔, 넷플릭스, 어도비, AT&T, 월트 디즈니, 시스코, 인텔, 컴캐스트, 세일즈포스, 오라클, 퀄컴 등	57
중국	알리바바, 텐센트, 평안보험, 메이퇀 디엔핑, 징둥닷컴, 미디어그룹, 넷이즈, 럭스쉐어, 하이크비전, CITIC, 그리가전, 차이나모바일	12
일본	도요타, 소프트뱅크그룹, 소니, 키엔스, NTT도코모, 일본전신전화, KDDI, 소프트뱅크, 리크루트, 닌텐도, 신에츠	11
유럽	독일(SAP, 지멘스 등), 프랑스(슈나이더 등), 네덜란드(ASML 등), 이탈리아(Enel), 아일랜드(엑센추어)	10
인도	릴라이언스, 타타 컨설턴시, 인포시스	3
기타	대만(TSMC), 캐나다(쇼피파이), 호주(BHP그룹), 남아공(내스퍼스), 싱가포르(Sea ltd.), 아르헨티나(메르카도리브레)	6
합계		100

자료: 전경련, 2020.8.

주요 ICT 기업의 지난 10년간 시총 증가속도 또한 한국이 상대적으로 저조했다. 미국 5개사 시총 합계의 연평균 증가율이 29.4%, 중국 5개사가 70.4%의 증가율을 기록한 반면, 한국은 연평균 23.4% 증가에 그쳤다. 일례로 카카오의 경우 코로나-19의 영향에 힘입어 폭발적인 성장(63.1%)을 했음에도 중국의 배달앱 업체 메이퇀 디엔핑(247.2%)에는 미치지 못했으며, 다른 한국기업들은 연평균 7~18%대 성장에 그쳤다. 현재 한국 디지털 기업의 시총 또한 코로나-19 국면을 맞아 빠른 속도로 증가하고 있으나, 시장

전체를 아우르는 본격적인 디지털 산업으로의 재편은 미국 · 중국 등에 비해 아직까지 미흡한 것으로 분석된다.12) 특히 미국의 경우 불과 10년 전만 해도 석유회사 엑손모빌이 독보적인 시총 1위 기업이었지만(2007년~2011년 5년간), 2012년 애플에 그 자리를 내주었다. 애플은 2009년 7월경 10위권에 진입한 이후 단 5개월만인 같은 해 12월 말 3위로 급등, 그 이후 1, 2위를 유지하고 있다. 또한 같은 유통서비스 분야에서 아마존(39.6%)과 월마트(7.1%)의 10년간 연평균 시총 성장세가 뚜렷한 차이를 보인 만큼 IT 기업의 성장이 두드러졌다. 2020년 8월 4일 기준 미국 증시의 Top10 기업 중 5개가 IT 및 디지털 관련 기업일 정도로 미국 증시는 10년 만에 획기적인 포트폴리오 재편을 이루었다(2010년 2개→2020년 5개).

표 2-5 ▌주요 국가별 디지털 트랜스포메이션 정책 중점분야 및 내용

국가	정책 중점분야	주요 내용
미국	• 기본 및 응용연구 • 인프라 조성	정부 기초연구 투자 및 확산, 민간은 산업혁신 촉진 • 민간기업의 경쟁력이 뛰어난 미국은 민간에서 쉽게 하지 못하는 (대규모, 장시간 투입 등) 원천기술 개발 및 인프라 조성에 초점을 둔 정책추진
중국	• 기본 및 응용연구 • 산업생태계 조성 • 인프라 조성	산업혁신을 위한 디지털 전환 강력 추진 • 중국은 기존의 양적 성장에서 질적 성장으로 변화하기 위해 신기술을 적용한 산업생태계 전환(특히 제조업)에 초점, 기본 및 응용연구 분야 중 응용연구에 좀 더 집중
일본	• 기본 및 응용연구 • 산업생태계 조성 • 인프라 조성	사회현안을 해결하기 위한 포용적 디지털 정책 추진 • 일본은 고령화, 인구부족 등 사회문제를 해결하고 경제 부흥을 이루기 위해 인재양성, 산업생태계 조성에 초점, 특히 디지털 포용부문에 ICT를 활용
EU	• 규제	하나된 디지털 시장을 위한 포괄적 윤리 · 법규제 추진 • EU는 미 · 중에 대응해 ICT 경쟁력을 키우기 위해서 EU 회원국 전체의 디지털 시장 단일 전략(Digital Single Market)을 추진하며, 법 · 규제적으로도 통일된 기준을 마련하기 위한 포괄적 법규제를 선제적으로 제시
싱가포르	• 기본 및 응용연구 • 교육 • 산업생태계 조성	풍부한 데이터와 AI 활용을 통한 산업경쟁력 향상 • 싱가포르는 자국의 금융, 물류 등 전통산업과 신성장 산업의 풍부한 데이터, 그리고 AI 경쟁력을 활용하여 산업을 발전시키고 관련 인재를 양성해 국가경쟁력 향상 추진

자료: NIA, 디지털 트랜스포메이션 성공전략, 2019. 참조

12) 카카오(2017년 7월 상장, 시총 연평균증가율 63.1%), 메이퇀 디엔핑(2018년 9월 상장, 시총 연평균증가율 247.2%)

미국 등 선진국들은 2010년경 디지털 기술을 사회전반에 적용해 국가경쟁력 제고와 디지털 산업혁신을 구현하는 '디지털 트랜스포메이션(Digital Transformation)' 정책을 집중적으로 추진하고 있다.

2.1.1.3 유니콘 부상과 비즈니스

2019년 5월 한국경제연구원은 미국의 시장조사기관 CB Insight가 발표한 글로벌 유니콘 기업의 산업진출과 M&A, 기업공개 현황을 분석하였다.[13] 그 결과 한국 벤처기업이 글로벌 유니콘 기업으로 성장하기 위해 산업별 규제를 개선하고 벤처기업에 대한 투자를 확대할 수 있는 제도적 개선이 필요한 것으로 나타났다.

글로벌 유니콘 기업이 진출한 상위 10개 산업(진출 기업수 기준) 중 한국 유니콘 기업이 진출한 분야는 전자상거래, 핀테크, 인터넷 소프트웨어, 수요산업[14] 등 4개 산업으로 나타났다. 반면, 헬스케어, 전기차, 빅데이터 등의 산업에는 한국 유니콘 기업이 단 1개도 없다. 현재 헬스케어 산업의 DTC(비의료기관과 환자 간 직접 검사) 검진 항목은 '이것만 되고 다른 것들은 안 된다'는 포지티브 규제 방식으로 규제하고 있다. 빅데이터 산업은 비식별 데이터를 개인정보로 간주하고 상업적 활용을 금지하는 규제로 인해 발전하지 못하고 있다. 한국이 진출하지 못한 6개 산업분야에 진출한 유니콘 기업들의 가치총액(1,426억달러)[15]은 한국 유니콘 기업가치 총액(259억달러)의 5.5배에 이른다.

한국의 유니콘 기업에 대한 투자회수는 한 차례에 불과하다. 미국(134개) · 중국(30개)과 대비하면 투자회수 실적은 미미하다.

한편 2009년부터 2019년 5월까지 글로벌 유니콘 기업은 총 204개사가 투자회수 전략을 실행하였으며 그 방법으로는 기업공개(60%), 인수합병(36%) 순이다.

---

13) 유니콘 기업: 설립 10년 이하의 기업가치가 10억달러(1조원) 이상인 비상장 기업

14) 수요산업: 수요가 있을 때 언제든 소비자의 요구에 따라 서비스와 재화를 공급하는 산업으로 승차공유(Didi Chuxing, Grab Taxi), 음식배달(우아한형제들, Zume Pizza) 등이 포함됨

15) 헬스케어, 전기차, 빅데이터, 교육, 전자보안, SNS 6개 분야 72개 기업가치

표 2-6 ▌산업별 유니콘 기업수 (2019년 5월 기준)

	산업	기업수	기업가치 선두기업(국가)	한국 유니콘 기업
1위	전자상거래	40	Airbnb(미국)	쿠팡, 위메프
2위	핀테크	39	Stripe(미국)	비바 리퍼블리카
3위	인터넷 소프트웨어	37	Infor(미국)	옐로 모바일
4위	헬스케어	24	Intarcia Therapeutics(미국)	–
5위	수요산업*	19	Didi Chuxing(중국)	우아한형제들
6위	전기차	11	XPeng Motors(중국)	–
7위	빅데이터	10	Palantir Technologies(미국)	–
7위	교육	10	BYJU's(인도)	–
9위	전자보안	9	Tanium(미국)	–
10위	SNS	8	Kuaishou(중국)	–

자료: CB Insight, 글로벌 유니콘 기업수 347개

표 2-7 ▌국가별 회수전략 실행 유니콘 기업수와 국가별 유니콘 기업수

〈국가별 회수전략 실행 유니콘 기업수〉

순위	국가	유니콘 기업 Exit
1위	미국	134
2위	중국	30
3위	영국	7
4위	독일	5
5위	네덜란드	4
6위	핀란드	2
6위	러시아	2
6위	싱가포르	2
6위	스웨덴	2
6위	일본	2
6위	캐나다	2
12위	한국	1

〈국가별 유니콘 기업수〉 (2019년 5월 기준)

순위	국가	유니콘 기업수
1위	미국	173
2위	중국	89
3위	영국	17
4위	인도	16
5위	독일	8
5위	한국	8
7위	프랑스	4
7위	인도네시아	4
7위	이스라엘	4
10위	스위스	3

자료: CB Insight, 회수전략 실행 유니콘 기업수 204개, 글로벌 유니콘 기업수 347개

표 2-8 ▌유니콘 기업의 회수 방법별 비율

기업공개	M&A	총계
122	82	204
60%	40%	100%

자료: CB Insight, 회수전략 실행 유니콘 기업수 204개

표 2-9 ▮ 2020년 글로벌 상위 10대 유니콘 기업

순위	국가	기업명	기업가치(억달러)
1	중국	바이트댄스	1,400
2	중국	디디추칭	620
3	미국	스페이스X	450
4	미국	스트라이프	360
5	미국	에어비앤비*	181
6	중국	콰이서우	180
7	미국	인스타카트	177
8	미국	에픽게임스	173
9	인도	원97커뮤니케이션	160
10	미국	도어대시*	160

* 2020년 12월 미국증시에 상장됨

2019년 유니콘 기업(기업가치가 1조원 넘는 비상장 스타트업)이 5개 탄생하면서 국내 유니콘 기업은 총 11개가 됐다. 그 중 국내 대표 토종 스타트업 '우아한형제들'은 경쟁사 '요기요'의 독일 본사가 무려 4조 7,500억원에 인수하는 빅딜의 주인공으로서 세계적 조명을 받았다. 우아한형제들이 지난 2011년부터 아무도 주목하지 않던 배달시장을 개척, 지난해 거래액 5조원으로 키운 결과물이다. 반면 새로운 모빌리티를 지향한 '타다'는 불법 서비스 논란으로 벼랑 끝에 섰다. 검찰은 '타다'를 만든 두 창업자를 기소했고, 국회는 2020년 총선을 앞두고 택시업계 100만 표심을 의식해 이른바 '타다금지법'을 통과시켰다. 정부는 신산업(모빌리티)과 기존산업(택시)이 충돌하자 기존산업 편에 섰다. 문재인정부의 혁신성장이 구호에 그치지 않으려면 창업자가 아이디어로 신산업을 키울 수 있도록 걸림돌이 되는 규제를 풀고, 기존산업과의 갈등에서 '적극적인 중재'에 나서야 한다는 지적이 나온다.[16)]

대한민국 기업공개(IPO) 시장은 스타트업(초기 벤처기업)의 외면을 받고 있다. 특히 유니콘 기업(기업가치 1조원 이상인 비상장사)이나 그에 준하는 회사들이 국내 증시 상장을 꺼리는 분위기다. 국내 유니콘 기업 11곳 중 국내 증시에 입성한 곳이 아직 없을 정도다. 오히려 해외 증시 상장을 추진하거나 해외 업체와 인수합병(M&A)에 나서는 곳

16) 파이낸셜뉴스, 2019.12.31.

이 잇따른다. 온라인 쇼핑몰 '쿠팡'은 미국 뉴욕증시에 2021년 상장예정이고, 여행 플랫폼 업체 '야놀자'도 해외 증시로 눈을 돌리고 있다. 금융투자업계에선 "이대로 가다간 마켓컬리·직방 등 유니콘 후보군도 해외로 빠져나갈 것"이란 우려가 나온다.

그림 2-2 | 한국의 유니콘 기업

순번	기업명	업종(등재시점)
1호	coupang 쿠팡	온라인 쇼핑몰(2014년 5월)
2	yello mobile 옐로모바일	모바일 커뮤니케이션(2014년 11월)
3	L&P COSMETIC 엘앤피코스메틱(주) L&P코스메틱	화장품(2017년 4월)
4	KRAFTON 크래프톤	게임(2018년 8월)
5	VIVA REPUBLICA 비바리퍼블리카	핀테크(2018년 8월)
6	우아한형제들 우아한형제들	음식배달(2018년 12월)
7	yanolja 야놀자	여가 플랫폼(2019년 2월)
8	위메프 위메프	전자상거래(2019년 4월)
9	GP Club 지피클럽	화장품(2019년 6월)
10	MUSINSA 무신사	패션커머스(2019년 11월)
11	APROGEN 에이프로젠	바이오시밀러 면역치료제 제조(2019년 12월)

주: 유니콘 기업은 기업가치가 1조원 이상인 비상장사
자료: 중소벤처기업부

기업이 국내 증시에 상장하려면 매출·자기자본 등 몇 가지 요건을 갖추어야 한다. 하지만 최근 스타트업의 상장 문턱은 과거에 비해 크게 낮아졌다. 정부가 미국 전기차 업체인 테슬라 같은 우량기업을 발굴하겠다는 취지로 2017년 '테슬라 요건 상장' 제도를 만들면서다. 그 전엔 적자 기업은 코스피나 코스닥 시장에 입성할 수 없었지만, 이젠 성장성만 있으면 상장할 수 있다. 이 뿐만 아니라, 금융당국은 중소기업만 신청가능했던 기술특례 상장 대상을 유니콘 기업도 가능하도록 넓히고, 한국거래소는 상장 유치를 위해 유니콘 기업과 개별 면담을 한다.

이런 우호적 여건에도 유망 기업들이 국내 증시를 외면하는 이유는 무엇일까? 일단 '제값' 받기 어려운 구조가 원인으로 꼽힌다. 국내에선 상장 후 기업가치가 이전보다 낮게 책정되는 경우가 많다. 예컨대 독일 DH가 인정한 배달의민족 기업가치(4조 7,500억원)는 코스닥 시장으로 따지면 두 번째로 높은 수준인데, 국내 상장을 택했다면 받기 어려운 가격이란 지적이다. 외국인에 휘둘리는 증시의 취약성, 다른 국가에 비해 지수 상승률이 저조한 점도 영향을 끼친다. 장일훈 한국벤처캐피탈협회 정책연구팀장은 "비상장일 땐 미래 성장가능성을 포함해 기업가치가 매겨지지만, IPO 시장에선 현재 실적을 중요하게 여겨 비상장 상태에 비해 평가받는 가치가 낮다"고 말했다.

기업 입장에서 상장보다 벤처캐피탈(VC) 등을 통해 자금을 수혈받고 과감하게 투자해 사업을 키우는 게 우선이라고 보는 시각도 있다. 당장 국내 증시에 들어올 메리트가 적다는 설명이다. 한 벤처업계 관계자는 "자금유치와 시장공략을 위해서도 해외 상장이 낫다"고 말했다.

차등의결권 같은 경영권 방어 장치가 없는 환경도 국내 상장을 외면하는 배경으로 꼽힌다. 차등의결권은 벤처창업자가 외부 자금을 조달받는 과정에서 경영권을 잃을 걱정 없이 사업에만 전념할 수 있도록 하기 위한 제도다. 과거 배달의 민족 김봉진 대표도 차등의결권 제도의 도입 필요성을 주장한 바 있다. 현재 상법은 주식 1주당 의결권을 1표 행사할 수 있도록 규정하지만, 차등의결권이 도입되면 경영진에게 1주당 2표 이상 의결권을 준다. 구글 · 페이스북 창업주는 1주당 10표의 의결권을 갖고 있다.[17)]

코로나-19 팬데믹 사태로 발생한 '동학개미운동'이 대한민국 경제와 주식시장에 새로운 변화를 선도하고 있다. 2020년에 새롭게 주식계정을 열고 주식투자를 시작하는 동학개미와 서학개미가 주도하는 첨단기업과 비즈니스 생태계가 어떻게 변화할까? 동학개미가 적극적으로 활동하면, 코로나-19 팬데믹 비대면 비즈니스 시대를 선도하는 대한민국 유티콘 기업인 팬션콘텐츠기업 무신사, 배달의민족 등이 글로벌 기업으로 발전하게 될 것이다.

---

17) 중앙일보, 2019.12.23. 참조

2.2 지식기반경제의 변화와 주요 특징

2.2.1 21세기 지식기반경제의 변화

2.2.1.1 과학과 기술혁신의 연계 강화

무어의 법칙[18)]으로 대변되는 디지털 혁명 이후, 기초 R&D 투자는 기초과학의 기반을 확대하고 기술혁신과 비즈니스 혁신의 기반이 된다. 무어의 법칙은 지난 40년 동안 IT 제품의 기술혁신 속도와 성과를 놀라울 정도로 정확하게 설명하고 있다. 특히 칩설계기술과 공정기술의 발전으로 말미암아 반도체산업의 속도가 점점 더 빨라지면서 음성, 데이터 영상, 가상현실 등 대용량 멀티미디어 디지털 콘텐츠 분야의 기술혁신이 이루어진다. 그 결과, IT 관련 기기의 융복합화가 가능해지고 산업 간 경계가 붕괴되어 생존 경쟁이 가속화되고 있다. 따라서 산 · 학 · 연의 연계를 통해 연구개발의 생산성을 향상시키고 과학과 산업 간의 교류 강화를 통해 연구개발 프로젝트의 성격이 보다 시장지향적이 되도록 하고, 개발된 기술이 산업으로의 파급효과가 확대될 수 있도록 노력해야 한다. 아울러 집단지성과 융복합 기술진보로 새로운 가치사슬이 형성되어, 신시장 · 신기술 · 신제품과 서비스들이 새롭게 제시되고 있다. 한편 디지털 공간의 위법행위인 스팸메일과 가짜뉴스 및 악성바이러스 등 '무어의 위법' 또한 발생하고 있다.

2.2.1.2 지식흡수능력의 제고

기술이나 지식의 발전이 생산성 향상과 고용창출효과로 연결되기 위해서는 새로운 기술과 지식을 활용할 수 있는 숙련된 노동자를 보유하고 이들의 능력을 최대한 발휘할 수 있도록 노력해야 한다. 지식기반경제에서 교육은 지식창출을 위한 인력양성과 더불어 지식활용을 위한 인력양성으로의 확대가 보다 더 중요하므로 지식흡수능력을

18) 무어의 법칙(Moore's Law)은 인텔의 공동 설립자인 고든 무어(Gorden Moore) 회장이 1965년에 "마이크로 칩의 처리능력은 18개월마다 두 배로 증대된다"고 한 주장에서 유래한 것이다. 즉, 마이크로프로세서의 트랜지스터 수는 18개월마다 두 배씩 증가하나 가격은 동일하다는 것이다. 이는 컴퓨팅 성능과 기능이 18개월마다 두 배씩 발전하는 것을 의미한다.
김용환, 기술혁신의 산업경제발전론, 기술경제경영연구원, 2006. 참조

제고할 수 있는 방안과 대책이 필요하다.

최근 4차 산업혁명의 핵심 변화 패러다임은 디지털 트랜스포메이션(Digital Transformation)인데, 디지털 기술분야의 경쟁력이 기업과 국가의 경쟁력을 결정하는 시대가 되었다. 폭발적인 데이터 집단지성으로 급속한 빅데이터가 일반화되고 있다. 이러한 빅데이터가 지식으로 변화하고 지식이 가치화되면서 산업경제사회에 다양한 서비스와 상품으로 디지털 혁신이 발생하고 있다. 디지털 기술혁신으로 인간의 행위와 무관하게 다양한 기기들이 상호 교신하며 정보와 데이터를 생산하고 수집하고 분석한다. 이에 따라 데이터의 '수집 · 생산 → 저장 · 관리 → 가공 · 유통 → 분석 · 활용' 과정 등에 대한 다양한 접근과 해결책이 요구되어 데이터 사이언스(Data Science)가 주목받고 있다.

디지털 혁신 중심의 데이터 경제 시대에서는 데이터를 활용하는 기업이 주도권을 쥐게 될 것이며, 이에 대비해 주요 기업은 데이터기업으로 변화 중이다.[19] 스마트폰 등 다양한 센서와 디지털 기기를 통해 데이터의 집단지성으로 네트워크 효과가 발생하고 있다. 메칼프의 법칙을 고려한다면, 통신망의 진정한 가치는 해당 망에 연결된 기기 사용자수에 제곱해 증가한다는 점에서, 엄청난 데이터의 집단지성과 빅데이터 발생 및 빅데이터 기반 다양한 비즈니스가 발생하고 있다. 특히 최근에는 데이터의 생산과 분석이 인간의 통제를 벗어나게 되면서, 데이터 '수집 · 생산 → 저장 · 관리 → 가공 · 유통 → 분석 · 활용' 과정에서 극데이터(extreme data)로 표현되는 데이터가 지식가치 창출을 만들어 내고 있다.

2.2.1.3 네트워크의 고도화와 수요기반 확대

정보통신기술의 확산은 대규모의 지식 보유를 가능하게 하여 거래비용을 절감시키고, 시간과 공간의 제약을 극복하고 소비자 수요변화에 신속하게 대응하는 것이 가능하다. 첫째, 정보통신 칼럼니스트 조지 길더(George Gilder)가 제시한 이 법칙은 광대역(broadband)을 통과시켜야 할 대역폭(bandwidth), 즉 네트워크의 전송속도가 12개월마다 3배씩 증가하는 것으로 초고속 통신망을 통한 정보의 전달속도가 엄청나게 빨라지고 있다는 것을 보여주고 있다. ADSL에서 VDSL, VDSL에서 광케이블 등 전송속도가

19) Schmarzo, Bill, *Big Data MBA,* Wiley, 2016, pp.2-16.

놀랄 만큼 개선된 전송기술들이 속속 개발되고 있어 과연 어느 정도까지 빠른 전송기술이 나올 수 있는지 귀추가 주목된다. 특히 유비쿼터스 환경 구축을 위한 정보기술혁신으로 연계발전하고 있어, 새로운 수요자와 시장을 동시에 창출하고 있다. 둘째, 네트워크와 관련된 법칙으로, 3Com의 설립자이자 컴퓨터 네트워크를 위한 안정된 프로토콜인 이더넷(Ethernet)이라는 근거리 네트워킹 기술을 발명한 밥 메칼프(Bob Metcalfe)가 주창한 법칙이 있다. 네트워크의 가치는 사용자수의 제곱에 비례하지만 비용증가율은 일정하다는 것이다. 즉, 메칼프는 어떤 네트워크의 유용성 또는 실용성은 사용자 수의 제곱과 같다고 메칼프의 법칙(Metcalfe's Law)을 설명하고 있다. 전화, 팩스, 컴퓨터 또는 사람 사이의 네트워크까지 모든 네트워크의 가치는 노드나 사용자가 추가될 때마다 크게 증가하기 때문에, 어떤 네트워크의 유용성은 사용자수의 제곱에 비례하게 되고, 어떤 표준의 사용자수가 일단 충분한 수량에 도달하게 되면 그 가치는 비약적으로 증가하게 된다는 것이다.

디지털 혁신인 인터넷을 기반으로 한 시장의 폭발적인 성장을 하고 있는 지식기반 경제에서는[20] 지식의 공유와 지식수용자의 활용으로 지식의 공급자와 수요자의 니즈를 파악하여 효율적인 네트워크 시스템을 구축해야 한다. 네트워크 형성과 집단지성으로 해서 Wiki 신드롬과 소셜커머스 등 새로운 비즈니스 서비스가 형성되어, 웹기반 서비스와 u-비즈니스 시장기반이 확대·발전하고 있다. 최근 4차 산업혁명의 핵심 변화 패러다임은 디지털 트랜스포메이션(Digital Transformation)이다. 디지털 기술분야의 경쟁력이 기업과 국가의 경쟁력을 결정하는 시대가 되었다. 폭발적인 데이터 집단지성으로 급속한 빅데이터가 일반화되고 있다. 이러한 빅데이터가 지식으로 변화하고 가치화되면서 산업경제사회에 다양한 서비스와 상품으로 디지털 혁신이 발생하고 있다.

20) 인터넷 법칙에는 인터넷과 관련한 여러 가지 내용이 포함되어 있다. 매년 인터넷 사용자수가 2배로 늘어난다는 것, 인터넷을 통해 유통되는 데이터 양이 100일마다 2배로 증가하는 것 등이다. 기존에 신문이나 잡지, 책, 비디오, CD 등을 통하여 유통되던 정보가 인터넷이라는 정보유통매체로 통합되어 멀티미디어화되고 있다. 최근 3년간 인터넷 데이터 유통량을 보았을 때 연평균 1,000% 증가하였고 거의 100일마다 2배 증가한 것으로 나타났다(미국 MCI).
김용환, 기술혁신의 산업경제발전론, 기술경제경영연구원, 2006. 참조

2.2.1.4 지식기반경제의 새로운 이론과 혁신들

1) 무어의 법칙과 새로운 기술혁신들

'무어의 법칙'과 '무어의 위법'으로 대변되는 디지털 혁명 이후, 기초 R&D 투자는 기초과학의 기반을 확대하고 기술 혁신과 비즈니스 혁신의 기반이 된다. 무어의 법칙은 지난 40년 동안 IT 제품의 기술혁신 속도와 성과를 놀라울 정도로 정확하게 설명하고 있다. 특히 칩 설계기술과 공정기술의 발전으로 말미암아 반도체산업의 속도가 점점 더 빨라지면서 음성, 데이터 영상, 가상현실 등 대용량 멀티미디어 디지털 콘텐츠 분야의 기술혁신이 이루어졌다. 그 결과 IT 관련 기기의 융복합화가 가능해지고 산업 간 경계가 붕괴되어 생존경쟁이 가속화되고 있다. 따라서 산·학·연의 연계를 통해 연구개발의 생산성을 향상시키고 과학과 산업 간의 교류 강화를 통해 연구개발 프로젝트의 성격이 보다 시장지향적이 되도록 하여, 개발된 기술이 산업으로의 파급효과로 확대될 수 있도록 노력해야 한다. 데이터의 집단지성과 융복합 기술진보와 디지털 혁신은 새로운 가치사슬을 형성하여, 신시장·신기술·신제품과 서비스들이 새롭게 제시되고 있다.

그림 2-3 | 2018년 하이프 사이클

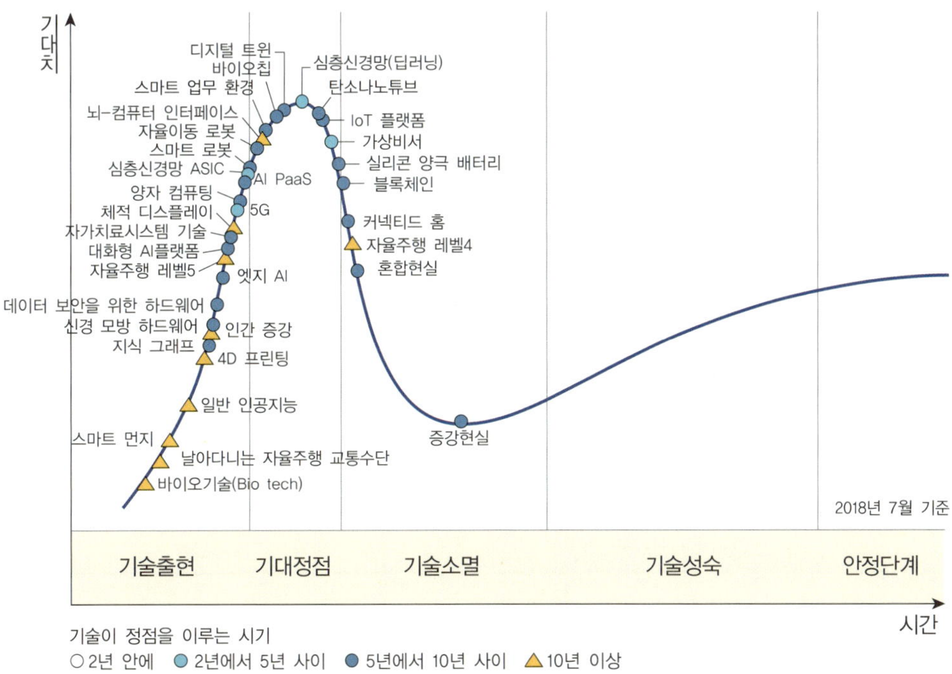

그림 2-4 | 2019년 하이프 사이클

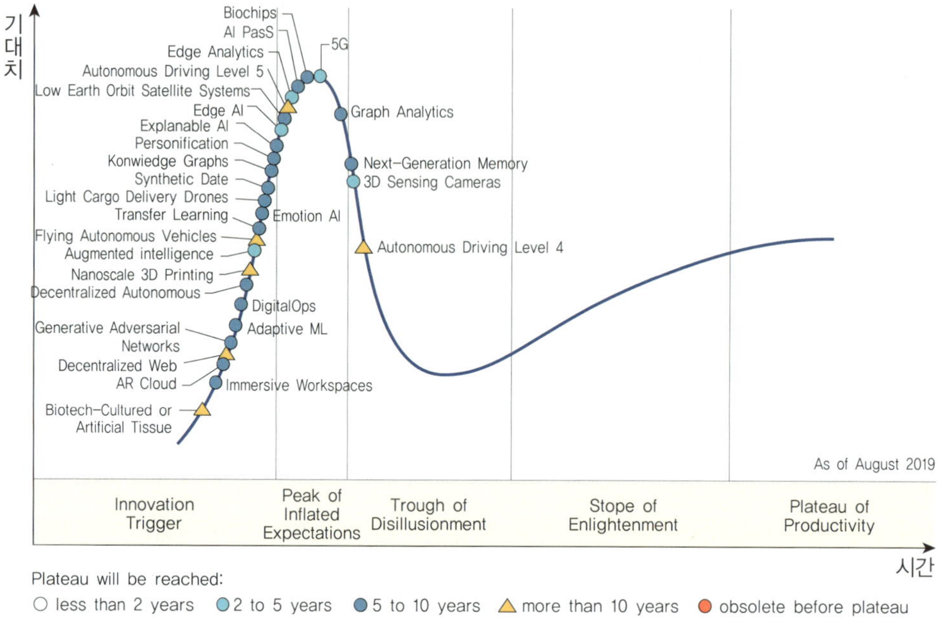

자료: Gartner

표 2-10 ▌2019년과 2020년 하이프 사이클 주요 특징 비교

2019년		2020년	
핵심 트렌드	전략기술	핵심 트렌드	전략기술
Intelligent	① Autonomous Things	People-Centric	① Hyperautomation
	② Augmented Analytics		② Multiexperience
	③ AI-Driven Development		③ Democratization
Digital	④ Digital Twin		④ Human Augmentation
	⑤ Empowered Edge		⑤ Transparency and Traceablity
	⑥ Immersive Experience	Smart Spaces	⑥ The Empowered Edge
Mesh	⑦ Blockchain		⑦ Distributed Cloud
	⑧ Smart Spaces		⑧ Autonomous Things
3개 공통영역	⑨ Digital Ethics and Privacy		⑨ Practical Blockchain
	⑩ Quantum Computing		⑩ AI Security

특히 최근에는 데이터의 생산과 분석이 인간의 통제를 벗어나 인공지능과 연계되면서, 데이터 '수집 · 생산 → 저장 · 관리 → 가공 · 유통 → 분석 · 활용' 과정에서 극데이터(extreme data)로 표현되는 데이터의 폭증하는 시대와 데이터 지식가치 창출을 맞이하고 있다.

미국의 시장조사기관 가트너는 매년 10대 전략기술 동향을 선정하여 발표한다. 인간 중심(People-Centric)과 스마트 공간(Smart Spaces)으로 분류된 혁신적 잠재력을 갖춘 '2020년 10대 전략기술 트렌드'를 발표했다. 가트너 발표에 의하면 인공지능은 자동화 과정을 향상하는 동시에 인간의 역량을 강화하는 핵심 촉매제이며, 공장 · 사무실 등 물리적 환경은 터치센서와 감각채널을 통해 사람과 주변 사물이 상호작용할 수 있는 '스

그림 2-5 | 2018~2020년 가트너 전략기술 트렌드 주요 키워드

2018년	2019년	2020년
Intelligent	**Intelligent**	**People-Centric**
• AI Foundation • Intelligent Apps and Analystics • Intelligent Things	• Autonomous Things • Augmented Analystics • AI-Driven Development	• Hyperautomation • Multiexperience • Democratization • Human Augmentation • Transparency and Traceabillity
Digital	**Digital**	
• Digital Twin • Cloud to the Edge • Conversation Platforms • Immersive Experience	• Digital Twin • Empowered Edge • Immersive Experience	
Mesh	**Mesh**	**Smart Spaces**
• Blockchain • Event-Driven • Continuous Adaptive Risk and Trust	• Blockchain • Smart Spaced	• The Empowered Edge • Distributed Cloud • Autonomous • Practical Blockchain • AI Security
	All Boundary	
매쉬(mesh)란 '그물망, 철망'이란 뜻을 가지며 여기에서는 다양한 디지털 기기들이 더 촘촘하게 연결된 상태를 뜻함	• Digital Ethics and Privacy • Quantum Computing	

• 2017~2019년 3대 핵심주제: 인텔리전트(Intelligent), 디지털(Digital), 메쉬(Mesh)
• 2020년 2대 핵심주제: 인간 중심(People-Centric), 스마트 공간(Smart Spaces)
• 2020년 10대 전략기술 트렌드의 핵심은 인공지능이라고 할 수 있으며, 인공지능은 다른 첨단기술과 결합하여 새로운 가치를 창조할 것으로 예측됨

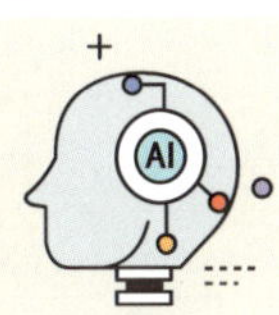

자료: 가트너 홈페이지, "Gartner Identifies the Top 10 Strategic Technology Trends for 2020"
정보통신기획평가원(2019.10) "Gartner, 2020년 10대 전략기술 트렌드 발표", ICT Briet 40호.

마트 공간'으로 진화할 것으로 분석했다.

생체모방로봇의 개발도 구체화되고 있는데, 미국 매사추세츠공대(MIT)와 하버드대, 홍콩성시대 등 국제공동연구진은 비행하다가 천장 등 외부 물질에 붙어서 쉴 수 있는 비행로봇 '로보비'(RoboBee)를 개발해 국제학술지 〈사이언스 데일리〉에 2016년 5월 20일 발표했다.

AI가 디지털 영상 데이터를 분석하여 자궁경부암을 미리 분석·예측하는 기술혁신 사례이다, 자궁경부를 찍은 의료용 디지털 영상 데이터자료를 분석하여 자궁경부 전암(cervical precancer) 단계의 변화를 정확히 가려내는 인공지능(AI) 알고리즘 개발에 성

그림 2-6 | 파리 모양 로봇 로보비(RoboBee)

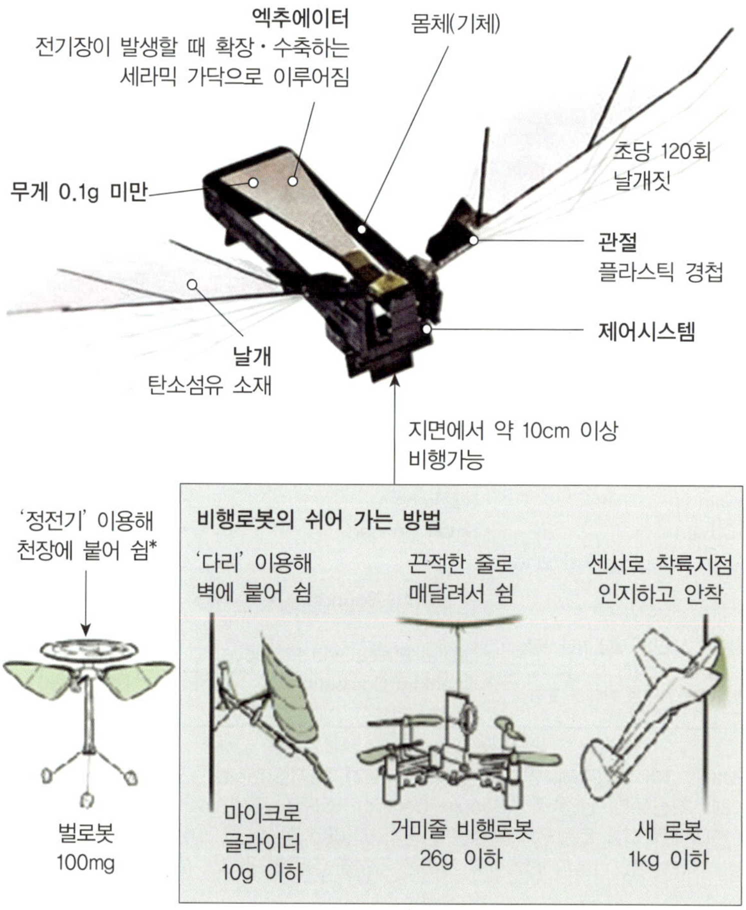

* 날갯짓을 계속할 경우 19mW의 에너지 필요, 붙어서 쉬면 7MW밖에 들지 않음

자료: Wyss Institute at University, 2019.

공했다고 미국 국립보건원(NIH)이 2019년 1월 10일 발표하였다.

미국 인디애나대학 의대 리겐스트리프 연구소(Regenstrief Institute)와 머크 제약회사(MSD) 연구팀은 인디애나폴리스의 에스케나지 헬스센터의 당뇨병 외래환자 약 39,000명의 10년간 전자의료기록에서 얻은 자료를 기계학습(machine learning)시켜 저혈당 위험요인을 추출해 냈다는 기술혁신 사례가 2019년 7월 27일 〈사이언스 데일리〉에 보도되었다. 당뇨병 환자는 20~60%가 혈당이 지나치게 떨어지는 저혈당을 경험했고, 저혈당이 되면 현기증 또는 착란과 함께 시야가 흐려지고 땀이 나며 말이 어눌해질 수 있으며 방치하면 의식을 잃고 사망에까지 이를 수 있다. 따라서 저혈당을 겪은 환자는 언제 또 이런 일이 되풀이 될지 알 수 없어 불안할 수 밖에 없는데, 어떤 환자가 저혈당이 나타날 위험이 높은지를 예측할 수 있는 모델이 개발되었다.[21)]

미국 에너지부 퍼시픽 노스웨스트 국립연구소(PNNL) 연구팀은 의사가 환자를 진단하듯이 인공지능이 환자 데이터를 분석해 이용하는 방법을 개발했다. 최근 열린 지식검색 및 데이터 마이닝에 관한 워크숍에서 발표된 연구에 따르면, 새로운 방법은 기존에 비해 진단의 정확도를 최대 20%까지 개선할 수 있다고 설명했다. 즉, PNNL의 인공지능 기술은 의사가 검사실에서 환자를 진단하듯이 머신러닝과 딥러닝 기술을 통해 환자 데이터들 사이의 연결 유형을 포착하고 분석해 치료방법을 찾도록 하고 있다. 의료연구자 및 종사자가 사용하는 표준의학용어, 코드, 동의어 및 정의 등 30만 개 이상의 의료 개념을 이용해 스탠포드대학교와 PNNL이 공동으로 만든 데이터 세트가 새로운 기술 개발의 바탕이 되고 있다고 설명했다.[22)]

21) 저혈당 위험 예측모델은 임상의가 저혈당 위험이 높은 환자를 가려내 예방조치를 취하는 데 도움이 될 것이라고 리겐스트리프 연구소의 마이클 웨이너 박사는 설명한다. 이 연구결과는 〈현행 의학 연구와 의견(Current Medical Research and Opinion)〉 2019년에 게재됐다.

22) 연구팀은 이러한 데이터를 바탕으로 현재 모델보다 성능이 우수한 그래프기반 학습방법을 개발했으며, 새로 개발된 코드는 오픈소스 다운로드를 통해 이용할 수 있다. 또한 연구팀은 다양한 유형의 의료 데이터를 지식그래프로 알려진 인공지능 도구와 통합하는 방법을 개발 중이며, 이 그래프는 의사들의 수년간의 훈련과 경험에서 생긴 'mental model' 같은 것으로, 이를 환자 데이터와 함께 머신러닝 알고리즘에 제공할 수 있는 작업을 진행 중이다. R&D World https://www.rdworldonline.com/new-ai-model-tries-to-synthesize-patient-data-like-doctors-do/

그림 2-7 | 커지는 신약개발 인공지능 시장

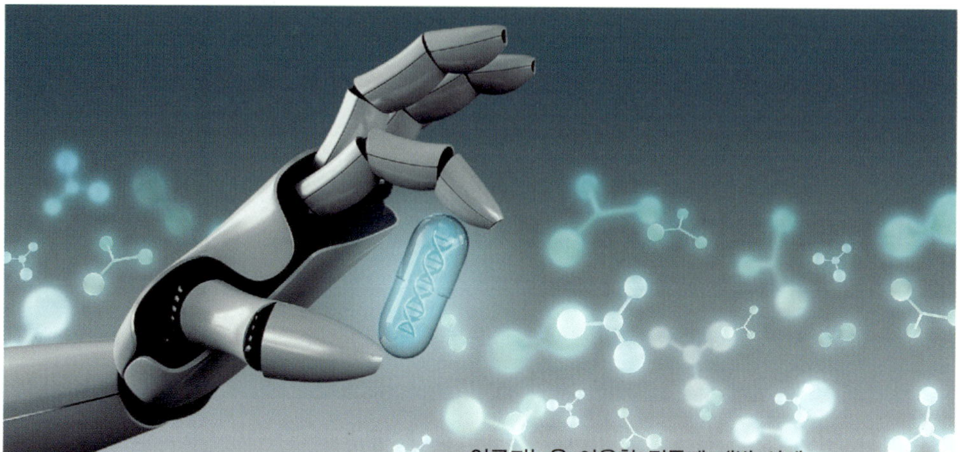

▪ 커지는 신약 개발 인공지능 시장

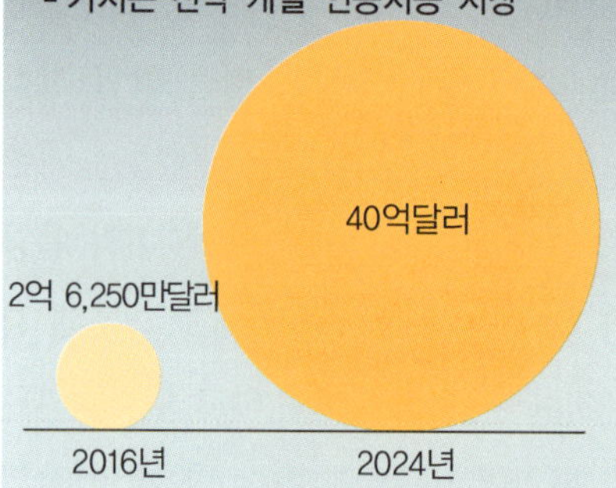

자료: 시장조사기관 글로벌 마켓 인사이트

▪ 인공지능을 이용한 진통제 개발 사례

1	인공지능에게 300만 종 시판 화합물구조를 기계학습시킴
2	약효 있고 부작용 적은 23종 선정
3	실험 결과 7종에서 실제 약효 확인
4	추가 실험 통해 최종 진통제 후보 1종 발굴, 제약사에 이전

*신약 후보물질 발굴기간 4.25년 → 1년으로 단축

자료: 네이처, UC샌프란시스코

▪ 글로벌 제약사와 인공지능 기업의 제휴

제약사	인공지능기업	개발내용
미국 얀센	영국 버네벌런트AI	신경질환 치료제
미국 화이자	미국 IBM	면역 항암제
영국 GSK	영국 엑스사이엔티아	10가지 질병 단백질 공략
미국 머크	미국 아톰와이즈	신경질환 치료제

자료: 각 사

자료: 조선일보, 2017.12.6. 참조

2020년 2월 인공지능이 개발한 신약이 연구개발되어 사상 첫 임상시험을 일본에서 실시하였다. 영국의 스타트업인 엑사이언티아(Exscientia)와 일본 제약업체 다이닛폰스미토모제약의 합작품인 이 약물은 강박장애(OCD) 치료제다. 인공지능을 활용하여 능동학습을 통해 강박장애 치료물질을 개발하였고, 일본서 임상 1단계 실시했다. 일반적으로 4.5년 걸리던 작업을, 12개월도 안되게 수행하여 비용절감과 기간을 대폭 줄였다. 인공지능이 개발한 신약물질이 사상 처음으로 임상시험에 들어간다.[23] 시장조사기관 글로벌마켓인사이트에 따르면 AI 신약개발 시장은 연평균 40%씩 성장하고 있으며, 2024년에는 40억달러(약 4조 2,700억원)에 이를 전망이다.

2020년 2월 미국 매사추세츠공대(MIT) 등 공동연구진은 국제학술지 〈셀(Cell)〉에 "AI를 통해 새로운 유형의 항생제 '할리신(hali cin)'을 개발했다"고 발표했다. 인공지능(AI)을 활용해 내성을 가진 박테리아도 죽일 수 있는 강력한 항생제를 발견했는데, 할리신은 1960년대 영화 '2001 스페이스 오디세이'에 등장하는 AI 컴퓨터 '할'의 이름에서 빌려왔다. 전 세계적으로 항생제 내성균 문제는 심각하다. 과학자들은 내성균이 점점 늘어나면서 2050년까지 감염으로 인해 연간 1,000만 명 이상의 사망자가 발생할 것이라고 추정한다. 이 때문에 내성에 대응할 수 있는 새로운 항생제가 필요한 상황인데, 지난 수십 년 동안 새로운 항생제는 거의 개발되지 않았다. 이들 연구진은 인체에 가장 흔한 세균 중 하나인 대장균을 죽이는 데 효과적인 분자구조를 찾는 AI 모델을 설계했다. 먼저 동식물, 미생물 등에서 확인된 800여 종의 천연물질을 포함한 2,335개의 다양한 항균 능력을 가진 분자를 학습시켰다. 이렇게 훈련된 AI를 6,000개의 화합물 데이터에서 테스트했다. 대장균을 효과적으로 억제하면서도 기존 항생제와는 다른 분자구조를 가진 물질을 찾도록 했다. AI는 약 100개의 새로운 수퍼 항생제 후보를 추려냈다. 이 가운데 강력한 항생제인 할리신이 발견됐다. 생쥐 실험을 한 결과 기존 항생제에 내성을 보이는 박테리아 '클로스트리디오이데스 디시필'과 '아시네토박터 바우마니'에 할리신이 효과가 있음이 확인됐다.[24]

---

23) 인공지능 덕분에 일반적인 신약물질 후보군을 5분의 1로 줄여 테스트할 수 있었다. 엑사이언티아는 기본 데이터가 적은 신약 분야의 특성을 고려해, 적은 데이터량으로 효율적인 학습을 할 수 있는 능동학습(Active Learning) 알고리즘을 개발했다. 능동학습 알고리즘이 만들어낸 신약물질 최종 후보는 'DSP-1181'이다. 인공지능이 수천만 개의 가상분자를 생성한 뒤 다양한 변수가 들어 있는 데이터베이스에 넣어 약효를 점검하고 걸러내는 과정을 거쳐 선택된 물질이다. 홉킨스는 "올바른 분자를 찾아내려면 수십억 번의 판단 작업이 이루어져야 한다"며 "인공지능 덕분에 일반적인 신약 화합물 후보군의 5분의 1인 350개 화합물만 직접 제조해서 테스트할 수 있었다"고 밝혔다. 그는 "이는 기록적인 생산성"이라고 강조했다.

24) 할리신은 세포막을 가로질러 이동하는 양성자의 흐름을 차단해 박테리아를 죽인다. 연구진은 이런 메커니즘이 박테리아가 내성을 키우기 어렵게 한다고 설명했다. 동물실험에서 독성도 거의 나타나지 않았다. 대장균에 할리신을 30일 동안 처리했는데 내성이 나타나지 않은 것으로 확인된 것이다. 반면 기존 항생제인 시프로플록사신(ciprofloxacin)을 처리했을 때는 1~3일 이내에 내성이 나타났다. 30일 뒤에는 실험 시작 때보다 200배 더 강한 저항력을 보였다. 연구진은

그림 2-8 | 커지는 3D 프린터

자료: 조선일보, 2020.2.20. 참조

최근 다양한 제조공정 혁신을 선도하는 3D 프린터가 대형화·고속화되고 있다. 초기에는 액체 플라스틱을 층층이 쌓아 소형 시제품이나 기념품을 찍어내는 데 그쳤지만, 이제는 건물이나 교량, 선박에서 우주로켓까지 제작하는 기술혁신과 푸드테크[25]로의

할리신을 인체에 적용하기 위해 제약사 등과 협력해 추가 연구를 계속한다는 계획이다.

활용 등이 이루어지고 있다. 인쇄 속도도 초창기 3D 프린터보다 1,000배 이상 빨라지고 있다. 이러한 기술혁신과 발전에 힘입어 산업규모도 급성장하고 있는데, 글로벌 시장 조사기관인 윌러스 어소시에이츠는 2017년 73억 4,000만달러(8조 7,300억원) 규모의 세계 3D 프린팅 시장이 연평균 27.5%로 고속 성장해 2023년에는 273억달러(32조 4,700억원) 규모로 커질 것이라고 예측했다.

이렇게 다양하게 활용되고 있는 3D(입체) 프린팅을 넘어 4D 프린팅 혁신이 새롭게 주목받고 있다. 4D 프린팅은 3D 프린터로 출력한 입체가 온도와 시간에 따라 형태와 구조가 변하는 것을 의미한다.[26] 3D 프린팅에 '시간'이라는 1차원을 추가한 셈이다. 스스로 크기와 모양을 바꾸기 때문에 지금껏 없던 새로운 방식의 제품설계가 가능하다. 예를 들어, 현재 3D 프린팅으로 집을 찍어내려면 집과 같은 크기의 프린터가 있어야 한다. 하지만 4D 프린팅을 하면 기존 프린터로도 얼마든지 제작이 가능하다. 압축 형태로 3D 프린팅한 여러 개의 형상기억 소재가 시간이 지나며 서로 합쳐져 집으로 바뀔 수 있기 때문이다. 과학자들은 SF(공상과학) 영화 속에서 자동차가 로봇으로 변하는 '트랜스포머' 로봇도 4D 프린팅으로 구현할 수 있다고 설명된다. 또한 4D 프린팅은 물건의 부피와 크기를 줄일 수 있다는 점 때문에 우주 화물 운송에서도 주목을 받고 있다. 그리고 4D 프린팅은 변형이 자유롭기 때문에 시시각각 형태가 바뀌는 생체에 적합하다. 신체가 자라는 속도에 맞춰 형태가 조금씩 바뀌는 인체 보형물이나 인공장기를 만들 수 있다. 기온 · 습도에 따라 형태가 달라지는 드레스도 가능하다. 미국 미시간대 의대는 최근 4D 프린팅으로 제작한 부목을 선천적으로 기관지가 약한 생후 5개월 아기의 목에 이식했다. 연구진은 CT(컴퓨터단층촬영) 영상을 토대로 아이의 기관지에 꼭 맞는 부목을 제작했다. 부목 재료는 변형이 가능한 플라스틱인 폴리카프로락톤(PCL)을

---

25) 3D 프린터 등 푸드테크를 활용한 맞춤식에 대한 관심은 10여년 전 시작됐다. 독일 · 네덜란드 · 덴마크 · 이탈리아 · 오스트리아 등 유럽 5개국이 기업 14곳과 손잡고 맞춤식 프로젝트인 '퍼포먼스'를 2012년 시작했다. 3D 프린터로 실제 음식과 질감, 모양이 같은 요리를 만든 후 식품 섭취 관련 데이터를 모아 개인마다 다른 필수 영양소를 맞춤형으로 첨가하는 게 프로젝트 목표다. 노인이나 환자 등 영양 결핍에 시달리는 이들이 주요 고객이다.

26) 4D 프린팅은 지난 2013년 미국 매사추세츠공과대(MIT) 자가조립연구소의 스카일러 티비츠 교수가 '4D 프린팅의 출현'이라는 제목의 테드(TED) 강연을 하면서 처음 대중에게 알려졌다. 티비츠 교수는 당시 특수 소재로 만든 일자 형태의 가느다란 막대가 물속에서 스스로 접히면서 정육면체로 변하는 모습을 시연했다. 수분을 빨아들이면 모양이 바뀌는 소재를 이용해 순식간에 전혀 다른 형태를 만든 것이다. 하지만 당시까지 이 기술은 간단한 형태로의 전환만 가능한 수준이었다. 조선일보, 2018.5.17.

그림 2-9 | 시간에 따라 변하는 4D(입체) 프린팅

자료: 조선일보, 2019.5.17.

사용하여 아이가 자라면 부목 크기도 조금씩 커지며, 기관지가 어느 정도 자리를 잡은 3년 이후에는 물에 녹아 없어진다. 과거에는 아이가 자라면 다시 수술을 해서 부목을 갈아줘야 했다. 4D 프린팅으로 변형이 가능한 부목을 만든 덕분에 고통을 크게 줄일 수 있게 된 것이다.

2019년 5월 미국 샌프란시스코 캘리포니아대학의 에드워드 창 교수는 국제학술지 〈네이처〉에 발표한 논문에서 "사람이 머리로 생각한 것을 음성으로 합성하는 데 성공했다"고 설명했다. 사람이 어떤 말을 하려고 할 때 뇌에서 발생하는 전기신호를 감지해 그대로 음성으로 만들었다는 설명이다. 소리 낼 때 뇌가 보내는 신호를 포착하여, AI로 분석해 인공 음성으로 구현하는 데 성공했는데, 1분에 단어 150개를 합성할 수 있다고 설명했다. 즉, 과학자들이 공상과학(SF) 영화에서 생각을 읽던 기계를 현실로 만들고 있는 것이다. 인공지능과 뇌과학을 이용해 머리로 생각한 말은 물론, 기억 속의 영상까지 복원하고 있다. 이러한 기술이 더욱 발전하면 지난해 세상을 떠난 호킹 박사처럼 온몸이 마비된 환자도 자유롭게 의사소통할 수 있을 것으로 기대된다.[27]

아울러 뇌 영상으로 생각을 읽는 방식도 연구되고 있는데, 미국 버클리 캘리포니아대학의 잭 갤런트 교수 연구진은 2016년 네이처지에 뇌의 단어 지도를 발표했다. 예를 들면, '달(month)'이나 '주(week)'처럼 같은 맥락의 단어들이 뇌 어느 곳에서 처리되는지 알아낸 것이다. 연구진은 7명의 자원자에게 인터넷 방송 2시간분을 녹음해 들려주며 동시에 기능성자기공명영상(fMRI)을 촬영했다. 뇌의 특정 영역이 활동하면 에너지 소비가 늘면서 그쪽으로 혈액 공급이 늘어난다. fMRI는 그런 곳을 불이 켜진 것처럼 환하게 보여준다.

세계 최대 소셜미디어 페이스북도 생각만으로 분당 100단어 정도가 입력되는 기술을 개발하고 있다. fMRI는 소셜미디어 사용자들이 일상적으로 사용하기엔 비싸고 번거롭기 때문에 과학자들은 근적외선분광계(fNIRS)를 대안으로 제시했다. 적외선은 피부와 뼈를 통과하지만 혈액 속 헤모글로빈에는 흡수된다. 이를 이용하면 fMRI처럼 뇌 어디

---

27) 창 교수 연구진은 간질병 치료를 위해 뇌에 우표 크기의 전극을 이식한 환자 5명에게 '이상한 나라의 앨리스'와 '잠자는 숲 속의 미녀'에 나오는 문장 수백 건을 소리 내서 읽도록 했다. 전극은 이때 뇌에서 혀나 입술, 턱 등 발성기관으로 보내는 운동 신호를 포착했다. 데이터 분석은 인공지능이 맡았다. 이를 통해 뇌가 특정 음성을 내려고 할 때 어떤 형태의 신호들을 발성기관에 보내는지 알아낼 수 있었다. 마지막은 음성 합성이다. 인공지능이 뇌에서 포착한 운동 신호대로 인공 발성기관에서 영어 문장을 합성했다. 이를 영어권 사람들에게 들려주자 70%를 이해했다. 조선일보, 2019.5.9. 참조

가 활발하게 작동해 피가 몰리는지 알 수 있다. 페이스북은 수영 모자 형태의 두건을 쓰고 적외선을 뇌에 쏘는 방식을 고려하고 있다. 세계 최대 소셜미디어 페이스북이 생각만으로 컴퓨터에 글자를 입력하는 기술에서 성과를 냈다고 CNN · CNBC 방송이 2019년 7월 30일 보도했다. 페이스북은 이날 사람들이 생각만으로 곧장 컴퓨터에 글자를 입력할 수 있는 비(非)삽입형 웨어러블(착용형) 기기 개발에서 진전을 이뤘다고 설명했다. 비삽입형이란 외과수술을 통해 이런 기기를 체내에 이식할 필요가 없다는 뜻이며, 페이스북은 2017년 개발자 컨퍼런스 'F8'에서 이 기술에 대한 구상을 처음 공개한 뒤 장기 제품 · 기기 연구부서인 '리얼리티 랩스'를 통해 캘리포니아대학 샌프란시스코캠퍼스(UCSF) 등 여러 대학과 합동 연구를 벌여왔다.[28)]

2020년 미국 워싱턴대학교 세인트루이스 연구팀은 TNT와 같은 폭발물을 감지할 수 있는 사이보그 메뚜기를 개발했다는 연구결과를 논문 사전 출판 사이트인 〈바이오 아카이브(bioRxiv)〉 최신호에 발표했다. 수년 전부터 미국 해군연구소의 자금지원을 받아

그림 2-10 | Minimally Invasive Recording

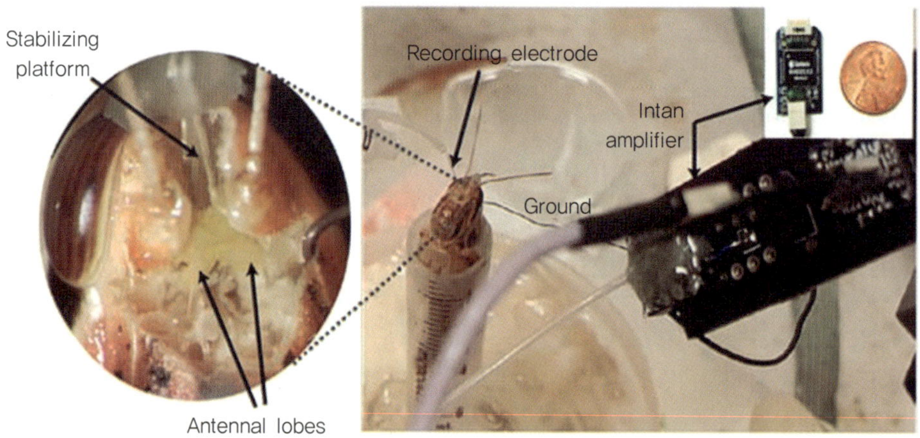

자료: 미국 워싱턴대학교, 2020.

28) 2019년 7월 네이처 커뮤니케이션 저널에 실린 연구는 자발적으로 참여한 세 명의 간질환자의 뇌에 전극을 심은 뒤 이들이 두뇌활동만으로 컴퓨터에 글자를 입력할 수 있는지 실험한 결과다. 그 결과 연구자들은 환자가 생각한 내용이 컴퓨터 화면에 곧장 문자로 전환돼 나타나는 것을 확인했다. 실시간으로 뇌파에서 사람의 생각이나 감정을 해독해낼 수 있었다는 설명이다. 다만 그 내용은 몇 가지 질문들에 대한 응답으로 제한됐다. 또 머릿속에 떠올린 언어를 해독하는 알고리즘의 정확도는 61%에 그쳤다.
연합뉴스, 2019.7.30. 참조

사이보그 메뚜기를 개발해 온 연구팀은 이번에 기존 연구성과보다 한 단계 더 나아간 결과를 공개했다.

연구팀이 보통의 메뚜기를 폭탄물을 탐지하는 사이보그로 개조하기 위해 우선 메뚜기의 머리를 절개해 뇌 속에 전극을 이식했다. 이는 메뚜기가 폭탄제조에 흔히 사용되는 물질인 질산암모늄과 같은 화학물질의 냄새를 맡으면 나타나는 뚜렷한 뇌의 신호를 감지하기 위한 것이다. 이 같은 뇌의 특정한 활동패턴이 감지되면 이 정보는 메뚜기 등에 부착된 일명 '백팩'을 통해 연구팀 컴퓨터에 전송된다. 이처럼 개조된 메뚜기를 5개의 다른 폭발물에 노출시켜 500밀리초(milliseconds, 1초의 1000분의 1) 이내에 뇌에 나타나는 뚜렷한 활동패턴을 감지했다.[29)]

한편 메뚜기의 사례처럼 세계 각 연구팀들은 곤충의 사이보그화를 연구하고 있다. 대표적인 대상이 바로 극강의 생명력을 자랑하는 바퀴벌레이며, 과거 미국 텍사스 A&M대학 연구팀은 원격조종이 가능한 바퀴벌레를 개발한 바 있다. 마치 로봇처럼 인간이 원격으로 살아있는 바퀴벌레를 왼쪽, 오른쪽으로 움직이게 만드는 이 기술은 안테나와 관련된 바퀴벌레 신경에 전극을 심어 넣는 방식으로 개발됐다. 또한 미국 버클리 대학과 싱가포르 난양공대 연구팀도 원격으로 조종되는 '사이보그 딱정벌레'를 개발했다는 논문을 발표한 바 있다.

매년 MIT에서 발행하는 〈MIT 데크놀로지 리뷰(MIT Technology Review)〉에서는 다양한 기술혁신을 발표하는데, 인간의 삶을 바꿀 10대 혁신기술을 선정하여 발표하고 있다. MIT가 2018년에 선정한 사회적으로 광범위한 분야에서 영향을 줄 10대 혁신기술은 '3D 금속 프린팅', '인공배아', '감각도시', '모두를 위한 AI', '결투신경망', '탄소제로 천연가스', '퍼펙팅 온라인 프라이버시', '유전적 운세', '재료의 양자 도약'인데, 간단하게 요약하면 다음과 같다.

---

29) 연구책임자 바라니다란 라만 교수는 "미국 메뚜기는 다른 곤충에 비해 탁월한 후각능력과 무거운 '백팩'을 짊어질 정도로 튼튼하다"면서 "이같은 활용은 향후 폭발물을 감지하기 위한 인공센서를 개발하는 새로운 방법을 제공할 수 있다"고 설명했다.
서울신문, 2020.2.18.

표 2-11 ▌MIT가 뽑은 2018년 혁신기술

NO	혁신기술	설명
1	3D 금속 프린팅 (3D Metal Printing)	• 3차원(3D) 금속 프린팅이 산업 전반에 널리 적용되고 있고 3D 플라스틱 프린팅은 이미 대중화됨. 초미세 3D 금속 프린팅(3D Metal Printing) 기술이 신시대를 예고하고 있음 • 3차원(3D) 금속 프린팅 기기를 사용할 경우 갖가지 주문에 필요한 부품을 다양하게 공급할 수 있어 기존의 대량생산시스템을 대체해 양질의 부품을 공급할 수 있음
2	인공배아 (Artificial Embryos)	• 배아는 수정 후 한 달 정도 자란 개체를 말하며 접합체가 한 번 이상 세포분열을 시작한 시기부터 하나의 완전한 개체가 되기 전까지의 발생 초기 단계를 말함. 최근 인간배아를 대체할 인공배아(Artificial Embryos)가 제작되고 있음 • 2017년 영국 캠브리지대학 막달레나 제르니카-겟츠(Magdalena Zernicka=Goetz) 교수 연구팀은 쥐의 배아줄기세포와 영양막 줄기세포를 혼합한 후 수정배아를 모방한 인공난자세포에서 건강한 쥐를 얻는데 성공했음. '난자가 필요 없는' 엄마 없는 아기를 출산할 수 있다는 것을 의미함 • 생태계를 바꾸는 것은 물론 사회적, 윤리적 문제를 야기시킬 충격적인 기술임
3	감각도시 (Sensing City)	• 구글의 모회사 알파벳 산하 도시개발 기업 '사이드워크랩스'는 캐나다 토론토시와 공동으로 토론토 부둣가 워터프론트 지역에 21세기형 도시를 조성하고 있음. 인터넷을 기반으로 이전에 볼 수 없었던 스마트 시티를 건설할 계획임 • 프로젝트의 목표 중 하나는 대기 질에서 소음 단계에 이르기까지 모든 것에 대한 데이터를 수집하는 광범위한 센서 네트워크의 정보에 대한 설계, 정책 및 기술에 대한 의사결정을 기반으로 하는 도시임
4	모두를 위한 인공지능 (AI for everybody)	• 아마존, 구글, IBM, MS 등 기업들 간의 인공지능 개발경쟁이 치열해짐 • 머신러닝, 인공신경 회로망(artificial neural network) 등 사람의 두뇌를 대신할 수 있는 갖가지 기술들이 개발되고 있는 중이며 이들 기술들이 클라우드로 연결돼 다양한 비즈니스 현장에 적용되고 있음. 클라우드 기반의 인공지능 기술이 제조업은 물론 물류, 서비스업에 이르기까지 산업구조를 재편할 것으로 전망됨
5	결투신경망 (Dueling Neural Networks)	• 인공신경망(Neural Networks)은 사람의 뇌 기능을 모방한 네트워크임 • '구글 브레인(Google Brain)'은 구글의 딥러닝 프로젝트로 인공지능으로 하여금 초고속으로 음성과 영상을 정밀 분석할 수 있는 기술을 훈련시키고 있음. 최근 구글이 개발한 DNN(Dueling Neural Networks)은 능력이 뛰어남. 인공지능으로 하여금 이전에 볼 수 없었던 이미지를 만들어낼 수 있도록 기계학습 능력을 키워나가고 있음
6	바벨피쉬 이어버드 (Babel-Fish Earbuds)	• '바벨피쉬(Babel Fish)'는 언제 어느 곳에서든지 실시간으로 통역이 가능한 기기를 말함 • 최근 통역기술의 혁신으로 '바벨피쉬' 시대를 예고하고 있고 이어버드(earbud)를 꽂고 외국인과 대화를 나눌 수 있는 시대가 다가오고 있음

7	탄소제로 천연가스 (Zero-carbon Natural Gas)	• '탄소제로 천연가스(Zero-carbon Natural Gas)'는 천연가스 에너지로부터 배출되는 탄소 배출을 막기 위한 혁신 기술임. 발전소 온실가스 배출을 피하면서 천연가스를 연소시켜 효율적이고 저렴함 • 합리적인 비용으로 화석 연료로부터 배출되는 탄소 없는 에너지를 생산할 수 있음을 의미함
8	퍼펙팅 온라인 프라이버시 (Perfecting Online Privacy)	• '퍼펙팅 온라인 프라이버시(Perfecting Online Privacy)'는 사생활 침해를 완벽하게 막을 수 있는 블록체인 기반의 기술임 • 증거의 근거가 되는 정보를 공개하지 않고 증명할 수 있는 zero-knowledge proof라고 하는 신흥 암호화 프로토콜을 완성하고 있음
9	유전적 운세 (Genetic Fortune Telling)	• 과학자들은 게놈을 사용하여 심장질환이나 유방암, 나아가 IQ를 DNA 기반 확률로 예측할 수 있음 • DNA에 기반한 예측으로 대중 건강이 크게 향상될 수 있지만 유전자 차별의 위험을 증가시킬 것임
10	재료의 양자 도약 (Materials' Quantum Leap)	• IBM은 7-qubit 양자 컴퓨터를 사용하여 작은 분자의 전자 구조를 시뮬레이션함. 새로운 양자 컴퓨터로 현재 기계에서는 상상할 수 없는 계산능력을 발휘할 수 있을 것임 • 분자를 정확하게 이해하면 보다 효과적인 약물과 에너지 생성 및 분배를 위한 우수한 재료를 설계할 수 있음

자료: MIT, "10 Breakthrough Technologies 2018", *MIT Technology Review*, February 21, 2018.

그림 2-11 | MIT가 뽑은 2020년 10대 혁신기술

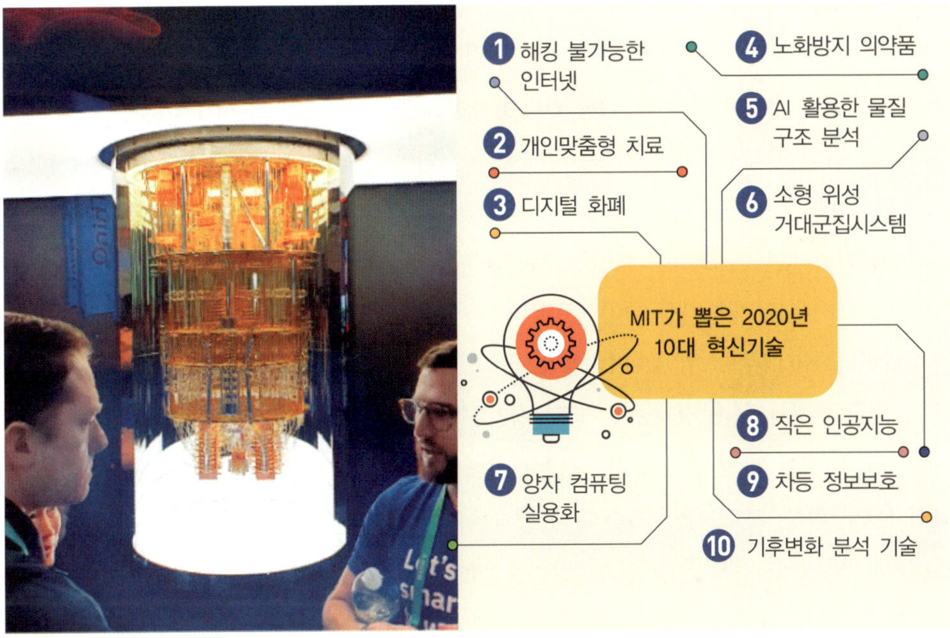

자료: MIT, "10 Breakthrough Technologies 2020", *MIT Technology Review*, February 26, 2020.

또한 매사추세츠공대(MIT)는 2020년 2월 26일 '2020년 10대 혁신기술'을 공개했는데, 현재 상용화가 가능한 기술 외에도 단기간에 실현가능한 기술과 5~10년 후 혁신을 창출할 기술 등을 제시하였다. MIT가 첫 번째로 꼽은 혁신기술은 '해킹이 불가능한 인터넷'인데, 동시에 생성된 입자 2개가 쌍둥이 같이 항상 같은 상태를 유지한다는 '양자얽힘'이라는 특성을 갖는다. 이를 이용해 네트워크 연결을 방해하거나 도청하는 것을 불가능하게 하는 기술이다. 국내에선 SK텔레콤이 상용화에 나섰고, 네덜란드 델프트공대가 이 기술로 네덜란드 네 도시를 연결하는 양자 통신 네트워크를 구축 중이다.

'개인맞춤형 치료'와 '노화를 방지하는 약'도 10대 혁신기술에 포함되었다. 치매 등 다양한 노인성 질병의 진행을 늦추는 약이 가장 주목받고 있다. 미국 제약사 메이요클리닉은 나이가 들면서 축적되는 세포를 제거하는 '세놀리틱스'를 임상시험 중이다. 퇴행성관절염을 치료하는 약도 개발돼 2020년 하반기 출시되었다. 또한 신약 후보 물질을 AI(인공지능)로 찾아내는 기술도 제시되었다. 지구상에 약물로 쓰일 수 있는 후보물질은 셀 수 없이 많다. MIT는 AI로 물질의 특성을 분석, 새로운 약물 후보를 신속하게 발견하는 것이 3~5년 내 가능할 것으로 봤다.

그리고 지구 궤도에 수만 개 위성을 띄워서 운영하는 '소형 위성 거대군집시스템(Satellite mega-constellations)'도 2020년의 혁신기술로 선정되었다. 일론 머스크의 '스페이스X'가 추진하는 스타링크 프로젝트처럼 조만간 수천 개의 소형 위성이 하나의 네트워크로 연결되어 지구촌 곳곳에 인터넷서비스를 제공할 수 있게 된다. 아울러 기존 컴퓨터와 달리 수백~수만 개 경우의 수를 한 번에 계산해 낼 수 있는 '양자컴퓨터'도 5~10년 안에 상용화될 것으로 MIT는 전망했다. 양자컴퓨터는 이런 특성 덕분에 기존 수퍼컴퓨터가 1만 년 걸리는 복잡한 계산을 수분 안에 할 수 있다. 또한 대규모 데이터가 쌓인 클라우드(가상저장장치) 없이 작동하는 '소형 인공지능'도 올해의 혁신기술로 선정되었다. MIT는 "소형 AI 기술은 모바일 기반 의료 이미지 분석 · 반응시간을 단축하고, 자율주행차, 개인정보보호 강화 등 다양한 이점이 있다"고 분석했다. 다양한 데이터를 수집하는 과정에서 특정 개인이 식별되지 않도록 의도적으로 부정확한 정보를 섞어 넣는 '차등 정보보호' 기술과 위성 데이터, 컴퓨터 분석기술 등으로 '기후변화를 분석하는 기술'도 올해의 혁신기술로 선정됐다.[30)]

30) 조선일보, 2020.3.12. 참조

표 2-12 ▌16대 핵심 기술혁신

NO	핵심키워드	내용
1	차세대 네트워크 5G	• 4차 산업혁명의 원동력인 차세대 네트워크 • '차세대 네트워크 5G'는 5세대 이동통신기술로 현재 4세대 엘티이(LTE) 기술보다 수십 배 빨리 데이터를 처리할 수 있는 기술
2	스마트 시티와 스마트 그리드	• '스마트 시티'는 정보통신기술을 이용해 주요 도시의 기능을 네트워크한 도시이고, '스마트 그리드'는 스마트 시티에 필수적인 지능형 전력망 • 스마트 시티와 스마트 그리드를 통해 ICT로 도시 속 삶을 변화시킴
3	스마트 카	• '스마트 카'는 운전자 없이 주행하는 자율주행차 • 이동수단에서 편의성을 제공하는 공간으로 작용
4	블록체인 기술	• '블록체인'은 가상화폐 거래 등에서 거래장부를 모든 네트워크 참여자들에게 공개 · 분산해 관리하는 기술 • 미래 사회는 많은 양의 데이터가 실시간으로 발생하고 이를 처리하는 시스템의 구축이 절실하게 필요함. 기존의 비효율적인 중앙집중 방식의 한계를 극복하기 위해 분산 네트워크 기반의 블록체인 기술이 비트코인과 같은 금융시장뿐 아니라 다양한 분야에서 필요
5	스마트 농업	• '스마트 농업'은 사물인터넷 기술 등을 토질 분석 등에 적용해 생산성을 높이는 차세대 농업 • IoT를 통한 농업 생산성 향상 • 차세대 한국형 스마트 농업 기술 개발을 진행하여 소프트웨어의 국산화, 스마트 온실 ICT 핵심부품 및 장비 표준화 시도
6	실감형 미디어	• '실감형 미디어'는 가상현실, 증강현실, 360도 동영상 등 미디어를 온몸으로 느끼는 엔터테인먼트 제공
7	양자기술	• '양자기술'은 양자역학의 기본성질을 통신이나 정보처리에 이용하는 기술 • 미래 컴퓨터의 대안은 양자컴퓨터로 미래 먹거리로까지 불리고 있으며 해외 주요국들은 이미 발 빠르게 국가 단위로 대규모 투자를 진행
8	인공지능 비서	• '인공지능 비서'는 인공지능 스피커 등으로 대표되는 비서가 탑재, RPA
9	디지털 트윈	• '디지털 트윈'은 현실 속 사물을 디지털 복제해 시뮬레이션함으로써 사물의 정확한 특성을 파악하는 기술 • 컴퓨터에 현실 속 사물의 쌍둥이를 만들고, 현실에서 발생할 수 있는 상황을 컴퓨터로 시뮬레이션함으로써 결과를 미리 예측하는 기술
10	O4O(Online for Offline)	• 'O4O'는 온라인에서의 노하우를 바탕으로 오프라인 매출을 증대시키는 방식 • 온라인 기업이 가지고 있는 고객정보와 자산을 기반으로 오프라인의 사업 영역을 확대하는 비즈니스 모델
11	행동인터넷 (Internet of Behaviors)	• IoB는 얼굴인식, 위치추적, 그리고 빅데이터 등 개인기반기술과 구매/소비 등의 비즈니스 행동을 연계한 데이터 결합가능 • 기술적으로는 활용가능하지만 인간의 다양한 행동에서 여러 윤리적 · 사회적 논쟁 발생
12	종합경험 (Total Experience)	• 고객, 직원, 그리고 이용자 경험규칙을 연결시키는 전투기술

13	개인정보보호강화 기술 (Privacy-Enhancing Computation)	• 개인정보보호강화 컴퓨테이션 기술은 데이터를 사용하는 중에 비밀 및 개인정보보호를 하는 기술
14	분산클라우드 (Distributed Cloud)	• 저지연, 데이터 비용절감, 데이터 레지던시를 필요로 하는 기업들에게 매우 민첩한 데이터 환경을 제공하는 기술
15	에니웨어 운영체계 (Anywhere operation)	• 모든 장소에서 고객지원, 그리고 분산된 인프라 전반에 걸친 비즈니스 활동을 지원하는 고성능 IT 모델
16	사이버 보안메시 (Cyber security mesh)	• 자산 또는 개인이 어디에 있든 모든 디지털 자산에 안전하게 접근할 수 있도록 해주는 기술

2) 한계비용체감 법칙과 한계비용체증의 법칙

21세기에 와서는 디지털 혁명 등으로 지식이 경제활동의 새로운 요인으로 부각되었으며 희소성의 법칙에 근거한 수확체감의 법칙과 아울러 지식의 수확체증의 법칙이 발전하고 있다. 지식기반경제의 도래는 농경사회에서 산업사회로의 전환에 비견할 수 있는 패러다임 전환(paradigm shift)적 사건이다.

선진국에서는 지식기반경제가 유형자본의 희소성과 가치를 일차적으로 강조하던 종래 산업자본주의 시대를 대치할 새로운 경제 · 사회 패러다임이 되고 있는 것이다. 구체적으로 지식과 데이터가 기반이 되는 4차 산업혁명 시대로 진화 · 발전하고 있다. 미국 최대의 직장 평가 및 구인 · 구직서비스 업체인 글래스도어가 최근 발표한 '2019년 미국 최고의 직업 50'에 따르면, 최고 직업 50개 중 19개가 IT(정보기술) 관련 직업으로 분석했다. 글래스도어는 매년 직업별 연봉의 중간값(median), 직업만족도, 구인 중인 일자리수 등을 토대로 최고 직업 50을 분석 · 선정하였는데, 2019년 1위는 데이터 사이언티스트(Data Scientist)가 선정되었다.[31] 그러나 현실적으로 기업이나 기관이 요구하는 다양한 분야에 지식을 갖춘 데이터 사이언티스트를 구하기는 매우 어려운 실정이다.

IBM 마케팅 클라우드에 따르면, 현재 전 세계에 축적된 데이터 중 90%는 2015년 이후에 생산된 것이라고 설명하였다. 따라서 최근 2년 내에 생성된 디지털 데이터의 규모

31) 데이터 사이언티스트(Data Scientist)는 주로 숫자나 이미지, 문자 같은 빅데이터(Big Data)를 컴퓨터 프로그래밍으로 분석하고 이에 기반해 새로운 전략이나 제품 · 서비스를 만들어낸다. 최근 구글 · 페이스북 등 IT 기업은 물론이고 유통, 부동산 등 전(全) 업종에서 각광받는 일자리이다. 글래스도어에 따르면, 데이터 사이언티스트(Data Scientist)의 연봉 중간값은 10만 8,000달러(약 1억 2,000만원)에 달했고 업무만족도도 5점 만점에 4.3점에 달했다.

가 선사시대부터 작성된 문자데이터의 양보다 크다는 점에서, 디지털 혁신에서 발생하는 데이터의 양과 질은 데이터 집단지성으로 발생하는 지식(知識)과 데이터가치를 새롭게 변화시키고 있다. 지식과 데이터는 일반적으로 경제학 교과서에 나오는 일반재화와 다른 특수성을 가지고 있다. 지식은 비경합적(non-rivalry)이며 부분적으로 배제가능한(partially excludable) 공공재적 특성을 지닌다. 디지털 데이터의 경우 하나의 데이터를 여러 서비스에서 동시 다발적으로 사용가능하다는 비경쟁성의 특징을 갖고 있다. 기존의 희소성의 법칙과는 다르게, 공개된 지식플랫폼을 통해 개인들의 지식은 언제 어디에서든 얼마든지 접근과 공유가 가능하다. 특히 폭발적인 SNS 증가 및 많은 양의 공개된 정보를 통해 네트워크를 완전히 막을 수도 없는 실정이다.32) 데이터를 단순히 저장하지 말고 개방과 공유해야 한다. 디지털 기술 혁신기반인 디지털 경제와 초연결 시대에는 오로지 개방만이 가장 큰 이익을 낸다. 즉, 모든 것이 더 연결되면 연결될수록 유리하다. 스마트폰 등 다양한 센서와 디지털 기기를 통한 데이터의 집단지성으로 네트워크 효과가 발생하고 있다. 메칼프의 법칙을 고려한다면, 통신망의 진정한 가치는 해당 망에 연결된 기기 사용자수에 제곱해 증가한다. 그러면 소비자와 기업 및 국가기관 등에게 데이터 집단지성의 개방과 공유는 과연 무엇을 제공하고, 어떠한 장점을 제공하는가? 다양한 디지털 기기와 IoT 센서와 연계된 디지털 데이터는 미래를 예측가능케 하여 소비자와 기업 및 국가기관 등에게 제공한다.33)

일반적으로 미래를 계획하거나 준비는 하지만, 매우 불분명하거나 여러 가지의 시나리오가 발생할 수 있는 현실적 한계를 디지털 데이터 기반 빅데이터는 매우 정확하고 예측가능한 미래 현상을 현재 소비자와 기업 및 국가기관 등에게 제공할 수 있다는 것이다. 예를 들면, 다양한 센서기술기반의 IoT 기기와 스마트폰을 통해 실시간 창출 · 수집된 데이터의 엄청난 데이터 축적이 가능해지고 있으며, 이를 소비자와 기업 및 국가기관 등이 미래를 예측하는데 활용하고 있다는 것이다.

소비행동 데이터의 집단지성과 연계한 디지털 소비자의 경우, 일반적으로 상품과 서

32) 2017년 현재 중국은 중국정부에 부정적인 정보를 유포시킨다는 이유로 구글서비스 접근을 막고 있지만, 중장기적으로 보면 구글 네트워크를 완전히 차단하는 것은 매우 어렵다고 할 수 있다.

33) IoT의 진짜 기회는 데이터를 얼마나 남다르게 결합하느냐에 달렸다. 데이터를 제대로 결합한다면 공장이 어떻게 돌아가는지 한눈에 들여다 볼 수 있다. 하지만 여기까지는 누구나 할 수 있다. 이제 우리는 공장이 1분 후, 1시간 후, 1개월 후 어떻게 가동 및 운영될지도 예측할 수 있다. Rainer Drath and Alexander Horch, "Industrie 4.0: Hit or Hype?", IEEE *Industrial Electronics Magazine*, June 2014. 참조

비스를 구매하는 정보와 결정 및 지출을 스마트폰으로 진행하게 된다. 구입예상 상품과 서비스에 대한 다양한 정보와 사용후기를 SNS 및 제품자료 등에 관한 데이터를 수집하여 판단하고 모바일로 결제하는 시스템을 사용한다. 이러한 디지털 소비행태에서 발생하는 많은 데이터는 기업 및 금융기관과 정부에 자연스럽게 공개 및 공유되게 되면서 빅데이터로 축적된다.

비즈니스 데이터의 집단지성과 연계한 기업의 경우, 이제 공장 전체에서 생성하는 수많은 데이터를 분석하여 얻는 이익이 생산 현장뿐만 이니라, 조직 내부의 의사결정에까지 영향을 미친다는 사실을 깨닫고 있다. 글로벌 디지털 기업인 애플은 독자적인 데이터 집단지성인 아이튜즈와 앱스토어를 보유하고 있어, 타기업 및 타기기와의 데이터 교류에는 매우 배타적이다. 현재 전 세계에서 가장 잘 팔리는 웨어러블 기기인 애플워치는 건강과 운동관리 기능뿐 아니라, 개인의 활동량을 즐기는 기능 거리까지 결합하고 있어 애플의 미래전략제품으로 주목받고 있다. 그럼에도 불구하고 애플은 애플워치를 최초로 출시할 때부터 제3의 독립개발자들에게 모든 소스를 공개 및 공유케 했다. 애플워치에서 발생하는 수많은 데이터를 마음껏 활용하도록 지원하였고, 그 결과 애플워치를 사용하는 다양한 애플리케이션이 창출되었다. 미국의 세계적인 스탠퍼드대학병원 같은 의료기관도 참여했다. 이는 애플의 미래경영전략이 변화하고 있다는 것을 보여준다.

민간 및 공공데이터의 집단지성과 연계된 공공데이터의 개방과 공유가 기본인 스마트 시티를 추구하는 정부기관의 경우, 서울시공공데이터를 기반으로 서울시 심야버스 운영에 대한 실시간 데이터를 분석하여 어느 시간과 어느 노선에 얼마나 공급하면 될 것인가를 추정하여 공공서비스를 제공하고 있는 것이다. 이렇게 제공된 스마트 이동로(Smart Mobility Corridor)는 도로교통과 에너지절약, 긴급호출 및 도시안전과 화재예방, 유통혁신에도 적극적으로 활용되면서, 이와 연계한 새로운 서비스와 비즈니스가 창출될 것을 예측할 수 있다. 더 나아가 데이터를 제대로 활용하는 것만으로도 미래를 예측할 수 있다고 판단한다.

지식과 데이터의 외부성(externality)과 집적의 경제이다. 즉, 지식과 데이터는 그 공공재적 성격 때문에 외부로 파급되어(spillover) 관련 경제주체 모두의 생산성을 높이며, 따라서 지식근로자가 많이 모여 있는 집단일수록 그 생산성이 높다. 최근 정보통신 기술진보로 인한 정보화의 급진전으로 지식전파의 한계비용이 '0'에 가깝게 떨어졌기 때문에 지식의 창출과 정보화가 이루어지면 자연스럽게 지식기반경제 및 데이터 경제가 도래하는 것처럼 보이는 견해도 있다.[34] 구체적인 사례로 소유의 개념에서 공유의 개념으로 확장되면서, 소유보다는 사용의 편의성에 기반한 서비스가 발생한다. 제조업 기반의 생산요소인 자본과 노동의 한계비용체감의 법칙과는 완전히 차별화된 한계비용체증의 법칙이 창출된다. 디지털 기업의 플랫폼 비즈니스 모델로 발생하는데, 사람과 사람을 연결하는 비즈니스 모델인 페이스북, 차고에 있는 자동차와 이동을 원하는 사람을 연결해주는 비즈니스 모델인 우버, 비워두는 공간과 숙박하고자 하는 사람을 연결하는 비즈니스 모델인 에어비앤비, 사무공간을 일시적 혹은 필요시 활용하기를 원하는 사람과 연결하는 비즈니스 모델인 위워크 등을 들 수 있다. 아울러 기술적인 측면에서 보면, 공공 교통데이터에 기반한 내비게이션의 활용을 들 수 있는데, 빨리가기 혹은 길찾기에서 새로운 맛집 등 주변시설 활용에 대한 서비스로 확대되면서, 정형화된 도로와 주변 물리적인 상황을 디지털 데이터를 통해 공간의 개념에서 즐거움의 개념으로 전환시켜 새로운 비즈니스 서비스를 제공하고 있다. 또한 스마트 시티의 개념도 정보통신 기술진보로 인한 정보화의 급진전으로 지식전파의 한계비용이 '0'에 가깝게 떨어졌기 때문에 지식의 창출과 정보화가 구현되어, 데이터 개방과 공유 및 안전의 도시생활인 스마트 시티를 제공하는 것이다.

아울러 데이터 기반 플랫폼경제, 공유경제, 긱 경제 등 새로운 사회경제 변화들이 발생 및 융합되고 있다. 플랫폼경제(Platform Economoy)는 재화, 서비스, 정보 등의 거래 · 교환이 디지털 플랫폼을 통해 이루어지는 현상을 의미하며, 그 중 서비스 플랫폼이 긱 경제와 연관이 되고 있다. 데이터 기반 플랫폼 비즈니스 모델을 보유한 애플, 구글, 아마존, 페이스북 등이 대표적이다. 공유경제(Sharing Economy)는 개인의 소유자원(상품, 자산, 노동력)을 대여하거나 나누어 쓰는 영리 · 비영리 목적의 경제활동으로, 긱 경제는 여러 자원 중 노동력의 공유 활동에 해당된다.[35]

---

34) 지식의 습득, 재생산, 활용에 들어가는 비용은 결코 '0'이 아니다 지식의 확산이나 활용의 수준은 개인 또는 기업의 흡수능력에 크게 좌우되며, 결국 이러한 흡수능력에 대한 투자수준에 의해 결정된다. 따라서 정보화는 지식기반사회로 가는 데 도움을 줄 뿐이지 그것 자체가 지식사회가 되는 충분조건은 아니다.
김용환, 기술혁신의 산업경제발전론, 기술경제경영연구원, 2006. 참조

35) 공유경제(Sharing Economy)는 개인 소유를 기본 개념으로 하는 전통 경제와 대비되는 개념으로 집이나 자동차 등 자산은 물론 지식이나 경험을 공유하며 합리적 소비 · 새로운 가치 창출을 구현하는 신개념 경제를 의미한다. 공유경제는 소유자들이 많이 이용하지 않는 물건으로부터

주문형 경제(On-demand Economy)는 사용자의 주문에 대해 제품·서비스를 즉각적으로 제공하는 비즈니스 모델로, 주문형 경제가 수요자 관점에서 바라보는 반면 긱 경제는 연관된 고용관계에 주목한다. 긱 경제(Gig Economy)의 표준적인 정의는 존재하지 않으나, 일반적으로는 특정한 프로젝트 또는 기간이 정해진 단위 업무(task)를 수행하기 위해 노동력이 유연하게 공급되는 경제환경을 의미한다, '긱(gig)'의 어원은 1920년대 미국의 재즈 공연장에서 필요에 따라 즉석으로 연주자를 섭외하는 공연을 'gig'으로 지칭한 데서 유래한다. 즉, 집단화된 전문조직(기업)과 정형화된 고용관계(근로조건, 임금계약 등)의 체결 없이도 개인이 특정 산업에 진출하여 소득을 창출할 수 있는 제도적 기반 및 생산활동으로 요약된다.[36] 긱 경제 종사자는 노동 투입 여부, 근무시간 선택 등에 있어 자율성이 높고 외부통제·감시가 적은 특성을 감안할 때 사실상 독립노동자(independent worker)에 해당된다. 최근 국제기구, 언론 등에서 언급되는 '긱 경제'는 우버(Uber) 등과 같은 디지털 노동 플랫폼(Digital Labor Platform)을 기반으로 하는 새로운 노동시장 트렌드로서 긱 경제를 정의한다.[37] 특히 대한민국 사회도 비정규직 및 시간제근로제 등의 유연한 고용관계인 긱 경제로 급속히 변하고 있어 사회적 이슈로 부상되고 있다.

2.2.2 인구절벽과 새로운 소비계층의 등장

역사적으로 인구는 사회를 구성하는 기본 요소이다. 인구의 양적·질적 특성이 변하면 사회질서도 바뀐다. 경제활동인구의 크기가 국가 경제발전 잠재력을 좌우하는 기준이 되고 있다. 30년 후 경제대국으로 인도가 주목되는데, 이는 현재 가장 젊은 경제활동인구로 구성된 인도경제의 발전잠재력 때문이다. 반면에 우리나라는 세계에서 가장

수익을 창출할 수 있으며, 대여하는 사람은 물건을 직접 구매하거나 전통적인 서비스업체를 이용할 때보다 적은 비용으로 서비스를 이용할 수 있다는 장점이 있다. 대표적인 공유경제 비즈니스 모델 사례로 자동차공유서비스 우버와 숙박공유서비스 에어비앤비를 들 수 있다. 그러나 공유 서비스를 이용하다가 사고가 났을 경우 보험을 비롯한 법적 책임에 대한 규정이 명확하지 않아 자동차공유서비스 우버와 숙박공유서비스 에어비앤비가 각국가/도시/지역 간에 도입 여부가 상이하게 나타나고 있다.

36) EU, 2017; Katz and Krueger, 2016 등

37) IMF, 2018; ILO, 2018 등

심각한 출산절벽으로 인구감소와 고령화를 겪고 있다. 즉 인구절벽 시대의 대한민국은 대부분의 저출산국가들이 저출산의 계곡에 빠져 있는 상태인 출산절벽의 '이행의 계곡(The Valley of Transition)'[38]에 진입해 있다. '이행의 계곡'을 극복하기 위해, 남성 위주의 가부장적 사고와 제도를 개선하고, 양성평등이 이루어지도록 국가적으로 교육을 강화하며 또한 자발적인 사회경제 혁신이 요구된다. 따라서 여야의 정파와 정권을 초월하여, 인구절벽 등의 문제를 극복하기 위한 중장기 계획 추진과 종합적인 지원체계가 지속되어야 할 것이다.

대한민국의 경우 1980년대에는 경제가, 1990년대에는 정치가 매우 역동적이었다. 1980년대는 1955년부터 태어난 베이비부머들이 대규모로 노동시장에 들어오던 때였다. 20대와 30대 젊은 노동력이 넘치니 제조업 중심의 경제가 성장했다. 대학 진학률도 높아졌다. 1970년대까지 20%대였던 진학률이 1980년대에 30%대가 되었다. 젊은데 학력도 높아지니 정치 참여 욕구도 커졌다. 1987년 대통령 직선제와 1993년 문민정부의 출범은 사람 수도 많고 교육수준도 높은 젊은 베이비부머들이 없었다면 불가능했을 것이다.

이처럼 사회변화는 인구 변동 때문에 촉발된다. 인구 관점에서 보면 우리나라는 20세기 말부터 지금까지 그리 바뀐 것이 없다고 느껴지는 것이 당연하다. 비록 2000년대 들어 심각한 저출산 현상이 나타났지만, 이때부터 태어난 영유아들이 국가경제에 미치는 영향력은 미미했다. 전체 인구에서 65세 이상 고령자가 차지하는 비중이 높아져 고령화도 매우 빠르게 진행되었지만, 아직은 70세 언저리의 고령자여서 사회적 비용을 크게 쓰지 않았다. 고령화 소리를 15년이 넘게 들었지만, 지금까지 제대로 된 실버산업이 미비하다.

사회를 구성하는 인구 크기와 질적 특징이 어떻게 변하는지의 관점에서 보면 대한민국은 2020년부터 지금까지와 크게 다른 사회변화를 맞이하게 될 전망이다. 2020년부터 아예 새로운 질서와 사회구조가 만들어져 진정한 밀레니얼시대가 열린다는 의미이다. 2020년이 바로 주요 인구집단이 지금까지와 전혀 다른 사람들로 채워지게 될 원년(元年)이기 때문이고. '인구절벽과 출산절벽'이 현실화되고 있다.

베이비부머는 1980년대부터 노동시장에 들어와 2010년대까지 한국사회 주연으로 활

38) 이행의 계곡(The Valley of Transition)은 이전과는 다른 상태로 나아가는 이행의 과정을 설명하기 위한 사회적 개념이다. 특히 인구절벽 및 출산절벽에 처한 저출산을 벗어나지 못한 나라들은 대한민국, 일본, 스페인, 이탈리아 등이고 이행의 계곡을 탈출한 나라들로는 프랑스, 네덜란드, 핀란드, 스웨덴 등이 설명되고 있다.

동했다. 그들의 활동 무대는 비단 경제 · 산업만이 아니라 정치 · 문화 등 사회의 거의 모든 영역을 포괄했다. 2020년 베이비부머의 맏형인 1955년생이 공식적으로 65세 고령자가 된다. 2010년대에는 매년 약 40만 명이 고령자가 되었지만 베이비부머가 고령자가 되는 2020년의 약 65만 명을 필두로 앞으로 20년간 연 70~85만 명이 고령자로 편입될 예정이다. 65세 이상 고령인구는 각종 연금수급자이면서 동시에 국민건강보험의 최대 이용자다. 그동안 고령화가 되면 사회보장을 위한 각종 기금에 위기가 발생할 것이라는 걱정이 많았는데 2020년부터 그 걱정이 현실이 되었다. 아직 경험하지 않았을 때와 막상 현실이 되었을 때 고령화에 대한 국가 대응은 달라져야 한다. 더는 퍼주기 식 복지 확대는 불가능하다. 은퇴 이전과 이후의 소비행태는 크게 바뀌는 것이 일반적이다. 한 해 80만 명이 넘는 사람들이 은퇴 연령대를 지나고 소비행태가 바뀌면 시장은 영향을 받지 않을 수가 없다. 예컨대 소득이 가장 높을 때인 55세의 금융 행동은 자산 여부와 관계없이 소득이 줄어드는 60세를 넘어가면서 바뀔 수밖에 없다. 만일 이런 사람의 수가 적다면 사회적 영향력은 적다. 하지만 이런 사람이 매년 80만 명씩 앞으로 20년 동안(정년이 연장되지 않는 상황 가정) 누적된다면 디지털 금융과 핀테크 성장이나 이자율 변동과 관계없이 금융산업은 지각변동을 경험할 것이 분명하다.

새로운 세대는 베이비부머, X세대, 밀레니얼 세대 등으로 크게 구분한다. 베이비부머는 미국에서는 제2차 세계대전이 끝난 뒤인 1946~1965년 출생자를 의미한다. 전쟁기간 떨어져 있던 부부들이 전쟁이 끝나자 다시 만나고 결혼도 한꺼번에 이루어지면서 많은 아이들이 태어났다. 한국에서는 한국전쟁이 끝난 뒤인 1955~1964년 출생자를 1차 베이비부머, 1965~1974년 출생자를 2차 베이비부머라 한다. X세대는 1975~1984년 태어나 학력고사가 아닌 수능으로 대학을 진학한 세대이다. 1997년 IMF 외환위기와 2008년 국제금융위기를 겪으며 '대학진학=인생성공' 공식이 적용되지 않는 것을 처음 경험했다. 사회변화에 앞장서며 밀레니얼 세대보다도 더 진보적 가치를 가진 세대이다. 밀레니얼 세대는 1985~1996년생으로 국민학교가 아닌 초등학교를 졸업한 첫 세대이자 부모 세대인 베이비부머 1세대들의 열기로 대학 진학률 최정점을 찍은 세대이다. 노동시장에서 이전 세대의 큰 인구 규모에 따른 인구 압박으로 치열한 경쟁을 치른 세대이기에 공정성을 중시한다.

기업에서 중간관리자의 역할은 중요하다. 조직의 버팀목으로서 임원과 실무자 사이에서 실무와 관리를 병행하는 역할을 수행한다. 중간관리자는 리더십도 필요하고, 업무

능력도 있어야 한다. 또 임원과 사원 사이의 의사소통 창구도 되기 때문에 누가 중간관리자인가에 따라 기업성과는 물론 조직문화도 영향을 받게 된다. 현재 많은 기업에서 중간관리자는 대부분 30대 후반에서 40대 중반 직원들이 담당한다. 2020년부터 이 연령대는 모두 X세대로 채워진다. X라는 말이 내포하듯 이 세대는 기성가치를 거부하며 만들어진 세대다. 우리나라에서 X세대는 1975~1985년에 태어난 사람들이다. 혹자는

그림 2-12 | 2020년 인구피라미드로 보는 세대 구분

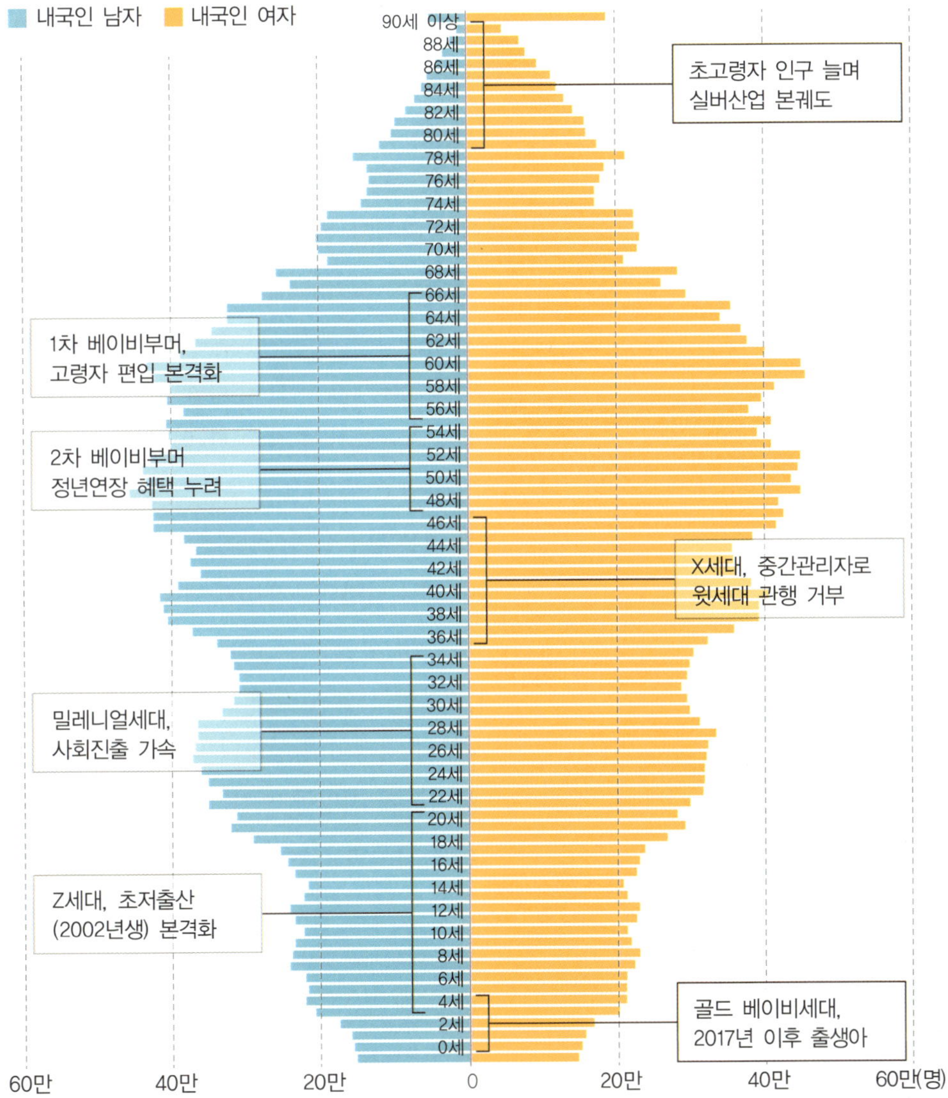

자료: 서울대학교 인구학연구실 추계

70년대에 태어난 사람들이 X세대 아니냐고 할 수 있지만 1974년생과 75년생은 매우 다른 사회경험을 하며 성장했다. 1975년생은 1990년대 초반 새로운 형태의 대중문화를 만들었던 서태지를 고등학교 때 만났고, 최초로 학력고사가 아니라 수능을 보고 대학에 진학했다.

이전까지 30%대에 머물던 대학 진학률이 이들이 대학에 진학한 1995년부터 40%를 넘기 시작해 1985년생이 대학에 입학한 2004년 79.7%까지 증가했다. 동시에 여성의 대학 진학도 일반적이 되었다. 윗세대들이 대학 졸업과 동시에 탄탄대로의 성공 가도를 누린 것과 달리 이들은 졸업과 동시에 IMF 경제위기와 국제금융위기로 취업은 말할 것도 없고 졸업조차 힘들어진 첫 세대다. 교육수준이 높은 만큼 기대도 컸는데 그 기대가 충족되지 못하여 피해의식이 크고 사회문제에 관심이 많으며 부조리에 민감하다.

이런 특성을 가진 X세대가 중간관리자를 가득 채우면 기성세대가 만들어 놓았던 기업의 조직문화는 크게 바뀌게 된다. 인정이나 관행이 통용되던 조직문화에 원칙과 원리가 더 중시된다. 중간관리자로서 윗세대는 주로 임원들의 의견이나 지시에 따라 움직인 경향이 강했다면, X세대는 임원 지시를 무조건 따르기보다 조직이 정해 놓은 업무의 프로토콜대로 움직인다. 당연히 관행적 조직문화는 바뀔 수밖에 없다.

베이비부머와 X세대 외에도 전 연령대에서 지금까지 겪지 못한 인구변동이 2020년부터 한국사회를 크게 바꿀 것이다. 초고령인구인 80세 이상 인구가 2021년 200만 명을 돌파하여 2030년 300만 명을 넘어설 것으로 예상되어 실버산업에 규모의 경제가 생겨난다. 2020년에 초등학교부터 고등학교까지 전체 학령인구가 2002년부터 태어난 초저출산 세대로 채워졌다. 한 연령이 갑자기 40만 명 선이 된다. 2021년부터 지방대와 지방 도시의 어려움이 시작된다. 2021년부터 영유아는 한 연령에 30만 명 남짓으로 줄어들어 부모형 소비 규모가 줄어든다. 어려서부터 경쟁이 일상화돼 역사상 최고의 스펙을 쌓은 밀레니얼세대가 신입사원으로 노동시장에 진입하기 시작한다. 인구변동으로 보면 2020년부터 한국사회는 소위 '역대급'으로 바뀌어 지금까지와는 질적으로 다른 진짜 밀레니얼시대가 열린다.[39]

서울대학교 소비트렌드분석센터는 2008년부터 매년 연말이 가까워지면 다음 해 한국사회를 뒤흔들 트렌드를 키워드로 정리한 '트렌드코리아' 시리즈를 내놓고 있다. 이 시리즈는 과거 '가성비' '워라밸' '소확행' '욜로' '뉴트로' 같은 키워드를 유행시키며 화

39) 중앙일보. 2019.11.25.

제를 낳았다. 2020년의 소비트렌드 10개를 새롭게 제시했다. ① 매 순간 다른 사람으로 변신하는 '멀티 페르소나' ② 고객과의 마지막 접점에서의 만족을 의미하는 '라스트핏 이코노미' ③ 기업의 선한 경쟁력을 구매기준으로 삼는 세대 '페어 플레이어' ④ 소유보다 경험을 중시하면서 상품 · 서비스가 '스트리밍'되는 라이프 ⑤ 데이터와 인공지능 알고리즘을 기반으로 하는 '초개인화 기술' ⑥ 팬덤에 속하는 것을 넘어 능동적으로 소비하는 '팬슈머' ⑦ 기업 · 브랜드가 적자생존을 넘어 특화해야 살아남는다는 '특화생존' ⑧ '오팔세대'라는 새로운 이름으로 등장한 베이비부머 세대 ⑨ 가격과 품질 못지않게 편리함을 따지는 '편리미엄' ⑩ 성공보다 성장을 추구하는 새로운 자기계발형 인간 '업글인간'이다. 소비트렌드 10개 중 특히 주목해야 할 소비층으로 '오팔세대'를 소개했다. 오팔세대는 '50 · 60세대'를 가리키면서 베이비붐세대를 대표하는 '58년 개띠'의 '58'을 의미한다. '활기찬 인생을 살아가는 신노년층(Old People with Active Lives)'의 약자이기도 하다. 이미 오팔세대는 콘텐츠 시장 등에서 큰 손으로 떠오르고 있다. 영화 '보헤미안 랩소디'는 중장년층 향수를 자극해 성공을 거뒀고, 예능 프로그램 '내일은 미스트롯' 역시 오팔세대의 호응으로 높은 시청률을 기록했다.[40] 특히 코로나-19 팬데믹으로 비기능적 수요와 보복소비 들이 '베블렌 효과'를 발생시키고 있다.

---

40) 김난도 교수는 오팔세대가 2021년에 더 큰 영향력을 발휘할 것으로 내다봤다. 그는 "지금의 50대는 과거와 완전히 다르다. 인터넷을 적극적으로 활용하고 SNS 활동을 즐기며 젊은 사람의 취향에 맞춰 굉장히 젊게 소비하려는 특징이 있다"며 "50대 이상의 소비패턴이 달라지면서 향후 이들의 역할이 시장에서 더욱 커질 것"이라고 예측했다. 김난도, 트렌드 코리아 2020. 참조

2.3 융합경제의 발생과 메가트렌드

2.3.1 융합경제란?

2.3.1.1 개요

「융합연구연감(2019)」에 따르면, 세계시장에서 경쟁이 심화되고 불확실성이 높아짐에 따라 미래 경쟁력을 확보하기 위해 미래사회 변화를 예측하고 이에 전략적으로 대응하고자 미래 사회에 필요한 과학적 기술을 도출하는 예측 활동을 활발하게 추진하고 있다. 미래 사회에는 다양한 트렌드가 복합적으로 상호작용하여 나타나며, 그 영향력의 범위 및 규모 또한 불확실하므로, 이에 대응하고 관련 문제를 해결하기 위해서는 다양한 학문과 분야, 요소 간의 융합적 접근이 중요하다. 이와 함께 4차 산업혁명은 다양한 학문과 기술, 전문영역 간의 융합을 통해 기존 시스템을 무너뜨리는 파괴적 혁신으로 이어지고 있어, 그 어느 때보다 전 세계적으로 융합데이터와 융합연구에 대한 관심이 높아지고 있다.

이렇게 전 세계적으로 빠른 환경변화에 대비해 다양한 분야 간 경계를 넘어 새로운 혁신을 창출하는 융합데이터와 융합연구의 필요성과 중요성이 지속적으로 증가하고 있다. 미국 국립과학재단(NSF: National Science Foundation)은 기업 · 학계 · 연구소 등 다양한 기관과 협력하여 사회문제를 해결하기 위한 모험적 연구과제를 지원하고 있다. 유럽연합은 호라이즌(Horizon) 2020을 통해 문제해결 과정에서 R&D를 혁신하고 사회문제를 해결하기 위한 융합정책을 진행하고 있다. 일본 역시 자국의 제조업 생산성을 향상하고 고령화, 자연재해 등 사회문제를 해결하기 위한 방안을 마련하고자 소사이어티(Society) 5.0을 추진하고 있다. 이에 우리나라도 미래에 혁신성장을 이루고자 이런 변화에 선도적으로 대응하고 미래 사회 신성장동력을 확보하기 위해 융합을 강조하고 있다.

2.3.1.2 융합 메가트렌드

1) 주요 융합 메가트렌드 내용

① 기대수명증가 및 고령화

전 세계적으로 기대수명[41]이 급속하게 증가하고 있는 트렌드 변화를 보이고 있다. 유엔경제사회국(UNDESA)에 의하면, 인구증가율이 낮아지고 인구구조의 변화가 시작됨에 따라 2050년에는 아프리카를 제외한 지구촌 인구의 25%가 고령자로 바뀔 전망이다. 2017년 현재 세계인구는 75억 5,000만 명이며 2023년 80억 명, 2037년 90억 명, 2055년 100억 명에 도달할 전망이다. 우리나라 역시 2000년 이미 고령화사회(노인인구비율 7%)에 진입했으며, 2026년 초고령사회(노인인구비율 20%)에 이를 전망이며, 특히 인구절벽의 심각한 문제도 함께 직면하고 있다.

R&D 대응방향 측면에서 보면, 선진국에서는 활동적이고 건강한 노년생활을 유지할 수 있도록 하는 고령자 중심의 정책 어젠다를 발굴·추진 중이다. 노인의 웰 에이징(well-aging) 및 헬시 에어징(healthy aging)을 위해 시니어 시장을 포함한 ICT 기반의 '더 많은 생애+더 나은 삶(More Year+Better Life)'을 위한 R&D가 진행 중이다. 또한 고령자를 포함해 전 세대를 아우르는 건강 및 노화방지를 위한 포괄적 정책으로 그 영역을 확대하고 있는데, 스마트 홈+로봇, 맞춤형 원격진료 및 모니터링 체계를 구축하기 위한 R&D가 활발하게 진행 중이다. 이런 스마트+맞춤형 서비스(질병예방, 진단, 모니터링, 치료 등)를 위해 데이터(의료, 건강정보 등)의 전자화 및 표준화를 통한 기반구축, 그리고 인공지능(AI)기반의 과학적 헬스·메디케어 관련한 전략적 R&D를 추진하고 있다. 기본적인 구조는 소비자가 일상생활이나 의료기관 등 전문기관에서 생성해 낸 데이터를 데이터 전문기업이 수집하고 분석한 뒤, 이를 의료 및 건강관리 기업이 다시 활용해 소비자에게 자문하고 치료해주는 구조이다.[42]

41) 기대수명은 특정 연령의 사람이 평균적으로 얼마나 더 살 수 있는지를 추정한 것을 의미한다.
42) 주요 융합연구 키워드는 다음과 같다. ① 데이터(의료, 건강정보 디지털화) 및 인공지능기반의 과학적 의료(스마트 헬스·메디), ② 원격진료 및 모니터링 체계 구축(스마트 홈+스마트로봇), ③ 맞춤형 서비스(진단, 예방, 모니터링, 진료 등)

② 트랜스 휴먼화[43)]

뉴로정보를 활용한 인공지능 기술 발전에 따라 사회 · 경제적으로 새로운 기회를 가져오는 동시에 개인의 삶의 질을 변화시키면서 인간의 능력을 확대할 것으로 전망된다. 4차 산업혁명 관련 기술적 · 사회적 드라이버는 인간의 유한성을 극복하며 인간의 육체적 · 정신적 능력의 증강에 기여할 것으로 예상된다. 즉 질병을 극복하고 지능을 획기적으로 발달시키며, 수명을 연장하고 더욱 아름다워지며, 더욱 창의적이고 더욱 유연해진다는 의미이다.

R&D 대응방향 측면에서 보면, 인공지능 분야를 성장시키기 위해 이의 기초가 되는 뇌과학에 대한 기초연구와 뇌기반 지능기술 개발을 동시에 전략적으로 추진할 계획이다. 인간인지기반의 인공지능을 위한 알고리즘을 탐색하고자, 뇌지도 및 뇌신경의 연결성지도, 시냅스구조의 뇌활동지도를 구축하고, 뇌활동영역 간 관계 모델링 등에 대한 혁신적인 뇌연구 개발(Brain Reverse Engineering technology)이 진행 중이다. 뇌(brain)-기계(machine), 즉 인간-인공지능 간 협업(상호작용)을 확대 · 강화하기 위한 지능화기술로, BMI 및 관련 융합 장치(fusion device)들의 기술에 주목하고 있다.[44)]

- ICT 플랫폼(신경과학 · 임상연구 가속화를 위한 플랫폼): 뉴로인포매틱스 플랫폼, 뇌시뮬레이션 플랫폼, 고성능 컴퓨팅 플랫폼, 의료정보 플랫폼, 뉴로모픽 컴퓨팅 플랫폼, 뉴로로보틱스 플랫폼 등
- 응용(application): 신경과학, 의학 및 컴퓨팅 기술에 의한 프로토타입 개발
- 인간-인공지능 간 인터페이스 및 시각화기술: 뉴로보틱스 플랫폼+뇌기반 외부기기 제어(뇌-외부 컴퓨팅 연결(BCI 기술)), 매핑도구 등

③ 개인화

정보기술의 진보로 다양한 분야와 빅데이터 및 인공지능 등의 기술이 적용된 초개인화(hyper-personalization) 서비스의 니즈 증가 트렌드 변화가 발생하고 있다. 정보기술

43) 트랜스휴먼(Trans-human)이란 유한성을 극복해가는 과정의 인간이며, 트랜스휴먼화란 4차 산업혁명 기반기술을 기반으로 인간의 유한성을 극복해가는 과정이다.

44) 주요 융합연구 키워드로는 다음과 같다. ① 휴먼증강기술(human augmentation)을 위한 인공지능기술, ② 뇌-컴퓨터 인터페이스(BCI) 및 시각화기술, ③ 뇌지도를 위한 데이터 확보 및 모델링, ④ 인간인지(human-aware) 기반 인공지능 알고리즘, ⑤ 뉴로매틱스 플랫폼, 뇌 시뮬레이션, 뉴로모틱 컴퓨팅 플랫폼 등 ICT 플랫폼

의 진보에 의해 기업에서 소비자, 정부에서 국민으로의 권력이동이 일어나고 있으며, 이제까지 정보유통에 제약이 많았던 신흥국에 있어서는 좀 더 빠른 속도로 개인에게 권력이동이 일어날 것으로 전망된다. 인터넷의 보급으로 인해 개인이 정보와 지식을 얻을 뿐만 아니라, 정보와 의견을 공유하고 연계하는 것이 용이해짐에 따라, 실제로 선진국의 소비시장은 상품 선택에 있어서 개인주의의 정도가 부(富)의 증가와 함께 높아지는 경향성을 보인다. 시장을 세분화하여 표적시장을 선정하고 그에 맞는 상품과 서비스를 개발하는 것은 오랫동안 상식에 속해 왔지만, 이제는 여기에 더해 개별 고객 한 사람 한 사람의 세밀한 니즈를 만족시킬 수 있는 초개인화 서비스가 급증하고 있다.[45] 상품개발, 마케팅 프로모션, 사후관리에 이르기까지 완벽에 가까운 개인화를 실현함으로써 개별 소비자마다 제각기 다른 니즈와 함께 고객의 니즈를 미리 예측하여 섬세하게 만족시킨다.[46]

④ 스마트 산업화

4차 산업혁명의 도래는 제조업, 리테일, 금융 등 산업 전반에 인공지능, 빅데이터, 사물인터넷(IoT) 등의 ICT 융합 기술이 기존 방식에 혁신을 일으킴에 따라 산업성장 동력으로 부상하는 트렌드 변화가 나타나고 있다. 기존 제조업은 상기의 디지털 기술 및 플랫폼 비즈니스와 결합되어 모든 산업기기와 생산과정의 네트워크화, 자동화·지능화된 스마트 팩토리 전환, 근거리·개별 생산방식으로 변화되어 침체된 제조업의 성장동력으로 재조명된다. 한 예로 제조공정에 스마트 팩토리를 도입하면서 제조업 패러다임이 변화되고 있는데, 실시간 주문형 맞춤형 생산이 가능해지고, 제조공정의 디지털화(digitalization)가 가속화되고 있다.

리테일 산업에서는 인공지능, 빅데이터, 사물인터넷을 기반으로 상품을 자동으로 인식하고 결제까지 이루어지는 무인매장이 출현했고, 매장에서 고객과 소통하는 로봇이 등장하고 있다. 농업 분야에서는 빅데이터, 인공지능, 드론을 기반으로 농장관리 소프트웨어, 농업용로봇, 정밀 농업을 위한 예측분석 등을 활용하고 있다. 금융산업에서는

45) 개인화 VS 초개인화: 개인화란 기업이 소비자의 성별, 나이, 거주지역 등 인구학적 데이터를 바탕으로 고객 취향을 파악하는 것이라면, 초개인화는 이것에 더불어 그들의 마음속을 들여다보는 것, 초개인화를 통해 설계된 고객정보는 고객의 이력과 실시간 맥락을 사용하기 때문에 훨씬 더 상세하여 실시간으로 고객에게 새로운 경험을 제공할 수 있다.

46) 주요 융합연구 키워드로는 빅데이터, 인공지능 등 주요 4차 산업혁명 기반기술 등이 있다.

빅데이터, 인공지능을 기반으로 대규모 금융 데이터를 분석하여 투자 의사결정을 지원하고 있다.

R&D 대응방향 측면에서 보면, 주요국들은 4차 산업혁명을 향후 국가경쟁력의 핵심 요인으로 인식하고, 자국의 환경, 자원 및 강점에 따라 4차 산업혁명에 대응하는 제조업 정책을 추진하는 중이다.

독일은 지속가능한 성장을 추구하기 위해 자국 강점인 제조업에 사이버물리시스템(CPS)을 접목하여 차세대 생산모델을 구축하는 인더스트리(Industry) 4.0 프로젝트를 추진 중이다. 스마트 팩토리의 최적화, 안전화, 사이버 공격에 대한 방어 등에 관련된 다양한 연구 및 기술개발을 진행하는 중이며,[47] 특히 제조혁신을 추진하기 위한 9개 기반기술 중심의 R&D에 집중하고 있다.[48]

미국은 첨단제조파트너십(Advanced Manufacturing Partnership 2.0, AMP 2.0)으로 제조혁신을 위한 산학협력연구, 제조설비 및 인프라 공유체계 구축 등과 같은 종합적 개선을 주요 목표로 추진 중이다. 주요 지원 제조기술분야는 제조를 위한 지능형 센서, 제어 및 플랫폼 시각화, 정보학 및 디지털 제조기술, 신소재 제조 등이다.

중국은 사회주의 계획경제에 입각하여 '중국제조 2025'를 국가 성장전략 방향으로 정하고, 제조대국에서 제조강국으로 도약하기 위한 로드맵을 제시하고 있다.

⑤ 도시화: 스마트 시티

전 세계적으로 도시로 이동하는 인구가 확대됨에 따라 도시의 수와 규모가 지속적으로 증가하는 트렌드 변화가 발생하고 있다. UN에 따르면 세계인구의 54%가 도시에 거주하고 있으며, 2050년에는 이 비율이 66%로 증가할 것으로 전망된다(UN 2014). 도시는 자원의 50~60%를 소비하고 온실가스의 60~80%를 배출하면서 도시화 지속가능성에 대한 우려가 높아지고 있는 상황이다(IDC,2013). 우리나라는 1970년대 이후 산업발전과 함께 도시화가 빠르게 진행됐고 그에 따른 도시인구도 빠르게 증가했으며, 이런 도시화 확대는 교통혼잡비용 증가, 교통사고 증가, 환경문제 악화, 범죄 증가, 서울지역

---

47) 9개 기반기술: 빅데이터, 자율로봇, 시뮬레이션, 수평 · 수직 통합형 시스템, IoT, 사이버보안, 클라우드, 3D 프린팅, 가상현실

48) 주요 융합연구 키워드로는 다음과 같다. ① 사이버물리시스템(기가비트 네트워크, 센서 및 기타 IT인프라), ② 스마트 빌딩, ③ 스마트&커넥티드 커뮤니티 혁신, ④ 집단지성기반 시티 정보 플랫폼, ⑤ 스마트 그리드, ⑥ 자율주행 및 교통혁신, ⑦ 공유인프라 및 서비스

부동산가격 폭등 등 다양한 도시문제를 야기하고 있다.

R&D 대응방향 측면에서 보면, 주요국은 도시화로 인한 지속가능성 및 경쟁력을 확보하기 위해 스마트 시티 정책을 추진하는 중이다. 주요국은 기존 도시의 효율성을 더욱더 증진하는 동시에 지속가능성에 기여하기 위해 ICT를 기반으로 시민 중심의 스마트 시티를 개발하고 확산하기 위해 노력 중이며, 이와 함께 스마트 시티 분야를 하나의 신성장 동력으로 선정하여 비즈니스화하기 위한 정책을 추진하는 중이다. 스마트 시티는 당면한 도전과제를 해결하기 위해 지능정보기술과 데이터 활용을 촉진 하는 것뿐만 아니라, 민간 · 시민참여를 장려하는 프로세스와 거버넌스 개선을 포함하여 혁신의 확산을 장려하고 있다.

⑥ 그린화 및 효율화

세계인구 증가 및 글로벌 중산층 확산으로 에너지 수요가 지속적으로 증가할 것으로 예측됨에 따라 신에너지 개발 및 에너지 효율화(친환경 및 고효율)를 위한 경쟁이 확대되고 있는 트렌드 변화가 나타나고 있다. 중국과 인도 등 신흥 경제대국의 고도성장, 인구증가, 도시화 진전 등으로 에너지 수요는 지속적으로 증가할 전망이다.

2007년에서 2030년 사이 1차 에너지 수요는 연평균 1.5%씩 증가하여 전 시기에 걸쳐 40% 증가할 것으로 전망된다(IEA, 세계 에너지 전망). 지구온난화로 인한 환경 파괴, 국민건강의 위협을 줄이고자 세계적으로 신재생에너지 발전 및 에너지 효율화 등을 통해 지속가능한 에너지체제로 전환될 것으로 전망된다. 2030년까지 신재생에너지 수요가 연평균 7.3%씩 증가하나 여전히 화석연료의 에너지 수요가 80%에 이를 것으로 전망(IEA, 세계 에너지 전망)됨에 따라, 각국에서는 이러한 화석연료를 줄이기 위한 노력을 강화하고 있다. 이어 태양광, 풍력, 바이오에너지 등에 관련된 친환경 에너지 산업이 연평균 20~30%씩 급성장세를 유지할 전망이며, 스마트 그리드로 개인별 에너지 계획의 수립 및 공급-수요 연계가 가능해지면서 효율적 에너지 이용에 관한 기술수요가 증가할 것으로 전망된다. 이에 에너지 보유국의 정치적 영향력 행사가 심화되면서 에너지 · 자원이 국가경쟁력의 중요요소로 부각되고 있다.

R&D 대응방향 측면에서 보면, 주요국들은 기후 변화 및 국가 에너지 안보 등의 문제에 다양한 친환경 에너지 정책 이니셔티브로 대응하는 중이다. 대표적으로 독일과 프랑스의 에너지 전환정책, 영국성장전략, 중국 석탄의존도 감축, 인도 전력화율 제고 및

신재생에너지 전원개발 정책이 추진되고 있으며, 이에 따라 신재생에너지의 역할이 확대되고 있다. 중국은 에너지에 대해 국가경제성장의 법·제도, 기술개발, 의식개선, 평가체계 등을 통해 통합적으로 접근하고 있으며, 신재생에너지를 개발하고 화석에너지를 청정화하기 위한 정책기조를 지속적으로 유지하고 있다. 그리고 유럽은 저탄소경제, 지속가능성, 경쟁력 향상, 공급안전성에 무게중심을 두고 정책을 추진하는 중이며, 이를 위해 2050 저탄소경제 로드맵을 통해 산업부문별 추진방향 제시, 특히 에너지 집약 산업부문에 에너지효율적 산업공정, 비 CO2 감축기술, 탄소포집·저장기술을 적용하여 배출량 감축을 추진 중이다. 또한 미국의 신재생에너지 보급·확대 등과 같은 친환경 정책은 주정부 차원에서 전개되고 있다. 특히 캘리포니아주는 2045년까지 주 내 전력의 100%를 신재생에너지로 충당하는 법안을 내놓고 있다. 에너지위원회는 2020년부터 신축주택과 저층아파트에 태양광 패널설치를 의무화하는 내용을 담은 건물에너지 효율기준을 채택하고 있다.49)

2021년 출범한 미국 바이든정부는 그린에너지에 대한 투자 확대와 지원을 강화할 계획으로, 전 세계 기업들의 집중적인 투자와 비즈니스 확대가 전망된다. 그린에너지 기반 글로벌 트렌드는 전기차기업 테슬라의 주식가치를 폭등시키고 있으며, 애플이 자율자동차로 전기차 시장 진출을 가시화하면서 새로운 그린 생태계의 구축과 관련된 비즈니스가 활성화될 것이다.

⑦ 재난재해 증가

2018년 세계경제포럼(WEF: World Economic Forum)에서는 경제, 환경, 지정학, 사회, 기술 등 5개 분야에서의 리스크를 제시했으며, 이 중 환경리스크 및 기술리스크가 부상하고 있는 것에 주목하고 있다(Global Risks Report, 2018).

환경 측면에서 보면, 기술발전, 기후변화 같은 환경변화로 새로운 유형의 재난이 발생하고 있으며, 이는 국민 삶의 큰 위험요소로 부각되어 이를 관리하는 국가의 책무가 강조되고 있다. 전 세계 기온이 향후 20~30년 이내에 섭씨 2도가 상승함으로써 기후변화, 바다 산성도 증가, 질병 패턴 등에 영향을 미칠 것이라고 예상되며, 기후변화는 홍

49) 주요 융합연구 키워드에서 보면 다음과 같다. ① 고효율 및 청정전환 기술 개발, ② 에너지 저장·운송 네트워크 구축(인터넷+스마트 에너지 시스템 결합), ③ 에너지 저장 및 피크 부하조절 시설 강화, ④ 에너지+ICT 융합 인프라, ⑤ 스마트 빌딩

수, 태풍, 쓰나미, 토네이도 등의 이상기후 현상을 유발하게 될 것이다. 현대사회의 재난은 발생 양상이 매우 복잡하며 불확실한 특성이 있어 기존의 획일적 · 통제적 관리방식으로 해결하기 어려운 실정이다.

기술 측면에서 보면 인공지능, 사물인터넷, 블록체인처럼 4차 산업혁명을 주도하는 기반기술이 등장함에 따라 사이버보안 패러다임이 변화되고 있는데, 보안 패러다임이 사이버 리스크의 강도 범위에 따라 정보보안, 사이버보안, 사이버안보 등으로 질적으로 심화되고 양적으로 증가할 것으로 예측된다.[50] 특히 사이버공격이 개인, 기업, 국가에 초래할 피해에 따른 위협이 단순 정보유출을 넘어 경제적 · 정신적 피해와 생명 위협으로까지 확대됨에 주의를 기울여야 한다.

R&D 대응방향 측면에서 보면, 최근 국제사회에서 재난위험에 대한 논의가 확대되고 있으며, 재난에 대한 인식변화와 더불어 과학과 기술의 역할이 부각되고 있다. 최근에는 재난을 단순히 하나의 사건으로 보기보다는 인간과 사회적 환경이 위험을 형성하는 과정의 결과로 인식함에 따라, 자연 재난 · 재해의 위험을 수용하면서 진화를 통해 지속가능한 시스템으로 나아가게 하는 역량인 회복력(resilience)에 주목하고 있다(STEPI, 2014.6). 재난위험은 지구과학, 농업, 환경, 수자원관리, 건강, 경제, 건설 및 비상관리를 포함하는, 자연과학 및 사회과학 분야에 걸쳐 있는 복합적 문제로 인식하고, 재난위험을 경감하기 위해서 과학기술의 중요성을 강조하고 있다. 센다이 프레임워크[51]는 과거 재난 발생 시 그 대응 체계를 강조하던 재난관리(Disaster Management)에서 벗어나, 통계적 · 과학적 리스크 예측을 중요시하는 재난위험관리(Disaster Risk Management)를 지속적으로 강조하고 있다. 각국은 사이버공격을 국가안보의 중대한 위협으로 인식하고, 사이버공격에 대한 대응력(사이버복원력, 사이버억제력, 국제협력)을 배양하기 위해 사이버보안 기술 개발에 막대한 투자를 진행하고 있다.[52] [53]

50) MIT 테크놀로지 리뷰(MIT Technology Review)에서도 2018년 주목해야 할 6대 사이버리스크를 제시했으며, 이는 인공지능 무기화, 암호화폐 채굴 해킹, 사회기반시설 해킹 등을 포함한다.

51) 센다이 프레임워크(Sendai Framework for Disaster Risk Reduction): 지속가능한 발전을 위한 국제적 약속이며, 재난위험 경감에 대한 국제사회의 전략을 제시하는 프레임워크

52) 유럽집행위원회와 외교안보정책연구 대표단은 유럽연합을 위한 강력한 사이버보안 구축(Resilience, Deterrence and Defense: Buliding strong cybersecurity for the EU)이라는 공동성명 발표(2017.9)

53) 주요 융합연구 키워드를 보면 다음과 같다. ① 위험지도 작성, ② 재난위험관리(Disaster Risk Management), ③ 과학-정책 간 연계 강화, ④ 과학적 · 기술적 · 통제적 정량적 데이터 구축 · 분석+실시간 관측, ⑤ Resilient ICT Research, ⑥ 재난관리를 위한 원격센싱, 정보분석, 소방로봇

2) 기술적 트렌드별 주요 내용

① 디지털화 가속

최근 사물인터넷 기술에서 주목해야 할 트렌드는 에지(edge) 컴퓨팅으로 인한 산업용 사물인터넷(IIoT, Industrial IoT) 혁신과 비즈니스 모델 변화 등이다. 사물인터넷은 B2C 모델의 소비재 중심 사물인터넷과 BCB 모델의 IIoT로 구분할 수 있으며, IIoT는 사물과 인터넷이 연결되어 데이터를 생산하고 분석·활용해 인간의 의사결정에 중요한 역할을 지원하고 있다. 세계경제포럼에 따르면 사물인터넷으로 인해 창출된 가치는 세계경제의 11%를 차지할 것으로 추정되며, 대부분 산업용으로 스마트 팩토리를 실현하는 핵심기술이자 에너지, 헬스케어, 교통과 같은 좀 더 넓은 산업도메인에 적용될 것이다. 그랜드 뷰 리서치(Grand View Research)에 따르면 IIoT의 글로벌 시장규모는 2025년까지 매년 27.8%성장하여 9,000억달러를 상회할 전망이다. 사물인터넷을 주목해야 하는 이유는 산업의 인터넷 관점에서 산업구조를 변화시키기 때문이며, 이는 산업부문에서 인터넷에 연결된 사물의 양적 증가와 질적 변화가 동시에 발생하기 때문이다.

가트너(Gartner)는 클라우드 컴퓨팅과 에지(edge) 컴퓨팅이 상호보완적으로 쓰이는 가운데 '대량의 정보를 최대한 효율적으로 처리해야 한다'는 과제에 대한 솔루션 제공에 관련 역량이 집결될 것으로 전망한다. 에지 컴퓨팅은 사물인터넷과 모바일기기 사용률이 높아지며 급증하는 데이터를 처리하기 위해 분산형 소규모 저장장치를 사용하는 방식으로, 대규모 중앙저장장치를 이용하는 '클라우드 컴퓨팅'의 맞은편에 있는 개념이다. 사물인터넷과 에지 컴퓨팅의 결합으로 에지 컴퓨팅은 사물인터넷에서 수집한 대량의 데이터를 중앙에서 처리하는 클라우드 서비스와 다른 방식으로 데이터를 처리하고 인텔리전스를 제공하고 있다. 아울러 가트너는 기업이든 정부든 2020년까지는 양자 컴퓨팅에 대해 더 많이 배우고 모니터링해야 하며, 2023년부턴 이를 활용하게 될 것이라 전망하고 있다.

② 지능화

인공지능은 기술의 혁신적인 발전으로 인해 거의 모든 산업에서 패턴인식, 의사결정, 예측 등 다양한 기능으로 활용되어 해당 산업의 생산성을 극대화하며, AI for X 트렌드가 확산되면서 보편화될 전망이다. 맥킨지(McKinsey, 2018)에 따르면 인공지능 기술이

19개 산업분야에서 연간 3.5조~5.8조 달러의 경제적 가치를 창출할 것이라 설명하고 있다. 미래 인공지능 산업 주도권 다툼은 딥러닝 같은 소프트웨어 영역을 넘어 인간의 뇌를 닮은 인공지능 반도체 영역으로 확산되고 있다. 향후 클라우드 컴퓨팅, 오픈소스처럼 대중에게 인공지능 기술을 오픈할 수 있는 다양한 툴이 확산되어 인공지능 기술 개발 및 보급이 촉진되면서 인공지능 민주화(Democratized AI)가 구현될 전망이다.[54)]

가상현실(VR: Virtual Reality)과 증강현실(AR: Augmented Reality)에 관심이 급상승하고 있는 가운데, 혼합현실(MR: Mixed Reality)까지 가세하면서 이용자 몰입경험(Immersive Experience)을 제공하는 시장 성장에 대한 기대가 급증하고 있다. 가트너는 '10대 전략기술(Strategic Technology) 2019'에서 혼합현실 부상이 증강현실과 가상현실 생태계에 혁신적 변화를 가져올 것으로 전망했으며, 또한 몰입경험을 위한 기술을 차세대 디지털 비즈니스 생태계를 구축하기 위한 핵심 미래기술로 선정했다.

향후 증강·가상현실은 독자적인 영역이 아니라 인공지능기반의 통찰력이나 다양한 데이터 프로토콜을 수렴할 수 있는 인터페이스로 변화·발전될 전망이다. 사용자 행동과 이력을 분석하고 상호작용하며 콘텐츠와 정보를 능동적으로 제공하는 머신 인텔리전트 기술이 증강·가상현실과 결합해 한층 업그레이드된 몰입경험을 제공할 것으로 기대된다. 자연어처리, 음성인식 기술 진보는 인간이 기계와 좀 더 생산적인 대화를 나눌 수 있는 기회를 제공하며, 자동화·로봇기술은 신속하고 유연한 기술 협력과 협업을 통해 많은 성과를 달성하는 데 기여하게 될 것이다.

③ 정밀화 및 자동화

제조산업 혁신과 생산공정 효율화를 선도하는 최근 3D 프린팅 기술은 좀 더 빠르고 좀 더 크고 좀 더 스마트한 기계를 제작함과 동시에 새로운 재료로 그 영역을 확장하며, 응용주도혁신(Application-driven Innovation) 방향으로 기술혁신을 가속화하고 있다. MIT는 2018년 10대 혁신기술 가운데 하나로 금속 3D 프린팅을 선정하고 금속 3D 프린팅의 대중화가 지금의 대량생산 방식에 큰 변화를 초래할 것이라 전망했다. 가트너(Gartner)는 2021년까지 새로운 상용 및 군용 항공기의 75%가 3D 프린터로 제작된 엔진, 기체 및 기타 구성품을 사용할 것이라 전망하고 있다. 3D 프린팅 기술은 바이오·

54) 인공지능 민주화: 가장 혁신적이며 파격적인 기술인 인공지능이 향후 10년 동안 거의 모든 곳에서 출현하며 누구나 이와 관련된 기술개발에 참여할 수 있는 것을 의미한다.

의료 등에 적용되어 생명공학 기술 산업을 혁신하는 중이며, 이를 통해 인공장기, 백신 등을 개발하는데 활용하고 있다.[55] 가트너에 따르면 최근 산업용 3D 프린팅이 의료기기와 소비재 영역에서 비즈니스 모델에 본격적인 영향을 미칠 것으로 전망된다.[56]

④ 융합+연결을 통한 창조

데이터 집단지성으로 구성되는 지식기반 산업은 융합과 연결의 특징 갖고 있다. 특히 Open Innovation, Open Market Innovation, Open Digital Innovation, Open Science 등으로 융합과 연결의 연구개발조직과 실행시스템으로 발전하게 되었다. 이는 융합과 연결의 디지털 전환과 디지털 비즈니스로 구체화되어, 다양한 창업과 유니콘 기업의 비즈니스 모델을 창출하게 되었다.

융합과 연결이 핵심인 4차 산업혁명 시대에는 이종 소재 간 융복합을 통한 첨단 소재 개발 및 상용화가 더욱 더 가속화될 것으로 전망된다. 과거에는 여러 부품소재를 조립하여 완제품을 만드는 조립산업이 전체 제조 가치사슬(value chain)에서 큰 비중을 차지했던 반면, 3D 프린팅과 양손 로봇을 통해 한 생산라인에서도 모듈화된 다양한 부품소재의 생산이 가능해졌으며, 이에 따라 부품 및 소재의 중요성은 더욱 확대될 것으로 전망된다. 실제로 제조 강국이라 불리는 독일과 일본도 4차 산업혁명 시대에 고부가가치의 융복합 소재 개발에 집중하고 있으며 기술 고도화를 통해 범용 소재에서 미래 핵심 소재 개발로 전환을 꾀하고 있다. 소재 유형별로 변화 트렌드를 살펴봤을 때 4차 산업혁명을 대표할 수 있는 드론과 무인자동차에는 철강보다 가볍고 단단한 구조와 경량화 금속 소재 개발이 필수적이며, 지능형 반도체, 초소형 첨단 센서와 첨단로봇을 위해서는 고성능, 초소형 첨단 세라믹 소재와 나노 소재의 미세공정 기술이 요구된다.

그리고 3D 프린팅의 소재 개발이 진전됨에 따라 제조현장에서 복합적으로 활용할 소재들이 많아 질 것으로 보이므로, 소재의 첨단화는 다양한 영역에서 일어날 것이며 4차 산업혁명 시대의 첨단 소재 개발은 미래 산업을 주도하기 위한 필수요소가 될 것으로 전망된다.[57]

---

55) 현재 대형병원이나 의학연구기관의 3% 정도가 3D 프린터를 보유하여 임플란트, 의료도구 등을 제조하고 있지만, 점점 증가하여 2021년까지 외과병원의 21%가 3D 프린터를 사용할 것으로 전망된다.

56) 또한 소비재 영역에서 지역별 3D 프린팅 생산시설이 증가함에 따라 2021년까지 세계 100대 소비재 기업 중 20%가 3D 프린팅 기술을 통해 맞춤형 제품을 생산할 것으로 전망된다.

57) 과학기술정보통신부, 2018년도 융합연구연감, 2019, pp.37-81.

CHAPTER **3**

데이터 경제를 만나다

3.1 디지털 혁신을 통한 데이터 경제의 부상

3.1.1 혁신을 견인할 신자본으로 부상한 데이터

그림 3-1 | 시대별 빅데이터 증가 요인

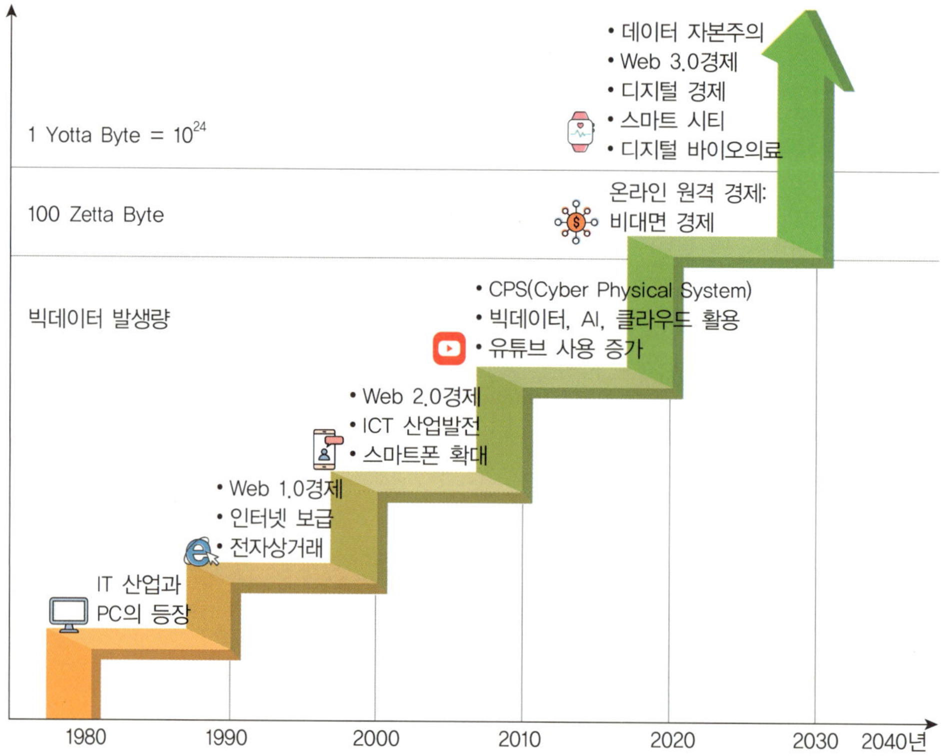

자료: 조선일보, 2020.6.17. 재구성

디지털 혁신으로 발생하는 엄청난 디지털 데이터를 '수집 · 생산 → 저장 · 관리 → 가공 · 유통 → 분석 · 활용' 과정에서 창출되는 다양한 데이터 비즈니스화가 구현되고 있다. 이렇게 취득 · 생성된 데이터는 처리 분석하고 축적된다. 대용량 데이터를 효율적으로 활용하기 위한 다양한 병렬처리기술과 클라우드(분산형 클라우드 등) 및 인공지능이 발전하면서, 데이터 기반 비즈니스와 산업이 발전하고 있다.[1)]

1) 스즈키 료스케, 빅데이터 비즈니스, 더숲, 2012, pp.141-161.

구체적으로 가전제품과 PC 및 노트북을 중심으로 한 전자산업과 인터넷을 기반으로 하는 전자상거래산업 등이 성장하면서, 개인과 기업 등에서 데이터가 폭발적으로 증가하였다. 초기에는 데이터가 정보라는 개념으로 이해되었지만, 데이터의 집단지성으로 지식과 가치창출이라는 것으로 진화하였다. 특히 2007년 스티브 잡스가 아이폰을 공개하면서 스마트폰의 시대를 열었고, 폭발적으로 많은 데이터를 발생시켰다. 특히 애플의 '시리'와 아마존의 '알렉사'는 자연어 처리기술의 혁신으로 사람이 말로 하는 내용을 디지털 데이터로 인식하고 대답하는 인공지능으로 활용되었다. 미국 구글 유튜브와 중국 바이트댄스 틱톡 등의 다양한 동영상이 제공되면서 엄청난 데이터가 확대되며 발전하였다. 최근에는 코로나-19 사태로 온라인 원격경제 및 비대면 경제 디지털 바이오산업 및 의료시스템에 빅데이터와 AI가 활용되고 있다.

4차 산업혁명 시대에는 다양한 센서와 스마트폰 및 웨어러블 기기, 자동화장비와 지능화된 로봇, 자율자동차 및 뉴모빌리티 등의 전자기기가 생성하는 다양한 디지털 데이터로 연결하는 홈오토메이션과 디지털 센서를 체계적으로 연계한 스마트 시티로 발전하고 있다. 디지털 기술혁신으로 인간의 행위와 무관하게 다양한 기기들이 상호 교신하며 정보와 데이터를 생산하고 수집하고 분석하는 시대에 살고 있다. 데이터의 생산과 분석이 인간의 통제를 벗어나게 되면서, 극데이터(extreme data)로 표현되는 데이터가 폭증하는 시대를 맞이하고 있다.

정보 패러다임을 기준으로 인류 역사는 2000년 이전, 2000년에서 2010년, 그리고 2010년 이후로 나누어진다. 2000년 이전은 스몰데이터의 시대다. 고대부터 1990년대까지 정보생산의 주체는 '인간'이다. 인간의 정보와 데이터를 생산하는 행위는 시간(근무시간), 공간(사무실)에 의해 제약받았다. 2000년에 들어서면서 빅데이터 시대가 시작됐다. 사회관계망의 등장으로 데이터 통신 패러다임이 단 대 단(point to point)에서 다 대 다(multi to multi)로 전환됐다. 무선 통신과 모바일기기의 등장으로 시공의 제약 없이 정보가 생산되기 시작했다. 다 대 다 통신으로 모든 데이터가 모든 이에게 전달된다. 특히 2019년부터 서비스되고 있는 5G 시대에는 유 · 무선 차이가 없는 대용량 · 고속 데이터 이용환경이 제공되고 있다.

IBM 마케팅 클라우드에 따르면 현재 전 세계에 축적된 데이터 중 90%는 2015년 이후에 생산된 것이라고 한다. 특히 2010년대 들어서면서 AI 시대가 시작된다. 데이터의 축적, 기계학습 알고리즘 효율화, 그리고 고성능 컴퓨터의 등장 이렇게 세 가지 축이 시너지를 내 컴퓨터 소프트웨어가 추론과 예측을 하기 시작했고, 그 정확도가 인간을 넘어섰다. AI가 탑재된 기기들이 정보생성, 분석의 주체가 된다. 그리고 정보생산 주체가 인간에서 기기로 변경된다. 스마트 의류의 도입으로 옷, 신발, 시계 등 모든 기기에서 데이터가 생성된다. 인간이 직접 운전하지 않고, 심지어 보조운전자가 탑승하지도 않은 자율주행차가 주행 중에 주변에서 발생하는 모든 센서를 연계하여 데이터를 수집 · 전달 · 저장 · 분류 · 판단 및 반응한다. 2019년 6월 발간된 시장조사업체 IDC 보고서에 따르면 2025년까지 인터넷에 연결된 사물인터넷(IoT) 디바이스의 개수가 416억 개에 이르고 이들 기기들은 79.4제타바이트(ZB: 10의 21제곱바이트)의 정보를 생산할 것으로 예측된다.[2)]

데이터의 확산은 시장의 효율성을 개선시켜, 국가발전과 글로벌 경제성장에 기여한다. 인터넷 라이브스태츠(Internet Live Stats) 자료(2020) 의하면, 1초당 전 세계 이메일 전송 건수 290만 건 이상, 구글검색 및 유튜브 동영상보기 각각 8만 건 이상, 트위터 전송 9천 건 이상, 인터넷 트래픽 94 기가바이트 이상의 데이터가 생성된다고 추산한다.[3)]

표 3-1 ▌데이터 크기와 단위

구분	단위	크기와 가치	
1 byte	byte	1	1
1 kilobyte	KB	$1000^1 = 10^3$ bytes	1,000
1 megabyte	MB	$1000^2 = 10^6$ bytes	1,000,000
1 gigabyte	GB	$1000^3 = 10^9$ bytes	1,000,000,000
1 terabyte	TB	$1000^4 = 10^{12}$ bytes	1,000,000,000,000
1 prtabyte	PB	$1000^5 = 10^{15}$ bytes	1,000,000,000,000,000
1 exabyte	EB	$1000^6 = 10^{18}$ bytes	1,000,000,000,000,000,000
1 zettabyte	ZB	$1000^7 = 10^{21}$ bytes	1,000,000,000,000,000,000,000
1 yottabyte	YB	$1000^8 = 10^{24}$ bytes	1,000,000,000,000,000,000,000,000

이러한 디지털 혁신과 디지털 비즈니스의 급속한 발전으로 인해 데이터가 혁신적 서비스에 투입자본으로 활용되면서, 석유나 금융자본에 비견되는 21세기 경제의 필수자

2) 세계일보, 2019.9.25. 참조
3) 한국데이터산업진흥원, 데이터 산업동향 이슈 브리프, 2020.6.

본으로 부상하고 있다.4) 4차 산업혁명의 핵심 투입요소인 데이터가 석유와 같은 원자재로 인식, 기존 생산요소(노동 · 자본)를 압도하는 경제성장요인 및 경쟁원천으로 부각되고 있다. 월스트리트저널(WSJ, 2015)에 의하면, 데이터 · 소프트웨어를 포함한 무형자산에서 나온 S&P500 회사의 시장가치 비율은 84%, 미국 내 데이터 무형자산의 예상 가치는 8조 달러 규모로 추정하였다.

디지털 데이터는 고갈되지 않는 자원으로, 물적 자원 없이도 창의성과 아이디어로 고부가가치와 일자리를 창출하는 신자본으로 변화 · 발전하고 있다. 특히 폭발적으로 증가하는 디지털 데이터가 인공지능(AI) 등 다양한 기술과 융합해 4차 산업혁명을 견인하고 혁신적인 변화를 촉진하고 있다.5)

따라서 데이터가 디지털 시대의 화폐로 활용되면서, 국가와 산업 및 기업혁신의 키워드가 되었다. 데이터 경제를 활성화시키기 위한 전 세계 기업과 국가의 관심이 고조되고 있다. 특히 디지털 데이터가 제품과 서비스 경쟁력을 좌우하는 핵심요소로 부상하면서 기존 산업구조를 변화시키고 산업 생태계의 대변혁이 발생하고 있다. 예를 들면, 아마존이 오픈마켓의 강자 월마트를 추월하고, 에어비앤비가 기존 호텔가의 강자인 힐튼을 능가하였고, 우버는 세계적인 거대 렌터업체인 Hertz와 제조기업인 현대자동차의 시장가치를 추월하고 있다. 즉, 데이터를 잘 생산해서 축적하고 활용하는 것이 미래 기업의 가치와 경쟁력을 평가하는 중요 지표가 되고, 경쟁의 핵심으로 작용하고 있다. 구글, 애플, 아마존뿐만 아니라 에어비앤비, 페이스북, 넷플릭스, 테슬라 등 혁신기업은 데이터 자본을 집중 투자해 산업구도를 변혁하고 경쟁우위를 확보하고 있다. 미국, 중국, EU, 일본 등 주요국은 데이터주도(data-driven) 경제로 전환하기 위한 전략 수립과 함께 데이터 패권 경쟁에 돌입하고 있다.

디지털 경제가 부상하면서 각 산업의 효율성 개선과 혁신 창출 등의 기회가 많이 발생하고 있는 반면에, 데이터에 대한 권리 · 의무 명시화, 글로벌 데이터 시장집중과 글로벌 독점기업 발생, 데이터 보호 및 데이터 · 디지털 윤리 등의 많은 과제에 직면하고 있다.6)

4) 세계에서 가장 영향력 있는 자원은 데이터(이코노미스트, 2017.5), 신자본인 데이터 생산 · 활용 방법을 잘 적용하면 지속적 가치창출이 가능(MIT, 2016)

5) MIT, *The Rise of Data Capital*, 2016.

6) IMF, *The Economics and Implication of Data: An Integrated Perspective*, 2019.9.

3.1.2 지능기술의 발전과 빅데이터의 폭발적 증가

전 세계 빅데이터 시장규모는 2018년 420억달러에서 2027년에는 1,000억달러를 넘어설 것으로 전망됐다. 2018~2027년 연평균성장률(CAGR)이 10.48%로 나타나 향후 10년간 두 자릿수 성장세를 지속할 것으로 전망된다. 현대의 기업은 경제세계화, 경제교류, 과학기술의 빠르고 심오한 변화의 세계에서 적응하고 기업 경쟁력을 유지하기 위해 다양한 환경 변화를 예상하고 대비해야 한다. Web계정 가입, 홈페이지의 접속기록, SNS, 동영상, 웹툰, 의료기록 등 현재 다양한 정형 · 비정형 구조의 데이터 소스에서 대규모 데이터 세트를 수집 및 저장하여 사용할 수 있다. 기업은 이러한 수집, 저장 및 분류된 데이터를 사용하여 혁신, 고객충성도를 높이고 운영효율성을 높이고자 한다. 동시에, 그들은 '빅데이터 붐'으로 불리는 방대한 양의 데이터를 처리, 분석 및 관리하기 위해 더 큰 용량을 필요로 하며, 고객맞춤형 서비스로 연계된 서비스를 개발하고자 경쟁한다.7) 빅데이터의 혁신적인 요소는 실제로 많은 양의 데이터가 연속적이고 빠르게 생산 및 교환 프로세스를 수행하는 것에 영향을 받는다. 기업은 상호 연결된 도구, 소셜네트워크, 전자메일, 설문조사, 웹 양식 및 기타 데이터 수집 메커니즘을 통해 방대한 양의 데이터를 수집 · 저장 및 관리한다.

빅데이터 시장의 성장은 전 세계 많은 기업이 빅데이터 분석의 유용성을 경험하고 있고, 업종 및 비즈니스 형태와 무관하게 디지털 트랜스포메이션을 이끄는 핵심으로 빅데이터 기술이 인정받는다는 데서 그 이유를 찾을 수 있다. 특히 빅데이터 기반의 고급 분석을 통해 기업의 비즈니스 경쟁력을 개선하고자 하는 수요와 맞물리면서 빅데이터 관련 수요는 큰 폭으로 상승하고 있다. 또한 자사의 고객들을 더 깊이 분석하고 비정형 데이터에 숨겨진 인사이트를 끌어내기 위해 빅데이터 관련 투자를 늘려나갈 것으로 전망된다.

위키본(Wikibon)에 따르면 빅데이터 분석 소프트웨어 시장은 2018년 140억달러 규모에서 2020년 200억달러, 2026년 420억달러를 넘어설 것으로 전망하고 있다. 2018~2027년 기준으로 소프트웨어, 하드웨어, 서비스 부문별 연평균성장률을 보면 소프트웨어 14.13%, 하드웨어 8.01%, 서비스 8.38%로 타부문 대비 소프트웨어 부문에서 높은 성장세가 전망된다.

7) Jean-Louis Monino and Soraya Sedkaoui, Big Data, Open Data and Data Development, Wiley, 2016. 참조

그림 3-2 | 2017~2027년 글로벌 빅데이터 시장규모 추이 (단위: 10억달러)

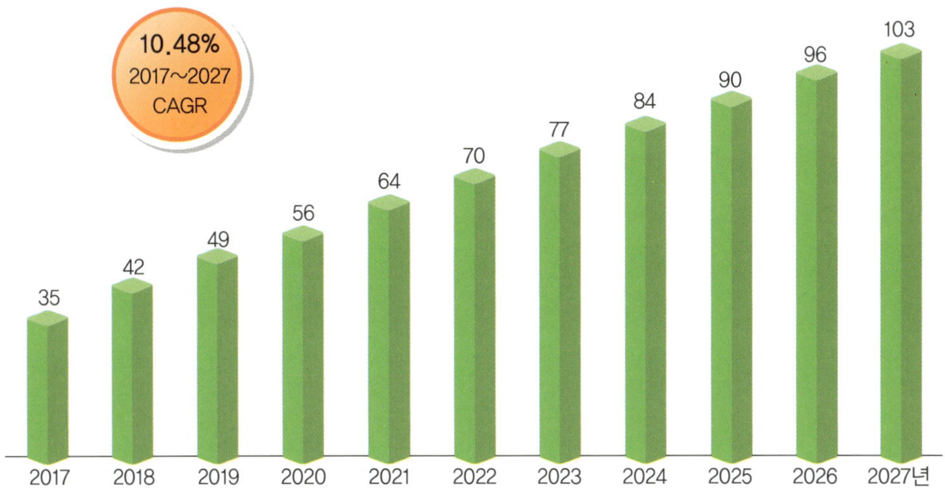

자료: Wikibon, Big Data Analytics Trands and Forecast, 2018.

IDC 자료를 따르면 비관계형 분석 데이터 스토어, 인지·인공지능 소프트웨어 플랫폼, CRM 분석 애플리케이션 분야에서 높은 성장세를 보인다. 2016~2021년 5년간 연평균성장률을 보면 각각 34.4%, 27.8%, 20.1%로 예상된다. 이 분야 기술이 향후 빅데이터 분야를 주도할 것으로 전망된다.

각종 IoT·센서 등에서 발생하는 대량의 디지털 데이터가 산업과 경제활성화를 견인하는 원동력으로 작용할 전망이다. 네트워크에 많은 사람과 사물이 초연결되고, AI 발전과 함께 컴퓨팅 성능이 향상되면서 디지털 데이터가 기하급수적으로 증가하고 있다. 즉, 세계 데이터량은 2016년 16ZB에서 2025년 163ZB로 10배가 증가할 전망이다.8)

데이터뿐만 아니라 데이터 기술·서비스 관련 시장규모도 지속적으로 성장하고 있다. 2011~2018년 빅데이터 기술·서비스와 관련된 글로벌 시장규모는 연평균성장률(CAGR) 28%를 기록하며, 약 420억달러(46.2조원) 규모에 도달했다.9)

특히 IoT, 스마트폰, 오픈 API, SNS 등 데이터를 생성하는 주요 수단이 확대되면서 데이터 수집·생성·유통은 더욱 활성화될 전망이다. IDC 자료에 의하면, 2025년에는 데이터 1/4 이상이 실시간 생성, 이 중 95%가 IoT 관련 데이터로 구성되게 되었다. 전

8) IDC, The European Data Market Monitoring Tool Report, 2017.3.

9) Statista, "Forecast of Big Data market size, based on revenue", 2018.

세계 전체 데이터의 90%는 2014~2015년 동안 생산됐고, 향후 IoT 확산으로 데이터 생산속도는 더욱 가속화될 전망이다. Cisco에 의하면, 2020년 인터넷에 약 500억 개 장치가 연결될 것으로 전망하였으며, 2014년 IBM은 세계 기업들은 1.2년마다 2배의 데이터를 생산할 것으로 전망했다.

디지털 경제가 일반화되면서, 기업 · 개인 · 공공분야 등 각 분야 다양한 주체도 실시간으로 복잡하고 수많은 데이터를 발생시키고, 동시에 다양한 데이터를 활용하고 있다. 구체적으로, 공공분야인 환경 · 기상, 교통물류, 공공행정, 농축수산, 보건의료, 부동산, 건축, 산업고용, 교육, 법령 데이터 등 다양한 데이터를 제공 · 활용하고 있다. 기업분야에서는 온라인 미디어 플랫폼, SNS, 금융, IoT 기기, 차량 · 교통, 통신, 로봇, 스마트 공장 등에서 다양한 종류의 데이터를 생산 · 활용하고 있다. 개인활동분야에서 스마트폰, 스마트 웨어러블 기기, 건강데이터, 자동차, 스마트 홈, 스마트 시티 등을 통해 무수히 많은 데이터를 생성하고 상호교류하고 있다.

3.1.3 새로운 데이터 경제로 패러다임 전환

유형자산인 자본과 설비 및 노동력이 중심인 산업자본주의를 거쳐, 데이터가 모든 산업의 발전과 새로운 가치창출의 촉매 역할을 하는 무형자산기반의 새로운 '데이터 경제(Data Economy)' 시대가 도래하였다. 디지털 혁신과 디지털 비즈니스 발전으로 데이터 수집 · 생성 · 축적 단계에서 데이터를 공유 · 유통하고, 공동자본으로 상호교환, 활용해 경제적 효과를 창출하는 데이터 경제가 확대되고 있다. 고객 데이터를 사용하여 가장 발전된 분석 및 처리하기 위해, IT 도구를 사용하여 수집 · 관리 · 분석 · 예측하는 데 도움이 되는 데이터(구조화, 비구조화 등)를 마스터 데이터로 시각화하고 모델링해야 한다. 이를 위해서는 특히 속도, 볼륨 및 가변성을 고려하여 데이터 관리 및 처리를 위한 새로운 알고리즘을 개발하는 데 도움이 되는 다양한 기술이 필요하다.

분석 기술을 숙달하고 이익을 창출하기 위해 다양한 선택이 요구된다. 데이터를 말할 수 있는 인간 기술, '데이터 과학자' 또는 '빅데이터 분석가'가 필요하다. 또한 여러 학문(문학, 수학, 컴퓨터과학)을 습득하고 비즈니스에 대한 이해가 필요하다. 빅데이터 시대에는 다양한 관련 정보와 빅데이터 분석을 위한 솔루션으로 DaaS(Data as a

Service)와 BaaS(Business as a Service)가 더욱 필요해지고 있다. 전문가시스템의 사용뿐만 아니라 기본 데이터와 적절한 수학적 기술을 사용하여 사실 간의 구조와 관계를 발견하기 위한 데이터 분석 방법의 사용을 이해해야 한다. 다양한 의사결정과 집행에 도움이 되는 관련 정보와 데이터를 찾기 위해 이러한 데이터를 분석하는 것이다.

월스트리트저널(WSJ, 2017)에 의하면, 데이터가 자동차나 플라스틱 같은 중요 존재로 부각되고 있으며, 향후 데이터 센터를 통해 온갖 종류의 서비스에 연결되어 데이터 경제를 창출할 것으로 전망했다. 데이터가 혁신적인 지식 · 상품 · 서비스 창출을 위한 투입요소로 활용되면서 무형자산의 신개념 자본[10]으로 작용해 데이터 경제를 형성하고 있다. 즉, 데이터 저장 · 관리 · 공유, 상호운용성, IoT, 모바일, 인지(Cognitive) AI, 공유경제 등에서 데이터 경제의 주요 서비스와 경제적 가치가 창출될 전망이다.[11] 데이터 경제 가치사슬 각 단계에서 신부가가치와 새로운 산업이 탄생할 것으로 기대한다.

데이터 자체의 가치는 크지 않지만 상황적 맥락에 따라 적재적소에 자본으로 투입되어 혁신적인 부가가치를 창출할 수 있다. 양질의 데이터가 정보 · 지식 · 상품 · 서비스로 전환되어 더 나은 의사결정을 지원하고, 경제 · 사회적 편익을 발생시킨다. 하나의 데이터는 다양한 분야에서 활용할 수 있고, 실물자본과 달리 비경쟁적이어서 무한하게 재이용이 가능한 신개념의 자본으로 발전하게 된다. 기존의 산업자본주의 생산요소인 노동과 자본의 유형자산에서, 디지털 혁신을 통한 데이터와 데이터의 집단지성 및 가치화로 무형자산 중심의 데이터 경제로의 발전이 진행되고 있다. 2020년 디지털 비즈니스 분야에서 뉴비즈니스와 세계 최대 부자들이 탄생했다. 아마존의 제프 베조스, MS의 빌 게이츠, 페이스북 주크버그, 테슬라의 엘론 머스크 등이 대표적이라 하겠다. 4차 산업혁명 시대 자본주의 변화와 발전으로 'Capitalism without Capital,' 즉 산업자본주의의 생산 설비와 공장, 노동력의 유형자산에서 R&D와 정보 및 지식 데이터의 무형자산으로 변화하고 있다. 특히 디지털 기술의 발달로 'Data×AI(인공지능)'의 투자와 비즈니스 증가 및 자본화로 진화되고 있다.[12]

데이터 기반의 새로운 비즈니스와 서비스들은 기존 경제의 가치사슬들을 더욱 복잡

10) 데이터의 비경쟁성 · 비대체성 · 경험적 재화라는 특성이 새로운 서비스와 경제적 가치를 창출 MIT(The Rise of Data Capital, 2016)

11) IBM, The Rise of the Data Economy, February 2016. Page 8.

12) 조너산 해스컬, 스티언 웨스트레이크 지음, *Capitalism without Capital* 참조

그림 3-3 | 데이터 경제의 가치사슬

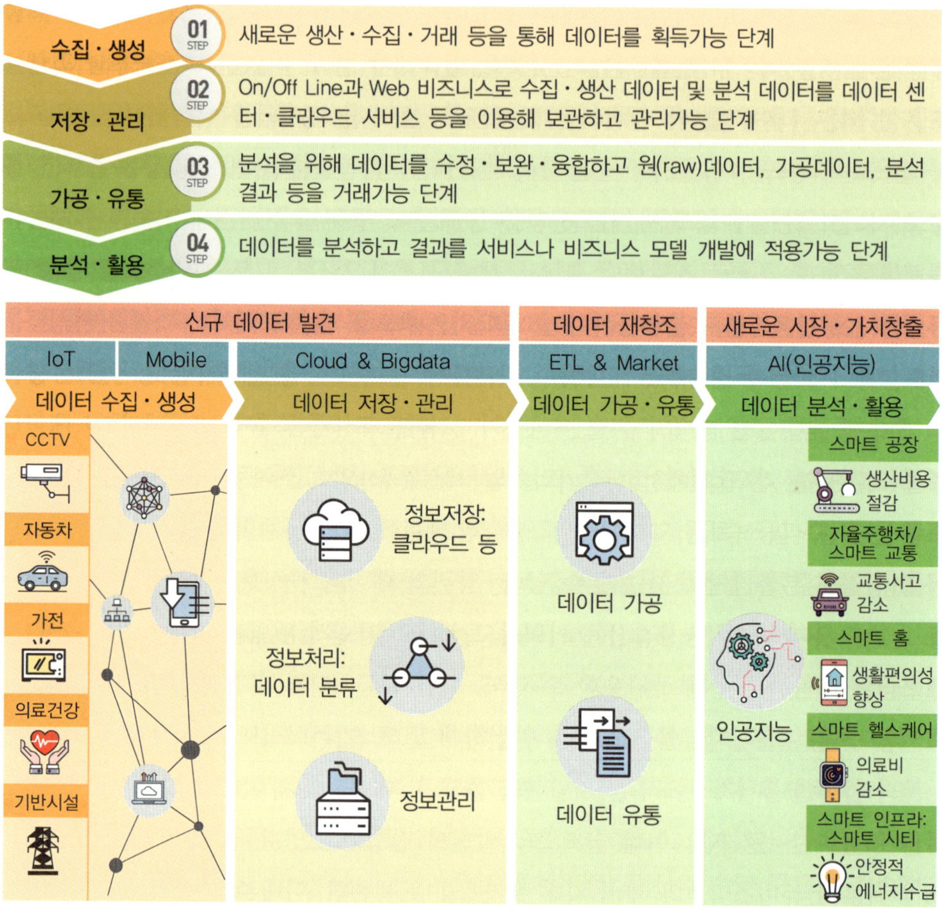

자료: 한국정보화진흥원(NIA) 재구성

하고 거대한 생태계로 바꿔놓을 것으로 예측된다. 즉, 점점 증가하는 스마트 기기(사물 인터넷, 모빌리티, 모바일 등)에서 생성된 수많은 데이터가 데이터 저장소에 저장되고, 기업이 데이터를 거래하면서 서비스 간 융합이 발생해 더 크고 복잡하고, 동적으로 연결된 가치사슬로 이루어진 생태계를 형성할 전망이다. 이와 같은 데이터 가치사슬이 도시생활에서 발생하는 다양한 데이터와 연계되어, 교통 · 물류 · 안전 · 의료 등으로 구현되는 스마트 시티 구축과 운영으로 발전하고 있다.

표 3-2 ▌데이터 자본의 3가지 특성

데이터 자본	내용 및 특징		실물 자본	내용 및 특징
비경쟁성	하나의 데이터를 여러 서비스에서 동시다발적으로 사용가능	↔	경쟁성	하나의 화폐, 장비는 한곳에서만 사용이 가능
비대치성	각 데이터는 서로 다른 내용을 포함하고 있기 때문에 대체 불가	↔	대치성	동일 가치의 다른 재화로 대체가능
경험적 재화	데이터 가치는 관련 내용 파악 · 활용 후에 측정이 가능	↔	물리적 재화	재화 가치를 계량적으로 즉시 파악하는 것이 가능

자료: MIT, *The Rise of Data Capital*, 2016.

그림 3-4 | 데이터로 인한 비즈니스 생태계 변화

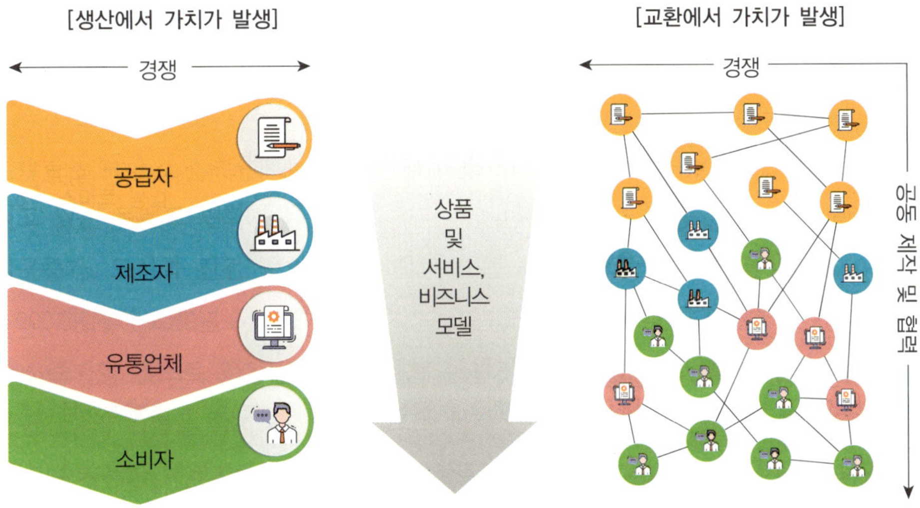

자료: Deloitte Aanalysis, Forbes 수정 인용

3.1.4 기업 · 국가 · 개인의 데이터 활용과 데이터 경제 시대

애플, 아마존, 구글, 페이스북, 우버, 넷플릭스 등 글로벌 혁신기업들은 데이터를 생산 · 가공 · 활용해 새로운 가치를 제공해서 고객과 수익을 확대하며 데이터 경제를 선도하고 있다. 2002년 시작된 디지털 시대(digital age) 이후의 ICT 기업뿐만 아니라 전통 기업들도 데이터를 활용해 데이터 경제의 주체로 참여하고 있다. 고객데이터를 확보 · 활용해서 서비스를 효율화하고, 제조설비와 과정을 최적화해 비용절감과 기업경쟁력을 확보하고 있다. 구체적인 사례로 에어비앤비(Airbnb)는 191개국 420만 개 이상의 숙박

정보 및 고객데이터를 확보해 서비스를 제공하고 있으며, GE는 제트엔진의 데이터를 수집하여 사전에 장애를 예측하고 최적의 비행 항로를 제시해 연착횟수가 20% 감소하는 경영성과를 거두고 있다.

미국, 유럽 등 주요 선진 국가들은 데이터를 분석해 공공·행정서비스를 최적화하고 데이터를 잘 활용할 수 있도록 제도적 기반을 마련하고 있다. 주요 선진국은 공공서비스를 개선해 사회적 비용을 절감하고 오픈데이터를 구축·개방해 창업 촉진과 일자리 창출에 기여한다. 국가경제의 지속적인 성장과 일자리 창출을 위해 데이터 접목을 통한 주력산업의 재도약과 혁신성장에 주목하고 있다. 데이터 경제의 핵심 자원인 개인데이터의 보호와 활용 균형을 위해 제도적 장치를 마련하고 이해관계자들의 합의를 유도하고 있다.

개인생활과 비즈니스 활동 측면에서 보면, 개인은 스마트 기기에서 발생하는 개인데이터 활용을 통해 향후 데이터 경제의 주도적인 주체로 참여하고 있다. 소셜미디어 활동으로 스마트 기기, 모바일, 온라인 미디어 매체를 통해 매일 데이터를 생산함으로써 데이터 경제의 핵심주체로 참여하고 있다.

표 3-3 ▮ 데이터 경제 시대의 주체

기업	국가	개인
〈데이터 경제 선도〉 데이터를 생산·저장·공유·활용해 새로운 서비스 및 가치를 제공	〈데이터 경제 육성〉 공공·행정서비스를 최적화하고 제도적 기반을 마련	〈데이터 경제 참여〉 지속적으로 개인데이터를 생산하며 데이터 경제의 주체로 참여

자료: 한국정보화진흥원(NIA)

3.1.5 기업의 데이터 활용과 데이터 기업들

시가총액 기준 글로벌 5대 기업은 전통 기업인 석유, 제조, 하드웨어 기업에서 모두 ICT 기업으로 바뀌었으며, 미국 IT 업계를 이끌고 있는 GAFA(Google, Apple, Facebook, Amazon)는 2015년 프랑스 주요 40대 기업(CAC40)의 시가총액(market cap)을 추월하고 있다. 즉, 전통적인 대기업이 아닌 새로운 경쟁의 원천인 대규모 데이터를 확보하고 소프트웨어를 활용하는 데이터 기업이 전 세계 시장을 주도하고 있다. 또한, 이들 GAFA

그림 3-5 | Big Data Landscape

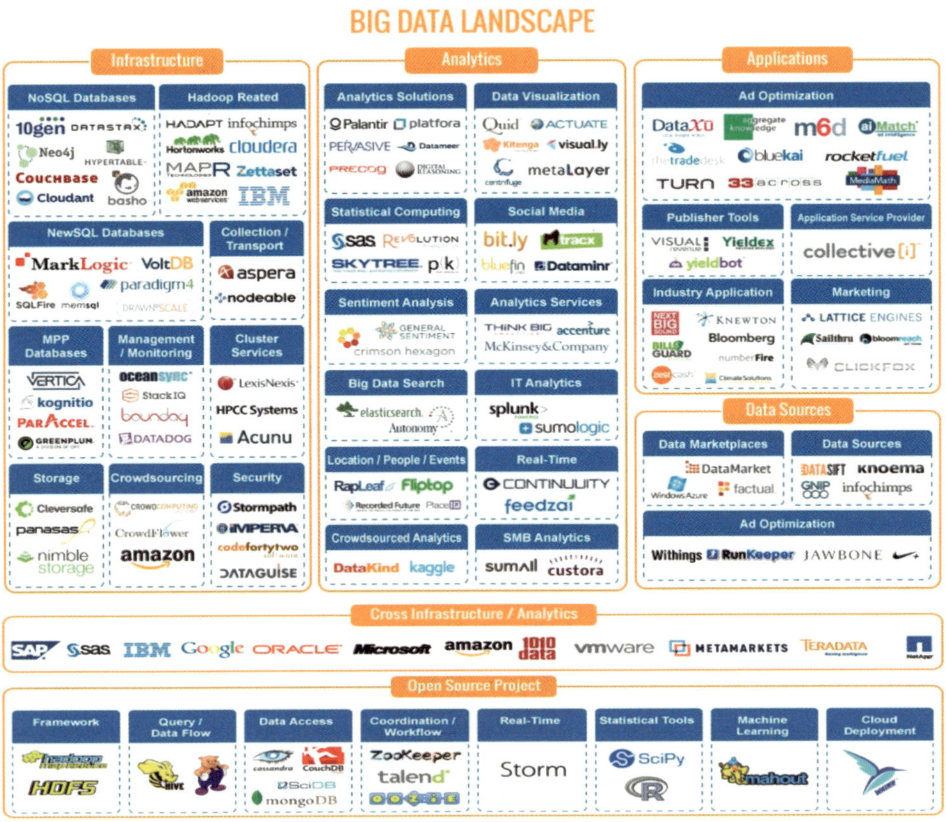

의 시가총액(1,852조원, 2015.7 기준)은 대한민국의 GDP(1,637조원, 2016 기준)[13]를 추월하고 있다.

디지털 혁신 중심의 데이터 경제 시대에서는 데이터를 활용하는 기업이 주도권을 쥐게 될 것이며, 이에 대비해 주요 기업은 데이터 기업으로 변화 중이다. 전통 대기업인 GE는 설비 데이터를 수집 · 분석해 적용하는 데이터 기업으로 변화하고 있으며, 중국 전자상거래 기업 알리바바는 데이터 기반 신 서비스를 제공하는 기업임을 강조하고 있다. 차량공유서비스를 제공하는 우버는 차량과 승객의 데이터를 수집 · 활용해 전략적 의사결정을 내리는 데이터 기업으로 변화하고 있다.

13) 설진아, GAFA 플랫폼 비즈니스 전략과 다면 네트워크 효과, 2018.6.

표 3-4 ▮ 데이터를 활용하는 GAFA

	• 사용자들의 구글 검색기록, 안드로이드 운영체제(OS) 사용정보 등 • 글로벌 검색엔진 점유율 88.2% 보유(Statista, Net Market Share, 2017) • 전 세계에서 수집되는 막대한 검색 데이터를 기반으로 이윤을 창출 • 유튜브를 통한 영상플랫폼으로 막대한 데이터 저장 및 관리 활용 • 자연어처리 기능과 빅데이터를 중심으로 구글 홈과 구글비서, 듀플렉스 등의 인공지능 플랫폼 서비스 제공
	• 2017년 4분기 글로벌 스마트폰 시장 영업이익 86%를 차지(Counterpoint Research, 2018) • 전 세계 애플 스마트폰, 태블릿, 애플워치 등의 사용자 데이터를 클라우드 환경으로 구축해 연속적인 앱 서비스를 제공 • 자연어처리 기능과 빅데이터를 중심으로 시리 등의 인공지능 플랫폼 서비스 제공 • 데이터기반 AI를 활용한 전기차와 자율주행자동차를 생산하는 '프로젝트 타이탄' 추진
	• 페이스북과 인스타그램에서 사용자가 좋아한 게시물, 기재한 글 · 사진 등 소셜미디어 활동 정보 • 페이스북 사용자수(MAU)는 약 22억 7,000천만 명으로 전 세계 인구(76억 6,000만 명, Worldmeters, 2018)의 약 1/4 차지(Statista, 2018) • 사용자 데이터를 수집 · 분석해 사람들을 연결하고 신 서비스를 제공해 이윤창출
	• 상품검색과 구매정보, 고객구매 및 예측정보, CRM 정보 • 미국 이커머스 시장의 49.1%를 차지(eMarketer, Techcrunch, 2018) • 소비자 데이터를 수집 · 분석해 맞춤형 상품을 추천하는 롱테일 비즈니스로 이윤창출 • 자연어처리 기능과 빅데이터를 중심으로 알렉사 등의 인공지능 플랫폼 서비스 제공

자료: 각 기업 자료 정리

빅데이터의 조건을 가장 잘 만족하는 빅데이터 플랫폼을 갖고 있는 대표적 기업으로 아마존을 들 수 있다. 아마존은 전 세계 전자상거래 데이터를 지속적으로 '수집 · 생산 → 저장 · 관리 → 가공 · 유통 → 분석 · 활용' 과정을 거치고 있으며, 아마존 클라우드시스템과 인공지능을 활용한 비즈니스 인사이트와 개인용 맞춤서비스를 지향하고 있다. 전자상거래를 통해서 얻어진 빅데이터와 AI 알고리즘을 결합해서 전 세계 수십억 인구의 성격, 심리, 구매성향, 경제력 등을 파악할 수 있다. 그래서 결국 누가, 언제, 어디서, 무슨 상품을 얼마나 구매할 수 있는가를 실시간으로 예측할 수 있다. 그러면 재고 없는 상품을 생산하고, 최단거리에 배치해 역시 최단시간에 상품을 배송할 수 있다. 그렇게 되면 재고가 없고, 금융비용이 최소화되고, 배송이 가장 빠른 기업이 된다. 그러면 아마존과 경쟁해서 살아남을 수 있는 기업이 없게 된다. 앞으로 아마존이 가전제품, 전기자동차, 자율주행차를 생산하고 배송할 수도 있다. 여기에 만족하지 않고 아마존은 가정 내의 상황과 정보를 파악하고, 구매정보를 미리 얻기 위해서 집안에 AI 스피커인 알렉사까지 설치하려 하고 있다. 자연어처리 중심인 인공지능 알렉사와 삼성갤럭시의 인공지능 빅스비(Bixby)는 일종의 가정 내 데이터 수집장치인 것이다. 마찬가지로 구글과 애플은 스마트폰 플랫폼을 이용해 빅데이터를 확보하고 있고, 마이크로소프트는 컴퓨터를 빅데이터 플랫폼으로 활용하고 있다.[14)]

미래에는 인간이 운전하지 않는 자율주행차가 새로운 빅데이터 플랫폼 후보로 등장할 것으로 전망된다. 자율주행의 편리성을 기반으로 자동차 내에서 발생하는 모든 빅데이터를 독점하고자 하는 의도로 보인다. 이와 같이 양질의 빅데이터 플랫폼은 인간 본성에 충실하면서 동시에 개인의 정신적 · 경제적 · 사회적인 사적 활동에 관한 정보를 최대한 모으기 위한 장치이다. 이러한 데이터 생산은 매우 개인적인 공간에서 개인적인 활동으로 발생한다. 정보의 검색, 전자상거래 구매행위, 가정과 자동차 안에서 일어나는 행동이 여기에 해당한다고 본다.

3.1.6 데이터 기반 웹 1.0, 웹 2.0, 웹 3.0경제

3.1.6.1 웹 경제란?

인터넷의 역사는 과학계가 정보 및 데이터의 집단지성인 지식과 성공을 공유하는 빠르고 효과적인 방법을 모색하던 1970년 전부터 시작되었다. 인간은 항상 정보와 데이터를 재수집하고 보관했다. 컴퓨터의 출현은 안정적이고 보편적인 방식으로 구조화된 문서를 교환하는 개방형 플랫폼의 기원으로 이어졌다. 컴퓨터는 대학, 국방기관 및 정부사이트 간에 정보를 저장하기 위해 서로 연결되었지만 통신할 공통표준이 없었고 정보가 서로 다른 시스템 사이에는 전달되지 않았다. 시스템 간의 연결과 문서 또는 데이터 전송이 문제였다.

이러한 맥락에서 1960년대 말에 미국에서 ARPAnet(Advanced Research Projects Agency)가 만들어져 과학자들이 NSF(National Science Foundation)에서 만든 NSFnet라는 유사한 네트워크를 사용할 수 있게 되었다. 1970년대에 인터넷서비스와 이메일 메시지를 기반으로 하는 TCP/IP(Transmission Control Protocol/Internet Protocol)가 등장했다. 이 시기에 개발된 표준은 1980년대에 미국 국방부의 국방통신국으로 넘어갔고, 인터넷 붐이 일어났을 때 인터넷 아키텍처위원회로 전환할 때까지 보호자가 되었다.

14) 세계일보, 2019.3.13. 참조

1980년대 말에 네트워크에 연결된 사용자수가 크게 증가했으며 더 중요한 것은 국제화가 시작되었다. 즉, 네트워크의 사용은 이메일을 교환하고 지구상에서 가장 최신 정보를 제공하는 글로벌 라이브러리로 제한되었다. 특정 정보를 식별하고 찾는 것은 어려운 작업이었다.

전 세계의 기존 네트워크를 모두 연결할 수 있는 가능성이 눈에 띄기 시작했지만 이를 달성하려면 모든 컴퓨터 플랫폼에서 볼 수 있는 데이터를 저장하는 표준을 만들어야 했다. 그래서 웹의 발명가이며 웹의 아버지인 팀 버너스리(Tim Berners-Lee)가 탄생했다. 컴퓨터가 임의의 링크로 정보를 저장할 수 있는 방법을 조사하고 네트워크에서 모든 정보에 액세스할 수 있는 전역 하이퍼텍스트 공간에 대한 아이디어를 단일 범용 문서 식별자를 통해 참조할 수 있는 아이디어를 제안했다. 1989년 스위스에 기반을 둔 CERN(Conseil Européen pour la Recherche Nucléaire, European Organization for Nuclear Research)에서 팀 버너스리는 하이퍼텍스트를 사용하여 정보를 시각화할 수 있는 프로토콜 기반 소프트웨어를 발표했다. 이러한 발전은 컴퓨터 네트워크에서 수행할 수 있는 작업을 변경하여 그 범위를 확장했다. 이런 종류의 의사 언어를 사용하면 이미지 및 비디오와 같은 개체는 물론 링크 형식의 참조도 포함할 수 있다. 잘 알려진 링크를 통해 컴퓨터 자체뿐만 아니라 원격 컴퓨터에서도 다른 문서를 보고 액세스할 수 있으며 다른 플랫폼에서 생성 및 저장하게 되었다.

1990년 웹 디자인의 표준이 된 HTML(Hyper Text Markup Language 또는 Hyper Text Label Language)이 탄생했다. URL 및 HTTP(Hyper Text Transfer Protocol)와 같은 다른 사양도 첫 번째 서버에 게시되어 널리 보급되었다. 이러한 사양은 전문가들 사이에서 빠르게 확산되면서, 마크 안드레센(Marc Andreessen)을 포함한 미국 일리노이대학의 학생 그룹은 특히 Microsoft Windows 그래픽 환경에 언어를 적용하기 위한 기반 역할을 하는 GUI(Graphical User Interface)를 추가하는 데 전념했다. 그 결과 최초의 Mosaic 웹브라우저가 공개되었다. 안드레센과 다른 연구자들이 브라우저의 첫 번째 버전을 제작한 Netscape Communication Corporation을 설립했으며, Microsoft는 뒤쳐지지 않기 위해 Microsoft Internet Explorer를 출시하여 시장 지배를 위한 소위 내비게이터 경쟁이 시작됐다. 비표준 형식의 HTML의 임의적인 모양을 조정했고, 그 이후로 웹은 빠르게 성장했다. 웹 미래의 방향을 정의하기 위해 팀 버너스리는 1994년에 W3C(World Wide Web Consortium)(www.w3.org)를 설립하였고, 이후 새로운 컴퓨터 프로토콜에 대해 논의하고 합의할 수 있는 중립적인 포럼 역할을 하고 있다.[15] 군사통신보완기술과 과학자 간의 기본적인 의사소통을 해결하기 위해 개발된 인터넷과 Web 기술은 세계에서 가장 광범위하고 가장 중요한 통신, 협력 및 무역 수단인 인터넷경제와 웹 경제로 발전하게 되었다.

웹 1.0은 1960년대에 ELISA와 같은 텍스트 데이터 전용 브라우저로 가장 기본적인 형태로 시작되었고, 페이지를 더 보기 좋게 만드는 HTML과 Netscape 및 Internet Explorer와 같은 최초의 시각적 브라우저가 등장했다. 이 웹은 읽기전용이며 사용자는 페이지 콘텐츠와 상호작용할 수 없으며 웹마스터가 웹사이트에 업로드하는 내용으로 제한되었다. 웹 1.0의 운영구조인 웹 1.0 사이트의 일반적인 디자인 요소는 다음과 같다. 사용자 방문에 대한 정적 페이지, 프레임 또는 프레임 세트 사용, 깜박임 및 선택 윤곽, 브라우저 전쟁 중에 도입된 레이블과 같은 자체 HTML 확장, 방명록, GIF 버튼, 이메일을 통해 보낸 HTML 양식 등이다.

웹 2.0의 개념은 2004년 정보기술관련 컨퍼런스에서 O'Reilly사와 MediaLive사 간의 브레인스토밍을 하는 과정에서 처음으로 등장하였다. 2004년에 Tim O'Reilly가 레이블을 붙인 웹 2.0이라는 용어는 2세대 웹페이지 모델을 의미한다. 이는 새로운 탐색 철학, 네트워크에 참여하는 새로운 방법으로 이해된다. 웹 1.0은 보다 정적인 탐색 모델을 가지고 있으나, 이 새로운 형식은 적극적인 참여를 지원한다. 사용자는 더 이상 정보에 대한 액세스를 제한받지 않고 정보를 생성한다. 웹 2.0의 운영구조를 보면, 데이터베이스가 내용, 형식 또는 둘 모두에서 수정될 수 있는 모든 인터넷서비스로 이해된다. 사용자는 자신의 정보를 완전히 제어할 수 있다. 클라이언트를 위한 인터넷의 분산화, 즉 서버가 생성된다. 이 형식은 특히 소셜미디어 사용 및 집단지성 확대에 반영된 사용자 간의 상호작용을 촉진한다. 웹사이트 사용성을 단순화하고 사용자 시간을 절약하면서, 다양한 데이터의 저장과 활용이 가속화된다. 코드 재사용을 위해 언어를 표준화하여

15) W3C 월드와이드웹 컨소시엄인 이 비영리단체는 잘 알려진 Compaq, Microsoft, AOL, Sun 및 AT&T를 포함한 상당수의 기업 회원으로부터 자금을 지원받았다. 주요 목표는 웹의 동종 성장을 보장하는 모든 사람이 사용할 수 있는 기술표준을 개발하는 것이다. 가장 잘 알려진 것은 HTML 자체, CSS(Cascading Style Sheets), XML(Extensible Markup Language) 및 DOM (Document Object Model)이다. 표준으로 작업한다는 사실은 프로그래머와 디자이너가 웹사이트를 만드는 데 필요한 호환성을 용이하게 한다. 동적이고 효과적이고 모든 장치 또는 플랫폼에서 다운로드할 수 있다.
Hugo Delgado, History and evolution of the Internet. How the Web was born, 2019. 참조

그림 3-6 | 웹 1.0/2.0/3.0의 발전 역사

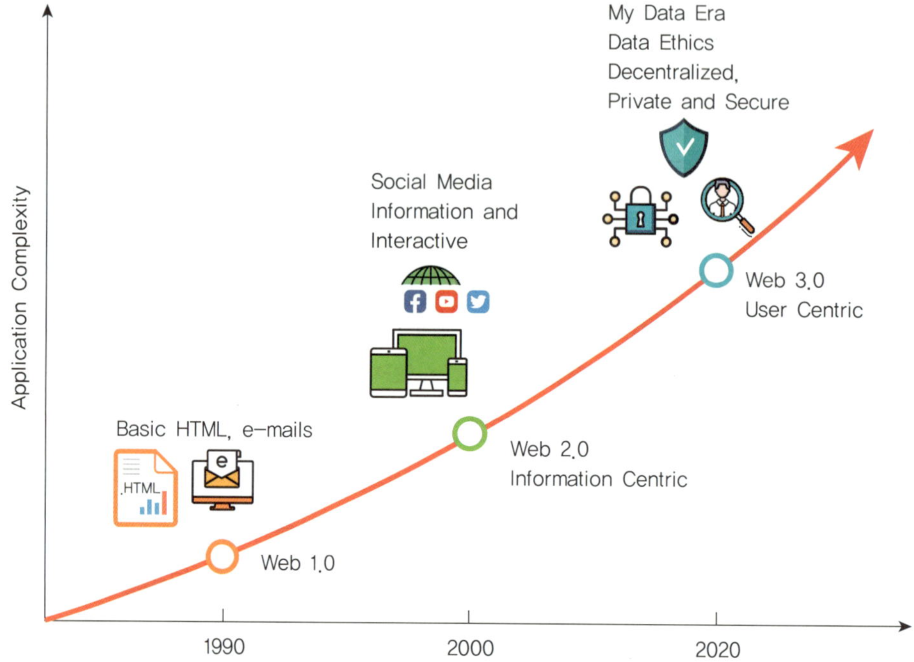

자료: 'Web 3.0 Examples of Blockchain is changeing the Web', 2018, 재구성

그림 3-7 | 웹 1.0/2.0/3.0 변화

자료: 'What the Web 3.0 exactly is?', 2019.

애플리케이션과 머신(소프트웨어-하드웨어) 간의 상호운용성을 향상시킨다. 또한 부족하거나 새로운 형태의 애플리케이션 사용 및 미디어와 콘텐츠 간의 융합을 인식하거나 감지할 수 있다. 웹 2.0의 원칙은, 첫째 웹은 플랫폼이다. 둘째 정보와 데이터는 인터넷을 움직이는 것이다. 셋째, 인터넷 효과는 참여에 의해 차례로 움직인다. 넷째 네트워크의 다양한 특성을 독립적으로 개발할 수 있다.[16)]

웹 2.0을 언급한 O'Reilly사의 데일 도허티(Dale Dougherty) 부사장은 2000년부터 시작된 인터넷 산업의 위기에도 계속 살아남아서 지속적으로 성장한 구글, 아마존닷컴 등의 인터넷 기업들의 제공 서비스가 과거 실패하여 붕괴된 기업들과는 어떠한 다른 특징을 가지고 있는지 비교함으로써 웹 2.0을 구체화시키고자 하였다. 이때까지는 아직 웹 2.0의 명확한 개념이 정의되지 않아 그 범위도 불분명하였으나, '웹(Web) 2.0 컨퍼런스'를 통해 웹 2.0의 개념이 분명해지게 되었다. 특히, 2004년 8월 컨퍼런스에서 O'Reilly사의 Tim O'Reilly와 John Battelle가 언급한 플랫폼으로서의 웹(The Web as platform)은 웹 2.0 개념을 명확하게 하는 데 가장 큰 도움을 주었다고 평가할 수 있다.[17)]

'웹(Web) 2.0 컨퍼런스'에서 Tim O'Reilly와 John Battelle는 웹 2.0의 주요 특징을 다음과 같이 설명하였다. ① 개방과 참여, 공유로 대표되는 인터넷 환경, ② 가벼워진 웹 소프트웨어와 풍부한 사용자 경험이 바탕, ③ 플랫폼으로서의 웹, ④ 집단지성의 원동력이 되는 데이터, ⑤ 참여 구조(architecture of participation)에 의한 네트워크 효과, ⑥ 오픈 소스 개발과 같이 여러 시공간에 흩어져 있는 독립적인 개발자들이 공동으로 참여해 혁신하는 시스템이나 사이트, ⑦ 콘텐츠와 서비스 신디케이션을 통한 가벼운 비즈니스 모델(lightweight business model), ⑧ 기존의 소프트웨어 개발 사이클과는 다른 '영원한 베타(the perpetual beta)', ⑨ 롱테일의 힘을 극대화시키는 소프트웨어[18)] 등이다.

---

16) Hugo Delgado, Evolution of the Web 1.0, 2.0 & 3.0 - Differences & features, 2019. 참조

17) 웹 2.0은 'the network as platform, spanning all connected devices'이며, 기술의 집합체이기보다는 '중력의 핵'으로서의 역할을 할 것이다(Reilly). 웹 2.0은 새롭고 재미있는 기술들이 비즈니스의 토양에서 뿌리를 내릴 수 있는 그러한 곳이다(John Battelle, Web2con Program Chair). 웹 2.0은 컴퓨터를 위해서 인터넷을 더 유용하게 만드는 것에 대한 것이다(Jerr Bezos). 웹 2.0은 웹 1.0보다 더 분산되고 개방된 인프라 구조이다.

18) 하나의 장치에서만 동작한다는 기존의 소프트웨어 관념을 뛰어넘어 여러 이기종(異機種) 장치에서 하나의 소프트웨어로서 구동된다.

표 3-5 웹(Web) 경제의 비교·분석

단계	웹 1.0: Global Library	웹 2.0: Global Publishing	웹 3.0: Global Databank
시기	인터넷의 등장: 1990~2000	닷컴버블 붕괴 이후: 2000~2010	금융위기 이후: 2010~현재
특징	개방	개방, 참여, 공유	개방, 참여, 공유
키워드	접속(Access)	참여와 공유	상황인식(Contents)
콘텐츠 이용방법	생산자가 이용자에게 일방적으로 콘텐츠 제공, 이용자는 콘텐츠 소비자	이용자는 콘텐츠 생산자이며, 소비자이며, 유통자	지능화된 웹이 이용자가 원하는 콘텐츠를 제공, 개인별 맞춤 서비스 제공
검색	검색엔진 내부에서만 가능	여러 사이트에 있는 자료의 개방(Open API)	사용자 맞춤형 검색
콘텐츠 사용자	인간/일반소비	인간/생산소비자(prosumer)	인간과 컴퓨터(기계)/MZ세대+중·장년 및 노년층의 시니어를 포함한 모든 계층
정보 및 데이터 생산	검색엔진 등으로 정보를 디렉토리로 정리	• 사용자가 종래의 틀에 매이지 않고 자유롭게 정보제공 • 새로운 생산시스템인 Industry 2.0과 위키팩처링	• 4차 산업혁명 시대 • 사용자가 정보를 재생산 • 새로운 생산시스템인 Industry 4.0과 스마트 팩토리, 빅데이터와 AI
형태	일방적 정보전달형 (유선 연결 중심)	사용자 참가형 (유무선 연결 중심)	완전 쌍방형 (유무선 연결 중심으로 완전한 유비쿼터스 환경)
정보전달 도구	키보드, 화면 사용한 문자 콘텐츠	키보드, 화면 사용한 문자콘텐츠	동영상 중심 뉴미디어와 소셜미디어
기반기술	브라우저, 웹 저장	브로드밴드, 서버관리	시맨틱 기술, 클라우드 컴퓨팅, 상황인식
사용 기기	PC	주로 PC와 일부 모바일 단말기 포함	PC, 모바일폰, 스마트워치 및 웨어러블 기기와 액세서리 등

과거에 정보를 일방적으로 제공받던 것과는 달리 블로그, 소셜네트워크와 다양한 소셜미디어 등의 보급으로 개인의 정보발신이 가능하여 정보의 제공자와 수여자 간의 상호교류가 자유롭게 이루어져 대량생산 메커니즘의 대량소비에서 다양한 개인별 소비형태의 변화 등을 초래하고 있다. 즉, 웹 2.0은 '개방·참여·공유'라는 가치사슬을 갖고 있으며,[19] 대표적인 세계적 기업으로 페이스북, 트위터, 유튜브 및 구글, 아마존 그리

19) 웹 2.0의 주요 특징은 다음과 같다. ① 플랫폼으로서의 웹, ② 집단지능, ③ 데이터는 차세대의 인텔인사이드, ④ 소프트웨어 릴리스 주기의 종말, ⑤ 가벼운 프로그래밍 모델, ⑥ 특정 디바이

고 국내기업과 프로그램으로는 네이버 및 다음 등을 들 수 있다.

웹 2.0경제의 등장으로 대량생산 및 소비(mass economy) 시장이 약화되는 한편, 다양하지만 규모가 작았던 틈새시장의 대량 발생, 즉 긴꼬리((long tail) 시장이 등장하고 소비자가 생산에 참여하는 다양한 틈새시장이 대량 발생하는 구조와 생태계로 변화·발전하였다.

비즈니스 2.0이란 웹 2.0의 열린 플랫폼이 만들어내는 가치를 기업경영과 사업에 활용하는 것을 의미한다. 기업에서 기존의 대중을 대상으로 한 마케팅 대신 소셜미디어 등의 뉴미디어를 통한 블로거, 트위터러, 페이스북 사용자 등에게 확산되는 것을 의미한다. 특히 스마트 혁명과 웹 비즈니스의 확대에 의하여 다양한 제품과 서비스가 제공될 수 있는 시장환경과 소셜미디어를 통한 다양한 소비계층이 폭발적으로 성장·발전하고 있다.

웹 3.0[20]은 시맨틱 웹[21]과 관련된 것으로 모든 유형의 소프트웨어에 적합한 언어 및 형식으로 데이터를 찾을 수 있는 World Wide Web의 확장이다. 주로 정보와 데이터 구조를 기반으로 하므로 사용자가 보다 빠르고 효과적으로 정보와 데이터의 집단지성 지식을 찾을 수 있다. 웹 3.0은 다양한 경로를 통해 네트워크에서 사용 및 상호작용의 진화를 설명하는 데 사용되고 있다. 웹 3.0은 네트워크를 데이터베이스로 변환하는 것, 브라우저뿐만 아니라 여러 애플리케이션에서 콘텐츠에 액세스할 수 있도록 하는 움직임, 빅데이터와 인공지능 기술의 추진, 공간 웹, 3D 웹 등이 포함된다.

스에 한정되지 않는 소프트웨어, ⑦ 풍부한 사용자 경험

20) 웹 3.0이라는 용어는 2006년 웹 2.0을 비판하고 AJAX와 같은 기술과 관련된 Jeffrey Zeldman의 기사에서 처음 등장했다.

21) 위키백과에 의하면 시맨틱 웹(Semantic Web)은 '의미론적인 웹'이라는 뜻이다. 현재의 인터넷과 같은 분산환경에서 리소스(웹 문서, 각종 파일, 서비스 등)에 대한 정보와 자원 사이의 관계-의미 정보(Semanteme)를 기계(컴퓨터)가 처리할 수 있는 온톨로지 형태로 표현하고, 이를 자동화된 기계(컴퓨터)가 처리하도록 하는 프레임워크이자 기술이다. 웹의 창시자인 팀 버너스리가 1998년 제안했고 현재 W3C에 의해 표준화 작업이 진행 중이다. 특히 시맨틱 웹과 온톨로지(Ontology) 관계에서 보면 최근의 시맨틱 웹, 지식공학, 인공지능, 자연어처리 등 정보기술 분야에서의 온톨로지는 각각의 지식(혹은 단어, 개념)이 전체 지식체계 중에서 어디에 위치하는지를 밝히는 연구분야를 의미한다. 즉, 어떤 단어와 단어 사이의 상관관계를 보다 빠르고 편하게 검색할 수 있도록 돕는 연구분야를 의미한다.

그림 3-8 | 웹 3.0의 다양한 활용

자료: Hugo Delgado, Web 3.0 – Meaning, origin and advantages, 2019. 재구성

웹 2.0은 인간 사용자에 의해 관리되는 반면, Web 3.0은 시맨틱 웹 포함, RDF/XML과 같은 고급 소프트웨어를 사용하여 메타 데이터 언어의 설명 논리를 이해하는 계산 엔진 및 데이터 프로세서를 지원한다. 웹 3.0은 클라우드 또는 클라우드 컴퓨팅에서 관리되며, 높은 수준의 바이러스성 및 사용자 정의가 있는 모든 장치에서 실행되는 새로운 종류의 웹은 의미론적 콘텐츠가 문서에 추가되고 이를 기반으로 하는 컴퓨터에서 실행해야 하는 새로운 종류의 웹이다. 웹 3.0은 단어의 의미를 정의하고 웹 콘텐츠가 콘텐츠 자체의 텍스트 의미를 넘어서는 추가적인 의미를 가질 수 있도록 서비스를 제공한다.

마케팅 관점에서 볼 때 웹 3.0을 사용하면 빅데이터와 인공지능 및 클라우드 등 첨단 디지털 기술을 통해 전파될 광고 메시지를 작성할 수 있고, 개인맞춤형 서비스로 연계·발전시킬 수 있다. 메시지의 의미론적 인코딩은 사용자를 위해 육안으로 제공되지 않는 정보를 포함할 수 있다. 실제로 의미론적 데이터를 사용하는 웹 3.0 기술은 중소규모 기업에서 구현되고 사용되어 데이터를 보다 효율적으로 축적하고 사용자 및 고객을 정의할 수 있다. 예를 들어 뉴미디어 및 소셜미디어, 다양한 콘텐츠 및 배분 등 4개의 새로운 현상[22]을 기반으로 하는 전략 3.0을 구현한다. 특히 소셜미디어, 소셜네트워크 및 Flickr, Delicious, Digg와 같은 기타 협업 서비스를 통해 얻은 시맨틱 데이터는

그림 3-9 | 웹 3.0과 클라우드 컴퓨팅 시스템

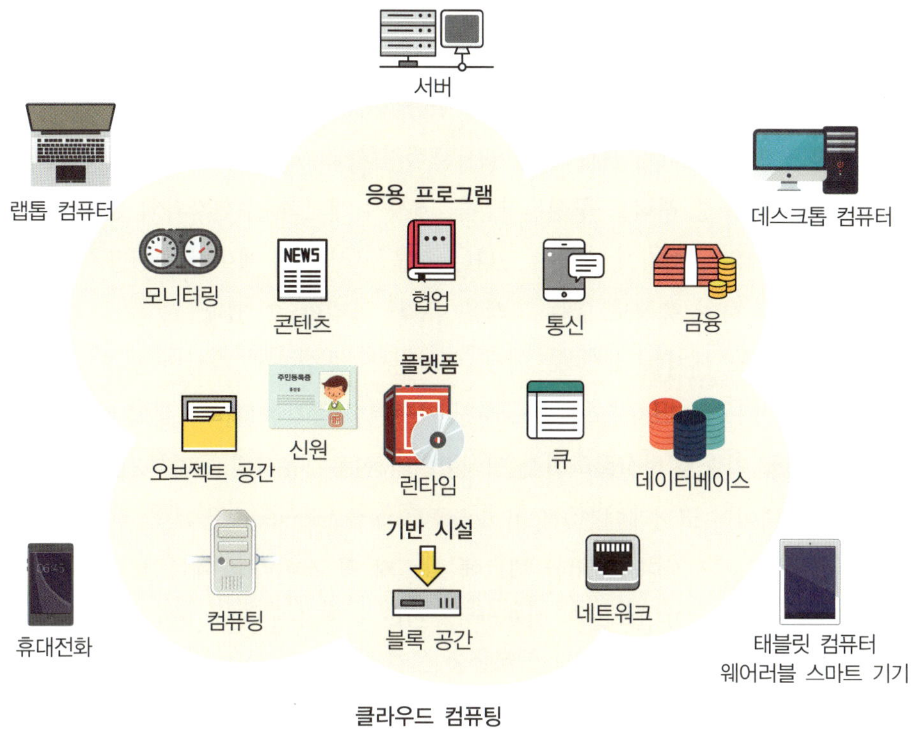

자료: Hugo Delgado, Web 3.0 – Meaning, origin and advantages, 2019. 재구성

각 네트워크에서 의미론적 의미와 사용자 프로필을 추출하여 회사는 데이터의 대화형태로 사용하고 존재하는 콘텐츠를 제공할 수 있도록 한다. 이러한 네트워크는 삼성 캘럭시 스마트폰, 애플의 iPhone, iPad 등에서 실제 활용되고 있다.

확장된 웹 3.0, 인터넷 사용자가 원하는 것에 대해 잘 정의된 정보와 데이터 덕분에 질문에 대한 답을 빠르고 쉽게 찾을 수 있다는 점에서 비즈니스 분야에 대한 활용 증대가 발생하고 있다. 웹 3.0은 지식기반과 의미 및 질적 정보를 만드는 시작을 의미한다. 따라서 사용자 선호도(맛, 관습, 연결성, 상호작용, 사용성 등)를 저장하고 동시에 소셜 네트워크 및 모바일 인터넷의 기존 콘텐츠와 결합하여 정보와 데이터 수요를 고려하여

22) The commitment to the media(audio, video, image), Socializing through social networks, Multisupport distribution, Content.
Hugo Delgado, Web 3.0 - Meaning, origin and advantages, 2019. 참조

액세스를 용이하게 할 수 있다. 네트워크에 나타나는 사용자와 고객을 유지하기 위해 회사의 광고 수용, 채택, 흐름 및 기능을 위한 필수 도구를 제공한다. 전통적인 브랜딩(특정 인구가 브랜드 또는 제품에 대해 가지고 있다는 인식)과 비교하여 e-브랜딩(eBranding)은 디지털 미디어에서 브랜드 구축의 전략적 관리를 기반으로 한다. 웹 3.0의 e-브랜딩 또는 온라인 브랜드 관리는 고객지향에 초점을 맞춘 비즈니스 전략의 가장 이상적인 도구 중 하나로 구성된다. 즉, 메시지 개인화, 수신자와의 상호작용 및 고객과의 양방향 유지 관리에 관심이 있다는 점을 고려하여, 데이터와 인공지능 및 클라우드 등을 활용하여 충성도 있는 고객을 유지·관리할 수 있다.

웹 3.0 비즈니스에서는 소셜네트워크, 위치정보, 증강현실, 가상현실, 혼합현실 등이 연계된 서비스가 제공된다. 고해상도 무선 가상현실/증강현실 헤드셋이 마침내 가상현실과 증강현실 기술을 현실화하면서 빅데이터와 인공지능시대로 변화·발전하고 있다. 인터내셔널 데이터 코퍼레이션(International Data Corporation)은 2022년이면 가상현실/증강현실 헤드셋 시장이 6,590만 세트에 이르게 될 것이라고 예측했다. 2022년 20억 개의 디지털 기기가 증강현실을 이용할 수 있다는 점에서, 웹 3.0의 빅데이터 시대의 데이터 뱅크를 준비해야 한다.

그림 3-10 | 웹 3.0과 소셜미디어/소셜네트워크/웹 2.0

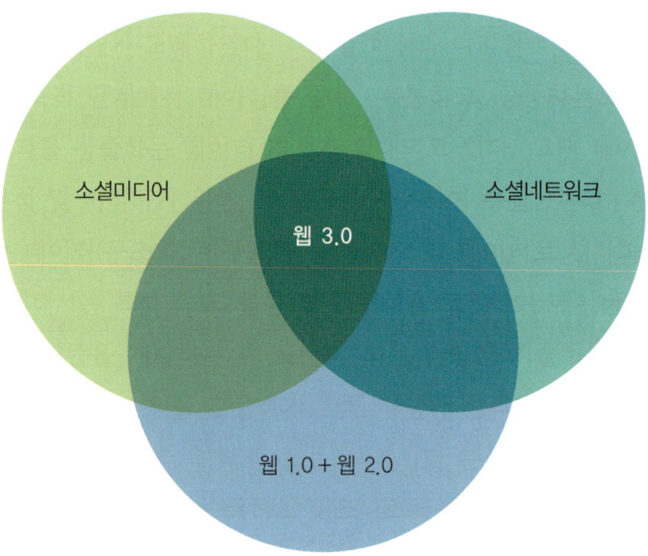

자료: Hugo Delgado, Web 3.0 – Meaning, origin and advantages, 2019.

3.1.6.2 롱테일(Long Tail) 시장의 활성화

'파레토의 법칙(Pareto Principle)'으로 불리우는 '80/20의 법칙'은 비즈니스계의 황금률로 해석되고 있다. 전체 매출의 80%가 20%의 충성고객 또는 핵심제품에 의해 이루어진다는 법칙이다. 이러한 유통환경에서 오랫동안 지배해 온 경영방식은 '쇼트헤드(short head)경제'였다. 예를 들면, 10층 백화점의 1~2층에서 매출수익의 80%를 발생시킨다는 것으로 이해된다. 백화점이나 신용카드사들이 상위 20%의 VIP 고객을 특별관리하는 이유도 바로 쇼트헤드경제 논리에 기인한다. 이들 핵심고객이 전체 매출의 80%를 올려준다는 경영전략 때문이다. 코로나-19로 백화점의 매출이 어렵게 되었지만, VIP 소비계층과 보복소비계층으로 매출과 영업이익을 발생시켰다.

인터넷과 전자상거래 및 소셜커머스가 도입됨으로써 쇼트헤드가 아닌 '긴꼬리'에 머물렀던 80%의 주목받지 못한 상품들도 폭발적으로 성장하면서 혁신적이고 성공적인 비즈니스 모델을 만들어내기에 이르렀다. 즉, 스마트 혁명과 웹 비즈니스의 확대에 의하여 다양한 제품과 서비스가 제공될 수 있는 시장환경과 소셜미디어를 통한 다양한 소비계층이 폭발적으로 발전하고 있다. 미국 아마존과 중국 알리바바 등이 대표적인 웹 비즈니스 모델이다. 따라서 수요곡선의 꼬리부분을 이루고 있는 다양한 틈새상품들이 머리부분인 히트상품과 더불어 시장을 주도하는 것을 의미한다. 즉, 전체 상품의 20%가 전체 매출액의 80%를 차지하는 파레토법칙이 붕괴되고, 하위 80%의 상품이 상위 20%의 상품매출에 버금가는 현상을 나타낸다.

웹 2.0경제는 공급자와 소비자와의 정보격차를 현저히 축소시킴으로써 가격결정이나 가치창출 구조 변화를 가져왔다. 기업들에게는 소비자 개개인의 필요에 정확히 부응하는 상품, 서비스, 정보 등을 제공하도록 하는 압력으로 작용하여 '프로슈머'나 '오픈마켓' 등 소비자가 직접 생산 유통단계에 참여하는 새로운 가치사슬을 갖는 다양한 소비계층과 시장구조로 탄생하고 발전하였다.

웹 2.0의 경우, 편집자의 주관이 들어갈 수 있는 웹 2.0의 한계[23]를 벗어나기 위해 2010년부터는 유무선통신 중심에서 완전한 유비쿼터스 환경의 동영상을 이용하여 보다 객관적인 정보와 데이터의 전달과 서비스가 가능한 웹 3.0이 등장하였다.

23) 현재 웹 2.0의 커뮤니케이션 툴은 검색기능을 활용하거나 문자정보를 생산하고 유통하고자 할 경우 키보드를 통해 문자콘텐츠를 이용해야 하므로 정보의 생산과 유통과정에서 편집자 주관의 개입가능성이 크다.

다양한 소셜미디어를 통한 웹 3.0의 등장으로 유비쿼터스 환경의 동영상 중심의 커뮤니케이션으로 진화하게 됨에 따라 MZ 세대뿐만 아니라, 중 · 장년 및 노년층의 시니어의 사회적 시장 참여가 활발해질 것이다. 소셜미디어를 통한 새로운 관계형성과 사회적 활동이 중 · 장년 및 노년층의 시니어 경제활동과 서비스 비즈니스를 더욱 확대하고 있다. 또한 유비쿼터스 환경의 동영상 중심의 커뮤니케이션이 되면서 편집자의 경비문제를 해결할 뿐만 아니라 시니어의 활발한 웹 비즈니스 참여로 이어지고 있다.

아마존, 이베이, 아이튠스, 넷플릭스 등 롱테일법칙을 통해 성공한 기업들의 특징을 살펴보면, 인터넷을 활용해 중간 유통단계를 줄임으로써 비용을 대폭 절감하고 있다. 또한 이 같은 유통구조에 의해 보다 많은 고객들이 접근할 수 있도록 해주고 있는데, 꼬리부분의 유동성이 확장되고 있다 하겠다. 롱테일을 지향하는 기업은 수요 공급을 직접 연결시켜줌으로써 상품에 대한 꼬리부분의 수요를 높일 수 있었다. 그리고 고객들이 틈새시장 상품을 쉽게 찾을 수 있도록 구글 검색이나 랩소디의 추천기능, 블로그, 베스트셀러 목록, SNS를 통한 소셜미디어 등을 제공하여 히트상품 위주의 마케팅구조에서 다양한 틈새시장 제품들로 이동하는 웹기반 마케팅이 주목받고 있다. 따라서 기업은 소비자가 원하는 다양한 상품 및 서비스를 제공할 수 있도록 웹기반 마케팅전략 등을 강화하게 된다.

롱테일 현상을 보이고 있는 웹기반 마케팅은 대중문화 산업에서 가장 두드지게 나타난다. 예를 들어, 과거에는 특정 영화나 희귀한 일본만화, 외국도서, 음반 등을 구매하기가 어려웠으나, 이제는 인터넷, 전자상거래 및 소셜커머스 등으로 다운로드하거나 이베이나 아마존에서 쉽게 주문할 수 있다. 소수 취향이라 할지라도 주류문화에 얽매임 없이 자신이 좋아하는 문화상품과 서비스를 누리고 즐길 수 있는 시대가 온 것이다.[24)]

웹 스퀘어드(Web Squared, Web^2)는 웹 3.0과 같이 다음 세대의 웹을 지칭하기 위한 개념적인 용어지만 실제 다음 세대 웹을 어떻게 불러야 할지에 대해서는 여러 가지 의견들이 있었다. 시맨틱 웹, 소셜 웹, 모바일 웹, 가상현실 등이 이러한 논의들 중의 하나이다. 팀 오렐리(Tim O'Reilly)와 존 바텔(John Battelle)은 이러한 차세대 웹 기술들의 특성들을 모두 아우르는 개념을 지칭하기 위해 Web^{2}라는 용어를 제시하였다. Web^{2}은 폭발적으로 증가되는 센서기반 데이터로 인해 집단지성이 좀 더 지능적으로 진화하고 웹 2.0 시대에 개방해 놨던 여러 서브시스템들 사이의 협업이 지속적으로 일어나 미처

24) 성홍렬, 미디어기업을 넘어 콘텐츠기업으로, 김영사, 2010.

발견하지 못했던 가치가 발견될 것이라고 설명한다. 또한 웹상에서 하나의 데이터는 그 자체로 머물지 않고 새로운 데이터와 결합되거나 가공되어 새로운 콘텐츠로 탈바꿈할 것이라고 하며 이러한 데이터의 변화를 정보 및 지식 그림자라고 표현하고 있다. 웹에서 다루는 데이터들은 점점 더 실시간성 특징을 가지고 점점 더 많은 데이터가 웹으로 유입되고 있음을 지적했는데 산술급수적으로 증가하던 데이터량이 기하급수적으로 증가된다는 예측을 의미하고 있다. 그래서 웹 3.0이 아닌 Web^2이라고 하는 견해도 있다. 웹은 더 이상 하나의 가상공간이 아니며 우리 실생활에 밀접하게 관계된 하나의 생명체처럼 진화하고 있다며, 이러한 웹의 변화 방식에 대한 접근방법을 Web^2이라고 정의했다.[25)]따라서 차세대 지능형 웹인 웹 3.0을 선도하는 기술들의 특징은 '개인화',

표 3-6 ▌데이터 기반 웹(Web) 비즈니스 개념의 진화

구분	시기	개념
웹 1.0	1990년대~2000년대 초	• 3차 산업혁명과 전자산업 발전 • 인터넷 정보를 수동적으로 접함(일방적) • 홈페이지 중심의 공급형 지식정보 및 데이터 공급체계
웹 2.0	2005~2009년	• 3차 산업혁명과 정보통신산업(ICT) 발전 • 개인이 능동적으로 콘텐츠를 올려 양방향 의사소통 • 개방과 참여의 소셜미디어와 연계한 서비스 • 소셜미디어 기반 개방형 포털과 유명 인터넷 스타 등장 • 공유경제와 서비스 제공 시작 • Industry 2.0
웹 스퀘어드(Web^2)와 웹 3.0	2010년 이후	• 4차 산업혁명과 디지털 혁신 및 빅데이터 시대 • 모바일 인터넷, 스마트폰 및 스마트워치 활성화가 촉매 • 소셜네트워크, 위치정보, 증강현실, 가상현실, 혼합현실 등이 연계된 서비스 제공[26)] • Industry 4.0과 스마트 팩토리, 4차 산업혁명과 사이버물리시스템, 디지털 트랜스포메이션, 블록체인과 암호화폐 • 다양하고 융복합된 스마트 시티와 스마트 시장이 구현되면서 새로운 서비스와 제품 창출 • 동영상기반의 다양한 유튜버와 왕홍 등 등장 • 공유경제와 긱경제, 직구경제와 구독경제 등 새로운 비즈니스 서비스가 발전 • 빅데이터와 인공지능기반 개인맞춤형 서비스와 제품 제공

25) 위키피디아 참조

26) 고해상도 무선 가상현실/증강현실 헤드셋이 마침내 가상현실과 증강현실 기술을 현실화하면서 빅데이터와 인공지능 시대로 변화·발전하고 있다. 인터내셔널 데이터 코퍼레이션(International Data Corporation)은 2022년이면 가상현실/증강현실 헤드셋 시장이 6,590만 세트에 이르게 될 것이라고 예측했다. 2022년 20억 개의 디지털 기기가 증강현실을 이용할 수 있다는 점에서 웹 3.0의 빅데이터 시대를 준비해야 한다.

'지능화', '상황 인식' 등으로 수렴되며, 이들은 웹의 진화 방향을 예측할 수 있다는 점에서 의미가 있다. 즉, 웹 3.0이란 지능화된 웹이 시맨틱기술을 이용해서 상황인식을 하고 이용자에게 맞춤형 콘텐츠 및 서비스를 제공한다. 이를 이용하여 이용자가 원하는 정보 및 서비스, 직관적인 경험을 제공하게 된다는 것으로, 개인형 맞춤서비스 제공이 가능하다는 의미이다.

결론적으로 웹 2.0이 많은 권력구조를 민주화하고 새로운 기회를 만들었지만, 동시에 경제구조는 대부분 사유화되고 일부 대기업에 독점되어 갔다. 글로벌 테크기업인 애플, 구글, 아마존, 페이스북, 우버, 에어비앤비는 그들이 지배하고 있는 인프라를 위한 폐쇄적인 네트워크를 설치 운영했다. 반면 웹 3.0은 프라이버시가 보장되는 반독점적인 웹이다. 공개된 네트워크를 통해 다양한 가치를 공유하는 것이다. 4차 산업혁명 시대는 암호화를 기반으로 한 전화, VPN, 분산형 저장장치, 암호화폐 지갑이 일반화되고 있다. 개인정보와 데이터를 감시하는 네트워크와 이동통신사가 필요 없는 데이터 민주화와 마이데이터가 구현되는 것이다. 프라이버시 디스토피아를 원치 않는다면 암호화를 기반으로 한 웹 3.0 환경과 도구들이 필요하다. 웹 3.0에는 다음과 같은 여러 가지 장점이 있다.[27)]

- **분산화와 분권화로 중앙통제 없음**: 중개인이 사라지고 암호화폐 이더리움 같은 블록체인이 규칙을 위반할 수 없으며 데이터는 완벽하게 암호화되어 제3자가 필요 없이 믿고 거래할 수 있는 플랫폼을 제공한다. 알파벳(구글의 모기업)과 애플 및 페이스북에겐 더이상 사용자 데이터를 지배할 권리가 없다. 그 어떤 정부나 기관도 웹사이트와 서비스를 없앨 수 없으며 그 어떤 개인도 다른 이의 신원정보를 지배할 수 없다.
- **데이터 소유권 이슈**: 최종 사용자는 데이터에 대한 완전한 권한을 되찾을 것이며 데이터는 암호화되어 보호될 것이다. 그런 다음 데이터는 원할 때에만 개별적으로 공유될 수 있다. 현재 아마존이나 페이스북 같은 대기업에는 개인의 선호 식단, 수입, 관심사, 신용카드 정보뿐만 아니라 수많은 데이터들을 저장하는 거대한 서버가 있다. 저장된 데이터는 자사의 서비스를 향상하는 데에만 사용되는 게 아니고, 일반 광고주와 기업 및 마케팅담당자들도 이 데이터를 사용하기 위해 매년 수십억원을 지급하고 있다.

27) Essentia, Why the Web 3.0 Matters and you should know about it, 2018.

- **해킹 및 데이터 유출의 급격한 감소**: 데이터가 탈중앙화되고 분산되어 저장되기 때문에, 해커는 전체 네트워크를 해킹해야 하는 어려움에 봉착하게 된다. 그리고 현재, 인터넷 회사는 유사시 사용자 데이터를 넘기거나 전체 데이터베이스를 자세히 조사하도록 강제되어 있다. 이러한 지침은 테러 같은 주요 보안 위협에 국한된 것만은 아니다.[28)]
- **상호 운용성의 증대**: 애플리케이션은 쉽게 일반화 및 개인화되고 스마트폰, TV, 자동차, 전자레인지, 스마트 센서 등 기기에 상관없이 실행가능하다. 현재의 애플리케이션은 운영체제에 종속적이며 종종 단일 운영체제에서만 실행된다. 예를 들면, 대부분의 안드로이드 암호화폐 지갑 앱은 iOS에선 사용할 수 없어 여러 대의 기기를 사용하는 사용자는 이를 불만스러워 한다. 이를 해결하려면 개발자가 비슷한 작업을 반복하고 다시 소프트웨어를 업데이트해야 하기에 추가적인 비용이 발생한다.
- **다양한 블록체인 활용**: 누구나 주소를 생성하고 네트워크와 상호작용할 수 있다. 거주지, 소득, 성별, 성향 등 사회적인 요소나 인구통계학적 요소로 인해 특정 사용자를 제한하지 않는다. 4차 산업혁명 시대에는 부와 디지털 자산은 전 세계 어디에서든 국경을 넘어 신속하고 효율적으로 전송될 수 있다.
- **중단없는 서비스 제공**: 계정 일시중지 및 서비스 지연이 큰 폭으로 감소한다. 단일 장애점(SPOF: Single Point Of Failure)이 존재하지 않기에, 서비스 장애가 최소화된다. 데이터는 분산된 노드에 중복으로 저장되니 복수의 백업을 확보하게 되고 이로 인해 서버 오류나 서버 압수에 대응할 수 있다.[29)]

---

28) 2017년, 법원의 명령으로 코인베이스는 15,000명 이상의 사용자 데이터를 IRS(미국 국세청)에 제출했다. 코인베이스의 패배는 정부기관이 수천 명의 고객금융정보를 정당한 이유 없이도 가져가 버린 사례가 되었다. 불행히도 이 뿐만이 아니었는데, 2013년 보안 이메일 제공업체인 라바비트(Lavabit)는 미국 정부에게 에드워드 스노든의 SSL key를 넘겨 정부가 스노든을 감시할 수 있게 하는 대신 서비스 종료를 선택했다.

29) 2020년 코로나-19 팬데믹에도 불구하고 '동학(東學)개미'와 '서학(西學)개미'가 24시간 주식거래와 가상화폐 시장거래를 이용하고 있다.

3.1.6.3 새로운 생산시스템인 Manufacturing 2.0과 Industry 4.0

위키팩처링(Wiki Facturing)은 지식공유와 협업을 의미하는 위키와 제조업을 의미하는 메뉴팩처링(Manufacturing)을 결합한 새로운 경제용어이다. 디자인과 아이디어를 외부에서 구하고(클라우드 소싱), 제조도 마이크로 공장에서 하며, 소셜네트워크 서비스를 통해 판매 및 마케팅을 하는 새로운 생산시스템이다. 생산데이터의 집단지성으로 1인 제조업이 가능해지면서 '제조 2.0(Manufacturing 2.0)'으로도 불리며, 생산과 현장에서 실시간 발생하는 빅데이터가 주목받고 있다.

미국 샌프란시스코의 테크숍(Techshop)은 한 달에 100달러만 내면 다양한 금속사출성형기, 공작기계와 제조 소프트웨어를 사용할 수 있도록 하는 제조공장 플랫폼 서비스 체인이다. 누구나 사용할 수 있는 마이크로 팩토리, 즉 개방형 제조공장 플랫폼 서비스라 하겠다. 위키팩처링 시대에 제조업은 '대규모 비용이 소요되는 장치산업'이 아니라 협업에 의한 소프트웨어산업이 된다는 것이다. 나아가 하드웨어 중심의 제조업이 소프트웨어 중심의 지식서비스산업으로 발전한다는 것이다. 이러한 새로운 제조생산시스템을 '제조 2.0'으로 지칭하기도 한다. 대표적인 사례로 미국의 '로컬모터스(Local Motors)'는 위키팩처링 개념을 전면적으로 도입하여 큰 비즈니스까지 끌어올린 사례로 꼽힌다. 모컬모터스는 오프로드용 수제 자동차 '랠리파이터'로 유명세를 타고 있다. 이 자동차의 디자인은 온라인에서 공모하였다. 브레이크, 엔진, 기어 등의 부품은 포드, 클라이슬러, GM 등 기존 자동차회사에서 주문한 후 로컬조립센터에서 제작하였다. 2019년 3월 맥킨지는 「AI in Production」 보고서에서 AI를 공장운영시스템에 적용하는 것이 효과적이라고 설명했다. 맥킨지는 스마트 팩토리에 AI를 활용해서 성과를 내기 위해서는 ICT 분야 전문가들과 협업이 중요하다고 설명했다.

웹 3.0 시대의 인더스트리 4.0(Industry 4.0)은 독일 총리가 주도하여 진행한 산업관련 정책이다. 이 정책의 내용은 제조업 같은 전통산업에 IT 시스템을 결합하여 생산시설들을 네트워크화하고 지능형 생산시스템을 갖춘 스마트 팩토리(Smart Factory)로 진화하자는 의미를 가지고 있다. 공식적으로 2011년 1월 발의됐고 독일 국가과학위원회(Germany's national academy of science and engineering)는 인더스트리 4.0을 통해 산업 생산성이 30% 향상될 것으로 전망했고, 많은 국가들이 인더스트리 4.0 정책과 스마트 팩토리 지원체계를 받아들여 국가경제발전을 추진하고 있다. Industry 4.0에는 네

그림 3-11 | Industry 1.0/2.0/3.0/4.0 비교

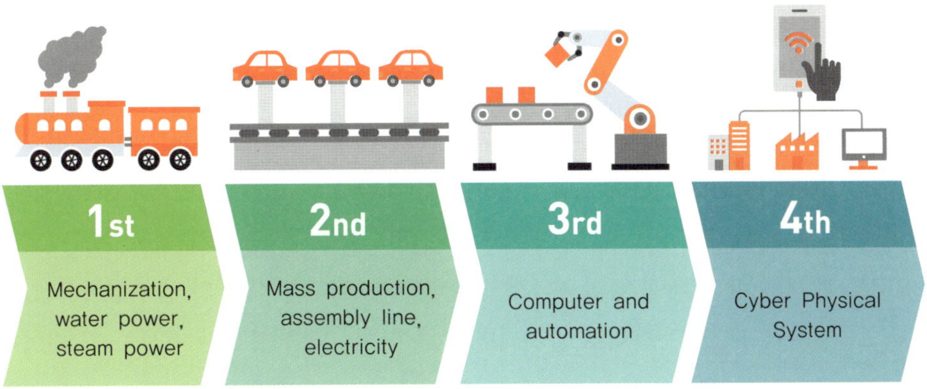

자료: https://commons.wikimedia.org/wiki/File:Industry_4.0.png

가지 디자인 원칙이 있고, 이러한 원칙은 Industry 4.0 시나리오를 식별하고 구현하는 기업을 지원한다.

- **상호운용성**: Internet of Things(IoT) 또는 People of Internet(IoP)을 통해 서로 연결하고 통신하는 기계, 장치, 센서 및 사람들의 지능형 IoT를 추가하면 프로세스를 훨씬 더 자동화할 수 있다.
- **정보투명성**: 정보시스템이 센서 데이터를 통해 디지털 플랜트 모델에 공급함으로써 물리적 환경의 가상 복제본을 생성하는 기능을 말한다. 이를 위해서는 고부가가치 상황 정보에 대한 원시 센서 데이터의 집계가 필요하다.
- **기술지원**: 첫째, 정보에 입각한 의사결정을 내리고 긴급한 문제를 단기간에 해결하기 위해 정보를 취합하고 시각화하여 인간을 지원하는 지원 시스템의 능력이다. 둘째, 사이버물리시스템은 사람이 하기 힘들고, 지치게 하고, 위험한 여러 작업을 수행함으로써 신체적인 부분에서 인간을 지원하는 능력이다.
- **분산결정**: 사이버물리시스템이 스스로 결정을 내리고 그들의 작업을 가능한 자율적으로 수행할 수 있는 능력이다. 자율적으로 수행할 수 없을 경우 간섭과 조정이 가능하다.

3.1.6.4 데이터 민주주의와 마이데이터

4차 산업혁명은 디지털 혁신이 중심이 되어 웹 3.0과 비즈니스 발전 등으로 사이버물리시스템과 스마트 팩토리는 빅데이터 시대를 열고 있다. 과거 아날로그 혁명에서 핵심 자산이 자본 · 설비 · 인력 · 원료 등이었다면, 디지털 혁명의 핵심 자산은 데이터로 주목받고 있다. 데이터가 '자산'으로 부각되는 이유는 모든 것이 연결돼 언제나 데이터를 주고받을 수 있으며 우리의 모든 활동이 데이터로 기록될 수 있기 때문이다. 이러한 데이터를 매개로 한 생태계가 급속하게 성장하면서 '데이터 산업'이 급부상하고 있다. 향후 초연결사회와 초지능사회로 발전되면서 데이터는 더욱 중요한 자산이 될 것이다.

데이터가 새로운 형태의 자산으로 주목받으면서 데이터 유통에 기반한 새로운 생태계인 '데이터 경제(Data Economy)' 개념이 화두가 되고 있다. 데이터 경제란 '데이터에 접근하고 활용할 수 있도록 협업하는 과정에서 데이터 생산, 인프라 제공, 연구조사, 데이터 소비 등 서로 다른 역할을 담당하는 구성원으로 이루어진 생태계(ecosystem)'를 의미한다.[30]

데이터 경제 규모는 유럽연합(EU)의 경우 2014년 기준으로 2,570억유로(EU GDP의 1.89%)였고 2020년에는 6,430억유로(EU GDP의 3.17%)로 증가했다. 유럽연합에서는 데이터를 경제성장뿐 아니라 일자리 창출과 사회발전을 위한 필수자원으로 인식하고 데이터 경제 활성화를 위한 다양한 노력을 기울이고 있다.[31]

최근에 데이터 경제가 화두가 되면서 '데이터 민주주의'라는 개념도 많이 얘기되고 있다. 역사적으로 크게 보면, 정보독재 시대에서 정보통제 시대를 거쳐서 정보개방 시대가 도래한 것이다. 작게 보면 행정정보 공개 정책부터 데이터 민주주의가 시작됐고 오픈 거번먼트(Open Government) 정책부터 본격화됐다. 또 다른 측면에서 보면 인터넷이 보편화되면서 데이터 민주주의가 시작됐고 개인정보보호 정책에 의해서 데이터 민주주의가 성숙됐다. 따라서 데이터 민주주의는 그동안 데이터 개방과 데이터 보호라는 2가지 정책에 의해 발전됐다. 이런 관점에서 정리하면 데이터 민주주의는 '특정한 개인에 대한 정보가 아니면 누구나 그 데이터를 사용, 재사용 및 재배포할 수 있어야 한다'

30) European Commission, Building a European Data Economy, *Data Policy and Innovation*, EU, 2017.1.

31) 데이터산업백서, 각 연도
European Commision, *Building a European Data Economy*(COM(2017) 9 final), 2017.10.

는 의미로 정의할 수 있다. 웹 3.0 경제발전단계에서 보면 글로벌 테크기업들의 데이터 집중화를 심화시키지만 분산화되고 개인화된 데이터 민주주의가 주목받고 있다.

우리나라 데이터 민주주의 수준을 살펴보면, 지난 10년 동안에 괄목할 만한 성장을 했다. 우리나라는 2011년 농협사태 등을 겪으면서 전 세계에서 가장 강력한 개인정보 보호 제도를 갖고 있다. 공공데이터 개방도 선진국에 비하면 늦게 시작했지만 적극적으로 추진해 2015년에는 OECD 공공데이터 개방지수 1위를 차지했다. 이러한 성과에도 향후 4차 산업혁명이 발전하면서 데이터 보호 정책과 데이터 개방 정책이 충돌되는 문제점이 나타날 것이다.

데이터 경제와 데이터 민주주의에 있어, 새로운 관점의 신뢰성 있는 데이터 생태계를 창출하는 것이 매우 중요하다. 특히 개방된 공공데이터와 민간데이터의 융합이 중요하다. 하지만 공공데이터 개방만으로 가치 있는 데이터 생태계를 완성시키기에는 한계가 있다. 조직데이터와 개인데이터가 융합됨으로써 훨씬 더 가치 있는 데이터 생태계를 만들어낼 수 있다. 이런 점에서 개인정보보호법은 융합데이터 생태계를 만드는 데 걸림돌이 될 수 있다. 물론 하나의 대안으로 개인정보의 비식별화 정책이 추진되고 있으나 섬세한 데이터 생태계를 만들어낼 수 없기 때문에 근본적인 대책이 될 수 없다.

4차 산업혁명을 위해 데이터 생태계를 자연스럽게 융합해야 한다. 데이터 생태계를 융합하기 위해서는 산업별 마스터데이터가 중요한 연결고리가 되며 특히 개인정보는 가장 중요한 연결고리다. 예를 들어 개인별로 제조, 금융, 유통, 의료데이터를 융합해 새로운 가치를 창출하는 것이 가장 의미있는 데이터 생태계라고 할 수 있다. 이런 점에서 마이데이터(MyData) 개념은 융합데이터 생태계를 구현하는 데 핵심적인 역할을 할 것이다.

2011년 IDC 보고서를 따르면 디지털 데이터 중 개인데이터 비중은 약 75%이며, 사물인터넷과 인공지능기술로 인해 개인데이터의 비중과 가치가 더 증가할 것으로 예상된다. 실제로 구글, 페이스북, 아마존 등 인터넷 기업은 개인데이터를 기반으로 성장해 지금은 글로벌 시가총액 TOP 5 기업이 됐다. EU에서 2020년 개인데이터로 창출되는 경제적 가치는 약 1조 유로, 정부와 기업이 얻는 연간 이익은 약 3,300억 유로가 발생했다.

많은 사람들이 개인정보보호와 마이데이터를 상반된 개념으로 오해하고 있다. 개인정보보호는 기업 관점에서 기업 소유의 개인데이터에 대한 기업 권한과 책임을 얘기한다. 반면에 마이데이터는 개인 관점에서 기업 소유의 개인데이터에 대한 개인 권한과 책임을 얘기한다. 즉 마이데이터 개념은 기업 중심의 개인데이터 생태계에서 개인데이터의 주인인 개인에게 자신의 데이터를 통제 및 관리할 수 있는 권한을 돌려주는 개념이다. 따라서 개인정보보호 정책은 유지되면서 마이데이터 정책을 적극 추진할 필요가 있다.

마이데이터 정책의 핵심은 개인정보의 소유권(ownership)을 당사자에게 돌려주는 것이다. 실제로 많은 개인정보는 개인이 아니라 기업이나 기관이 갖고 있다. 개인의 금융데이터는 그 개인이 이용하는 금융기관이 대부분 갖고 있으며, 개인의 의료데이터는 진료를 받았던 병원이 대부분 갖고 있고, 개인의 공공데이터는 서비스받았던 공공기관이 대부분 갖고 있다. 하지만 이러한 개인정보의 소유권자는 그 데이터를 관리하는 기관이나 기업이 아니라 그 개인이다. 따라서 그 당사자만이 금융데이터, 의료데이터, 통신데이터, 구매데이터, 공공데이터 등을 활용하고 융합할 수 있다. 결국 마이데이터는 개인의 융합데이터 생태계를 만들 수 있는 기회를 제공하고 있다. 특히 마이데이터의 개인데이터 자기 이동권은 데이터 생태계 융합을 촉진하면서 새로운 비즈니스 모델을 창출하고 지능화한 사회를 촉진시킬 것이다.

진정한 데이터 민주주의가 되기 위해서는 조직 관점뿐만 아니라 개인 관점에서 데이터 권한과 책임도 정의해야 한다. 이런 관점에서 2020년 5월에 시행된 EU의 GDPR(General Data Protection Regulation) 법안을 주목해야 한다. GDPR 법안은 기업의 자의적인 개인정보 활용을 강력하게 통제하면서 개인정보 권한을 보호하려 하고 있다. GDPR 법안에서는 개인의 데이터 열람권, 데이터 정정요구권, 데이터 삭제권, 데이터 이동권 등을 포함하고 있다.

EU집행위원회는 데이터 시장을 수량적으로 측정하기 위해, 데이터 전문가/데이터 기업 매출액/데이터 시장규모/데이터 경제 등을 자료로 설정했다.[32] 맥킨지 「Value creation in industrials」(2020.12) 자료에 의하면, 기술혁신을 통해서 산업들이 다양화 · 세분화 · 지식화하는 가치 창출과 비즈니스 성과를 나타내고 있다.

결론적으로 4차 산업혁명 시대는 컴퓨터가 사람을 대신하여 정보와 데이터를 읽고 이해하고 가공하여 새로운 데이터의 집단지성인 지식을 만들어낼 수 있다. 이해하기 쉬운 의미를 가진 차세대 지능형 웹인 웹 3.0 경제가 부상된다는 점에서 데이터 민주주

32) 한국데이터산업진흥원, 데이터 산업동향 이슈 브리프, 2020.8.

의가 더욱 확장돼야 한다. 프라이버시가 보장되는 반독점적인 웹 3.0 시대에서 확장된 관점의 데이터 민주주의는 '특정한 개인에 대한 정보와 데이터가 아니면 누구나 그 데이터를 사용, 재사용 및 재배포할 수 있어야 한다. 또한 특정한 개인에 대한 정보는 누가 그 정보를 갖고 있든 그 개인에 의해 통제되고 관리될 수 있어야 한다'고 정의할 수 있다. 따라서 데이터 개방 정책, 개인정보보호 정책, 마이데이터 정책이 균형되게 추진돼야 한다.

그림 3-12 | 데이터의 변천사와 향후 방향

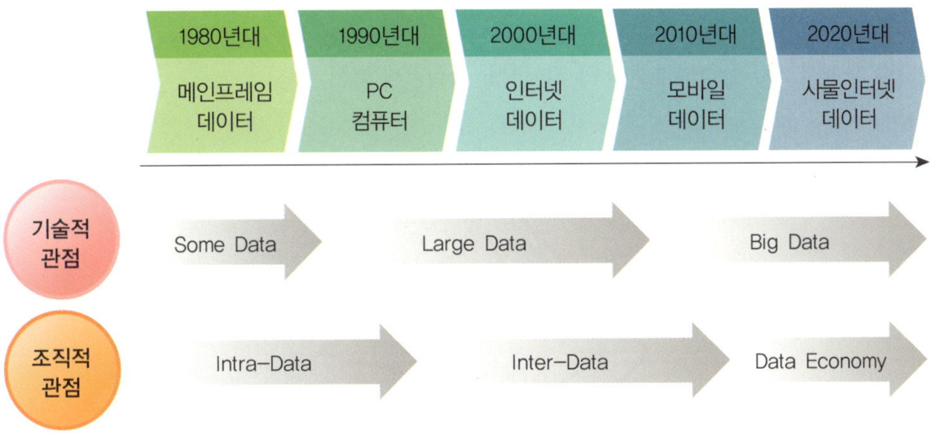

그림 3-13 | 데이터 민주주의의 발전

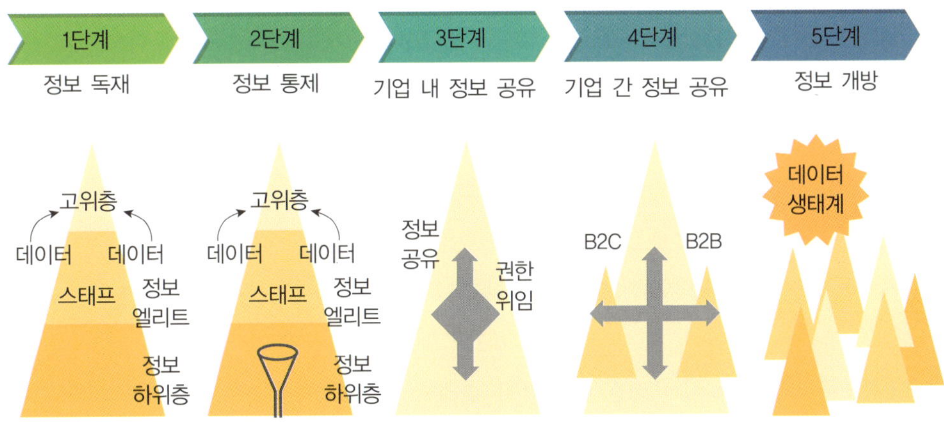

자료: 버나드 리어터드 외, e비즈니스 인텔리전스, 2001, 박주석 개정, 2017.

3.2 데이터 경제란?

3.2.1 데이터 경제의 개념과 범위

3.2.1.1 데이터 경제 정의와 주요 특징

1) 지식과 데이터

그림 3-14 | 4차 산업혁명 시대의 지식기반 사회경제 발전

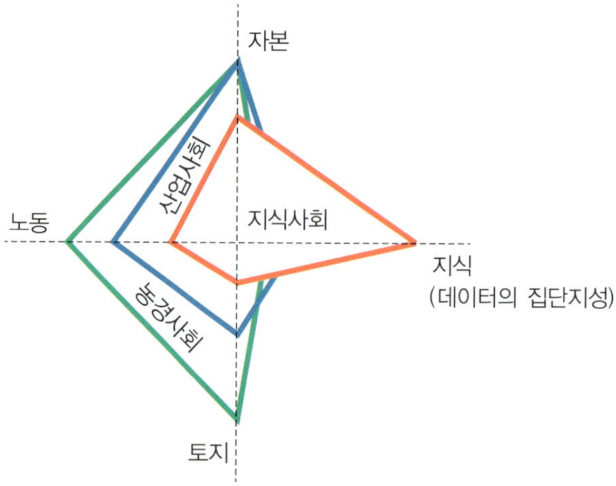

전통경제학에서 자본주의시장경제의 기본적인 생산요소는 자본과 노동과 토지가 일반적이었고, 따라서 아담 스미스 이후 생산활동을 구현하는 생산함수는 자본과 노동 및 토지의 변수가 가장 중요했다.[33] 심지어 공급은 수요를 창출한다는 세이(Say)의 법칙이 근대 자본주의시장경제 발전에서 주류가 되었다. 미래학자 앨빈 토플러는 「제3의 물결」(1980)에서 제1의 물결(농경시대), 제2의 물결(산업화시대)에 이어 20~30년 뒤 제3의 물결(지식정보시대) 및 정보화혁명이 도래할 것이라고 설명하였다. 구체적으로 프

33) 임희정 · 김용환, "Measuring Productivity in Frontier and Non-Frontier Model", 기술경제경영연구원, 2007.12. 참조

로슈머, 재택근무 등 새로운 용어가 처음 등장한 것이다.[34]

최근에는 정보 및 기술과 CEO의 능력 등이 기업의 시장가치를 창출하는데 가장 중요한 변수가 되었고, 디지털 혁신으로 디지털 데이터의 집단지성으로 발생하는 지식이 글로벌 사회경제 발전을 주도하고 있다. 특히 21세기에 와서는 디지털 혁명 등으로 지식이 경제활동의 새로운 요인으로 부각되었으며 희소성의 법칙에 근거한 수확체감의 법칙과 아울러 지식의 수확체증의 법칙이 발전하고 있다. 지식기반경제의 도래는 농경사회에서 산업사회로의 전환에 비견할 수 있는 패러다임 전환(paradigm shift)적 사건이다. 선진국에서는 지식기반경제가 유형자본의 희소성과 가치를 일차적으로 강조하던 종래 산업자본주의 시대를 대치할 새로운 경제·사회 패러다임이 되고 있다. 구체적으로 지식과 데이터가 기반이 되는 4차 산업혁명 시대로 진화·발전하고 있다. 데이터의 집단지성으로 발생하는 빅데이터가 폭발적으로 증가함에 따라 비즈니스 사용자와 비즈니스 관리가 단순한 IT에 대한 데이터 및 분석으로 제어할 수 있는 시대는 끝났다는 것이다.

최근 디지털 혁신을 통한 데이터 기반 융합시대에서 데이터 사이언티스트(Data Scientist)가 기업 및 정부 등에서 매우 주목받고 있다.[35] 미국 최대의 직장 평가 및 구인·구직 서비스 업체인 글래스도어가 최근 발표한 '2019년 미국 최고의 직업 50'에 따르면, 최고 직업 50개 중 19개가 IT(정보기술) 관련 직업으로 분석했다. 글래스도어는 매년 직업별 연봉의 중간값(median), 직업만족도, 구인 중인 일자리수 등을 토대로 최고 직업 50을 분석·선정하였는데, 2019년 1위는 데이터 사이언티스트(Data Scientist)가 선정됐다.[36]

---

34) 앨빈 토플러는 혁명적 부 창출의 요인으로 시간, 공간, 지식을 설명한다. 그는 자칫 평범해 보일 수도 있는 이 요인을 비즈니스는 물론 경제, 사회 전반을 주관하는 기반(fundamental, 펀더멘털)과 내면 깊숙한 곳에서부터 작용하고 있는 심층기반(deep fundamentals)으로 규정했다. 그는 세계가 직면하고 있는 위기 상황이 속도의 충돌 때문으로 주장하였다. 경제발전의 속도를 사회 제도나 정책 등이 보조하지 못하기 때문이라는 것이다. 기업은 시속 100마일의 속도로 혁신에 혁신을 거듭하고 있지만 정부와 관료조직, 정책과 법 제도는 30마일도 안 되는 속도로 거북이걸음을 하고 있다고 주장하였다. 이런 속도의 차이는 결국 상호 충돌을 야기하고 변화·발전의 흐름을 저해하는 요소로 작용한다고 설명하였다.

35) Bill Schmarzo, *Big Data MBA,* Wiley, 2016.

36) 데이터 사이언티스트(Data Scientist)는 주로 숫자나 이미지, 문자 같은 빅데이터(Big Data)를 컴퓨터 프로그래밍으로 분석하고 이에 기반해 새로운 전략이나 제품·서비스를 만들어낸다. 최근 구글·페이스북 등 IT 기업은 물론이고 유통, 부동산 등 전(全) 업종에서 각광받는 일자리이다. 글래스도어에 따르면 데이터 사이언티스트(Data Scientist)의 연봉 중간값은 10만 8,000달러(약 1억 2,000만원)에 달했고 업무만족도도 5점 만점에 4.3점에 달했다.

IBM 마케팅 클라우드에 따르면, 현재 전 세계에 축적된 데이터 중 90%는 2015년 이후에 생산된 것이라고 설명하였다. 따라서 최근 2년 내에 생성된 디지털 데이터의 규모가 선사시대부터 작성된 문자데이터의 양보다 크다는 점에서, 디지털 혁신에서 발생하는 데이터의 양과 질은 데이터 집단지성으로 발생하는 지식(知識)과 데이터 가치를 새롭게 변화시키고 있다. 폭발적으로 발생하는 빅데이터를 저장하고 관리하는 글로벌 퍼블릭 클라우드 시장규모가 2019년 2,278억달러에서 2022년 3,546억원 달러로 성장될 전망이다. 이러한 지식과 데이터는 일반적으로 경제학 교과서에 나오는 일반재화와 다른 특수성을 가지고 있다.

첫째, 눈덩이효과(snowball effect)와 수확체증의 특성을 가지고 있다. 지식은 많이 축적될수록 새로운 지식의 창출이 더욱 용이해진다. 다양한 데이터가 축적되어 창출된 빅데이터가 단지 데이터의 양(volume)의 크기만을 의미하는 것은 아니다. 빅데이터는 양뿐 아니라 텍스트, 오디오, 동영상, 로그파일 등 정형, 비정형, 반정형 데이터 등 다양한 형태(variety)를 포함한다. 또한 빠르게 처리해야 하는 속도(velocity)와 신뢰성을 담보해야 하는 정확성(veracity), 그리고 결과의 의미를 가져야 하는 가치(value)까지 포함하는 등 그 범위가 넓고 깊다. 이러한 디지털 혁신을 통한 데이터 기반 융합시대에서 5V를 포괄하는 결과물을 산출하기 위해 데이터를 수집해 분석해야 하는데 그 과정과 활용이 간단치 않다. 그래서 빅데이터는 데이터 사이언스라는 이름으로 발전하고 있고, 이를 산업과 연계시키는 방법을 체계화하며 가장 유망한 분야로 진화하고 있다. 데이터도 데이터의 집단지성과 지식 집단지성으로 융복합 기술 · 산업 가속화가 구체화된다. 데이터 기반 신산업과 새로운 비즈니스 경제가 급속히 발전하면서 제4차 산업혁명이라는 새로운 변화 발전 아젠다를 제시하고 있다. 4차 산업혁명은 물리적 · 생물학적 · 디지털적 세계를 빅데이터에 입각해서 통합시키고 경제 및 산업 등 모든 분야에 영향을 미치는 다양한 신기술로 구체화될 수 있다. 물리적인 세계와 디지털적인 세계의 통합은 O2O와 O4O를 통해 수행되고, 생물학적 세계에서는 인체의 정보를 디지털 세계에 접목하는 기술인 스마트워치나 스마트밴드를 이용하여 모바일 헬스케어를 구현할 수 있다. 디지털 혁신을 통한 데이터 기반 융합시대에서 가상현실(VR)과 증강현실(AR)도 물리적 세계와 디지털 세계의 접목에 해당될 수 있다.

둘째, 지식은 비경합적(non-rivalry)이며 부분적으로 배제가능한(partially excludable) 공공재적 특성을 지닌다. 디지털 데이터의 경우 하나의 데이터를 여러 서비스에서 동시 다발적으로 사용가능하다는 비경쟁성의 특징을 갖고 있다. 기존의 희소성의 법칙과는 다르게 뉴미디어를 통해 공개된 지식은 언제 어디에서든 얼마든지 접근과 공유가 가능하며, 특히 폭발적인 SNS 증가 및 막대한 공개된 정보를 통해 네트워크를 완전히 막을 수도 없는 실정이다.37) 데이터를 단순히 저장하지 않고 개방하고 공유해야 한다는 점에서 데이터 네트워크 효과가 크게 발생한다. 디지털 기술 혁신기반인 디지털 경제와 초연결 시대에는 오로지 개방만이 가장 큰 이익을 낸다. 즉, 모든 것이 더 연결되면 연결될수록 유리하다는 점에서 네트워크 비즈니스와 플랫폼 수익모델이 발생한다. 스마트폰 등 다양한 센서와 디지털 기기를 통해 데이터의 집단지성으로 네트워크 효과가 발생하고 있다. 메칼프의 법칙을 고려한다면 통신망의 진정한 가치는 해당 망에 연결된 기기 사용자수에 제곱해 증가한다.

그러면, 소비자와 기업 및 국가기관 등에게 데이터 집단지성의 개방과 공유는 과연 무엇을 제공하고, 어떠한 장점을 제공하는가? 특히 다양한 디지털 기기와 IoT 센서가 연계된 디지털 데이터는 미래를 예측가능케 하여 소비자와 기업 및 국가기관 등에게 제공한다.38) 일반적으로 미래를 계획하거나 준비는 하지만, 매우 불분명하거나 여러 가지 변수가 나타난다. 이런 현실적 상황을 극복하고 디지털 데이터 기반 빅데이터는 매우 정확하고 예측가능한 미래 현상을 현재 소비자와 기업 및 국가기관 등에게 제공할 수 있다는 것이다. 예를 들면, 다양한 센서기술 기반의 IoT 기기와 스마트폰을 통해 실시간 창출 · 수집된 많은 양의 데이터가 축척 가능하게 되어, 소비자와 기업 및 국가기관 등이 미래를 예측하는 데 활용하고 있으며 스마트 시티 등으로 구체화되고 있다는 것이다.

소비행동 데이터의 집단지성과 연계한 디지털 소비자의 경우 일반적으로 상품과 서비스를 구매하는 정보와 결정 및 지출을 스마트폰으로 진행하게 된다. 구입예상 상품과 서비스에 대한 다양한 정보와 사용후기를 SNS 및 제품자료 등에 관한 데이터를 수

---

37) 2020년 현재 중국은 중국정부에 부정적인 정보를 유포시킨다는 이유로 구글과 페이스북 서비스 접근을 막고 있지만, 중장기적으로 보면 구글과 페이스북 네트워크를 완전히 차단하는 것은 매우 어렵다고 하겠다.

38) IoT의 진짜 기회는 데이터를 얼마나 남다르게 결합하느냐에 달렸다. 데이터를 제대로 결합한다면, 공장이 어떻게 돌아가는지 한눈에 들여다 볼 수 있다. 하지만 여기까지는 누구나 할 수 있다. 이제 우리는 공장이 1분 후, 1시간 후, 1개월 후 어떻게 가동 및 운영될지도 예측할 수 있다. Rainer Drath and Alexander Horch, "Industrie 4.0: Hit or Hype?", *IEEE Industrial Electronics Magazine*, June 2014. 참조

집하여, 판단하고 모바일로 결제하는 시스템을 사용한다. 이러한 디지털 소비행태에서 발생하는 많은 데이터는 기업 및 금융기관과 정부에 자연스럽게 공개 및 공유되게 되면서 빅데이터로 축적된다.

비즈니스 데이터의 집단지성과 연계한 기업의 경우 이제 공장 전체에서 생성하는 수많은 데이터를 분석하여 얻는 이익이 생산현장뿐만 아니라 조직 내부의 의사결정에까지 영향을 미친다는 사실을 깨닫고 있다. 글로벌 디지털 기업인 애플은 독자적인 데이터 집단지성 생태계인 아이튠즈와 앱스토어를 보유하고 있어, 타기업 및 기기와 데이터 교류에는 매우 배타적이다. 현재 전 세계에서 가장 잘 팔리는 웨어러블 기기인 애플워치는 건강과 운동관리 기능뿐 아니라 개인의 활동량을 분석한다. 애플워치는 애플 미래전략제품으로 주목받고 있다. 그럼에도 불구하고 애플은 애플워치를 최초로 출시할 때부터 제3의 독립개발자들에게 모든 소스를 공개 및 공유케 했다. 애플워치에서 발생하는 수많은 데이터를 마음껏 활용하도록 지원하였고, 그 결과 애플워치를 사용하는 다양한 애플리케이션이 창출되었다. 미국의 세계적인 스탠퍼드대학병원 같은 의료기관도 참여했다. 이와 같이 배타적이었던 애플의 미래경영전략이 변화하는 것을 예측할 수 있다.

민간 및 공공데이터의 집단지성과 연계된 공공데이터의 개방과 공유가 기본인 스마트 시티를 추구하는 정부기관의 경우 서울시 공공데이터를 기반으로 서울시 심야버스 운영에 대한 실시간 데이터를 분석하여 어느 시간과 어느 노선에 얼마나 공급하면 될 것인가를 추정하여 공공서비스를 제공하고 있는 것이다. 이렇게 제공된 스마트 이동로(Smart Mobility Corridor)는 도로교통과 에너지절약, 긴급호출 및 도시안전과 화재예방, 유통혁신에도 적극적으로 활용되면서, 이와 연계한 새로운 서비스와 비즈니스를 창출될 것을 예측할 수 있다. 즉, 더 나아가 데이터를 제대로 활용하는 것만으로도 미래를 예측할 수 있으며, 소비자와 일반 시민들에 보다 적합한 서비스를 제공할 수 있는 것이다.

이러한 빅데이터를 저장하고 분류하고 다양한 판단과 서비스를 제공하는 인공지능 기반의 새로운 혁신이 이루어진 시대와 상황을 소비자와 기업 및 국가기관 등은 직면하고 있다. 데이터 기반 서비스와 제품들이 폭발적으로 새로운 시장에 진입하고 있기 때문에, 빅데이터 기반 시장창출과 새로운 경쟁자와의 새로운 관계형성에서 소비자와 기업 및 국가기관 등은 무엇을 준비해야 하는가?

셋째, 지식과 데이터의 외부성(externality)과 집적의 경제이다. 즉, 지식과 데이터는 그 공공재적 성격 때문에 외부로 파급되어(spillover) 관련 경제주체 모두의 생산성을 높이며, 따라서 지식근로자가 많이 모여 있는 집단일수록 그 생산성이 높다. 최근 정보통신 기술진보로 인한 정보화와 데이터화의 급진전으로 지식전파의 한계비용이 '0'에 가깝게 떨어졌기 때문에 데이터의 집단지성인 지식창출과 정보화가 이루어지면 자연스럽게 지식기반경제 및 데이터 경제가 도래하는 것처럼 보인다는 견해도 있다.[39] 구체적인 사례로 소유의 개념에서 공유의 개념으로 확장되면서 소유보다는 사용의 편익성에 기반한 서비스가 발생한다. 제조업기반의 생산요소인 자본과 노동의 한계비용체감의 법칙과는 완전히 차별화된 한계비용체증의 법칙이 창출된다. 디지털 기업의 플랫폼 비즈니스 모델로 발생하는데, 사람과 사람을 연결하는 비즈니스 모델인 페이스북, 차고에 있는 자동차와 이동을 원하는 사람을 연결해주는 비즈니스 모델인 우버, 비워두는 공간과 숙박하고자 하는 사람을 연결하는 비즈니스 모델인 에어비앤비, 사무공간을 일시적 혹은 필요시 활용하기를 원하는 사람과 연결하는 비즈니스 모델인 위워크 등을 들 수 있다. 아울러 기술적인 측면에서 보면, 공공교통 데이터에 기반한 내비게이션의 활용을 들 수 있는데, 빨리가기 혹은 길찾기에서 새로운 맛집과 주변시설 활용에 대한 서비스로 확대되면서, 정형화된 도로와 주변의 물리적인 상황을 디지털 데이터를 통해 시간 · 공간의 개념에서 즐거움 · 편리함의 개념으로 전환시켜 새로운 비즈니스 서비스를 제공하고 있다. 또한 스마트 시티의 개념도 정보통신 기술진보로 인한 정보화와 데이터화의 급진전으로 지식전파의 한계비용이 '0'에 가깝게 떨어졌기 때문에 지식의 창출과 정보화가 구현되어 데이터 개방과 공유 및 안전한 도시생활인 스마트 시티를 제공하는 것이다.

구체적으로 21세기 지식기반경제(knowledge-based economy)는 지식기반경제와 데이터 경제로 발전 패러다임이 진화 · 발전하고 있다.[40] 즉 새로운 경제패러다임인 지식이 중심으로 작동하는 수확체증의 경제, 개방 · 참여 · 공유 및 분배의 웹 경제,[41] 개방

39) 지식의 습득, 재생산, 활용에 들어가는 비용은 결코 '0'이 아니다 지식의 확산이나 활용의 수준은 개인 또는 기업의 흡수능력에 크게 좌우되며, 결국 이러한 흡수능력에 대한 투자수준에 의해 결정된다. 따라서 정보화는 지식기반사회로 가는데 도움을 줄 뿐이지 그것 자체가 지식사회가 되는 충분조건은 아니다.
김용환, 기술혁신의 산업경제발전론, 기술경제경영연구원, 2006. 참조

40) T. Kanti Srikantaiah and Michael E.D. Koenig, *Knowledge Management, Information Today*, 2000, pp.3-20.

형 온라인 사전인 위키피디아(Wikipedia)로 대변되는 위키(Wiki)[42]경제, 스마트폰(smart phone), 태블릿 PC(tablet PC) 등의 융복합형 디지털 기기의 급속한 보급과 트위터(Twitter) 및 페이스북(Facebook) 등 SNS(Social Network Service)를 이용한 서비스를 통해 새로운 가치사슬을 형성시키는 소셜네트워크와 소셜미디어 비즈니스 경제생태계, 빅데이터/사물인터넷(IoT)/인공지능(AI)/자율자동차/로봇/헬스케어 등 융합바이오 등 신산업의 급속한 발전과 공유경제(Sharing Economy) 등으로 급속히 진화·발전하고 있다. 특히 자동차, 조선, 기계, 전기제품 등으로 구성된 기존의 제조업 중심의 하드웨어산업에서 인터넷, 콘텐츠 및 클라우드 서비스,[43] 그리고 SNS와 빅데이터(Big Data)[44] 등을 이용한 다양한 미디어마케팅 창출 등으로 소프트웨어산업과 서비스가 융합되어 비즈니스 생태계가 급속히 변화·발전하고 있다.

특히 2016년 1월 다보스포럼에서 "기술혁명이 우리의 삶을 근본적으로 바꿔 놓고 있다"며 의제로 제시한 4차 산업혁명에 대한 논의가 세계적으로 주목받고 있다. 주요 내

---

41) 웹 2.0은 "The network as platform, spanning all connected devices"이며, 기술의 집합체이기보다는 '중력의 핵'으로서의 역할을 할 것이다(Reilly). 웹 2.0은 새롭고 재미있는 기술들이 비즈니스의 토양에서 뿌리를 내릴 수 있는 그러한 곳이다(John Battelle, Web2con Program Chair). 웹 2.0은 컴퓨터를 위해서 인터넷을 더 유용하게 만드는 것에 대한 것이다(Jerr Bezos). 웹 2.0은 더 분산되고 개방된 인프라구조이다. 웹 3.0은 지능화된 시맨틱 웹이 이용자가 원하는 콘텐츠를 제공하고, 개인별 맞춤 서비스를 제공하고 있다. 다양한 경로를 통해 네트워크에서 사용 및 상호작용의 진화를 설명하는 데 사용되고 있다. 웹 3.0은 네트워크를 데이터베이스로 변환하는 것, 브라우저뿐만 아니라 여러 애플리케이션에서 콘텐츠에 액세스할 수 있도록 하는 움직임, 빅데이터와 인공지능기술의 추진, 공간 웹, 3D 웹 등이 포함된다.

42) 위키(Wiki)는 사용자들의 협업을 통해 웹사이트의 콘텐츠를 구성할 수 있도록 해주는 서버 프로그램이다. 사용자들은 누구라도 웹브라우저를 사용하여 위키 사이트의 콘텐츠를 편집할 수 있다. 위키 웹사이트는 기본적으로 협업에 대한 신뢰의 원칙 위에서 운영된다. 위키라는 용어는 '빠르다'라는 의미를 갖는 하와이 말 'wikiwiki'라는 단어에서 유래되었다. 위키는 자신의 컴퓨터에서 위키화된 웹사이트의 콘텐츠를 편집하려는 방문자들을 허용한다. 방문자들 역시 새로운 콘텐츠를 만들거나 기존의 콘텐츠의 구성을 변경할 수 있다. 위키는 단순화된 인터페이스를 제공한다. 위키 웹사이트 중에서 가장 잘 알려진 예로서 협업에 의해서 만들어지고 있는 온라인 사전인 위키피디아(Wikipedia)를 들 수 있다.

43) 클라우드(Cloud) 서비스는 서버에 저장된 응용프로그램, 애플리케이션, 콘텐츠 등을 PC와 스마트폰 등의 단말기로 접속해 이용하는 웹기반 형태이다. 굳이 PC를 이용하지 않아도 다른 기기를 이용해 PC와 동일한 환경을 구축할 수 있는 것이다.

44) 기존 데이터베이스관리시스템이 수집·저장·관리·분석할 수 있는 역량을 넘어설 만큼 거대하여 통제하기 힘든 데이터의 집합 또는 이를 분석하는 기법이다. 특히 스마트폰의 대중화에 힘입어 폭발적으로 늘고 있는 대규모 디지털 데이터를 의미한다. 거대한 크기(volume), 빠른 데이터 생성·유통속도(velocity), 형태적 다양성(variety)이 특징이다. 빅데이터에 숨겨진 유용한 정보를 캐내 미래를 예측하는 기술을 데이터 마이닝(data mining)이라고 한다.

용으로 디지털, 바이오 영역 등 다양한 분야의 '기술융합'을 통한 '사이버물리시스템(Cyber Physical System)'이 구축되면서 혁명적 변화가 진행될 것으로 전망하였다. 즉, 산업장비, 가전 등 현실 속 사물을 뜻하는 물리적 세계와 인터넷상의 사이버 세계가 네트워크로 연결, 집적된 데이터의 분석과 활용 및 사물 자동제어가 가능해지는 시스템으로 발전하게 될 것으로 전망하고 있다.

4차 산업혁명은 디지털 혁신이 중심이 되는 데이터 자본주의가 부상하고 있다. 과거 아날로그 혁명에서 핵심 자산이 자본 · 설비 · 인력 · 원료 등이었다면, 디지털 혁명의 핵심 자산은 데이터이다. 데이터가 '자산'으로 부각되는 이유는 모든 것이 연결돼 언제나 데이터를 주고받을 수 있으며 우리의 모든 활동이 데이터로 기록될 수 있기 때문이다. 이러한 데이터를 매개로 한 생태계가 급속하게 성장하면서 '데이터산업'이 급부상하고 있다. 향후 초연결사회와 초지능사회로 발전되면서 데이터는 더욱 중요한 자산이 될 것이다. 이와 같이 4차 산업혁명 시대의 가장 기초적인 자원이 빅데이터라고 하겠다.

데이터가 세상에서 가장 가치있는 자원으로 부상하면서, 데이터산업의 변화가 더욱 가속화하고 있다. 데이터산업은 데이터 처리, 데이터 통합, 데이터 분석, 데이터 권리와 윤리의 시대로 계속 다양한 변화를 하고 있다.[45] 코로나-19 팬데믹은 이미 예정되어 있던 데이터 기반 뉴노멀 시대를 더욱 빠르게 앞당겼고, '언택트 사회와 경제'로 전환하고 있다. 집안에서 모든 것을 해결하는 홈이코노미, 기업의 데이터기반 디지털 전환이 일반화되면서 기업의 최적화와 비즈니스 솔루션의 변화, 데이터와 AI 맞춤형교육과 온라인 평생교육으로 미래를 대비, 맞춤형 정밀의료와 원격진료가 본격화되면서 디지털 헬스케어시장의 폭발적 성장, 영화관/공연장을 대신하는 집과 가상공간 활용이 일반화되는 미디어의 변신, 비대면의 솔루션으로 인간을 대신하는 지능형 로봇의 일반화, 이동수단의 혁신으로 지능형 뉴모빌리티 등이 주목받고 있다. 이 빅데이터를 기반으로 인공지능(AI)이 학습을 한다. 그래서 컴퓨터의 인지능력과 판단능력, 그리고 미래예측능력이 인간을 앞서가게 된다. 그러면서 미래에는 대부분의 일자리를 로봇과 컴퓨터가 대체할 것으로 예상한다. 이러한 4차 산업혁명 시대에 식량인 쌀이자 원유인 빅데이터를 생성하는 기초소자가 바로 센서이다.[46]

45) 한국데이터산업진흥원, 2019 데이터 산업백서, 2020.

46) 센서는 일반적으로 반도체로 만들어지고 주변 환경의 전압, 전류, 전자파, 빛 등 전자기적 물리

현실 속 각종 사물들이 '사물인터넷(IoT)으로 연결되면서 데이터 기반의 제품의 생산과 서비스가 자동화 · 지능화되는 새로운 산업시대가 개막하고 있으며, 디지털 혁신인 데이터와 AI에 의한 경제 · 사회구조의 변화가 이전 산업혁명에 비교할 수 없는 수준이 될 것으로 예상하고 있다.47)

'2019년 SAS 글로벌 포럼'에서 미치오 카쿠 뉴욕대 교수가 AI(인공지능)는 인간문명뿐 아니라 장기적으로 인간이라는 개념(humanity) 자체를 변화시킨다고 주장했다.48) 향후 수십 년 후 데이터 기반 AI는 인간 삶의 모든 부분에서 '공기 같은 존재'가 될 것이라며, 그런 미래를 지금 준비해야 한다고 설명했다. 데이터 기반 AI가 인류의 산업과 경제시스템 자체를 혁신할 것이라고 주장했다. 자동차, 의료, 교육, 군사, 유통, 제조업 등 모든 영역에서 더 빠르고 싸면서도 개개인에게 특화된 제품과 서비스를 제공할 수 있게 되기 때문이다. 당장 로봇 변호사나 로봇 의사처럼 인터넷을 통해 쉽고 싸게 이용할 수 있는 AI 기반 전문가서비스들이 실례다. 이러한 변화들은 궁극적으로 '완벽한 자본주의(perfect capitalism)'라는 새로운 경제체제로 이어진다.

자본주의 시장경제의 효율성을 갉아먹고 문제를 일으키는 것은 근본적으로 정보의 부족과 불투명성이다. 하지만 세상 모든 것에 대한 정보가 넘쳐나고, 그 많은 데이터를 AI가 효율적으로 분석해 제공할 수 있게 되면 그러한 비효율이 점차 사라지면서 시장경제 자체의 속성이 바뀔 것이다. 예컨대 가상 · 강화 현실 기술로 누구나 즉석에서 제품의 가격과 장 · 단점을 파악하고, 유통과정이나 다른 소비자들의 반응까지 쉽게 알 수

신호뿐만 아니라 온도, 압력, 속도, 가속도, 회전속도, 힘 등 기계적 신호도 측정한다. 더 나아가 화학적 감지기능으로 기체의 종류, 기체의 양, 불순물 농도 등 화학적 감지기능을 갖기도 한다. 센서 내부에서는 이렇게 감지한 아날로그 감지신호를 디지털값으로 전환한다. 그리고 유무선 통신회로와 네트워크를 통해서 프로세서로 보내고, 메모리에 저장하고, 멀리는 데이터 센터로 보내게 된다(세계일보, 2019.4.17. 참조).

47) 2016년 6월 7일 일본정부가 발표한 '제4차 산업혁명을 선점하기 위한 일본의 전략 및 시사점' 보고서에 따르면, 일본정부는 2030년까지 7대 추진전략을 통해 제4차 산업혁명을 주도해 나갈 것이며, 이를 위해 적극적인 환경정비, 규제개혁, 기업지원 등을 수행할 것이라고 발표했다.

48) 카쿠 교수는 기존 역학과 양자물리학을 하나로 통합해 우주를 설명하는 '초끈이론(superstring theory)' 탄생에 기여한 이론 물리학자다. 미국 캘리포니아 산호세에서 일본인 이민자의 자녀로 태어나 하버드대 물리학과를 수석 졸업하고, UC 버클리에서 박사학위를 받았다. 미국 디스커버리 채널과 영국 BBC의 과학 다큐멘터리에 단골로 등장해 스티븐 호킹 이후 세계에서 가장 유명한 과학자 중 한 명으로 꼽힌다. 그는 인간사회를 진보시키고 부(wealth)를 창출하는 것은 항상 과학이었다며, 19세기 과학혁명과 20세기 전기 · 인터넷혁명에 이어 21세기에는 AI와 나노 바이오기술이 새로운 부의 원천이 될 것이라고 주장했다(조선일보, 2019.5.9. 참조).

있다. AI가 이러한 정보의 전달과 판단을 도와줄 것이다. 전 세계 수백만 개의 재화와 서비스 중 자신에게 딱 맞는 것만 골라 가장 싼 가격에 살 수 있게 된다.

4차 산업혁명이 금융위기 이후 침체국면을 지속하고 있는 세계경제에 새로운 활력이 될 수 있다는 기대와 함께 이에 따른 우려도 공존하고 있다. 즉, 신기술의 발전 · 기술 간 융합을 통한 생산성 향상과 소비자 수요가 획기적으로 증가하면서 새로운 성장엔진 역할이 기대된다. 다만 스마트 팩토리, AI 확대 등으로 향후 관련분야 일자리의 감소,[49] AI와 인간의 관계 설정에 대한 사회적 이슈화[50]와 미래 세대를 위한 교육혁신시스템에 투자 등 파급영향에 대한 준비가 필요하다.[51]

AI 기술은 AI가 인간의 지능을 뛰어넘는 싱귤래리티(Singularity, 특이점)라고 지칭하며, 미국의 수학자 존 폰노이만이 처음 언급한 용어이다.[52] 특이점이란 인간의 지능을 모방한 AI가 누적된 방대한 데이터를 자율적으로 해석해 새로운 이성과 의식을 생성, 인간 이상의 지능을 발휘하는 순간을 의미하는 것으로 향후 AI의 급속한 기술혁신 전망을 우울하게 분석하고 있다.

---

49) AI가 주도하는 완벽한 자본주의에서는 반복적 작업을 하는 노동자나 중개인(middle men)의 설 자리가 없어진다. 과학자 · 분석가 · 예술가 등 창조적 가치를 창출하는 지적 자본가(intellectual capitalist), 변호사 · 상담사처럼 인간을 상대하는 서비스 직업, 그리고 목수나 배관공 등 로봇이 대체하기 힘든 직업만이 살아남을 것으로 전망한다.

50) 2019년 3월 사이버 범죄자가 영국의 한 에너지 회사 대표에게 전화해 22만유로(한화 약 2억 8,924만원)를 탈취하는 사건이 발생했다. 이는 독일 신용보험사 율러 헤르메스 그룹 SA의 고객사인 영국 에너지 회사가 딥페이크 기술을 이용한 범죄자에 사기를 당한 첫 사례다. 사이버 범죄자가 딥페이크로 율러 헤르메스 본사 대표 목소리를 위조해 에너지 회사 대표에게 전화를 걸었던 것이다. 독일계 억양과 평소 말하는 버릇까지 완벽하게 들렸던 모회사 대표 목소리는 가짜였다. 이를 몰랐던 에너지 회사 대표는 요청대로 22만유로를 이체했고, 이후 해당 범죄자가 재차 돈을 요청했을 때야 비로소 사기라는 사실을 알아챘다고 한다. 독일이 아닌 오스트리아에서 걸려온 전화였던 것이다. 다행히 에너지 회사는 피해금액을 보상받았지만, 범죄자에게 송금했던 22만 유로는 찾을 길이 없었다. 헝가리에서 멕시코, 그리고 이후 다른 곳으로 송금된 게 확인됐기 때문이다.

51) 2016년 1월 다보스포럼에서 발표된 '일자리의 미래' 보고서(The Future of Jobs)에서 2020년까지 전체적으로 517만 개 일자리가 줄어들 것으로 전망하고 있다.

52) 미래학자이자 현재 구글 이사인 레이 커즈와일이 2005년 「특이점이 온다」는 서적에서 '2045년 AI가 인간의 지능을 능가할 것'이라는 전망을 내놓으며 대중적으로 사용되기 시작했다. 커즈와일은 AI가 튜링테스트(컴퓨터가 생각이 있는지 판정하는 테스트)를 통과하는 시점을 2020년대 말로 예상했다.

2) 데이터 경제

데이터가 새로운 형태의 자산으로 주목받으면서 데이터 유통에 기반한 새로운 생태계인 '데이터 경제(Data Economy)' 개념이 화두가 되고 있다. 데이터 경제란 '데이터에 접근하고 활용할 수 있도록 협업하는 과정에서 데이터 생산, 인프라 제공, 연구조사, 데이터 소비 등 서로 다른 역할을 담당하는 구성원으로 이루어진 생태계(ecosystem)'를 의미한다.[53]

데이터 경제는 유럽연합(EU)의 경우 2014년 기준으로 2,570억 유로(EU GDP의 1.89%)였고 2020년에는 6,430억 유로(EU GDP의 3.17%)로 증가할 것으로 전망하고 있다. 유럽연합에서는 데이터를 경제성장뿐 아니라 일자리 창출과 사회발전을 위한 필수 자원으로 인식하고 데이터 경제 활성화를 위한 다양한 노력을 기울이고 있다.[54]

데이터 경제의 개념은 데이터 기술과 서비스 발전에 따라 그 정의와 범위에 관한 논의가 계속되고 있는 상황이다. 2011년 데이비드 뉴맨(David Newman)이 쓴 가트너(Gartner) 보고서에서 '데이터 경제(Data Economy)' 개념이 등장[55]하였고, 이후 유럽집행위원회(EC)의 디지털 싱글 마켓(Digital Single Market) 전략내용에 데이터 경제 용어가 들어가면서 집중 조명되었다. 현재 '데이터 경제(Data Economy)', '데이터주도 경제(Data-Driven Economy)' 등 다양한 용어가 혼용되고 있으며, 의미나 개념 해석도 다양하다.

일반적으로 다양하게 논의되는 '데이터 경제' 개념을 보면 다음과 같이 요약할 수 있다. 가트너(Gartner, 2011)에 의하면, 응용 프로그램, 소프트웨어, 하드웨어의 경제가 아닌 빅데이터, 오픈데이터, 연결데이터 등 데이터로 파생되는 경제가 경쟁우위를 이끌어가는 시대라고 정의하였다. EC(2014)는 데이터를 다루는 구성원이 만들어내고 있는 생태계를 말하며, 데이터의 생성 · 수집 · 저장 · 처리 · 분배 · 전달 등을 모두 포괄하는 개념[56]이라 주장하였다. MIT(2016)는 데이터 자본은 재화 · 서비스를 생산하는 데 필요한 저장된 정보로, 기존의 물리적 자산처럼 장기적인 경제적 가치를 보유[57]한다고 설명하

53) European Commission, 2017. 참조

54) 한국데이터산업진흥원, 데이터산업백서, 2018.
European Commision, Building a European Data Economy(COM(2017) 9 final), 2017.10.

55) Gartner, How to Plan, Participate and Prosper in the Data Economy, 2011.

56) EC, Communication on data-driven economy, 2014.

57) MIT, The Rise of Data Capital, 2016.

였다. IBM(2016)은 데이터를 내 · 외부적으로 가치를 창출하는 데 사용하는 것을 의미하며, 이러한 현상은 이용가능한 데이터와 데이터 기반의 의사결정이 증가하고 기업들 사이에서 더 많은 데이터가 교환됨으로써 발생한다고 설명하였다.[58] Digital Reality(2018)는 조직이나 비즈니스의 방대한 데이터를 저장 · 검색 · 분석해서 생성되는 금융이나 경제적 가치라고 설명하였다.[59]

한국정보화진흥원(NIA)은 다양한 기존 개념을 토대로 데이터 경제를 설명하고 있다. 다양한 데이터 경제 개념과 범위에서 포괄적인 의미를 끌어내어 데이터 경제의 개념을 새롭게 정의하였다. 기존에 논의되거나 정의되고 있는 다양한 데이터 경제 개념과 범위를 분석한 후 공통된 요소와 의미, 현상 등을 도출해서 정리하고, 다양한 데이터 경제의 개념에서 주요 키워드를 도출해 지향 목표, 주요 영향, 생산 요소, 참여 주체로 구분하였다.

표 3-7 ▌기존 논의에서 도출한 데이터 경제의 주요 키워드

구분	키워드
지향 목표	혁신, 신경제 · 산업 육성, 스마트 시티, 경제 · 사회에 이익, 가치 창출, 수익 창출
주요 영향	데이터를 의사결정 도구로 활용, 조직효율성 향상, 새롭고 혁신적 제품 · 서비스 · 비즈니스 모델 창조, 이종 서비스 간 협력 및 합병, 비용절감, 중소기업 및 일자리 창출
생산 요소	데이터 수집 · 생성, 저장 · 관리, 가공 · 유통, 분석 · 활용
참여 주체	정부 · 기업 · 개인 (※ 각 주체는 데이터 보유자, 중개자, 사용자로 분류가능)

자료: 한국정보화진흥원(NIA) 재구성

한국정보화진흥원(NIA은는 주요 키워드에서 포괄적 의미를 도출해 데이터 경제의 개념을 설명하였다.[60] 이는 데이터 수집 · 생성 → 저장 · 관리 → 가공 · 유통 → 분석 · 활용의 가치사슬을 통해 '직접적'으로 파생되는 다양한 산업 및 서비스 영역과, 데이터 활용으로 인해 기업 · 공공 · 개인에게 '간접적'으로 파급을 미치는 경제적 가치와 영향을 모두 포괄하는 개념으로 설명하고 있다. 따라서 한국정보화진흥원(NIA)이 정의한

58) IBM, The Rise of the Data Economy, Page 2, Feburuary 2016.

59) "UK's data economy worth £73 billion, but potential is greater", dataIQ, last modified April 25, 2018.

60) 한국정보화진흥원이 정의한 데이터 경제의 개념은 고정된 것이 아니며 향후 지속적으로 발전 · 확대될 것이다.

데이터 경제는 '모든 데이터가 활용하기 쉽게 자유롭게 흘러 타 산업 발전의 촉매 역할을 하면서 혁신적 비즈니스와 서비스를 창출하는 경제'라고 정의하였다.

데이터 경제의 직접적 범위는 데이터 '수집 · 생산→저장 · 관리→가공 · 유통→분석 · 활용' 과정에서 파생되는 전 산업 분야를 포괄하며, 데이터가 지속적으로 축적 · 활용되면 그 범위는 확대된다. 현재 데이터 수집 · 생성 과정에서 다양한 스마트 기기[61] · 설비들과 저장 · 관리를 위한 솔루션 및 서비스[62]들이 활발히 등장한다. 가공 · 유통[63] 단계에서 데이터를 거래 · 공유하는 신산업이 발생하고 분석 · 활용분야 단계에서 산업별로 새로운 경제적 가치[64]가 발생한다. 데이터가 지속적으로 축적됨으로써 기존의 예측가능한 범위를 넘어 광범위하고 빠르게 경제적 범위가 확대되고 파급이 가속화될 전망이다.

그리고 데이터를 활용하는 것으로 인해 기업과 공공, 그리고 개인에게 나타나는 각종 부가적 이익과 효율화 등도 데이터 경제에 포함한다. 기업이(정보통신, 제조, 도 · 소매, 숙박 · 음식, 출판 · 영상, 교육 등 전 업종) 데이터를 활용함으로써 나타나는 간접적인 이익과 신부가가치[65]가 발생한다. 적시성 있는 공공서비스 제공, 맞춤형 공공서비스 제공, 행정업무 효율화를 통한 예산 · 시간절약 등 사회적 비용절감으로 인한 간접적인 경제효과가 발생한다. 개인이 스스로 데이터를 생성하고 자신의 데이터를 거래 · 활용해서 수익을 창출함으로써 발생하는 이익과 관련 서비스 생태계가 구축된다.

결론적으로 4차 산업혁명 시대의 데이터 경제학(Economics of Data)의 주요 어젠다(Agenda)는 무엇인가? 4차 산업혁명으로 인류가 전혀 경험하지 못한 빠른 속도로 기술혁신, 즉 급속한 디지털 혁신(Digital Innovation)이 이루어지면서, 정치 · 경제 · 사회뿐만 아니라 전 산업분야와 기업의 생산 · 연구 · 관리 · 지배구조 등을 포함한 시스템에서

61) 스마트 기기는 CCTV, 자동차, 가전, 의료건강, 기반시설, 모바일기기, 미디어 매체, 위치정보 등을 의미한다.

62) 설비들과 저장 · 관리를 위한 솔루션 및 서비스는 데이터 센터, 스토리지 장비, 정보 저장 · 처리 · 관리 솔루션 · 유지보수 등을 의미한다.

63) 가공 · 유통은 데이터 거래소, 클라우드, 보안, 데이터 상호운용, 데이터 공유 API 산업 등을 의미한다.

64) 산업별로 새로운 경제적 가치를 가진 스마트 공장(생산비용 절감), 자율주행차 · 스마트 교통(교통사고 감소), 스마트 홈(생활편의성 향상), 스마트 헬스케어(의료비 감소), 스마트 인프라(안정적 에너지수급) 등을 의미한다.

65) 간접적인 이익과 신부가가치를 가진 시장 · 고객 확보, 프로세스 효율화 · 최적화, 글로벌 경쟁력 향상 등을 의미한다.

발생하고 있는 경제이론 및 현상과 비즈니스를 분석·예측·설명하는 것이 데이터 경제학(Economics of Data)이라고 정의할 수 있다. 즉, 데이터와 지식이 각 경제주체 및 국민경제 전체의 성과와 경쟁력을 결정하는 핵심요소로 작용하며, 데이터의 집단지성으로 지식의 창출·확산·습득 그리고 활용을 통해 경제주체들의 혁신능력을 배양하고 이러한 능력이 성장의 기반을 이루는 경제를 데이터 경제학(Economics of Data)으로 정의한다.

구체적으로 4차 산업혁명 시대의 주요 핵심 발전 패러다임은, 첫째 정치·사회·경제 모든 분야에 급속히 확산되고 있는 디지털 혁신의 중심인 디지털 트랜스포메이션(Digital Transformation)의 디지털 경제 발전이다. 둘째, 디지털 트랜스포메이션 등으로 급속히 발생하는 디지털 데이터(Digital Data) 기반 데이터 경제와 비즈니스이다. 셋째, 급속히 증가하는 디지털 데이터(Digital Data)를 기반으로 하는 인공지능이 활용된 인공지능 비즈니스(Artificial Intelligence Business)이다. 넷째, 디지털 경제의 발전과 디지털 경제의 역설, 그리고 기하급수적으로 발전하는 새로운 기업인 다양한 유니콘 기업들이 급속히 새로운 비즈니스 모델을 구축하면서 발전하고 있다.

과거 아날로그 환경에서 생성된 데이터에 비하면 그 규모가 방대하고, 생성주기도 짧고 형태도 수치 데이터뿐만 아니라 문자와 동영상 등의 정형·비정형데이터를 포함하는 빅데이터가 일반화되면서, 웹기반 기업들은 방문자의 기록이 자동으로 데이터에 저장되고 얼마나 머물렀는지 어떤 상품과 서비스에 관심을 보였는지 등 다양한 데이터를 확인·가능하게 되었다. 고객의 행동을 미리 예측하고 대처방안을 마련해 기업의 경쟁력을 강화시키고, 생산성 향상과 비즈니스 혁신을 가능하게 한다. 아울러 외부시장의 공공데이터뿐만 아니라 기업 운영시 빅데이터 기반 고객관리 정보와 시장수요에 반영된 매출기록 등을 신속하게l(real-time) 지속적으로 반영하는 비즈니스 모델을 운영하는 것이다.

구체적으로 데이터 기반 경영혁신은, 첫째 기업의 생산성을 제고시킨다. 빅데이터와 인공지능의 활용으로 위험과 비용절감 및 시간절약, 그리고 여러 의사결정 과정을 단순화시킨다. 둘째, 기업의 의사결정을 향상시킨다. 빅데이터와 인공지능의 활용으로 더 적합한 전략 선택과 정밀한 고객선정 및 개인고객 맞춤 서비스를 가능케 한다. 마지막으로 데이터 기반 경영혁신은 새로운 가치창출이 가능한 스마트 비즈니스로 발전하고 있다. 빅데이터와 인공지능의 활용으로 맥락·상황기반 마케팅과 개인맞춤형 서비스 제공으로 롱테일 비즈니스 기반의 새로운 융복합 산업들이 창출되고 있다. 빅데이터와 인공지능의 활용으로 창출된 새로운 서비스와 제품 및 산업발전과 다양한 유니콘 기업들이 스마트 시티에서 구현되는 것이다.

3.2.1.2 데이터 경제의 급속한 발전

1) 디지털 혁신, 디지털 비즈니스와 디지털 데이터

디지털 혁신과 디지털 비즈니스의 급속한 발전으로 데이터가 혁신적 서비스에 투입자본으로 활용되면서, 석유나 금융자본에 비견되는 21세기 경제의 필수 자본으로 부상하고 있다.[66] 4차 산업혁명의 핵심 투입요소인 데이터가 석유와 같은 에너지 및 원자재로 인식, 기존 생산요소(노동 · 자본)를 압도하는 경제성장요인 및 경쟁원천으로 부각되고 있다. 월스트리트저널(WSJ, 2015)에 의하면 데이터 · 소프트웨어를 포함한 무형자산에서 나온 S&P500 회사의 시장가치 비율은 84%, 미국 내 데이터 무형자산의 예상가치는 8조달러 규모로 추정하였다.

디지털 데이터는 고갈되지 않는 지식자원으로, 물적자원 없이도 창의성과 아이디어로 고부가가치와 일자리를 창출하는 신자본으로 변화 · 발전하고 있다. 특히 폭발적으로 증가하는 디지털 데이터가 인공지능(AI) 등 다양한 기술과 융합해 4차 산업혁명을 견인하고, 혁신적인 변화를 촉진하고 있다. 따라서 데이터가 국가와 기업 혁신의 키워드가 되면서 데이터 경제를 활성화시키기 위해 전 세계 기업과 국가의 관심이 고조되고 있다. 특히 디지털 데이터가 제품과 서비스 경쟁력을 좌우하는 핵심요소로 부상하면서 기존 산업구조를 변화시키고 산업 생태계의 대변혁이 일어나고 있다.

미국 · 중국 · EU · 일본 등 주요국은 데이터 주도(Data-driven) 경제로 전환하기 위한 전략 수립과 함께 데이터 패권 경쟁에 돌입하고 있다. 전 세계 빅데이터 시장 규모는 2018년 420억달러에서 2027년에는 1,000억달러를 넘어설 것으로 전망됐다. 2018~2027년 연평균성장률(CAGR)이 10.48%로 나타나 향후 10년간 두 자릿수 성장세를 지속할 것으로 전망된다. 각종 IoT · 센서 등에서 발생하는 대량의 디지털 데이터가 산업과 경제 활성화를 견인하는 원동력으로 작용할 전망이다. 네트워크에 많은 사람과 사물이

---

66) 세계에서 가장 영향력 있는 자원은 데이터(이코노미스트, 2017.5), 신자본인 데이터 생산 · 활용 방법을 잘 적용하면 지속적 가치창출이 가능하다(MIT, 2016).

초연결되고, AI 발전과 함께 컴퓨팅 성능이 향상되면서 디지털 데이터가 기하급수적으로 증가하고 있다. 즉, 세계 데이터량은 2016년 16ZB에서 2025년 163ZB로 10배 증가할 전망이다.

빅데이터 시장의 성장은 전 세계 많은 기업이 빅데이터 분석의 유용성을 경험하고 있고, 업종 및 비즈니스 형태와 무관하게 디지털 트랜스포메이션을 이끄는 핵심으로 빅데이터 기술이 인정받는다는 데서 그 이유를 찾을 수 있다. 특히 빅데이터 기반의 고급분석을 통해 기업의 비즈니스 경쟁력을 개선하고자 하는 수요와 맞물리면서 빅데이터 관련 수요는 큰 폭으로 상승하고 있다. 또한 인공지능을 활용하여 소비자들을 더 깊이 분석하고 비정형 데이터에 숨겨진 인사이트를 끌어내기 위해 빅데이터 관련 투자를 늘려 나갈 것으로 전망된다.

디지털 데이터 기반 디지털 경제가 일반화되면서 기업 · 개인 · 공공분야 등 각 분야의 다양한 주체도 실시간으로 복잡하고 수많은 데이터를 발생시키고, 동시에 다양한 데이터를 활용하고 있다. 구체적으로, 공공분야인 환경 · 기상, 교통물류, 공공행정, 농축수산, 보건의료, 부동산, 건축, 산업고용, 교육, 법령 데이터 등 다양한 데이터를 제공 · 활용하고 있다. 기업분야에서는 온라인 미디어 플랫폼, SNS, 금융, IoT 기기, 차량 · 교통, 통신, 로봇, 스마트 공장, 빅데이터, 디지털 헬스케어 등에서 다양한 종류의 데이터를 생산 · 활용하고 있다. 개인활동 분야에서 스마트폰, 스마트 웨어러블 기기, 건강데이터, 자동차, 스마트 홈, 스마트 시티 등을 통해 무수히 많은 데이터를 생성하고 상호교류하고 있다. 디지털 데이터 기반의 스마트 시티 등으로 발전하는 데이터 자본주의가 진행되고 있다.

따라서 본 저자는 데이터가 모든 산업의 발전과 새로운 가치창출의 촉매 역할을 하며 데이터가 디지털 시대의 화폐로 작동하는 새로운 '데이터 경제(Data Economy)' 시대가 도래하였다고 판단한다. 이에 대한 새로운 발전 어젠다(Agenda)로 데이터 자본주의 시대 데이터 경제학(Economics of Data)을 제시하고자 한다. 현재 4차 산업혁명과 연계한 디지털 혁신과 디지털 비즈니스 발전으로 데이터 수집 · 생성 · 축적 단계에서 데이터를 공유 · 유통하고, 공동자본으로 상호교환 · 활용해 경제적 효과를 창출하는 데이터 경제가 확대 발전하고 있다. 월스트리트저널(WSJ, 2017)에 의하면 데이터가 자동차나 플라스틱 같은 중요 존재로 부각되고 있으며, 향후 사회는 데이터 센터를 통해 온갖 종류의 서비스에 연결되어 데이터 경제를 창출할 것으로 전망했다.

데이터가 혁신적인 지식 · 상품 · 서비스 창출을 위한 투입요소로 활용되면서 신개념의 자본[67]으로 작용해 데이터 경제를 형성하고 있다. 즉, 데이터 저장 · 관리 · 공유, 상호운용성, IoT, 모바일, AI, 공유경제, 클라우드 등에서 데이터 경제의 주요 서비스와 경제적 가치가 창출될 전망이다.[68] 데이터 수집 · 생성 → 저장 · 관리 → 가공 · 유통 → 분석 · 활용의 가치사슬을 통해 '직접적'으로 파생되는 다양한 산업 및 서비스 영역과, 데이터 활용으로 인해 데이터 경제 가치사슬 각 단계에서 신부가가치와 새로운 산업이 탄생할 전망이다. 요약하면, 데이터와 지식이 각 경제주체 및 국민 경제 전체의 성과와 경쟁력을 결정하는 핵심요소로 작용하며, 데이터의 집단지성으로 지식의 창출 · 확산 · 습득 그리고 활용을 통해 경제주체들의 혁신능력을 배양하고 이러한 능력이 성장의 기반을 이루는 경제를 데이터 경제학(Economics of Data)으로 정의한다.

일반적으로 경제학은 미시경제와 거시경제로 구분되면서, 경제활동주체인 개인 · 가족 · 기업 · 국가 등의 상호관계를 이론적으로 설명하고 있지만, 4차 산업혁명 시대에는 융복합 학문의 한 분야로 데이터 경제학이 급속히 발전하고 있는 추세이다. 수학과 통계학 및 심리학 분야와 전자공학 · 컴퓨터공학 · 유전공학 등의 공학분야, 그리고 경제학과 경영학 및 기술경영 등이 상호 연계된 학문분야, 분야별 전문가는 있지만 융합된 내용을 모두 이해하고 이를 기업활동에 연계하는 것은 매우 어렵다 하겠다.

국내외에서는 데이터 사이언스(Data Science)[69]와 데이터 사이언티스트(Data Scientist)라는 분야로 많은 논의가 진행되고 있지만, 다양한 학문이 연계된 구체적인 솔루션이 미비한 실정이다. 데이터 사이언스(Data Science)와 관련된 모든 분야를 이해하는 전문가들을 찾기가 매우 어렵다. 따라서 현실적 대안으로 데이터 사이언스(Data Science)를

67) 데이터의 비경쟁성 · 비대체성 · 경험적 재화라는 특성이 새로운 서비스와 경제적 가치를 창출한다(MIT, The Rise of Data Capital, 2016).

68) IBM, "The Rise of the Data Economy", Feburuary 2016, Page 8.

69) 데이터 과학은 구체적으로 '도메인 빅데이터'에 '통계' 와 'IT 기술'을 접목시켜 과학을 하는 것이다. 데이터 과학에는 3가지 구성요소가 있다. 이는 Computer science, Statistics 그리고 Domain knowledge로 구성된다. 과학이란 새로운 사실을 발견하는 것이다. 사전적 정의에 따르면 과학은 "검증된 방법으로 얻어 낸 자연계에 관한 체계적 지식체계"이지만, 자연계 이외에도 포괄적으로 빅데이터에 통계, IT 기술을 접목시켜 Business insight 도출, 의사결정을 하는 것도 데이터 과학이라고 설명한다. 즉, 과학이라는 것은 데이터 과학에서 폭넓은 의미로 쓰이며, '도메인 빅데이터'에 '통계'와 'IT 기술'을 접목해 문제를 해결하는 것 정도로 데이터 과학을 요약할 수 있다.
https://3months.tistory.com/508 [Deep Play]

전공한 데이터 사이언티스트(Data Scientist)보다는 본인의 전공에서 디지털 데이터를 사용 및 활용하는, 즉 프로그래밍 기술이나 전문분석 기술에 이해도가 낮더라도 자동화 플랫폼 솔루션을 이용 및 활용하는 시민데이터 과학자(Citizen Data Scientist)가 현실적 대안으로 최근에 더 많은 주목을 받고 있다.70) 4차 산업혁명 시대는 데이터 경제학을 이해하지 않고서는 다양한 경제활동 및 혁신적인 비즈니스를 추진하기 더욱 어려워진다는 점에서, 새로운 학문 아젠다(Agenda)로 데이터 자본주의의 데이터 경제학(Economics of Data)을 주목해야 한다.

위키백과에서는 데이터 과학(Data Science)이란 데이터 마이닝(Data Mining)과 유사하게 정형 · 비정형 형태를 포함한 다양한 데이터로부터 지식과 인사이트를 추출하는데 과학적 방법론, 프로세스, 알고리즘, 시스템을 동원하는 융합분야로 설명하고 있다. 데이터 과학은 데이터를 통해 실제 현상을 이해하고 분석하는데 통계학, 데이터 분석, 기계학습과 연관된 방법론을 통합하는 개념으로 정의되기도 한다. 데이터의 구체적인 내용이 아닌 서로 다른 성질의 내용이나 형식의 데이터에 공통으로 존재하는 성질, 또는 그것들을 다루기 위한 기술의 개발에 착안점을 둔다는 특징을 가진다. 사용되는 기술은 여러 분야에 걸쳐 있는데 수학, 통계학, 계산기과학, 정보공학, 패턴인식, 기계학습, 데이터 마이닝과 텍스트 마이닝, 데이터베이스 등과 관련이 있다. 튜링상을 수상한 짐 그레이(Jim Gray) 박사는 데이터 과학을 과학의 네 번째 패러다임으로 정의하고 과학(경험, 이론, 계산, 그리고 이제 데이터)에 관한 모든 것이 바뀌고 있는데 이유는 정보기술과 데이터 범람(data deluge) 때문이라고 주장하였다. 데이터 과학은 생물학, 의학, 공학, 경제학, 경영학, 사회학, 인문과학 등의 여러 분야에 응용되고 있다.

70) 시민데이터 과학자(CDS)는 데이터 분석에 대한 전문가는 아니지만 현장의 경험을 바탕으로 실제로 비즈니스에 필요한 분석결과가 무엇인지, 그 결과를 얻기 위해 필요한 데이터가 무엇인지 정확히 파악할 수 있는 사람을 의미한다. 데이터에 대한 전문적인 지식을 갖추고 현장에 접근하는 데이터 과학자(Data Scientist)가 아닌, 현장에 대한 전문성을 갖추고 데이터 분석에 대한 기본적인 지식을 가진 시민데이터 과학자의 필요성이 제기되고 있다.
시민데이터 과학자는 선택이 아닌 필수다, 2020년 7월 27일 접속(http://www.comworld.co.kr/news/articleView.html?idxno=49315)

그림 3-15 | 데이터 사이언스와 연계된 분야들

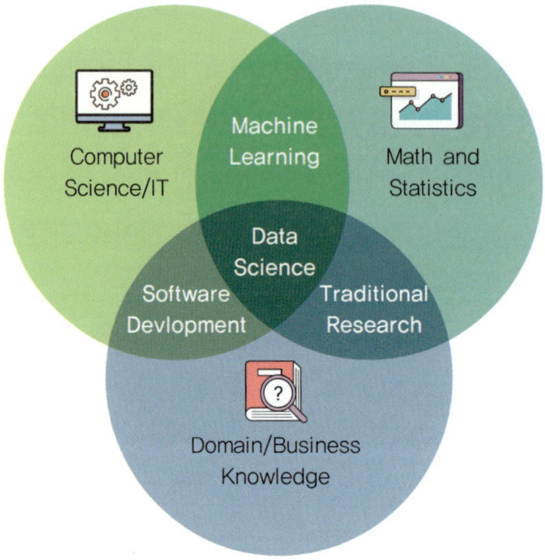

자료: hleecaster.com, 2019.

데이터 사이언스는 수학, 통계학, 컴퓨터공학, 경제학, 경영학, 사회학, 인문과학 등 다양한 전공의 융합 영역에 존재하는 분야인 만큼 전통적인 분야에서의 전공 혹은 비전공자의 구분에 의미가 없다는 특징을 갖고 있다. 구체적으로 수학과 통계학과 전통적인 IT와 컴퓨터공학의 연계에서 머신러닝과 딥러닝, 데이터베이스와 데이터 엔지니어링 등 전통적 공학 중심의 연구분야를 데이터 사이언스가 포함하고 있다. 또한 데이터 사이언스에서 구현되는 다양한 소프트웨어 활용으로 경제 및 비즈니스와 여러 학문 분야가 연계·발전하고 있다. 특히 데이터의 경영과 비즈니스 가치는 DaaS(Data as a Service)와 BaaS(Business as a Service)로 비즈니스에서 구현되어 제공된다. 기존의 경영정보시스템(MIS: Management Information System)과 전사적 자원관리(ERP: Enterprise Resource Planning)에서, 데이터 기반 고객관리경영(CRM: Coustmer Relationship Management), 데이터 기반 로봇자동서비스(RPA: Robotic Process Automation) 등으로 급속히 연계·확산 성장하고 있다.

2) 빅데이터

디지털 혁신을 통한 데이터 기반 융합시대에서 빅데이터는 무엇을 의미하고, 어떠한 기능을 제공하며 그리고 진화·발전하고 있는가? 빅데이터의 대두로 많은 연구가 이루어지고 있으며, 빅데이터는 다양하게 정의되고 있다. 빅데이터를 처음 정의한 콕스(Cox)[71]는 빅데이터는 자신이 사용가능한 하드웨어에 탑재된 표준적인 소프트웨어나 알고리즘으로 처리하기에는 너무 큰 하나의 '데이터 세트(Data Set)'라고 정의하였으며, IDC(Industrial Development Corporation)에서는 빅데이터를 '다양하고 방대한 양의 데이터를 고속 캡처, 데이터 탐색 및 분석을 통해서 필요한 가치를 창출할 수 있도록 설계된 차세대 기술 또는 아키텍처'라고 정의한다. 한편, 위키피디아(Wikipedia)에 의하면 빅데이터를 '데이터를 수집·저장·관리·분석할 수 있는 수준을 넘어서서 대량의 정형 또는 비정형 데이터 집합 및 이러한 데이터로부터 가치를 창출하고 결과를 분석하는 기술'이라고 정의하고 있다.[72]

빅데이터는 5가지 요소인 'Volume', 'Velocity', 'Variety', 'Veracity', 'Value'로 구성되어 있다. 첫 번째, 'Volume'은 많은 양의 데이터를 뜻하는 것이었으나, 최근에는 N1= All(표본은 모수)과 같이 모수에 근접한 데이터의 양이라고 정의할 수 있다.[73] 두 번째, 'Velocity'는 데이터의 수집과 처리, 결과, 피드백을 실시간으로 실행하는 것으로 볼 수 있다. 세 번째, 'Variety'는 구조화된 데이터뿐만 아니라 비구조화된 데이터까지 처리할 수 있음을 말한다. 비구조화된 데이터는 텍스트, 이미지, 음성 등이 포함된다. 네 번째, 'Veracity'는 빅데이터의 많은 양 때문에 소수의 데이터가 지저분(Messy)하더라도 문제가 없음을 말하며, 마지막으로 'Value'는 빅데이터로 분석한 결과를 통해 새로운 가치가 창출되어야 하는 것으로 정의하고 있다.[74] 그리고 빅데이터(Big Data)는 '기존 데이터베이스 관리도구의 데이터 수집·저장·관리·분석의 역량을 넘어서는 대량의 정형 또는 비정형 데이터셋 및 이러한 데이터로부터 가치를 추출하고 결과를 분석하는 기술'이다.

이상과 같은 정의에 따르면 빅데이터는 엄청나게 많은 데이터로 양적인 의미도 있지

71) Cox, M and Ellsworth, D. In ACM Siggraph. 1997, Vol.97, pp.21-38.

72) Jung Kyung Kim, Editor, "Big Data Trends and Success Stories in Korea and Overseas, IE PRACTICE, Seoul", 2016.

73) Laney, D. "3D data management: Controlling data volume, velocity and variety", META group research note, 2001, Vol.6, No.70, p.1.

74) Schroeck, M. and Shockley, R., Smart, J., Romero-Morales, D., & Tufano, P., Editor, Analytics: Thereal-world use of big data. IBM Global Business Services. New York, 2012.

만, 5V로 대표되는 규모(Volume), 다양성(Varity), 속도(Velocity), 정확성(Veracity), 가치(Value) 등 5가지 구성요소를 갖추어야 한다. 다양하고 규모(big volume)가 큰 빅데이터가 새로운 가치(big value)를 창출한다. 예를 들면, 비즈니스 솔루션업체인 SAS는 데이터 가치에 중점을 두어 가치를 창출하기 위한 비즈니스 예측 및 최적화 주제를 선정하여, 빅데이터에서 어떤 가치 있는 정보와 데이터 집단지성인 지식 및 인사이트를 어떻게 얻을 것인가를 분석하고 가치 서비스를 제공하는 것이다.

표 3-8 ▮ 빅데이터의 5가지 구성요소

구분	주요 내용
규모 (Volume)	기술적인 발전과 IT의 일상화가 진행되면서 해마다 디지털 정보량이 기하급수적으로 폭증 → 제타바이트(ZB) 시대로 진입: 빅데이터 시대로 발전
다양성 (Variety)	• 로그기록, 소셜, 위치, 소비, 현실데이터 등 데이터 종류의 증가 • 텍스트 이외의 SNS, 사진, 동영상 등 멀티미디어, 비정형화된 데이터 유형의 다양화
속도 (Velocity)	• 사물정보(센서, 모니터링), 스트리밍정보 등 실시간성 정보 증가 • 실시간성으로 인한 데이터 생성, 이동(유통) 속도의 증가 • 대규모 데이터 처리 및 가치 있는 현재정보(실시간) 활용을 위해 데이터 처리 및 분석 속도가 중요
정확성 (Veracity)	• 빅데이터의 특성상 방대한 데이터들을 기반으로 분석을 수행 • 데이터 분석에서 질이 높은 데이터를 활용하는 것이 분석의 정확도에 영향을 줌 • AI를 통한 빅데이터 분석
가치 (Value)	• 빅데이터가 추구하는 것은 가치창출 • 빅데이터 분석을 통해 도출된 최종 결과물은 기업이 현재 당면하고 있는 문제를 해결하는 데에 통찰력 있는 유용한 정보와 미래예측 가능 비즈니스 인사이트를 제공

이와 같은 개념의 발전과정에서 빅데이터의 더 정확한 의미는 데이터 그 자체뿐 아니라 데이터에 대한 분석과 인사이트를 포함하고 있다는 것이다. 즉 빅데이터의 부상은 쏟아져 나오는 데이터에 대한 분석을 토대로 의사결정의 질적 수준을 높이고 경영의 생산성이나 공공부문의 효율성을 제고하는 것이 근원적 이유이다. 디지털 혁신과 디지털 경제와 비즈니스의 급속한 성장으로, 빠른 속도(Velocity)로 방대해지고(Volume), 다양한 형태와(Variety) 다양한 맥락(Variability)을 가진 데이터를 엮어(Viscosity) 쓸모있는 것들(Veracity)만을 골라 새로운 가치(Value)를 실현(Visualization)하는 행위 혹은 그 결과물인 구체화된 데이터 가치(Value)를 전달하는 것이다. 이러한 빅데이터의 여러 가지 주요 구성요소들과 가치들이 연계되어, 데이터 경제학과 데이터 비즈니스 및 데이

터 분석으로 구현되고 있다.

나아가 빅데이터 시대에는 Open Innovation과 Open Science에 의한 협업과 융합 및 개방이 가속화되면서, 빅데이터는 예측 분석가능한 비즈니스 인사이트와 예측가능 비즈니스를 제공할 것이다. 데이터는 과거를 통해 미래를 예측하는 방법을 제공한다. 빅데이터 기반 예측분석은 상상할 수 없을 만큼의 큰 규모로 새로운 경제가치를 만들어 내는 솔루션으로 현실화될 것이다.

그림 3-16 | 빅데이터 주요 구성요소들

자료: https://www.m-brain.com/home/technology/big-data-with-8-vs/

일반 비즈니스에서 가장 많이 사용되는 텍스트 마이닝(Text Mining)은 인간이 사용하는 자연어처리 기술(Natural Language Processing)을 기반으로 대규모의 텍스트 데이터 세트로부터 숨겨져 있는 의미 있는 정보와 지식을 추출하는 기술로 정의한다.[75] 텍스트 마이닝은 법률 · 학술연구 · 재무 · 의학 · 마케팅과 이메일 스팸필터링에 많은 이점을 제공한다.

텍스트 마이닝 과정은 비구조화된 형태의 텍스트 문서들이 수집되면 전처리 과정을 거쳐 분석이 가능한 형태인 구조화된 데이터 형태로 변환된다. 전처리 과정에서는 전체 텍스트를 소단위로 분해하고 의미가 없는 단어는 삭제하며, 의미가 비슷한 중복 텍스트를 하나의 단어로 처리하고, 오류를 교정하는 작업 등이 이루어진다. 텍스트 마이닝은 텍스트에 존재하는 중요한 개념을 발견하거나 추출할 뿐만 아니라 다른 텍스트들과의 관계를 파악하고 텍스트 간의 관계들을 시각화하여 사용자에게 유용한 의미를 제공한다는 점에서 큰 장점이 있다.[76] 또한 텍스트 마이닝은 계량적 분석을 통해 과거의 전통적인 정성적 내용 분석의 한계를 보완하는 장점이 있어 매우 다양한 분야에서 활용되고 있다.[77]

다양한 데이터의 주요 구성요소들이 기업경영과 주요 의사결정 및 고객관리를 효율화 · 최적화하는 수단으로 많이 활용되고 있다. 특히 현대의 기업은 경제 세계화, 경제교류, 과학기술의 빠르고 심오한 변화의 세계에서 적응하고 기업경쟁력을 유지하기 위해 다양한 환경변화를 예상하고 대비해야 한다. 웹계정 가입, 홈페이지의 접속기록, SNS, 동영상, 웹툰, 의료기록 등 현재 다양한 정형 · 비정형 구조의 데이터 소스에서 대규모 데이터 세트를 수집 및 저장하여 사용할 수 있으므로, 기업은 이러한 수집 · 저장 · 분류된 데이터를 사용하여 혁신하며, 고객충성도를 높이고 운영 효율성을 높이고자 한다. 동시에, 글로벌 테크 기업들은 '빅데이터 붐'으로 증가하는 방대한 양의 데이터를 처리, 분석 및 관리하기 위해 더 큰 용량을 필요로 하며, 고객맞춤형 서비스로 연계된 서비스를 개발하고자 경쟁한다. 영화에서 만난 인공지능 인간과 병렬컴퓨터/엣징

75) Fan, W. and Wallace, L., Rich, S., & Zhang, Z, Management Information System, Communications of the ACM, 2006, Vol.49, No.9, pp.76-82.

76) Paranyushkin Dmitry, Editor, "Visualization of Text's Polysingularity Using Network Analysis", Nodus Labs, Berlin, 2011.

77) D. Paranyushkin, Identifying the pathways for meaning circulation using text network analysis, Nodus Labs, Berlin, 2011.

컴퓨터/클라우드컴퓨터/양자컴퓨터 시스템의 발전으로 데이터 기반 디지털 행성으로 급속히 진행되고 있다.

디지털 혁신을 통한 데이터 기반 융합시대의 빅데이터는 예측분석을 가능케 하고, 소비자에게 개별맞춤 서비스 제공이 가능하게 된다는 것을 의미한다. 따라서 빅데이터의 혁신적인 요소는 실제로 대량의 연속적이고 빠른 데이터의 생산 및 교환 프로세스의 역량 강화와 관련이 있다. 기업은 상호 연결된 도구, 소셜네트워크, 전자메일, 설문조사, 웹 양식 및 기타 데이터 수집 메커니즘을 통해 방대한 양의 데이터를 수집 · 저장 및 관리한다. 누군가 구글에서 검색하거나 모바일 앱을 사용하거나 트윗하거나 페이스북과 카카오톡에 댓글을 올릴 때마다 데이터 스트림이 생성된다. 온라인으로 간단한 탐색을 통해 사용자는 다양한 흔적을 남기고 실시간으로 검색할 수 있다. 경쟁우위를 나타내는 것은 회사의 결정에 달려 있다. 양질의 제품과 서비스를 제공하고 적절한 개발 전략을 구현하려면 특수 도구를 사용하여 상호 연관성과 상관관계를 분석하여 이러한 디지털 흔적을 탐색해야 한다.

시장 · 마케팅 · 고객관리 등의 미래예측이 가능한 데이터 가치에 빅데이터 가치를 추가 제공할 수 있다. 데이터의 비즈니스 가치는 DaaS(Data as a Service)와 BaaS(Business as a Service)로 구현되어 제공되는 것이다. 즉, 다양한 주제와 여러 문맥상 복잡한 질문을 강조하며 데이터에 대한 복잡한 해석(프로세스, 분석, 시각화 등)과 데이터에 대한 중요성은 '데이터에서 가치창출, 데이터로 가치창출'의 가장 큰 과제 중 하나이다. 현재 기술이 충분하지 않음에도 데이터의 품질을 보장하므로 사전 논리와 특정 데이터 관리 전략을 정의해야 한다. 데이터 거버넌스는 품질과 가치를 보장하기 위해 일련의 인력, 프로세스 및 기술을 포함한다. 효과적인 정보 거버넌스는 데이터의 품질과 적응성 및 확장성을 보존하는 데 필수적이다.

데이터 가치를 완전히 추출할 수 있도록 하려면 공개적으로나 개인적으로 데이터를 관리하여 언제든지 사용할 수 있도록 해야 한다. 데이터 처리에 지식추출 프로세스인 데이터 마이닝 또는 텍스트 마이닝을 포함시켜 의미를 갖도록 하며, 인공지능으로 연계하여 다양한 패턴유형 구별과 개인맞춤형 서비스를 개발한다. 수집 · 저장 및 관리된 데이터 콘텐츠에 실시간으로 가치를 창출해야 한다. 디지털 혁신을 통한 데이터 기반 융합시대에서 기업은 이러한 데이터 분석 전략을 디지털 방식으로 통합하는 방법을 고려해야 한다. 기존에는 서로 다른 출처의 복잡하고 구조화되지 않은 데이터를 정보로 변환했지만, 빅데이터 분석은 방대한 양의 데이터를 전략적 정보 및 서비스로 변환하는 데 사용되는 도구와 방법을 제시한다. 4차 산업혁명 이후 글로벌 혁신기업들은 다양한 데이터의 구성요소들이 기업경영과 주요 의사결정 및 고객관리를 효율적 · 최적화할 수 있도록 활용된다는 점을 인지하고, 데이터와 인공지능기반의 디지털 트랜스포메이션(Digital Transformation)을 적극 도입하고 비즈니스에 활용하고 있다.

따라서, 디지털 혁신을 통한 데이터 기반 융합시대에서 의사결정을 위한 최상의 요소를 추출하기 위해 내부 및 외부 소스에서 최대한 협업할 수 있어야 하며, 분석된 데이터를 시각적으로 가장 잘 표현해야 한다. 비즈니스 인텔리전스 도구는 데이터 향상을 위한 일련의 기능을 제공해야 한다. 데이터와 데이터가 제공하는 정보를 이해하려면 다이어그램과 그래프로 데이터를 설명하는 등 다양한 시각화가 매우 중요하다. 많은 양의 가용 데이터를 통해 가치를 창출하려면, 특히 웹개발 이후 데이터 분석은 모든 비즈니스 결정의 중요한 요소이므로 기업 내부적으로 데이터 문화를 개발하고 창출해야 한다. 데이터를 통한 다양한 양의 생성 단계 사이의 협업 작업이 필요하며, 그 결과 대량의 데이터 처리 및 분석의 시너지효과가 발생한다. 따라서 데이터와 인공지능기반의 디지털 트랜스포메이션(Digital Transformation)을 통하여 데이터 수집과 저장, 그리고 분류 및 비즈니스 서비스로 연결하기 위해서는 기업의 업무에 데이터 혁신생태계가 구축되어야 한다.[78)]

3) 데이터의 범위

데이터가 다양하게 활용되는 범위를 구분하면 직접적 범위와 간접적 범위로 구분가능하다. 직접적 범위를 살펴보면 데이터와 인공지능기반의 디지털 트랜스포메이션(Digital Transformation)은 개인과 기업 및 공공에서 이용하는 미디어 플랫폼과 모바일기기 및 CCTV, 모빌리티와 내비게이션 및 위치정보, 의료건강에 대한 데이터를 체계적으로 수집 · 생성하게 한다. 이는 데이터 센터와 스토리지 장비 및 설비를 통하여, 데이터를 저장 · 관리 · 분류를 하게 된다. 그 다음 엄청난 크기의 빅데이터를 클라우드와 데이터 거래소 등에서 가공 · 유통하도록 한다. 아마존 웹서비스(AWS: Amazon Web Service)와 구글의 애저(Azure) 등의 서비스로 구현되어, 기업과 개인 그리고 정부 등이 활용하고

78) Jean-Louis Monino and Soraya Sedkaoui, *Big Data, Open Data and Data Development*, Wiley, 2016.

그림 3-17 | 데이터의 범위

직접적 범위

수집·생성
- 미디어플랫폼
- 모바일기기
- CCTV
- 기반시설
- 모빌리티
- 의료건강
- 위치정보
- 스마트 시티

저장·관리
- 데이터 센터
- 스토리지 장비
- 데이터 저장
- 데이터 처리
- 데이터 관리

⋮

가공·유통
- 데이터 거래소
- 클라우드
- 보안
- 데이터 상호운용
- 데이터 공유 API
- 데이터 브로커
- 맞춤형 데이터 구성·최적화

⋮

분석·활용
- 스마트 홈 IoT/IoE/IoB
- 스마트 교통
- 자율주행차
- 스마트 인프라
- 지능형 공장(스마트 팩토리)
- API 경제, APP 경제
- 인공지능서비스
- RPA
- 클라우드(비즈니스) 서비스

⋮

+

간접적 범위

기업
- 미래시장/고객예측가능 데이터 구축
- 새로운 시장확보
- 새로운 고객확보
- 새로운 비즈니스 인사이트
- 기업 내·외부 프로세스 효율화, 최적화
- 글로벌 경쟁력 향상
- 데이터 관련 일자리 창출

⋮

공공
- 적시성 있는 공공서비스 제공을 통한 사회적 비용절감
- 시민맞춤형 공공서비스 제공을 통한 간접적 경제효과
- 행정업무, 서비스효율화를 통한 예산, 시간절감
- 데이터 관련 일자리 창출

⋮

개인
- 개인데이터를 활용한 수익창출
- 개인데이터 거래, 활용 서비스 생태계
- 데이터 관련 일자리
- 데이터 사이언티스터

⋮

자료: NIA, 재구성

있다. 이렇게 분류·저장된 데이터를 분석하여 스마트 홈 IoT, 스마트 교통, 자율주행차, 스마트 인프라, 스마트 항만 등의 스마트 시티에 바로 적용되어 활용되는 것이다. 스마트 팩토리, DaaS(Data as a Service)와 BaaS(Business as a Service) 등 API 경제[79]와 앱(APP) 경제, 그리고 인공지능과 RPA(Robotic Process Automation)서비스 등으로 구체화되는 것이다. 구체적인 사례로 코로나-19의 추적과 활용에도 데이터 기반 스마트 시티가 매우 효율적으로 대처하고 있다.[80]

한편 디지털 불균형인 디지털 디바이드, 백신 디바이드, 치료제 디바이드가 전 세계에서 발생하고 있다. 이는 글로벌 국가격차와 빈부격차를 더욱 심화시키면서, 글로벌 비즈니스와 교류 및 경제발전에 악영향을 보이게 될 것이다.

간접적 범위를 고려하면 디지털 혁신을 통한 데이터 기반 융합시대에서 기업은 새로운 시장과 고객을 확보하고, 기업 내·외부 프로세스의 효율화와 최적화를 이루어 글로벌 경쟁력을 보유하고자 한다. 개인은 개인데이터와 공공메타데이터를 활용하여 수익을 창출한다. 개인데이터 거래 및 활용 서비스 생태계에서 중요한 활동주체가 된다. 공공 및 정부는 적시성 있는 공공서비스 제공을 통한 사회적 비용절감과 시민맞춤형 공공서비스 제공을 통한 간접적 경제효과를 발생시키고 있다. 또한 공공 및 정부의 행정업무와 서비스 효율화를 통한 예산과 시간절감을 구현하고 있으며 데이터관련 일자리가 기업과 공공 및 정부에서 발생하고 있다. 구체적으로 2020년 문재인정부가 코로나-19 사태로 발생한 경제적 어려움을 극복하기 위한 디지털 뉴딜정책으로 '데이터댐'이라는 정책을 제시하였다.[81] 한편 데이터와 인공지능기반의 디지털 트랜스포메이션(Digital Transformation)이 일반화됨에 따라 디지털 혁신을 통한 데이터 기반 융합시대의 디지털 데이터 윤리와 기업가정신이 요구된다.

디지털 혁신으로 발생하는 빅데이터와 인공지능의 활용이 제기할 윤리적 문제는 급증하는 가짜뉴스와 사이버범죄, 인간의 안전문제, 일자리문제, 지식재산권문제 등이 있다. 또한 글로벌 테크기업들의 빅데이터 기반 플랫폼 비즈니스 모델운영과 인공지능 제작·활용은 인류보편적 가치보다 특정 계층의 이익에 편중되어온 경향이 있다. 일부

79) API 경제는 각사가 개별적으로 보유한 빅데이터를 API로 실시간 공개, 비즈니스 파트너 간에 공동으로 이용해 새롭고 혁신적인 비즈니스를 창출하는 것을 의미한다.

80) 부산광역시 코로나바이러스감염증-19 무증상 확진자 추적조사. 참조

81) 데이터댐 사업은 공공데이터를 민간이 활용할 수 있도록 하는 것으로, 정부는 2021년까지 개방 가능한 공공데이터 14만 2천개를 제공한다.

계층과 소수의 글로벌 테크기업 및 미국 등 주요 국가들에게 이익이 집중되어 사회경제적 다양한 갈등을 일으키는 요인으로 작용해온 것이다. 디지털 기술혁신을 통한 빅데이터와 인공지능기술의 다양한 활용이 현실화되어 많은 이슈를 제공함에 따라 디지털 윤리와 빅데이터 및 인공지능의 윤리에 대해 보다 체계적인 연구와 교육 및 사회적 합의가 필요하다.[82)]

4) 4차 산업혁명 시대의 핵심산업

일반적으로 4차 산업혁명 시대의 주요 핵심산업은 디지털 혁신을 통한 데이터 기반 융합산업 및 서비스와 인공지능산업이며, 데이터 비즈니스는 빅데이터와 데이터 기반 인공지능 및 다양한 사물인터넷이 연계되어 제품과 서비스 등으로 구현되고 있다.

첫째, 빅데이터 기술은 오픈소스 소프트웨어 솔루션들이 널리 사용되고 있으며 클라우드, 사물인터넷, 인공지능 등의 기술과 연관되어 개발되고 있다. 또한 글로벌 IT 기업을 중심으로 빅데이터 분석 플랫폼을 개발하고 있으며, 제조업 설비와 센서 등에서 수집된 빅데이터를 분석하고 유통산업 고객데이터를 활용한 서비스를 제공하고자 한다. 현재 빅데이터는 클라우드, 인공지능과 연계한 사업 확장이 주요 이슈로 논의되고 있다. 플랫폼기술 관련 산업의 주요 이슈는 SQL의 재등장, 데이터 가상화 등이 있고, 분석기술 관련 산업에서는 자동화된 분석도구가 주요 화두이다. 빅데이터 시장은 전 세계적으로 성장 중이며, 2017년 전 세계 빅데이터 관련 기업수는 전체 ICT 기업 중 15%의 비중을 차지하고 있다. 2018년 상반기 기준으로 전 세계 빅데이터 관련 약 3,500여 개의 스타트업이 존재하고, 우수 기술을 보유한 스타트업은 꾸준히 M&A가 이루어지고 있다. 국내 기업의 빅데이터 관련 투자가 확대되고, 매출도 증가하는 등 산업기반이 갖추어지고 있으나, 아직은 관련 인프라 및 글로벌 선도 기업이 부족한 실정이다. 국내 빅데이터 시장은 서버, 스토리지, 네트워크 등의 인프라 투자가 소프트웨어나 서비스에 비해 상대적으로 집중되어 있다.

빅데이터 관련 국내외 정책은 개인정보보호 및 데이터 활용에 관한 정책이 발표되고 있다. 미국은 2016년 '빅데이터 R&D 전략계획'을 발표하여 빅데이터 방법론, 데이터

82) 미국 전기전자학회(IEEE)는 'Ethically Aligned Design'이란 논문에서 인공지능제작 가이드라인으로 인권(human rights), 책임(responsibility), 투명성(transparency), 교육(education) 등 4가 이슈를 제시했다.

신뢰성 확보 등을 위한 R&D 전략을 제시하였고, EU는 2018년 5월 25일 일반정보보호규정(GDPR: General Data Protection Regulation)이 시행되어, 향후 데이터 관리와 개인정보보호를 위한 국제적 프로토콜이 될 가능성이 있다. 중국은 2016년 '빅데이터 산업 발전 규획'을 발표하고 관련기업 육성을 목표로 제시하였다. 대한민국의 빅데이터 관련 정책은 '4차 산업혁명대응계획'에서 지능화기반 산업 및 사회·공공분야에 빅데이터 기술을 활용하여 지능화 혁신을 이루고자 하였고, 대통령 직속 4차산업혁명위원회(2018)에서 데이터산업 활성화 전략을 발표하여 개인정보 보호와 활용의 균형 및 데이터 경제 활성화를 추진하고자 노력하고 있다.

2020년 디지털 기반 산업혁신전략과 코로나-19 팬데믹 극복을 위한 디지털 뉴딜을 추진하고 있다. 2020년 5월 5차 비상경제회의에서 포스트 코로나 시대에 대비하기 위해 5G 이동통신망과 AI 및 데이터댐 등 디지털 인프라 구축, 비대면 산업 육성, 사회간접자본 디지털화의 3대 혁신분야를 골자로 한 '한국판 뉴딜, 디지털 뉴딜' 추진방향을 제시하였다.

R&D 투자와 관련하여 미국은 2019년 연구개발 정부예산(안)에 빅데이터에 대한 직접적인 언급은 없으나 인공지능과 고성능 컴퓨팅 투자를 우선순위로 제시하여 빅데이터 분야도 투자가 증가되었다. 일본의 2018년 빅데이터 연구개발은 주로 'Society 5.0(초스마트 사회) 실현 플랫폼'과 관련하여 투자가 이루어졌다. 국내 R&D 투자는 2016년 증가하였던 빅데이터 분야 정부 R&D 투자 비중이 2017년 전년 대비 소폭 감소하였고, 연구비 기준으로 개발단계에 많이 투자되고 있으며, 산·학·연 중에서 기업지원 투자비중이 높다. 빅데이터 세부 기술 중 분석 및 활용기술에 비해 플랫폼기술에 투자 비중이 높다. 특히 2020년 코로나-19 사태를 극복하기 위해 디지털 뉴딜정책을 추진하면서, 디지털 데이터댐을 구축하고자 대규모 투자를 추진하고 있다.

둘째, 인공지능은 침체기와 발전기를 거듭하면서 진화하였고 2016년 알파고 등장 이후 인공지능기술에 대한 투자 및 연구가 급속도로 확산되었다. 인공지능기술의 응용영역이 광범위한 바, 경제·사회적 측면에서 AI 기술의 진전은 미래 산업 전반에 상당한 파급효과를 가져올 것으로 예상된다. 인공지능 핵심기술의 대부분은 미국의 기업과 대학이 선도하고 있으며, 투자규모와 인프라는 다른 국가가 쉽게 따라잡을 수 없는 수준이다. 국내의 경우, 인공지능 자체 기술력을 확보하고 있지만 지능형 에이전트를 제외하고는 아직까지 AI 기술분야의 발달이 부족한 상황이다. 따라서 현재 기술수준이 미흡한 분야보다는 경쟁력 확보가 가능한 분야에 집중 투자하여 특정 기술에 대한 선도적 지위를 구축하여 국내 AI 기술개발 역량을 갖추기 위한 노력이 필요하다. 국내 AI 산업은 일부 대기업 및 IT 기업에서 AI 연구에 투자를 하고 있으나 시장형성 단계로 인공지능 핵심기술을 보유한 AI 스타트업 활성화를 위한 정부와 민간기업의 지원이 중요한 시점이다.

한편 인공지능 플랫폼 기술은 주요 글로벌 기업들이 이미 선점한 것으로 판단되는바, 우리나라는 이를 활용하는 측면에서 접근하는 것도 부담을 줄일 수 있는 방법이라고 생각된다. 우리 정부는 AI R&D 전략 이행을 통하여 AI 핵심기술을 확보하고, 글로벌 시장을 선점하고자 한다. 상대적으로 뒤쳐진 AI 기술 역량을 제고하기 위해서는 국내 AI 시장을 분석 · 예측하여 경쟁력 확보가 유망한 분야에 집중 투자하고, 기초 · 원천기술 연구는 장기적 측면에서 고려해야 한다. 더불어 안정적인 AI 기술 활용 및 시장 창출을 위해서는 AI 기술에 대한 장기적 투자 및 인프라 구축이 필요하며, 국가 AI 기술력 제고의 동력이 되는 양질의 AI 전문인력 양성에도 힘쓸 필요가 있다. 나아가 AI 기술 관련 법 · 제도에 대한 정비는 향후 국내 AI 기술 경쟁력 확보를 위한 방향을 설정하는 데 있어서 중요한 요소로써 작용할 것이다.

셋째, 지능형 사물인터넷(IoT) 기술은 시장 패러다임이 공급자 관점에서 사용자 관점으로 전환되면서 중요성이 부각되었으며, 그 활용영역은 더욱 확대될 것으로 예상된다. 구글, 아마존, 화웨이 등 세계 정보통신업체들은 IoT 표준선점 경쟁을 통해 네트워크, 플랫폼 분야의 기술개발을 주도하고 있다. 현재 네트워크 분야는 LTE-M과 NB-IoT, eMTC, 5G 기술을 중심으로 상용화되고 있으며, 플랫폼 분야는 클라우드, 인공지능(AI) 기술을 도입하여 사물로부터 얻은 데이터 분석의 속도와 질을 향상시키는 노력이 이어지고 있다. 다만, IoT 서비스를 안전하게 제공하기 위해 반드시 전제되어야 할 보안기술의 경우 그 방법론과 규정이 확립되지 않은 상황이다. 미국, 유럽, 일본, 중국 등 주요국은 지능형 IoT 기술개발을 지원함과 동시에 보안대책 마련을 위해 국가차원의 법적 · 제도적 장치를 마련하고 있다. 우리나라의 경우 지능형 IoT를 혁신성장동력 분야 중 차세대통신의 핵심기술로 선정하여 기술개발, 규제개선 등을 위한 지원을 하고 있다. 향후 지속적인 기술발전을 지원하기 위해 민 · 관이 협력하여 스마트 시티, 스마트 헬스케어 등 지능형 IoT 기술을 활용할 수 있는 사회적인 수요를 도출하고, 대기업과 중소기업 및 연구기관 등 다양한 주체들이 자유롭게 기술개발에 참여할 수 있는 지능형 IoT 개방형 혁신 플랫폼을 구축하려는 제도적 노력이 요구된다.[83] 특히 2019년 세계 최초로 대한민국의 5G 통신 네트워크 서비스가 제공됨으로 해서 더욱 다양한 디지털 혁신을 통한 데이터 기반 융합 기기 활용과 플랫폼 서비스가 가능하게 되었다.

5) 데이터 과학 관련 정책

4차 산업혁명 시대로 진입하면서 데이터 활용은 국가 경쟁력의 핵심요소로 부상하여 빅데이터 기술을 기반으로 정치 · 경제 · 산업사회에 빠른 속도로 확산되고 있다. 데이터 활용에 대한 전문인력의 직무도 데이터 저장과 자료의 축적관리 중심에서 벗어나 데이터 분석과 유통 중심으로 변화하고 있으며, 데이터 분석과 데이터 과학자 및 시민 데이터 과학자 등과 같은 직종에 대한 수요가 급증하는 추세이다. 데이터 경제에 대한 대응과 산업기술혁신을 위하여, 빅데이터 · 고성능 컴퓨팅 · 인공지능 등의 요소기술과 지식을 겸비한 데이터 전문인력은 절실히 필요한 상황이다. 이러한 인력수요에 대응하는 우수인력을 공급하기 위한 프로그램들이 주요 국가들에서 진행되고 있다.

첫째, 미국은 '국가 AI 연구개발 전략계획' 발표와 '데이터 과학과 AI 교육을 위한 교육과정 개설에 대한 가이드라인' 제시로 현재 193개의 데이터 과학 과정이 운영 중이다. 백악관 주도의 '빅데이터 R&D 이니셔티브'를 발표하고, 방대하게 축적된 디지털 데이터 활용을 위한 전반적 기술개발을 촉진하고 있다. 국립과학재단은 빅데이터 교육과 신규 인력양성을 위해 포괄적이고 장기적인 전략을 추진하고 있다.

둘째, 중국은 '빅데이터 산업 발전계획'을 발표하고 데이터 강국 건설을 목표로 총력을 기울이고 있으며, 2017년 기준 97개 대학에서 데이터 과학 전공을 개설했다. 고급 기술인재 발굴 · 양성과 인재의 창의적 능력 향상을 목표로 하는 '인재강국 전략'을 추진하고 있으며, 창의적 인재 발전체계 구축을 위한 인재양성과 유입 및 평가 등으로 구성되어 있다.

셋째, 유럽연합은 빅데이터와 클라우드 컴퓨팅 기반의 데이터주도 경제추진을 위한 전략과 실행계획을 발표하고, '빅데이터 활성화'를 포함하여 데이터산업 육성을 위한 구체적인 전략과 실행을 수립하였다. 유럽데이터 과학학술원(EDSA: European Data Science Academy)은 유럽연합위원회의 Horizon 2020 프로그램[84]에서 데이터 과학과

83) KISTEP, 혁신성장동력분야 주요 경쟁국 정책모니터링 및 심층분석, 2018.

84) Horizon 2020: 유럽연합이 2014~2020년에 추진하는 것으로, 과학기술 혁신을 추진하는 R&D

관련한 포괄적인 실행주체로서 교육수요분석, 교육과정 개발, 교육수행 등을 수행하고 있다.

넷째, 일본은 '잃어버린 20년'의 장기적인 경기침체를 벗어나 경제를 재건할 목적으로 '일본재흥전략'을 발표하고 '창조적 IT 인재육성정책'을 수립했다. 경제발전에 기여할 수 있는 고급 IT 인재를 양성하여 2020년까지 '세계 최고수준의 IT 활용 사회'를 실현하다는 목표를 가지고 범부처 차원에서 인재육성 및 교육을 추진하고 있다.[85)]

표 3-9 ▌세계 주요국의 데이터 과학 관련정책 현황

구분	주요 내용
미국	데이터 과학자 양성을 위한 권고안을 제시하는 등 종합적인 국가전략으로 추진하는 가운데 XSEDE* 등 다양한 민간주도 집중 교육훈련 프로그램 발달 * Extreme Science and Engineering Discovery Environment
중국	중국 주도하에 데이터 과학 및 빅데이터기술 전공 설치(2017년 기준 35개 대학, 62개 전문대학)하고 인재양성 중이나 초보적 단계이고 민간기구는 보충적 역할 담당
유럽연합	연구자 중심의 데이터 과학 프로그램과 산업 연계 교육훈련 프로그램으로 이원화되어 있고, EDSA, PRACE* 등에서 운영 중 * Partnership for Advanced Computing in Europe
일본	RIKEN 등의 연구시설을 활용한 슈퍼 컴퓨팅 및 데이터 과학 연수나 인턴십 프로그램이 발달하였고 산업경쟁력 확보 및 사회문제 해결을 주요 과제로 인식
UN	UN 산하기관인 CODATA-RDA* 연구데이터스쿨에서는 데이터 과학 국제 네트워크를 강화하면서 데이터 과학 관련 역량 개발을 위한 종합 서비스 제공 * Committe on DATA for Science and Technology

자료: KISTI 과학데이터스쿨, "데이터 강국을 이끄는 데이터 전문인력 육성전략", KISTI ISSUE BRIEF, 제18호, 2020, p.6.

3.2.2 데이터 경영과 비즈니스

글로벌 기업경쟁이 더욱 심해지면서 단순히 기업 내부의 자원관리만으로는 기업이 경쟁에서 승리하기 어려워진다는 판단에 따라 기업 내부뿐만 아니라 기업 외부의 환경과 상호작용이 중요하게 되었다. 데이터가 기업의 경쟁력 제고와 비즈니스 인사이트를

투자 지원전략 프로그램이다.

85) KISTI 과학데이터스쿨, "데이터 강국을 이끄는 데이터 전문인력 육성전략", KISTI ISSUE BRIEF, 제18호, 2020.

제공하는 핵심요소가 되면서 빅데이터는 Open Innovation과 Open Science에 의한 협업과 융합 및 개방이 가속화되고, 예측 분석가능한 비즈니스 인사이트와 예측가능 비즈니스를 제공할 것이다. 데이터는 과거를 통해 미래를 예측하는 방법을 제공하는 새로운 비즈니스 솔루션이며 핵심적인 경영전략이다. 특히 디지털 혁신을 통한 데이터 기반 융합시대의 생산과 소비에서 발생하는 데이터에 대한 분석을 토대로 의사결정의 질적 수준을 높이고 경영의 생산성이나 효율성을 제고하고 있다. 일반적으로 컴퓨터의 발달과 정보 및 데이터의 수집 · 사용이 기업경영과 주요 의사결정 및 고객관리를 효율화 · 최적화하는 방법으로 이해되면서 경영정보시스템(MIS: Management Information System)이 탄생하였다. 또한 디지털 데이터가 적극적으로 활용되면서, 데이터 기반 ERP와 CRM이 급속히 발전하고 있다.

초창기 기업의 컴퓨터들은 종업원들의 임금을 계산하거나 회계장부를 관리하는 정도로 사용되었지만, 판매, 재고 그리고 기업경영에 도움을 주는 여러 데이터들에 대한 정보를 관리자들에게 제공할 수 있는 업무 프로그램들이 개발되면서부터 경영정보시스템은 이러한 여러 종류의 업무 프로그램들을 총칭하는 용어로 발전되었다. 디지털 혁신을 통한 데이터 기반 융합시대에서 경영정보시스템은 경제 · 경영 여러 분야에서 폭넓게 사용되고 있는데, 때로는 의사결정지원시스템, 인적자원관리시스템, 프로젝트관리시스템, 데이터베이스검색시스템 등을 모두 포함하는 넓은 개념으로 이해 및 활용되고 있다.

1960년대 경영정보시스템이 시작할 무렵 모라벡(H. Moravec)은 경영정보시스템을 '기업의 운영과 관리에 필요한 자료를 저장하고 검색하기 위한 여러 가지 절차, 방법, 조직, 소프트웨어, 하드웨어 등의 요소로 이루어진 시스템이다'라고 정의하였다. 경영정보시스템는 20세기 중반에 태동한 분과 학문인데, 산출한 정보를 정보보고 및 경영관리 목적으로 1970년대부터 사용하기 시작했다. 정보시스템(Information System)은 대외적으로 경영학의 한 분과라는 것을 알리기 위해 경영정보시스템(Management Information System), 즉 MIS라는 명칭을 많이 사용하였다. 정보시스템 분야 안에서는 정보시스템(Information System), IS라는 명칭을 사용하기도 한다.[86]

경영정보시스템을 기능별로 구분하면, 생산정보시스템 분야는 생산기계 통제, 컴퓨터기반 설계, 생산계획, 설비배치 등이고, 마케팅분야는 주문처리과정, 시장분석, 가격

86) 나무위키 참조

분석, 판매예측 등이고, 인사분야는 훈련, 개발, 경력경로(커리어패스), 보상분석, 인적자원계획 등이다. 재무 및 회계분야는 재무흐름, 포트폴리오분석, 예산, 수익계획 등의 데이터를 활용·분석하여 기업경영과 주요 의사결정 및 고객관리를 효율화·최적화하는 것이다. 경영정보시스템은 기업의 경영관리에 필요한 정보를 신속히 수집하고 종합적·조직적으로 가공·축적·제공하여 기업의 생산성과 수익성을 높일 목적으로 구축된 다양한 정보시스템과 그 네트워크를 총칭하는 용어다. 경영학의 세부영역 중 하나로서 간단히 '조직에서 정보기술을 효율적이고 효과적으로 활용·관리하는 방법에 대한 지식체계'로 정의된다. 서울대학교 경영대학 경영정보연구소에 의하면, 경영정보시스템이란 기업 경영정보를 총괄하는 시스템으로서 경영자 및 사용자의 의사결정 등을 지원하는 종합시스템으로 설명한다. 즉, 기업 경영상의 의사결정에 관한 유용한 정보와 데이터를 수집·가공·분석하고 필요에 따라 언제든지 검색할 수 있도록 설계된 컴퓨터시스템을 의미한다.

그림 3-18 | 경영정보시스템의 발달과정과 유형

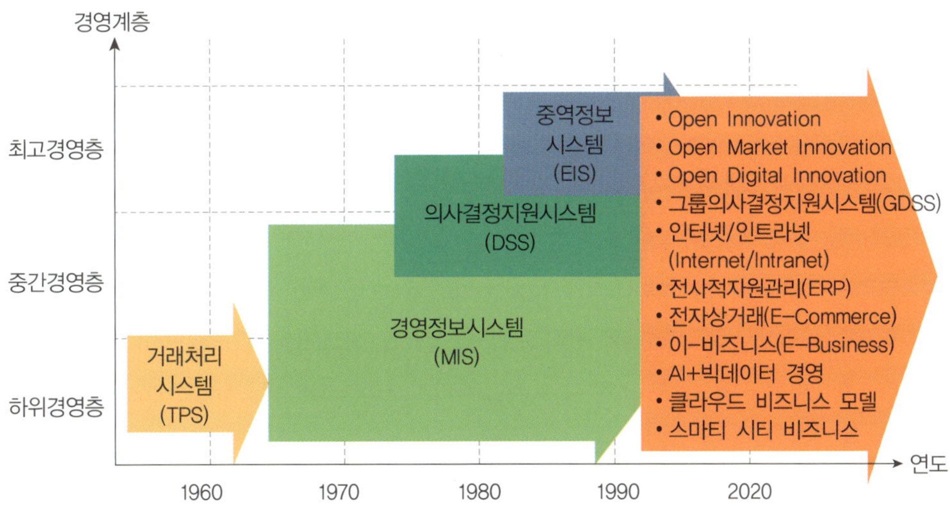

자료: 한남대학교 자료 재구성

글로벌 기업경쟁이 더욱 심화되면서 기업의 성패를 결정짓는 주요 요인으로 더 이상 기업내부 요소들뿐만 아니라 고객과 시장 등 외부 기업환경과 관련데이터를 고려하여 최적의 기업 의사결정을 내리게 되었다. 특히 디지털 혁신을 통한 데이터 기반 융합시

그림 3-19 | 경영정보시스템의 구조와 기능

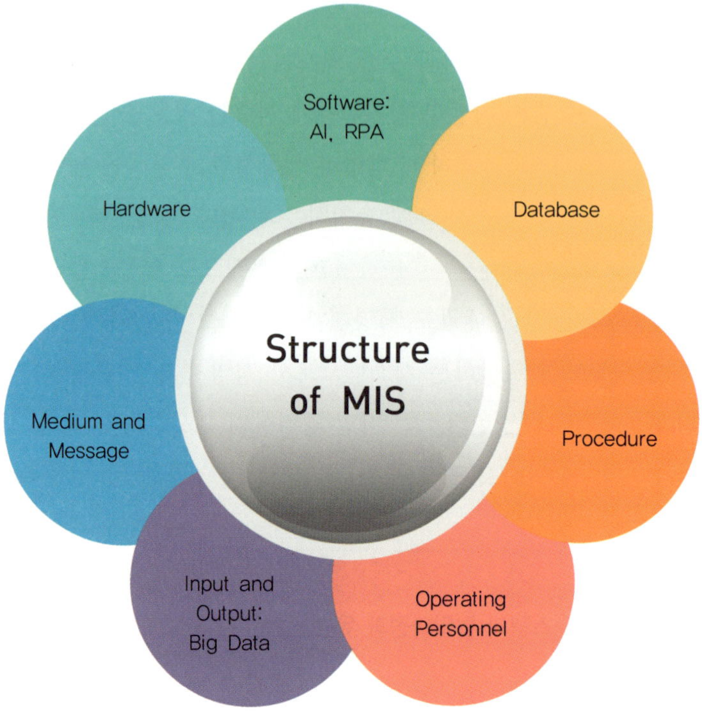

자료: Toppr 홈페이지 재구성

대의 경영정보시스템은 군사, 회계, 병원(의료), 환경, 기상, 자원, 전략, 지식, 범용, 통합, 종합 등 부문별로 다양하게 운영되고 있다.[87] 세부 실천 및 구현 프로그램으로는 거래처리시스템(TPS: Transaction Processing System),[88] 의사결정지원시스템(DSS: Decision Supporting System),[89] 전략정보시스템(SIS: Strategic Information System), 전문가시스템(ES: Expert System),[90] 전자자료처리시스템(EDPS: Electronic Data Processing

87) 위키백과 참조

88) 거래처리시스템(TPS: Transaction Processing System): 조직에서 매일 발생하는 경영업무에 대해 자료 처리. 1960년대부터 단순 거래를 처리하기 위해 기업 경영에 처음으로 도입된 것이 이런 종류의 시스템이다. 당시에는 정보시스템, 거래처리시스템이라는 말이 없었고 전자자료처리시스템(EDPS: Electronic Data Processing System)이라고 불리었는데 오늘날에는 거래처리시스템(TPS)이라고 한다.

89) 의사결정지원시스템(DSS: Decision Supporting System): 다양한 대안 중 최적의 대안을 선택하도록 경영자의 의사결정을 지원, 1970년대 후반부터 경영진의 의사결정에 도움을 주기 시작했다.

System), 정보보고시스템(IRS: Information Reporting System), 중역정보시스템(EIS: Excutive Infomation System), 집단의사결정시스템(GDSS: Group Decision Support System), 고객관계관리(CRM: Customer Relationship Management), 전사적자원관리(ERP: Enterprise Resource Planning) 등이 있다.

디지털 혁신을 통한 데이터 기반 경영정보시스템으로 해서 정보가 다양한 기업데이터로 활용되면서, 기업경영과 주요 의사결정 및 고객관리를 효율화·최적화의 수단으

그림 3-20 | ERP의 구조와 기능

90) 전문가시스템(ES: Expert System): 1970년대부터 개발되기 시작, 특정 분야에서 Y/N의 질문을 계속하면 저장된 지식 데이터베이스에 근거하여 답에 이르게 된다.

로 전사적자원관리(ERP)가 일반화되어 활용되고 있다. ERP는 전사적자원관리를 의미하는 것으로 기업활동을 위해 사용되는 기업 내의 모든 인적 · 물적자원을 효율적으로 관리하여 궁극적으로 기업의 경쟁력을 강화시켜 주는 역할을 하는 통합정보 및 체계적인 데이터 관리 · 분석시스템이다. ERP를 활용하면 다양한 비즈니스 도구와 애플리케이션이 하나로 통합되기 때문에, 불필요한 비용을 줄일 수 있다. 재고, 회계, 인사관리 등 개인업무는 물론이고, 부서의 업무를 보다 빠르게 수행할 수도 있다. 비즈니스에 필요한 데이터를 보다 정확하고 빠르게 분석해서 뛰어난 통찰력을 얻을 수도 있으며, 기업의 목표와 가장 잘 부합하는 방향으로 경영전략과 비즈니스 및 서비스를 제공할 수 있다.

최근에는 빅데이터와 인공지능 활용이 일반화되면서, 실시간으로 시장과 고객의 변화를 생산공정과 비즈니스에 반영되어 맞춤형 생산공정과 고객맞춤형 서비스가 가능하게 되었다. 데이터는 과거를 통해 미래를 예측하는 방법을 제공한다. 빅데이터는 예측분석가능한 비즈니스 인사이트와 예측가능 비즈니스를 제공하여 과거를 통해 미래를 예측하는 방법을 제공한다.

디지털 혁신을 통한 데이터 기반 융합시대의 다양한 데이터의 구성 요소들이 기업경영과 주요 의사결정 및 고객관리를 효율화 · 최적화의 수단으로 활용되고 있다. 현대의 기업은 경제세계화, 경제교류, 과학기술의 빠르고 심오한 변화의 세계에서 적응하고 기업경쟁력을 유지하기 위해 다양한 환경 변화를 예상하고 대비해야 한다. 웹계정 가입, 홈페이지의 접속기록, SNS, 동영상, 웹툰, 의료기록 등 현재 다양한 정형 · 비정형 구조의 데이터 소스에서 대규모 데이터 세트를 수집 및 저장하여 사용할 수 있으므로, 기업은 이러한 수집 및 저장 및 분류된 데이터를 사용하여 혁신, 고객충성도를 높이고 운영효율성을 높이고자 한다. 동시에, 그들은 '빅데이터 붐'으로 불리는 증가하는 방대한 양의 데이터를 처리 · 분석 및 관리하기 위해 더 큰 용량을 필요로 하며, 고객맞춤형 서비스로 연계된 서비스를 개발하고자 경쟁 및 투자한다.

일반적으로 데이터 기반 비즈니스 분석은 비즈니스의 주요 이슈를 기업 내 · 외부 데이터의 통계적 · 수학적인 분석을 이용하여 분석하는 의사결정 분석방법이다. 즉 전략적 · 전술적 · 운영적 비즈니스 의사결정 문제를 분석 역량인 통계적 · 수학적인, 데이터 프로그래밍, 경제 및 경영 전문지식을 통해 해결하려는 분석방법 및 솔루션이다. 최근에는 비즈니스에서 발생하는 다양한 빅데이터 '수집 · 생산 → 저장 · 관리 → 가공 · 유통→분석·활용' 과정에 인공지능을 연계시켜 비즈니스 가치와 통찰 및 의사결정을 제공하고 있다.91) 한편 데이터 마이닝(Data mining)이란 기존 데이터베이스 관리도구의 데이터 수집·저장·관리·분석의 역량을 넘어서는 대량의 정형 또는 비정형 데이터 집합 및 이러한 데이터로부터 가치를 추출하고 결과를 분석한 기술을 의미한다. 데이터 기반 비즈니스 분석은 글로벌 비즈니스의 미래예측 기능과 통계분석, 확률분석 등을 포함해 최적의 데이터 기반 의사결정을 가능케 한다. 따라서 디지털 혁신을 통한 빅데이터와 인공지능 발전으로 실시간 데이터 수집 및 비즈니스 데이터 마이닝과 데이터 기반 비즈니스 분석으로 '맞춤형 비즈니스 서비스'와 '예측마케팅'의 새로운 변화가 발생하고 있다.

첫째, 마케팅 분야에도 데이터 기반 비즈니스 분석은 다양하게 활용되고 있다. 시장조사의 경우 비즈니스 트렌드에도 데이터 기반 비즈니스 분석이 중요하며, 중장기 전략의 경우에도 고객의 감성, 제품선호도 변화 및 미래변화 이해와 분석에도 활용된다. 주요 소비자활동 행태분석과 구매제품 및 서비스에 대한 반응에도 데이터 기반 비즈니스 분석이 활용된다. 일반적으로 고객데이터는 업무상(transactional) 데이터, 신체(physical) 데이터, 보안(security) 데이터, 개인상세(intimate) 데이터가 있다. 업무상 데이터는 웹사이트나 이메일리스트, 소셜미디어 가입시에 필요한 소비자들이 통상 공유하는 기초데이터이다. 생일, 주소, 이메일주소 등이다. 신체 데이터는 키와 몸무게 등이며, 보안 데이터는 소득수준, 휴대폰번호, 신용카드번호 등이다. 상세 데이터는 종교, 정치색, 신조, 성적 기호 등이어서 데이터 수집에 현실적 한계가 있다. 온라인 쇼핑몰의 경우, 웹서버 로그, 언급 소스, 페이지 조회수, 검색 패턴 등 기본적으로 웹사이트상의 모든 활동과 데이터들이 데이터 기반 비즈니스 분석에 활용된다. 모바일, 소셜미디어 등의 뉴미디어의 확산으로 데이터 환경의 변화는 마케터에게 데이터를 분석하고, 데이터 기반 비즈니스 분석을 통해 인사이트를 발견해 낼 수 있는 새로운 능력을 요구하고 있다. 대표적인 마케팅데이터 정보시스템으로 CRM(Customer Relationship Management)이 있는데, 디지털 혁신을 통한 데이터 기반 융합시대의 빅데이터와 인공지능의 연계로 개

91) 딜로이트의 분석기법 단계 자료에 의하면, 사후판단(hindsight) 단계는 담당부서별 데이터 취합을 주기적으로 리포팅하는 단계이다. 통찰(insight)의 단계는 통계기반 지표 간 연관관계분석 및 전사적 지표관리의 단계이다. 마지막 예측(foresight)/행동(action) 단계는 고급 분석기법을 이용한 예측 및 직접적 의사결정 단계이다.
딜로이트, 빅데이터와 애널리스트, 2013. 참조

인맞춤형 마케팅과 서비스자료로 활용되고 있다. 특히 금융회사와 보험회사 등에서 마케팅서비스로 활용되고 있는 챗봇 등 로봇업무자동시스템인 RPA(Robotic Processing Automation)가 인공지능과 연계되어 일반화되고 있다.

둘째, 생산분야에도 데이터 기반 비즈니스 분석은 다양하게 활용되고 있다. 제조산업에서 대표적인 데이터 시스템으로 제조실행시스템(MES: Manufacturing Execution System)과 스마트 팩토리를 설명할 수 있다. 국제 MES협의(MES: Manufacturing Execution System Association)에서는 MES에 대해 '주문에서 생산에 이르기까지의 과정에서 생산된 정보를 가장 효율적으로 활용함으로써 데이터들이 발생할 때마다 각 공정단계의 관리, 응답, 보고하는 생산실행관리시스템'이라고 정의하고 있다. MES의 주요 기능은 생산계획, 자재조달, 생산관리, 원가관리, 설비관리, 품질관리 등이 있는데, MES는 바로 이러한 기능들이 관련 데이터에 의해 처리되는 데이터중심적 시스템인 것이다. 각 기능별로 수집 및 활용이 되는 데이터의 종류를 살펴보면, 먼저 생산관리에서는 생산능력 및 설비수, 생산 진척 데이터, 재고수, 공정위치, 생산량 및 작업시간, 작업내용, 시작/종료시간들의 데이터가 활용되어 관리가 이루어진다. 원가관리에서는 가동시간, 재료사용량, 에너지사용량, 재고, 작업자 공수 등이 있다. 또한 설비관리에서는 가동상태, 고장시간, 사용/가공이력, 비가동내역 등의 데이터가, 그리고 품질관리에서는 운전조건, 복구시간, 불량원인, 불량수, 불량내용 등과 같은 데이터의 수집 및 활용이 가능하다. 맥킨지의 비데이터 보고서에 의하면,92) 글로벌 제조기업들이 R&D 및 설계, 공급사슬, 생산 및 마케팅, 서비스 등 여러 가치사슬 단계에서 데이터 '수집 · 생산 → 저장 · 관리 → 가공 · 유통 → 분석 · 활용' 과정을 체계적으로 활용할 수 있다고 설명하고 있다.

셋째, 회계 · 재무분야에도 데이터 기반 비즈니스 분석은 다양하게 활용되고 있다. 경영자의 의사결정에 있어서 가장 객관적인 판단 근거는 회계, 재무정보 및 데이터라 하겠다. 회계데이터는 기업의 활동 결과를 수치적으로 표현해주고, 재무데이터는 도출된 회계데이터를 바탕으로 경영의사결정 활동을 위한 정량적 시사점을 도출한다. 이 분야의 데이터는 서로 연계되어 생성되고 운영된다. 정형화된 회계/재무데이터를 이용하여 의사결정을 하는 이용자는 주주, 채권자, 경영자, 정부, 노동자 등 기업 내 · 외부에 걸쳐 매우 광범위하고 다양하다. 회계데이터로 재무상태표, 손익계산서, 현금흐름표, 자

92) McKinsey Global Institute, Big data: The next frontier for innovation, competition, and productivity, May 1, 2011.

본변동표 등이 있으며, 대표적인 회계정보시스템인 ERP(Enterprise Resource Planning)가 있다. 재무회계처리분석, 세무회계처리분석, 고정자산처리분석, 관리회계처리분석, 자금관리처리분석 등으로 데이터 기반 비즈니스 분석이 활용되고 있다. 대표적인 정형 데이터인 재무데이터는 재무분석을 위한 기초자료이며, 재무상태표, 손익계산서, 현금흐름표 등 회계데이터를 토대로 발생하기 때문에 회계보고서별로 분류해볼 수 있다. 회계보고서상 재무데이터 항목은 재무상태표에서 총자산증가율, 유형자산증가율, 자기자본비율, 부채비율, 유동비율, 공정비율 등이다. 손익계산에서는 총자산경상이익률, 총자산영업이익률, 총자산순이익률, 자기자본경상이익률, 차익금평균이자율, 총자산회전율, 유형자산회전율, 경영자산회전율 등이다. 현금흐름표에서는 현금보상비율, 영업현금흐름/차입금, 금융비용보상비율, 영업현금흐름/투자현금흐름 등이다. 재무데이터 '수집 · 생산→저장 · 관리→가공 · 유통→분석 · 활용' 과정에서 요구되는 데이터 기반 비즈니스 분석은 기업경영분석 및 현금흐름분석, 여신자의 기업신용분석 등을 통한 의사결정을 위해 실시된다. 의사결정의 목적에 따라 유형별 재무비율을 분석한 재무데이터가 의사결정자에게 제공되고, 의사결정자는 재무데이터를 근거로 이익계획, 수익계획 등의 재무계획과 예산편성 등의 재무통제활동을 추진하게 된다.

넷째, 인적자원분야에도 데이터 기반 비즈니스 분석은 다양하게 활용되고 있다. 인적자원데이터는 인적자원관리와 인전자원계획을 위해 사용되는 데이터로 기업 내부데이터와 외부데이터로 구분할 수 있다. 인사업무는 조직관리, 인사관리, 급여관리, 복리후생관리, 채용관리, 교육훈련관리, 노사관리 등으로 구성된다. 각 업무별로 기능에 맞춰 여러 데이터 '수집 · 생산→저장 · 관리→가공 · 유통→분석 · 활용' 과정으로 활용된다. 인적자원 계획수립은 인적자원 데이터 기반 비즈니스 분석을 통한 환경분석, 인적자원 수요예측, 인적자원 공급예측, 인적자원 수급불균형 조정의 과정으로 진행된다.[93] 특히 4차 산업혁명 시대는 디지털 혁신과 비즈니스 혁신이 급속하게 발생함에 따라 디지털 혁신을 통한 데이터 기반 융합시대의 새로운 비즈니스를 운용할 데이터 사이언티스트(Data Scientist)와 시민데이터 사이언티스트(Citizen Data Scientist)가 요구된다는 점에서 인적자원분야의 데이터 기반 비즈니스 분석과 활용이 매우 중요하다 하겠다.

93) 한국소프트웨어기술인협회 빅데이터전략연구소, 빅데이터 개론, 광문각, 2018, pp.87-117.

3.2.3 데이터 비즈니스 모델

3.2.3.1 데이터 비즈니스 모델 특징과 유형

글로벌 빅데이터 전문가인 Bill Schmarzo의 「Big Data MBA」에서 빅데이터 비즈니스 모델 성숙도지수(Big Data Business Model Maturity Index)는 조직이 데이터 및 분석을 비즈니스 모델에 통합할 수 있는 방법에 대한 로드맵을 제공하고 있다. 빅데이터 비즈니스 모델 성숙도지수는 다음 5단계로 구성된다고 설명하고 있다.[94)]

- 1단계: 비즈니스 모니터링(Business Monitoring)

  Business Monitoring 단계에서 조직은 데이터웨어 하우징 및 비즈니스 인텔리전스를 활용하여 조직의 성과를 모니터링함

- 2단계: 비즈니스 통찰력 및 인사이트(Business Insights)

  Business Insights 단계는 예측분석을 활용하여 점점 더 많은 내부 및 외부 데이터 소스에 묻혀있는 고객, 제품 및 운영 통찰력을 밝혀내는 것이다. 이 단계에서 조직은 모든 상세 거래 및 운영 데이터를 소비자 의견, 전자메일 대화 및 기술자 메모와 같은 내부 데이터와 소셜미디어와 같은 외부 및 공개적으로 사용가능한 데이터와 결합하여 데이터 수집 노력을 적극적으로 확장한다. 예를 들면, 날씨, 교통, 경제, 인구통계, 주택가치 및 지역 이벤트 데이터 등이다.

- 3단계: 비즈니스 최적화(Business Optimization)

  Business Optimization 단계에서 조직은 Business Insights 단계에서 밝혀지지 않은 고객, 제품 및 운영 통찰력에 규범적 분석을 적용하여 고객뿐만 아니라 최전선 직원, 비즈니스 관리자 및 채널 파트너에게 실행가능한 통찰력 또는 권장사항을 제공한다. 비즈니스 최적화 단계의 목표는 직원, 파트너 및 고객이 주요 결정을 최적화할 수 있도록 하는 것이다.

- 4단계: 데이터 수익창출(Data Monetization)

  데이터 수익창출 단계에서 조직은 고객, 제품 및 운영 경영전략을 활용하여 새로운 수익원을 창출한다. 여기에는 새로운 시장에 대한 데이터 또는 경영전략 서비스(고객행동 데이터를 광고주에게 판매하는 휴대전화 제공 업체), 분석을 제품 및 서비

94) Bill Schmarzo, Big Data MBA, Wiley. 2015, pp.1-16.

스에 통합하여 스마트 생산자, 재구매 고객, 새로운 제품과 서비스를 가능케 하는 생산과 운영 인사이트를 창출. 즉, 새로운 제품과 서비스를 창출하고 새로운 시장에 진출하기 위한 운영 인사이트를 활용한다.

- 5단계: 비즈니스 변화(Business Metamorphosis)
  빅데이터 비즈니스 모델 성숙도지수의 성패는 조직이 비즈니스 모델을 제품판매에서 '서비스로서의 비즈니스(Business as a Service)'로 전환할 단계이다. 대규모 엔진 설비를 판매하던 GE가 제트엔진 대신 데이터 기반 추력(thrust)을 판매하는 데이터 비즈니스 혁신과, 보잉이 비행기 판매 대신에 기상환경에 적합한 최적 항공이력과 데이터를 제공하는 에어마일(Air Miles)을 판매하는 데이터 비즈니스 혁신이 발생한다. 그 과정에서 데이터 기반 플랫폼인 '서비스로서의 비즈니스(Business as a Service)'가 기업 조직과 연계되어 비즈니스 빅데이터 기반 스마트 제품의 잠재력 또는 기존제품 생산 및 공급에 솔루션을 구축하고 마케팅할 수 있는 플랫폼을 만들 것이다. 데이터 기반 플랫폼인 '서비스로서의 비즈니스(Business as a Service)'가 고객, 제품 또는 새로운 잠재고객으로 확장되며, 궁극적으로 빅데이터는 조직이 더 많은 수익을 벌고 운영 효율성을 향상시키는 데 도움이 된다.

디지털 혁신을 통한 데이터 기반 융합시대의 데이터 비즈니스를 위해선 대량의 고객정보와 데이터를 축적해야 한다는 점에서, 빅데이터는 조직이 더 많은 수익을 발생하고 기업경영 및 운영 효율성을 향상시키는 데 도움이 되어야 한다. 고객확보, 고객이탈 감소, 운영 및 유지관리비용 절감, 가격 및 수율 최적화, 위험 및 오류 감소, 컴플라이언스 개선, 고객경험 개선 등이 그 사례이다. 기업은 ERP(Enterprise Resource Planning), CRM(Customer Relationship Management), SFA(Sales Force Automation)/RPA(Robotic Process Automation)와 같은 기업용 소프트웨어 패키지에서 기본적이고 특화된 기능을 구매할 때 경쟁력을 갖추게 된다. 조직이 경쟁 차별화 프로세스를 추진하는 데 초점이 큰 빅데이터를 활용하여 기술, 애플리케이션, 프로그램, 프로세스 등을 만들어 경쟁사의 제품과 서비스를 차별화하여 최종가치를 높이는 방식으로 경쟁 차별화를 달성할 수 있다.

고객 및 경쟁 차별화 주요 조직은 고객맞춤형으로 차별화된 부가가치를 창출해야 한다. 대부분의 기업들이 전사적 자원을 효율적으로 비즈니스에 활용하는 것을 ERP효과라고 한다. 그래서 ERP 소프트웨어 패키지는 운영 효율성을 높여 모든 사람의 수익성을 높일 수 있는 소프트웨어 솔루션으로 판매되었다. 그러나 모두가 동일한 응용 프로그램을 실행할 때 경쟁 차별화가 이루어질 수 있을까? 그러나 데이터 분석을 통해 조직은 주요 비즈니스 프로세스를 고유하게 최적화하고 보다 매력적인 고객경험을 제공하며 고객, 제품 및 운영에 대해 수집한 고유한 비즈니스 인사이트로 새로운 수익창출 기회를 발견할 수 있다. 경쟁력 있는 차별화를 위한 기술을 활용하고 있는 대부분의 기업과 기관들은 ERP 유형 운영 시스템에 막대한 투자를 해왔지만 데이터 및 분석을 활용하여 고객에게 고유한 가치를 제공하고 시장에서 경쟁력있는 차별화를 창출하는 전략적 응용 프로그램을 구축하는 데 성공한 사례는 매우 적은 실정이다.

따라서 빅데이터 시대를 대비하여 글로벌 기업들은 과거의 데이터 기반에서 실시간 수집 가능한 데이터를 활용하여 새로운 데이터 기반 솔루션을 개발하고 있다. 다음은 새로운 데이터 소스 및 분석을 활용하여 차별화된 기능을 구축하는 데 투자한 기업사례이며, 과거의 데이터 중심에서 실시간 발생하는 데이터 기반 비즈니스 모델을 구축하고 있다.

- Google: PageRank 및 광고 게재
- Yahoo: 행동 타깃팅 및 대상 변경
- Facebook: 광고 게재 및 뉴스 피드
- Apple: iTunes 체계의 변화
- Netflix: 빅데이터 기반 인공지능 영화 추천
- 아마존: '이 품목을 구매한 고객' 1-Click 주문 및 공급망 및 물류-Walmart: 수요 예측, 공급망 물류 및 소매 링크
- Procter & Gamble: 브랜드 및 카테고리 관리
- Federal Express: 중요한 재고물류
- American Express 및 Visa: 사기 탐지
- GE: 자산 최적화 및 운영 최적화(Predix)
- ABN AMRO: 유연한 금융자동화 모델(DevSecOps 모델, Model of Development Secure Operation)

1) 교육 관련 비즈니스 모델

빅데이터의 발전으로 관련 인력에 대한 수요가 폭발적으로 증가하고 있다. 매킨지 발표자료에 의하면, 미국의 경우 2018년까지 14~19만 명의 고급 분석인력인 데이터 사이언스와 데이터 관리자가 부족할 것으로 전망하고 있다. 4차 산업혁명 시대의 융복합 학문의 한 분야로 데이터 경제학이 급속히 발전하고 있는 추세이다. 데이터 경제학은 수학과 통계학 및 심리학 등에서 전자공학·컴퓨터공학·유전공학 등의 공학분야, 그리고 경제학과 경영학 및 기술경영 등이 상호 연계된 학문분야라 분야별 전문가는 있지만 융합된 내용을 모두 이해하고 이를 기업활동에 연계하는 것은 매우 어렵다 하겠다. 국내외에서는 데이터 사이언스(Data Science)와 데이터 사이언티스트(Data Scientist)라는 분야로 많은 논의가 진행되고 있지만, 다양한 학문이 연계된 구체적인 솔루션이 미비한 실정이다. 데이터 사이언스(Data Science)와 관련된 모든 분야를 이해하는 전문가들을 찾기가 매우 어렵다. 따라서 현실적 대안으로 데이터 사이언스(Data Science)를 전공한 데이터 사이언티스트(Data Scientist)보다는 본인의 전공에서 디지털 데이터를 사용 및 활용하는, 즉 프로그래밍 기술이나 전문분석 기술에 이해도가 낮더라도 자동화 플랫폼 솔루션을 이용 및 활용하는 시민데이터 과학자(Citizen Data Scientist)가 현실적 대안으로 최근에 더 많은 주목을 받고 있다. 따라서 향후 절대적으로 부족한 빅데이터 관련 전문가의 양성은 기존 교육 인프라로 감당할 수 있는 실정이 아니므로 데이터 사이언티스트(Data Scientist)와 시민데이터 과학자를 위한 교육 비즈니스 모델은 매우 유망하다 하겠다.

2) 컨설팅 관련 비즈니스 모델

4차 산업혁명의 디지털 혁신이 발전 패러다임으로 부상하면서, 디지털 트랜스포메이션과 비즈니스와의 연결과 제품 및 서비스개발과 컨설팅이 요구된다. '디지털 트랜스포메이션(Digital Transformation)'은 ICT를 활용해 새로운 솔루션 창출, 운영혁신, 사업기반 재구축 등을 제공하여 신성장을 추구하는 활동을 의미한다. IBM은 디지털 트랜스포메이션을 기업 디지털과 물리적인 요소들을 통합하여 비즈니스 모델을 변화시키고, 산업에 새로운 방향을 정립하는 전략을 설명하고 있다. 2000년대 중반까지는 디지털 트랜스포메이션 개념은 주로 비즈니스 프로세스의 효율성 증대를 목적으로 경영활동에 ICT를 적용하는 데 초점을 두었다. 2008년 글로벌 금융위기를 맞이해 제조업을 부활시키고자 하는 '제조혁명'과 사물인터넷(IoT), 빅데이터, 클라우드, 인공지능(AI) 등 새로운 ICT를 활용한 4차 산업혁명 추세가 이어지면서 비즈니스 모델 개편까지로 개념이 확장 · 발전하고 있다.

구체적으로 Brain & Company은 디지털 트랜스포메이션이 디지털 엔트프라이즈 산업을 디지털 기반으로 재정의하고, 게임의 법칙을 근본적으로 뒤집음으로써 변화를 일으키는 것으로 인식해서 기업들은 디지털 트랜스포메이션 변화와 컨설팅이 필요하다고 설명하였다. AT Kearney는 모바일, 클라우드, 빅데이터, 인공지능, 사물인터넷 등 디지털 신기술로 촉발되는 경영환경상의 변화에 선제적으로 대응하고, 현재 비즈니스의 경쟁력을 획기적으로 높이거나 새로운 비즈니스를 통한 신규 성장을 추구하는 기업활동으로 디지털 트랜스포메이션을 설명하였다. 따라서 새로운 비즈니스 모델로 성장하기 위해서는 디지털 트랜스포메이션에 대한 투자와 컨설팅이 요구된다. PWC는 기업경영에서 디지털 소비자 및 에코시스템이 기대하는 것들을 비즈니스 모델 및 운영에 적용시키는 일련의 과정으로 디지털 트랜스포메이션을 설명하였다. IDC는 고객 및 시장(외부 환경)의 변화에 따라 디지털 능력을 기반으로 새로운 비즈니스 모델, 제품 서비스를 만들어 경영에 적용하고 주도하여 지속가능하게 만드는 것으로 디지털 트랜스포메이션을 설명하고 있다. World Economic Forum은 디지털 기술 및 성과를 향상시킬 수 있는 비즈니스 모델을 활용하여 조직을 변화시키는 것으로 디지털 트랜스포메이션을 이해하였다. 최근 4차 산업혁명 추세로 경쟁력 제고와 신산업 개발을 목적으로 디지털 기술을 활용해 사업과 경영구조를 재편할 목적으로 실행을 가속화하고 있다. 기업생존 연한이 점점 짧아지고 수익성 강화를 목적으로 디지털 기술을 활용해 제품과 운영 활동에 근본적인 변혁이 강하게 요청되고 있기 때문이다. 현재 디지털 트랜스포메이션은 첨단제조기술 · ICT 등 기술 적용과 프로세스 효율화에서 더 나아가 비즈니스 모델 변혁과 생태계 구축까지 확장 실행되고 있다. 구체적으로 제조와 연관해서는 '인더스터리 4.0(Industry 4.0)과 스마트 팩토리(Smart Factory)' 등 제조공정의 디지털화, GE의 '생각하는 공장(Brilliant Factory), 지멘스의 사이버물리시스템(CPS)으로 전 가치사슬 관리의 디지털화 실현이 대표적이다.

로봇을 이용한 자동응대시스템이나 빅데이터 분석 등 '경영관리의 지능화'인데, 비용절감과 외부 대응력 강화를 목적으로 단순 반복적인 비즈니스 프로세스를 자동화하거나 경영환경 관련 자료 수집 및 영향도 분석을 자동화하는 것이다. 또한 '제조업의 서비스화'가 진행되고 있다. 현재 최종 제품(제품, 서비스, 솔루션) 측면에서 제품에 ICT를 적용하여 고기능화하는 것뿐만 아니라, 제품에 기반한 서비스 사업으로 이동하는 '제조업의 서비스화'가 진행되고 있다. 아울러 현재 생태계 구축은 '하이퍼 코피티션(Hyper-Copetition) 확대'와 '오픈 디지털 이노베이션(Open Digital Innovation) 강화' 두 방향으로 진행되고 있다. '하이퍼 코피티션은 업종, 경쟁 여부에 상관없이 글로벌 협력업체, 사업파트너까지 포함한 수평통합(Horizontal Integration)을 구축하는 전략이다. 아마존 인공지능 플랫폼을 활용한 스마트 가전 개발, 자동차 메이커들의 자율주행차 개발과 관련해 데이터 처리 기술을 지닌 엔비디아, 인텔과의 협력 등이 대표적이다. 오픈 디지털 이노베이션은 디지털 기술 확보를 목적으로 외부 스타트업 및 연구기관 등 외부조직과의 협업을 통해 자사의 제품 및 비즈니스의 신속한 개발을 실현하는 것이다. 결론적으로 비즈니스 모델에서 디지털 트랜스포메이션 컨설팅이 더욱 중요하게 되어, 많은 기업과 정부가 디지털 트랜스포메이션에 집중적으로 투자하고 있다.

급속한 디지털 혁신을 통한 빅데이터와 인공지능이 발전함에 따라 금융회사 및 보험회사 등에서 로봇자동화 업무시스템(RPA: Robotic Process Automation)에 대한 관심과 투자가 증대되고 있다. 디지털 혁신을 통한 데이터 기반 융합시대에는 데이터 입력 등의 단순반복 업무 프로세스의 자동화에 주로 적용되며 향후 AI, 머신러닝 등의 기술이 발전, RPA와 결합한다면 자료분석 및 솔루션 제시 등의 업무자동화의 영역까지도 가능할 수 있다. 기존의 로봇이 공장 생산공정 라인의 실체적 기계였다면 RPA는 소프트웨어로 구현된 사무직을 위한 로봇으로 이해할 수 있으며, 4차 산업혁명으로 디지털화가 심화된다는 점에서 빅데이터와 AI를 통한 RPA는 매우 유망한 분야로 발전하게 될 것으로 전망된다. 따라서 디지털 혁신을 통한 데이터 기반 융합시대에는 AI를 비즈니스에 연계하고자 하는 대부분의 기업들이 RPA 컨설팅 등에 집중하고 있다.

신한은행과 KB국민은행 빅데이터의 분석에 의하면, 카드사의 고객결제정보 및 SNS 데이터를 활용한 상권분석 컨설팅 또는 고객구매 패턴 정보와 데이터를 활용한 제품 및 서비스 개발 컨설팅 등이 유망하다. 빅데이터와 인공지능의 연결로 더욱 다양하고 고객지향적인 컨설팅이 가능한 것이다. 그리고 개인의 신용카드 사용 데이터와 각종 금융정보 데이터, 건강의료 데이터, 개인 자동차 내비게이션에서 발생하는 데이터 등을 이용한 개인별 종합 금융컨설팅과 건강보험 및 건강관리 컨설팅, 그리고 개인맞춤형 자동차 보험컨설팅 등이 있다.

3) 솔루션 관련 비즈니스 모델

데이터의 '수집 · 생산→저장 · 관리→가공 · 유통→분석 · 활용' 과정에서 요구되는 하드웨어 장비로 네트워크 장비, 서버, 스토리지 등이 있으며, 기존 ICT 분야의 비즈니스 모델과 중복되어 대부분 기존 사업자들이 빅데이터 처리를 위해 성능이 우수한 고용량, 고속의 장비들로 대처하는 실정이다. 인공지능 로봇, 에징 컴퓨터, 5G 통신 및 클라우드 설비 등을 들 수 있다. 소프트웨어 부분의 비즈니스 모델 역시 기존 솔루션 사업자들이 새로운 수익구조 창출을 위한 빅데이터용 데이터 '수집 · 생산→저장 · 관리→가공 · 유통→분석 · 활용' 과정 분석툴을 공급하고 있다. 디지털 혁신을 통한 데이터 기반 융합시대의 이러한 솔루션 및 도구 공급 관련 빅데이터 비즈니스 모델은 주로 기존기업들 수익구조 개선을 위한 모델로 자리잡아 이미 성숙단계이나 빅데이터와 인공지능과 연계된 새로운 소프트웨어 개발이 필요한 비즈니스 모델이라 할 수 있다.

4) 데이터 분석가공 중심 비즈니스 모델

디지털 혁신을 통한 데이터 기반 융합시대의 빅데이터 관련 데이터 비즈니스 모델은 빅데이터의 특성인 다양성, 대용량, 빠른 데이터 생성에 따라 다량의 데이터에 기반한다. 이러한 데이터들은 서비스의 종류에 따라 필요한 데이터와 불필요한 데이터로 분류될 수 있으며 이들 데이터들은 원시데이터 또는 가공한 형태의 데이터로 이를 필요로 하는 서비스 기업과 기관들에게 불필요한 데이터를 제외한 필요 부분 데이터만 제공한다. 따라서 이들 데이터를 필요로 하는 개인 및 기업들을 찾아 직접 거래하거나, 데이터를 필요로 하는 기관에 연계시켜주는 비즈니스 모델이 주목받고 있다.

5) 빅데이터 기반 서비스 비즈니스 모델(Just in time에서 Real time으로)

급속한 디지털 혁신을 통하여 빅데이터와 인공지능 산업과 서비스가 급성장하고 있다. 대부분의 빅데이터 비즈니스 모델은 서비스 비즈니스 모델을 의미한다. 즉 디지털 혁신을 통한 데이터 기반 융합시대의 서비스 비즈니스 모델은 빅데이터를 수집 · 저장하여 이를 필요로 하는 서비스 요건을 맞추어 예측 분석한다. 분석된 데이터를 이용하는 개인과 기업 등이 요구하는 서비스를 제공하는 것이다. 서비스 비즈니스 모델을 구체적으로 살펴보면 다음과 같다.

첫째, 이상현상 감지 시나리오 서비스 비즈니스 모델이다. 업무에서 발생한 이벤트 기록과 데이터 '수집 · 생산 → 저장 · 관리 → 가공 · 유통 → 분석 · 활용' 과정을 정리하면 정상상태, 비정상상태의 패턴을 파악할 수 있다. 새로운 현상이 발생할 경우 이상 여부를 판단하여 부정행위 검출, 시스템사고 예방, 마케팅 및 비즈니스 전략 수립 등의 다양한 분야에 활용될 수 있다. 데이터 마이닝을 통해 금융 부정행위와 테러 등을 예측하고 있는 글로벌 혁신기업인 팔렌티어가 대표적이라 하겠다. 그 외 부정행위 검출 활용 사례로 비자(VISA)사는 카드 부정검지모델의 설계처리에 하둡(Hadoop)을 도입하여 부정검지 이용 패턴의 경신을 매일, 수회로 실시할 수 있도록 정밀도를 향상시킬 수 있다.

둘째, 미래예측 시나리오 서비스 비즈니스 모델이다. 빅데이터를 통해 몇 분 또는 몇 시간 후를 예측하는 시스템을 실현함으로써 현상에 대한 조치를 신속하게 실시할 수 있다. GE가 비행기 엔진에서 발생하는 데이터를 수집 · 저장 · 모니터링하여, 실시간 운행 중인 비행기의 목적지에 최적 비행거리와 항속속도 등의 데이터 서비스를 제공하고 있다. 이는 데이터를 제공받는 여러 여행사에게 경비절감과 시간절약의 효과가 발생한다. 아울러 데이터 서비스 비즈니스 모델을 보유한 GE는 엔진 및 비행기의 판매와 렌터로 새로운 이익이 추가로 발생하는 것이다. 즉, 최단 또는 최적경로와 연료배분을 컨설팅하는 것이다. 아마존의 우대고객에게 제공하는 예측마케팅서비스는 매우 우수한 성과와 고객만족을 달성하고 있다. 아마존은 고객과 연계된 과거데이터를 통해, 고객소비행동을 미리 예측하는 방법과 서비스를 제공하는 것이다. 즉 데이터 기반 예측 비즈니스 모델을 구현하는 것이다.

셋째, 현상황 분석 시나리오 서비스 비즈니스 모델이다. 데이터 '수집 · 생산 → 저장 · 관리 → 가공 · 유통 → 분석 · 활용' 과정에서 기업의 현황을 보다 명확하게 이해할 수 있다. 회계시스템에 활용한 사례로서 일본의 시테츠 스토어(Nishitetsu Store)는 빅데이터를 이용하여 매일 단일 상품별 원가율과 원가변동 추이를 분석하여 이익률이 높은 상품에 대한 일자별 주력 마케팅 정책 수립에 활용하고 있다.[95] AI를 활용한 빅데이터 분석으로 과거 데이터뿐만 아니라, 실시간 환경에서 발생하는 데이터를 적용 · 활용가능하게 하는 것이며, 예측가능한 데이터 기반 비즈니스 인사이트와 맞춤형 비즈니스 및 서비스를 제공한다.

95) 한국소프트웨어기술인협회 빅데이터전략연구소, 빅데이터 개론, 광문각, 2018, pp.13-48.

3.2.3.2 데이터 비즈니스 솔루션 및 서비스 사례

4차 산업혁명의 핵심기술인 데이터와 인공지능은 데이터 기반 인공지능의 머신러닝, 즉 기계학습과 딥러닝으로 다음과 같은 서비스 중심의 데이터 기반 비즈니스 모델이 발생한다.

- 특정 고객이 무엇을 구매할지 예측
- 실시간 신용 사기를 적발하고 보험금 청구사기를 찾아냄
- 보증데이터를 분석해 자동차와 기타 제조물의 안전이나 품질문제를 확인함
- 개인맞춤형 디지털 광고 타킷을 자동화
- 보험사에 더 정확하고 상세한 보험 통계모형을 제공
- 다양한 동영상과 이미지를 활용한 맞춤형 서비스 제공
- 인터넷 시대의 세 번째 물결인 '소셜(Social) 인터넷'으로 다양한 디지털 커뮤니케이션과 데이팅 및 교류 활성화

머신러닝을 통한 '인지적 통찰력'은 크게 세 가지 측면에서 기존의 데이터 분석에 기초한 통찰력과 차이가 있다. 첫째, 통상적으로 인지적 통찰력이 훨씬 더 데이터집약적이고 구체적이다. 둘째, 컴퓨터가 인식할 수 있도록 데이터 세트(Data Set)를 구성하고 다양한 시험모형 및 모델을 시험·가동한다. 셋째, 모형과 모델의 퀄리티가 향상되고 다양한 분석이 빠르게 진행된다. 즉 새로운 데이터를 이용해 예측하거나 관련 범주를 늘려나가는 능력이 시간이 지날수록 더 향상된다. 예를 들면, 구글의 딥마인사가 개발한 바둑인공지능 소프트웨어인 알파고의 경우에도 방대하고 다양한 바둑기보 데이터를 베이지안통계 추론방식으로 기계학습과 딥러닝이 활용되었다.

구체적으로 데이터의 아키텍처(Data Architecture)인 Data Set[96]과 Data Curation[97] 작업을 실행하고, 기계학습과 딥러닝을 구동하여 바둑인공지능 소프트웨어인 알파고를 개발한 것이다. 2016년 구글은 바둑인공지능 소프트웨어인 알파고 알고리즘을 업그레이드시켜 '알파고 제로' 오픈소스로 공개하였다. 구글은 인공지능 시대의 표준화 작업을 추진하고 있다. 즉 인공지능 알고리즘 소프트웨어의 표준화를 선도하기 위해 구글

96) 정형데이터와 비정형데이터를 컴퓨터가 인식할 수 있도록 데이터 형태를 조정 및 구분, 컴퓨터가 인식할 수 있는 변수형태로 조정하는 코딩과 프로세스를 의미한다.

97) Data Curation은 데이터의 구축, 분석, 활용 등의 전체 과정을 관리 수행하는 활동이다.

은 2011년에 개발을 시작하여 2015년에 오픈소스로 공개한 기계학습 라이브러리인 텐서플로우(Tensor Flow)를 통해 많은 개발자와 기업들이 사용하도록 하고 있다.[98] 그리고 딥러닝과 기계학습 분야를 일반인들도 사용하기 쉽도록 다양한 기능들을 제공한다. 2016년 알파고에서 업그레이드하여 공개한 알파고제로와 헬스케어 AI 알파폴드와 함께 관심이 높아진 추세이다. 텐서플로우는 Python을 활용하여 연산처리를 작성할 수 있는데, 다른 언어들도 대부분 지원하지만 Python 관련 자료가 가장 많다. 급속한 디지털 혁신으로 해서 발생하는 엄청나고 다양한 빅데이터가 클라우드에 저장 · 분류 · 관리됨이 가능함에 따라 공개된 지 그리 오래되지 않았음에도 불구하고 다양한 분야에서 활용되고 있다.

다양한 유형의 기계학습, 특히 인간의 두뇌활동 방식을 모방해 패턴을 인식하려 하는 '딥러닝(Deep Learning, 심층학습)'을 이미 지나 언어를 식별하는 등의 인지적 작업을 수행할 수 있다. 또 새로운 데이터를 이용해 분석의 질을 높이기도 한다. 종래의 데이터 세트와 데이터 큐레이션(Data Curation)은 노동집약적인 작업이었다. 그러나 지금은 머신러닝 덕분에 전체 데이터베이스에서 포맷은 좀 달라도 확률적으로 같은 사람 혹은 같은 기업을 함축 및 의미하는 데이터와 인사이터를 식별해낼 수 있다.

디지털 혁신을 통한 데이터 기반 융합시대의 빅데이터는 리얼타임 데이터 기반 개인 맞춤형 서비스가 가능하다. 따라서 개인고객의 다양한 자료가 '수집 · 생산→저장 · 관리→가공 · 유통→분석 · 활용' 과정을 통해 빅데이터와 비즈니스 인사이트가 구축된다. CRM이란 'Customer Relationship Management'의 약자로, '고객관계관리'라고 하며, 빅데이터 시대에 가장 주목받고 있으며 디지털 혁신을 통한 데이터 기반 융합분야로 발전하고 있다. 기업이 고객과 관련된 내 · 외부 자료를 분석 · 통합해 고객특성에 맞게 마케팅활동을 계획하고 지원 · 평가하는 과정이다. 개인형 맞춤고객관리와 서비스를 위해 고객을 밀착 관리하기 위한 경영기법이다. ERP와 CRM에서 생성되는 다양한 빅데이터와 개인용 맞춤서비스는 고객과의 관계가 기업의 성패를 결정한다는 점에서 가장 중요한 경영 기법으로 주목받고 있다.

근대화 초기 작은 지역사회에선 서로가 속속들이 다 알기 때문에 상인들은 언제 집

98) 텐서플로우는 다음과 같은 특징을 보인다. ① 데이터 플로우 그래프를 통한 풍부한 표현력, ② 아이디어 테스트에서 서비스 단계까지 이용가능, ③ 계산구조와 목표함수만 정의하면 자동으로 미분 계산을 처리, ④ Python, C++, Go, Java, R 등을 지원하며, SWIG를 통해 다양한 언어 지원가능하다.

안 행사가 있고 무엇이 필요한지 예측해 상품을 준비해 공급할 수 있었다. 이렇게 고객과 1 대 1로 거래하거나 서비스를 제공하는 과정에서 친밀한 관계가 형성된다. 그러나 글로벌 시장이 일반화된 현재, 이런 방법을 수만~수천만 명에 이르는 불특정 다수의 고객에게 적용해 맞춤형으로 접근하기 위한 경영기법이 바로 CRM이다. 빅데이터 시대에 고객이 원하는 가치와 행동을 바탕으로 우호적인 관계를 유지하고, 고객의 충성도를 극대화해 기업의 가치를 높이기 위한 수단이다. 빅데이터 CRM을 리얼데이터 기반으로 신규고객을 확보하고 기존고객을 유지하며, 고객이탈을 방지해 수익구조를 안정화할 수 있다.

기업과 개인 및 기관들은 다양한 IT 인프라(클라우드 등)와 그와 연계된 플랫폼 및 소프트웨어 등을 모두 갖추는 것은 현실적으로 불가능하다. 그래서 IaaS (Infrastructure as a Service), PaaS(Platform as a Service), SaaS(Software as a Service), DaaS(Data as a Service), BaaS(Business as a Service) 등으로 구체화된 서비스를 기업과 개인 및 기관들이 선택하여 활용하고 있다.

IaaS(Infrastructure as a Service)는 기업이 직접 데이터 센터나 전산실을 구축하지 않고, 서버와 스토리지, 네트워크 장비와 같은 IT 인프라만 클라우드 서비스업체에게 빌리고, 기업이 필요한 프로그램이나 IT 기술을 직접 개발하는 것이다. 대표적인 사례로 넷플릭스 등을 들 수 있다. 넷플릭스는 데이터 센터를 직접 운영하지 않고, 아마존의 클라우드 서비스인 AWS(Amazon Web Service)의 IaaS를 이용하고 있다. 8년에 걸쳐 모든 데이터를 AWS의 클라우드로 이전하는 작업을 하였다.[99] 즉, IaaS는 IT 인프라를 빌려주는 서비스라고 할 수 있다.

PaaS(Platform as a Service)는 IaaS처럼 물리적인 IT 인프라를 클라우드 서비스업체에게 빌리는 것까지는 같지만, 예를 들면 마이크로소프트 Window 등의 OS와 같은 운영체제와 미리 개발되어 있는 다양한 IT 기술까지 클라우드 서비스업체에게 빌려 IaaS보다 좀 더 쉽게 개발할 수 있다. 즉, PaaS는 플랫폼을 빌려주는 서비스라고 할 수 있다.

99) 넷플릭스는 혹시 모를 데이터 폭증을 대비하여 클라우드 기반 인프라 환경을 준비하여 왔다. 2016년 1월 넷플릭스는 직접 운영하던 데이터 센터에서 아마존 AWS의 클라우드 기반 데이터 센터로 모든 데이터를 저장하는 작업을 완료했다. 특히 2020년 2분기에 유료회원이 1억 9,300만 명이었고, 2021년 약 2억명으로 급증했다. IaaS 클라우드 서비스 활용가치가 매우 높았다. 윤해식, 클라우드, 미디어샘, 2020, pp.65-85.

SaaS(Software as a Service)는 필요한 소프트웨어를 설치할 필요 없이 클라우드 환경에서 이용하는 서비스이다. SaaS는 소프트웨어를 빌려 사용하는 서비스라고 할 수 있다. IaaS와 PaaS가 기업이 주로 사용하는 클라우드 서비스라면, SaaS는 개인들도 쉽게 접할 수 있는 서비스이다. 이 서비스들은 사용자가 원하는 기능을 찾아 웹상에서 로그인만 하면 쉽게 본인의 데이터를 저장할 수 있다. 구글의 지스위트(G Suite)는 별도의 설치 없이 웹상에서 문서편집을 할 수 있는 서비스로 대표적인 SaaS에 해당한다. 또한 대한민국 한컴의 오피스 솔루션인 넷피스24나 기업회계 ERP 솔루션인 더존클라우드도 기업에서 별도의 프로그램 개발 없이 클라우드상에서 업무를 볼 수 있는 환경을 제공하는 SaaS이다. 그 외 구글의 드롭박스나 네이버 클라우드, CRM시장 세계 1위 기업인 세일즈포스의 CRM 클라우드 서비스, 슬랙, 먼데이닷컴 등도 대표적인 사례이다.100)

표 3-10 ▌클라우드 서비스와 4차 산업혁명 시대의 DaaS(Data as a Service) 활용 사례

구분	주요 사례
가상화 하드웨어 서비스 (Haas/IaaS)	중소기업은 설비투자 없이 전자상거래상에서 대규모 계산과 지출관리 운영
플랫폼 서비스 (PaaS)	하둡과 같은 대규모 데이터 계산용 미들웨어도 활성화, R/파이썬/인공지능 개방형 플랫폼 소프트웨어인 텐서플로우 등은 누구나 사용가능
소프트웨어 서비스 (SaaS)	CRM 소프트웨어 등은 개발하지 않고 CRM 전문기업인 세일즈포스나 독일 SAP 등이 제공하는 것을 이용
데이터 서비스 (DaaS)	빅데이터 저장 및 분석을 통한 CRM 소프트웨어 제공으로 개인맞춤형 서비스 제공, 특히 4차 산업혁명 시대에는 빅데이터와 인공지능이 급속히 발전함에 따라 기업들이 요구하는 개인 고객수요와 개인맞춤형 서비스 제공가능
서비스로서 비즈니스 (BaaS)	데이터 기반 플랫폼인 '서비스로서의 비즈니스(Business as a Service)'로, 실시간 데이터 변화를 연계한 개인고객 수요와 개인맞춤형 서비스 제공 가능
서비스형 미디어 (MaaS: Media as a Service)	클라우드 컴퓨팅(cloud computing)을 이용하여 미디어 기능들을 가상화하여 연결, 구성, 관리, 전달하는 미디어 서비스
미래의 모빌리티 서비스 (MaaS: Mobility as a Service)	MaaS(Mobility as a Service)는 스마트폰 하나로 카셰어링뿐 아니라 철도, 택시, 자전거, 전동 스쿠터, 주차장, 라이드셰어, 렌터카, 숙박에 이르기까지 포괄적인 이동 서비스를 제공하는 개념. 미래의 모빌리티 시대 MaaS가 일반화되면, 도시의 경쟁력이 향상되고 시민의 삶의 질이 높아짐

자료: 스즈키 료스케, 빅데이터 비즈니스, 2012, pp.195-237. 재구성

100) 윤해식, 클라우드, 미디어샘, 2020, pp.218-224.

- IaaS(Infrastructure as a Service): 서버를 운영하기 위해서는 서버 자원, IP, Network, Storage, 전력 등등 인프라를 구축하기 위해 여러 가지가 필요하다. IaaS는 이러한 것들을 가상의 환경에서 쉽고 편하게 이용할 수 있게 서비스 형태로 제공한다. IasS를 서비스로 제공하기 위해 기존 서버 호스팅보다 하드웨어 확장성이 좋고 탄력적이며 빠른 제공을 할 수 있는 가상화 기술을 이용한다. IasS는 PasS, SaaS의 기반이 되는 기술이다.
- HaaS(Hardware as a Service): 서버를 운영하기 위한 컴퓨터와 주변기기를 서비스하는 형태를 의미한다.
- PasS(Platform as a Service): 서비스를 개발할 수 있는 안정적인 환경(Platform)과 그 환경을 이용하는 응용 프로그램을 개발할 수 있는 API까지 제공하는 형태를 Paas라고 한다.
- SaaS(Software as a Service): 클라우드 환경에서 동작하는 응용프로그램을 서비스 형태로 제공하는 것을 SaaS라고 한다. 예를 들어, 메일서비스를 들 수 있다. 사용자는 이 시스템이 무엇으로 이루어져 있고 어떻게 동작하고 있는지 그리고 메일 백업을 어떻게 하는지 알 필요가 없다. 그저 서비스 형태로 원하는 단말기(PC, Tablet, SmartPhone 등등)에서 메일을 주고받으며, 필요하면 언제든지 공간도 늘려서 서비스를 받을 수 있다. 대표적인 회의 소프트웨어 툴은 구글 미트 · MS 팀즈 · 줌(Zoom) · 잔디(JANDI), 비즈니스 전략 소프트웨어 툴은 슬랙, 잔디, 카카오워크 · 네이버웍스 · 플로우, 서비스관리 소프트웨어 툴은 노션 · 에버노트 · 슬랙, 일정관리 소프트웨어 툴은 먼데이닷컴 · 아사나 · 플로우 · 서비스나우 · 카카오워크 · 네이버웍스 · 구글독스 등이다.
- DaaS(Data as a Service): 디지털 혁신이 발생하는 클라우드 환경에서 데이터의 집단지성으로 저장 및 분류되는 빅데이터를 유상 · 무상으로 서비스한 형태, 미국 데이터 거래 기업인 인포침스(Infochimps)는 데이터 매매 중개사업자이다. 미국의 1만 8,000개 골프코스 데이터는 750달러, 미국의 저명한 사적 GIS 데이터는 400달러, 슈퍼마켓 체인 QFC 매장 전체의 주소지 목록은 실제로 판매되고 있다.
- BaaS(Business as a Service): 빅데이터는 이 주요 비즈니스 프로세스를 최적화하고 더 강력한 고객 경험을 제공하며 새로운 수익창출 기회를 발굴하고 경쟁 차별화를 주도하는 핵심기능, 기술 및 애플리케이션을 구축할 수 있다. '서비스로서의 비

즈니스(Business as a Service)'는 경쟁 차별화와 개인맞춤형 서비스를 위해 구축해야 한다. 핵심은 빅데이터가 경제 예측변화에 관한 것으로 인식해야 하며, 빅데이터를 다른 기술과학 실험처럼 취급해서는 안 된다. 빅데이터는 조직이 적시에 올바른 위치에 있게 되는 경제적인 Business Optimization와 Business Insights를 제공한다. 마지막으로, 빅데이터를 통해 조직은 더 싸고, 더 작고, 더 빨리 생각하는 법을 배웠지만, 차별화하는 법을 배운 것은 아니다. 즉, 빅데이터 기회를 활용하면 차별화와 개인맞춤형 서비스가 가능하다. 지난 수십 년 동안 배운 많은 데이터 및 분석 모범 사례는 빅데이터 비즈니스 시대에 더 이상 사실과 사례가 될 수 없는 실정이다.

- MaaS(Media as a Service): 서비스형 미디어는 가상화된 미디어 서비스를 제공하는 클라우드 서비스이다.101) 클라우드 컴퓨팅(cloud computing)을 이용하여 미디어 기능들을 가상화하여 연결, 구성, 관리, 전달하는 미디어 서비스이다. 미디어 서비스를 제공하기 위해서는 미디어 서버, 콘텐츠 서버, 트랜스코더(transcoder), 미디어 플레이어(media player)와 같은 미디어 컴포넌트(component)들로 구성된 플랫폼이 필요하다. 서비스형 미디어(MaaS)는 초고속 네트워크를 이용한 고품질 멀티미디어 스트리밍 서비스(MSS: Multimedia Streaming Service)가 각광 받게 되면서 급격히 증가한 미디어 서비스를 효율적으로 제공하려고 제안한 솔루션이다.
- MaaS(Mobility as a Service): 스마트폰 하나로 카셰어링뿐 아니라 철도, 택시, 자전거, 전동 스쿠터, 주차장, 라이드셰어, 렌터카, 숙박에 이르기까지 포괄적인 이동 서비스를 제공하는 개념을 의미한다. 미래 도시의 모빌리티 서비스가 제공되면, 도시의 경쟁력이 향상되고 시민의 삶의 질이 높아진다. 현대엠엔소프트 공식 블로그에 의하면, 최근 차량 공유, 공유 자전거 등 새로운 모빌리티 서비스가 하나둘 등장하면서 이동 수단의 선택지가 점점 넓어지고 있다. 모든 교통수단 시스템이 하나로 통합되어, 목적지에 따라 최적의 방법을 제안받을 수 있는 서비스가 미래의 모빌리티 'MaaS'이다.

디지털 혁신을 통한 데이터 기반 융합시대에서는 리얼데이터 기반 소비자 맞춤형 서비스를 가능하게 한다. 무엇보다 데이터 비즈니스 기반 CRM을 구현하기 위해, 대량의

101) 서비스형 미디어(MaaS: Media as a Service)는 2019년 ITU-T 권고 Q.5002에서 처음으로 정의하였다.

고객정보와 데이터를 축적해야 한다. 고객과 만나며 기업이 얻는 고객의 이름, 주소, 전화번호, 연령, 성별, 소득수준 등의 다양한 데이터를 컴퓨터 시스템에 연계시켜 데이터베이스를 구축하고 고객을 분류한 뒤, 고객의 향후 행동을 예측해 마케팅에 활용한다. 고객의 성향과 취향을 파악하고, 이 정보와 데이터를 토대로 고객이 원하는 제품을 생산하고 마케팅 전략을 개발할 수 있다. 이를 위해 기업들은 CRM 소프트웨어를 사용해 왔다. 4차 산업혁명 시대의 비즈니스 특징은 차별화되고 개인화된 맞춤형 고객관리와 서비스가 요구된다는 점에서, 단순한 데이터의 저장관리로는 현실적 한계가 발생하고 있다. 따라서 소비자와 기업 등에게서 발생하는 정형데이터와 비정형데이터로 발생하는 빅데이터를 클라우드로 저장 · 분류하여 AI를 통한 업무의 자동화로 해결하고 있다. 즉, 데이터를 활용한 인공지능비즈니스는 전형적인 SaaS 수익모델을 따르기 때문에 사용하기도 편하고 시스템에서 분리해 내기도 쉽다. SaaS(Software as a Service)는 클라우드 환경에서 운영되는 애플리케이션 서비스를 의미한다. 이 경우 모든 서비스는 클라우드에서 이루어지며, 소프트웨어를 구입해서 PC에 설치하지 않아도 웹에서 소프트웨어를 빌려 사용할 수 있고, 구독 형태로 소프트웨어 사용료를 받기 때문에 현금흐름 측면에서 상당히 유리해 현재 대부분의 소프트웨어 기업들이 이를 수익모델로 가지고 있다. 즉, DaaS(Data as a Service)와 BaaS(Business as a Service)형 빅데이터 비즈니스 모델을 지향하는 새로운 데이터 기반 비즈니스가 발생하고 있다.

데이터 기반 CRM을 위해선 대량의 고객정보와 데이터를 축적해야 한다는 점에서, 개인맞춤형 ERP, 즉 전략적 비즈니스 차별화 애플리케이션을 지향했다. 이들 기업들은 내부 및 외부 고객에게 차별화된 가치를 제공할 필요가 있음을 인지하고, 데이터와 분석을 활용하여 경쟁력있는 차별화를 제공하는 응용 프로그램을 구축했다. 경제 중심 비즈니스 혁신에 대한 역사에서 무엇보다도 빅데이터의 원동력은 빅데이터의 경제성인데, 일반적으로 데이터를 저장 · 관리 및 분석하는 것보다 개인맞춤형 서비스 데이터 플랫폼이 기존보다 20~50배 더 경제적이다. 그 결과 상용 하드웨어, 오픈소스 소프트웨어, 학계에서 제공되는 새로운 오픈소스 도구의 제공, 빅데이터 아키텍처 및 데이터 과학과 같은 주제에 대한 무료 온라인 교육에 대한 준비로 이어지고 있다.

데이터 비즈니스의 경영전략 측면에서, 비즈니스 인텔리전스(Business Intelligence)를 생각하지 말고 데이터 과학(Data Science)에 주목해야 한다. 데이터 과학은 비즈니스 인텔리전스(BI)와 다르다. 데이터 과학은 발생할 가능성을 예측하고(예측분석), 수행 할 조치를 권장한다(사전분석). 데이터 과학은 데이터 과학자가 테스트하고자 하는 가설이나 원하는 예측을 기반으로 데이터 스키마를 사용자가 지정하는 쿼리 기반 스키마를 처리한다. 빅데이터를 포괄하기 위해 비즈니스 인텔리전스 전체 기능을 확장하는 것은 현실적으로 어렵다. 데이터 과학은 비즈니스 인텔리전스와 결합될 때 강력한 비즈니스 차별화 기능을 제공한다. 비즈니스 인텔리전스와 데이터 과학의 차이점은 데이터 과학이 비즈니스 인텔리전스 조직을 보완한다는 것이다. 데이터 '수집 · 생산 → 저장 · 관리 → 가공 · 유통 → 분석 · 활용' 과정에 대한 조직의 사고방식을 근본적으로 변화시키고 있다. 데이터 레이크(Data Lake)를 통해 조직은 구조화되거나 구조화되지 않은 많은 새로운 데이터 소스를 수집 · 관리 · 보강 및 분석할 수 있다. 데이터 레이크는 데이터를 자산으로 만들어, 다양한 비용 절감을 발생시킨다. 데이터를 수집하고 양육할 자산으로 취급하기 위해서는 보고 환경(전통적인 BI 및 데이터웨어 하우징)과 분석(데이터 과학) 환경을 다르게 취급해야 한다. 이 두 환경은 매우 다른 특성을 가지며 다른 목적으로 사용된다. 데이터 레이크는 BI 및 데이터 과학 환경 모두 빅데이터의 비용을 최소화할 수 있도록 한다.

불행하게도, 오늘은 대부분의 비즈니스 결정을 하는 것은 여전히 소수의 HIPPO(가장 높은 유급 직원의 의견)이다. HIPPO가 비즈니스를 추진하는 이유는 '우리는 항상 그런 식으로 일을 해왔음' 또는 '수년간의 경험을 통해 알려줌' 또는 '이것이 CEO가 원하는 것'과 같은 것이다. 하지만 빅데이터 분석관계자에게는 IT, 비즈니스 사용자, 비즈니스 관리 채널 파트너 및 궁극적으로 고객을 포함하는 접근 방식이 필요하다. 빅데이터의 비즈니스 잠재력은 조직의 창의적 사고에 의해서 결정된다. 빅데이터 성공의 핵심은 교차 기능 협업을 강화하는 것이다(Think Collaboration). 비즈니스 인텔리전스 관계자와 빅데이터 관계자가 비즈니스를 보다 잘 예측할 수 있는 새로운 변수를 브레인스토밍하고 테스트하고 개선하기 위해 어떻게 협업할 수 있는지가 비즈니스 성공의 열쇠가 된다. 조직 내부와 외부의 이해관계자가 서로 협의 · 조정해야만 빅데이터 분석을 비즈니스에 연계하여 구체화된 서비스로 발전시킬 수 있다.

빅데이터는 기술 관점에서 보면 규모가 다른 조직이 데이터와 분석을 활용하여 비즈니스 모델을 강화하는 방법이다. 빅데이터는 조직이 핵심적인 비즈니스 프로세스를 최적화하고 고객참여를 개선하며 새로운 수익창출 기회를 발견하고 조직의 가치창출 프로세스를 다시 연결하는 데 사용할 수 있는 새로운 고객, 제품 및 운영 통찰력을 발견할 수 있는 잠재력을 가지고 있다. 빅데이터가 기존의 비즈니스 모델을 변화시킨다는 것을 이해해야 한다. 경영진은 데이터와 분석을 활용하여 비즈니스 모델을 강화할 위치와 방법을 결정해야 한다.

빅데이터의 경제적 잠재력을 실현하려면 비즈니스 리더십이 빅데이터를 IT 우선순위가 아닌 비즈니스 우선순위로 삼아야 한다. 비즈니스 리더십은 빅데이터가 비즈니스 가치를 제공할 수 있는 장소와 방법을 결정하는데 적극적으로 참여해야 하며, 비즈니스 리더는 분석 통찰력으로 조직의 가치창출 프로세스를 통합하는 데 앞장서야 한다. 주요 기업의 경우 빅데이터는 주요 비즈니스 프로세스를 최적화하고 더 강력한 고객 경험을 제공하며 새로운 수익창출 기회를 발굴하고 경쟁 차별화를 주도하는 핵심기능, 기술 및 애플리케이션을 구축할 수 있다. '서비스로서의 비즈니스(Business as a Service)'는 경쟁 차별화와 개인맞춤형 서비스를 위해 구축해야 한다. 핵심은 빅데이터가 경제 예측변화에 관한 것으로 인식해야 하며, 빅데이터를 다른 기술 과학 실험처럼 취급해서는 안 된다. 역사적으로 조직이 경제 중심의 비즈니스혁신을 활용하는 방법에 대한 교훈이 많다. 빅데이터는 조직이 필요한 시기에 예측분석과 경제적인 Business Optimization와 Business Insights를 제공한다.

마지막으로, 디지털 혁신을 통한 데이터 기반 융합시대의 빅데이터를 통해 조직은 더 싸고, 더 작고, 더 빨리 생각하는 방법을 배웠지만, 차별화하는 법을 배운 것은 아니다. 데이터 기반 소셜미디어와 이용자 관련 빅데이터 기회를 활용하려면 차별화와 개인맞춤형 서비스이다. 지난 수십 년 동안 배운 많은 데이터 및 분석 모범 사례는 빅데이터 비즈니스 시대에 더 이상 사실과 사례가 되지 못한다. 리얼데이터 기반인 빅데이터 비즈니스 시대의 변화된 사항을 이해하고 조직에서 데이터 및 분석을 활용하여 비즈니스 가치를 높이는 방법에 대해 다르게 생각하는 방법을 배워야 한다.102)

요약하면, 디지털 혁신을 통한 데이터 기반 데이터 비즈니스 경영전략적 측면에서 보면 비즈니스 리더십은 빅데이터 이니셔티브를 이끌고 빅데이터를 최고 비즈니스 권한으로 강화해야 하며, 빅데이터를 비즈니스 모델에 통합할 위치와 방법을 식별하는 데 적극적으로 지원 및 참여해야 한다. 또한 빅데이터 비즈니스 시대에는 데이터와 분석을 통해 경쟁우위를 점할 수 있다는 것을 항상 인식하고 고려해야 한다. 빅데이터 성공의 핵심은 교차기능 협업을 강화하는 것이다(Think Collaboration). 빅데이터의 경제적

102) Bill Schmarzo, *Big Data MBA*, Wiley, 2015, pp.1-16.

잠재력을 실현하려면 비즈니스 리더십이 빅데이터를 IT 우선순위가 아닌 비즈니스 우선순위로 삼아야 한다. 비즈니스 리더십은 빅데이터가 비즈니스 가치를 제공할 수 있는 장소와 방법을 결정하는데 적극적으로 참여해야 하며, 비즈니스 리더는 분석 통찰력을 조직의 가치창출 프로세스에 통합하는 데 앞장서야 한다. 디지털 혁신을 통한 데이터 기반 융합시대의 빅데이터는 데이터 기반 소셜미디어와 이용자 조직이 필요한 시기에 올바른 위치에 있게 되는 경제적인 Business Optimization와 Business Insights를 제공할 수 있는 가능성과 잠재력이다.

구글과 아마존을 포함하여 인터넷 시대를 선도하는 글로벌기업들은 기계학습 기반의 예측모델에 의존하는 비즈니스 모델을 보유·운영하고 있다. 데이터의 예측효과(Prediction effect)는 귀납효과, 앙상블효과, 설득효과 등을 보이고 있다. 따라서 예측분석(Predictive analytics)은 더 나은 의사결정을 내리기 위해 개인들의 미래행위를 예측하고자 경험데이터로부터 배우는 솔루션이다. 데이터의 예측분석은 금융 리스크를 줄이고, 개인맞춤형 정밀의료와 의료서비스를 개선하고, 스팸메일을 줄이고, 범죄 토치를 강화하고, 매출확대 및 비즈니스 성과를 실현한다.[103] 특히 클라우드 컴퓨팅/에지 컴퓨팅/양자 컴퓨팅의 기술혁신으로 예측 비즈니스 모델이 더욱 글로벌 비즈니스와 기업경영에 중요해지고 있다.

3.2.4 데이터 경영전략 사례들

3.2.4.1 공개/개방/공유의 데이터 집단지성과 생태계 구축 전략

- 디지털 혁신을 통한 데이터 기반 융합 데이터를 독점하지 말고 개방하고 공유하라.
- 디지털 혁신을 통한 데이터 집단지성과 생태계를 구축하라.
- 빅데이터는 예측분석 비즈니스를 가능하게 한다.
- 데이터를 디지털 시대의 화폐로 활용해야 한다.

일반적으로 경영전략이란 희소한 경영자원을 배분하여 기업이 경쟁우위를 창출하고 유지시켜 줄 수 있는 주요한 의사결정으로 정의한다. 대부분의 기업과 국가 및 개인은

103) 에릭 시겔, 빅데이터의 다음단계는 예측분석이다, 이지스퍼블리싱, 2020.

현실적으로 시간, 자금, 인력, 고객 및 수요행태, 시장정보 및 데이터 등 희소한 경영자원을 배분하여 효율적 의사결정을 해야 하는 상황에 직면하고 있다. 인터넷경제와 디지털 경제 시대를 거치면서 경영방식과 경영전략이 전반적으로 변화하고 있다. 경영전략은 과거에 우수한 상품과 서비스를 개발하면 그것으로 성공적이었으나, 1980년대 들어서는 규모의 경쟁으로 변화하면서 기업 간 통합이 이루어졌다. 2000년대부터 시작한 디지털 경제 시대에는 디지털 트랜스포메이션을 통해 소비자를 만족시킬 수 있는 경쟁 및 맞춤서비스 방식이 주류를 이루게 되었다.

디지털 혁신을 통한 데이터 기반 융합시대 데이터 비즈니스의 핵심 경영전략은 '수집 · 생산→저장 · 관리→가공 · 유통→분석 · 활용' 과정으로 생성된 고객 데이터를 사용하여 IT 도구를 사용하여 수집 · 관리 · 분석 · 예측하는 데 도움이 되는 데이터(구조화, 비구조화 등)를 마스터 데이터로 시각화하고 모델링해야 한다. 이를 위해서는 특히 속도, 볼륨 및 가변성과 가치성 등을 고려하여 데이터 관리 및 처리를 위한 새로운 알고리즘을 개발하는 데 도움이 되는 다양한 기술이 필요하다. 분석기술을 숙달하고 이익을 창출하기 위해 다양한 선택이 요구되기 때문에 데이터를 말할 수 있는 인간기술, '데이터 과학자' 또는 '빅데이터 분석가'가 필요하다. 이를 위해서는 여러 학문(문학, 수학, 통계학, 컴퓨터과학 등)을 습득하고 경제와 경영 및 비즈니스에 대한 이해가 필요하다.

빅데이터 시대에는 다양한 관련 정보와 빅데이터 분석에 의한 DaaS(Data as a Service)와 BaaS(Business as a Service)이 더욱 필요해지고 있다. 우리는 또한 전문가 시스템의 사용뿐만 아니라 기본 데이터와 적절한 수학적 기술을 사용하여 사실 간의 구조와 관계를 발견하기 위한 데이터 분석방법을 사용한다. 기업의 의사결정에 도움이 되는 관련 정보를 찾기 위해 이러한 데이터를 분석하는 것이다. 예를 들어, 아마존에서 책을 검색하거나 주문할 때 웹사이트의 알고리즘은 수천 명의 사용자가 구매한 다른 항목을 제안한다. 2021년 현재 약 2억명의 유료회원을 보유한 콘텐츠 제국인 넷플릭스는 '수집 · 생산→저장 · 관리→가공 · 유통→분석 · 활용' 과정에서 생성된 데이터는 어떤 영화를 이전할 권리와 어떤 새로운 프로그램을 개발할 것인지 결정하는 데 사용된다. 또한 어느 지역, 어느 시간대, 어느 계층 소비자들에 맞춘 서비스 추천 프로그램 선정에도 활용된다. 구글지도는 교통상황에 따라 최적의 경로를 실시간으로 제공하지만, 페이스북은 기존 연결을 기반으로 새로운 친구 네트워크를 제공한다. 이러한 모든 제안은 방대한 양의 데이터 분석 덕분에 이루어진다. 미국에서는 야간 출입구에서 얼굴인식 카메라를 사용하는 것이 서비스로 전환되었다. 이것은 남성과 여성의 수를 실시간으로 알려주는 모바일 앱인 'ScenTap'이다. 현장감독은 실시간으로 시설을 관리하고 고객은 방문장소를 결정할 수 있다. 아울러 블랙체인 기반 디지털화폐가 일반 비즈니스 거래체계를 급속히 변화시키고 있다.

4차 산업혁명 시대에서 데이터는 금광이 되었고, 20세기의 산업자본주의 발전의 핵심요소인 석유와 같은 원료로 대변된다. 지질학적 이유로 석유 등 유전은 세계의 특정 지역에 집중되어 있는 반면, 데이터는 전 세계 사용자가 생성하고 웹을 통해 운송하며 전문기술과 도구를 통해 축적 및 분석된다. 따라서 회사가 처리하는 데이터의 양은 지속적으로 증가하고 있다. 이러한 관찰은 새로운 것이 아니지만 인터넷 시대와 연결된 장치의 확산으로 인해 데이터 분석이 복잡해졌다. 데이터는 현재 전화, 신용카드, QR코드 화폐, 디지털 화폐, 컴퓨터, 센서 등에서 매일 실시간으로 생성된다. 빅데이터는 이러한 데이터의 생산량과 속도에 관한 것이 아니라 비즈니스를 결합하고 분석하여 새로운 서비스를 창출하는 것이다. 따라서 빅데이터 처리에는 엄청난 양의 데이터를 저장 · 관리 · 분석 및 시각화하기 위해 컴퓨팅 아키텍처에 투자해야 한다. 디지털 혁신으로 사용가능한 데이터의 양이 지속적으로 증가함에 따라 효과적인 도구의 설계 및 구현에 집중해야 한다. 대량의 데이터를 관리되는 데이터 레이크 의미를 이해 · 활용하고 데이터와 해당 동작을 설명하는 모델 간의 관계를 식별하기 위해 탐색해야 한다. 디지털 혁신을 통한 데이터 기반 융합시대 빅데이터의 목표는 가치창출 도구인 전략적 자산가치가 되고, 혁신 기회가 있는 새로운 조직과 기업 패러다임을 탄생시키는 모든 이해관계자(기업, 개인, 정부 등)가 생성한 데이터(과거 데이터와 리얼데이터)를 활용하는 것이다.

4차 산업혁명으로 촉발된 디지털 혁신을 통해 모바일폰과 지능형 자동차 등에서 발생하는 정형데이터와 비정형데이터의 폭발적인 증가가 발생하고 있다. 데이터의 집단지성으로 대규모 위치정보, 통화정보, SNS정보, 교통정보, 의료정보, 신용카드와 디지털 화폐정보, 온라인구매정보 등이 결합된 방대한 빅데이터가 폭발적으로 증가한다. 실시간 변화하는 방대한 데이터는 클러우드시스템에서 저장 및 분류되고, 인공지능 알고리즘을 이용해 방대한 분량의 데이터에서 특정한 패턴을 알아내고, 그 의미를 해석하는 것이다. 특히 빅데이터를 인공지능 알고리즘을 이용해 비즈니스 인사이트를 창출하고,

예측 · 분석을 통해 개인맞춤형 서비스로 진화하고 있다. 즉, 경영전략에서 인공지능과 데이터가 핵심요소로 인식되고 있다.

예를 들면, 구글의 검색엔진이 2000년 초부터 제공한 검색이력을 추적하여, 개인형 맞춤 검색환경 제공과 개인형 데이터 신경망을 구축하는 것이다. 또한, 동영상 스트리밍서비스(OTT)의 세계 1위 기업인 넷플릭스는 다양하고 풍부한 콘텐츠를 보유하고 있으며, 2021년 현재 약 2억 명의 글로벌 구독자들에게 개별맞춤형 동영상 추천서비스를 제공하고 있다. 즉, 넷플릭스가 보유한 방대한 데이터를 클라우드시스템에서 저장 및 분류하고, 인공지능 알고리즘을 이용해 방대한 분량의 데이터에서 특정한 패턴을 분류 · 서비스했다. OTT 분야에서 약 2억 명의 글로벌 구독자들에게 개별맞춤형 동영상 추천서비스를 제공하는 것이다.

Open Innovation과 Open Science에서 보듯이, 데이터를 은밀히 저장하지 말고 개방과 공유해야 한다. CEO 및 핵심관계자만이 독점한 데이터가 아니라, 오픈 데이터와 협업구조로 이해당사자가 모두 접근가능하며 활용할 수 있어야 한다. 그래야만 수집 · 저장된 데이터에서 새로운 패턴과 차별을 인지하여 개별맞춤형 데이터 서비스가 가능하게 되는 것이다. 구체적으로 DaaS(Data as a Service)와 BaaS(Business as a Service)로 구현되어 제공되는 것이다.

영국 산업혁명의 혁신제품으로 1789년 영국 리처드 아크라이트(Richard Arkwright)가 개발한 방적기가 국가의 부를 축적하는데 큰 역할을 하였고, 증기엔진을 기반으로 한 방적기로 대량생산된 의복은 값싸게 대중들에게 전달되었다. 새로운 옷으로 무장한 일반대중은 외출의 자유와 시장참여 및 소비의 즐거움으로 영국의 산업경제 발전을 선도하였다. 당연히 영국정부는 방적기 설계도를 나라 밖으로 유출시키는 것을 엄금했다. 하지만 21세 청년 방적기 기계공 새무엘 스레이터(Saumel Slater)가 도면을 머릿속에 기억한 뒤 미국이민을 가서, 미국 동북부의 작은 도시 포터킷(Pawtucket)에 방직공장을 세웠고, 마침내 미국의 산업혁명에 불씨를 댕겼다. 그 덕분에 포터킷은 미국 최대의 공업도시로 성장발전하였다.

디지털 기술 혁신기반인 디지털 경제와 초연결 시대에는 오로지 개방과 공유만이 가장 큰 이익을 낸다. 즉, 모든 것이 더 연결되면 연결될수록 유리하다. 스마트폰 등 다양한 센서와 디지털 기기를 통해 데이터의 집단지성으로 네트워크 효과가 발생하고 있다. 메칼프의 법칙을 고려한다면 통신망의 진정한 가치는 해당 망에 연결된 기기 사용자수에 제곱해 증가한다.

예를 들면, 항공용 제트엔진 제조사 프랫앤드휘트니(Pratt and Whitney)는 현재 신형 제트엔진에 감지기 5,000개를 내장해 1초당 10기가바이트에 이르는 데이터를 수집한다. 이 방대한 데이터를 활용하면 엔진 가동 시 발생할 문제를 사전에 미리 예측할 수 있어 더 저렴하고 신속하게 엔진을 선제적으로 정비할 수 있게 되었다.[104] 아울러 '수집 · 생산 → 저장 · 관리 → 가공 · 유통 → 분석 · 활용' 과정에서 생성된 데이터를 고객사인 항공사에 제공하고 사용료를 받아 엄청난 새로운 수입원을 창출했다.

미국 GE도 성공적인 수익모델을 개발했다. GE는 IoT 기술을 통해 '수집 · 생산 → 저장 · 관리 → 가공 · 유통 → 분석 · 활용' 과정에서 생성된 엔진데이터를 모아 항공사 AirAsia에 사용료를 받고 판매한다. 항공사는 이 데이터를 활용해 비행경로를 바꾸고 항공 교통흐름을 최적화함으로써 해마다 1,000만달러의 연료를 절약한다. GE는 이를 'RNP(Required Navigation Performance)'라는 서비스로 정식 출시해 브라질항공에 판매했다. 브라질항공은 RNP서비스를 구입해 사용함으로써 항공기 한 대당 비행거리 35킬로미터, 비행시간 7분30초를 단축하고 유류 290리터를 절약했다.

한국전력은 인공지능(AI)을 활용한 가스터빈 감시시스템을 개발했다고 2019년 9월 26일 밝혔다. 가스터빈은 고온 · 고압의 연소가스로 터빈을 가동하는 회전형 열기관이다. 가스발전 건설비용의 30~50%를 차지하는 핵심설비로 운전 중 고장을 미리 파악하지 못하면 부품 파손, 수명 저하, 오염물질 과다배출 등의 문제를 일으킬 수 있다. 한전은 가스터빈에 설치된 센서가 온도, 압력, 진동 등을 통해 '수집 · 생산 → 저장 · 관리 → 가공 · 유통 → 분석 · 활용' 과정에서 생성된 데이터를 취득 · 분석한 후 AI 프로그램에 학습시킴으로써 조기에 문제를 발견해 불시사고를 예측할 수 있도록 했다. 한전은 이 시스템을 통해 사전에 가스터빈 문제점을 파악하면 주요 부품의 수명을 연장할 수 있어 유지 · 보수비용 절감에 도움이 될 것으로 기대했다.[105]

덴마크의 펌프 제조사 그룬드포스(Grundfos)는 아프리카 곳곳의 외딴 시골 우물에 설치한 펌프 내부에 감지기를 설치해 '수집 · 생산 → 저장 · 관리 → 가공 · 유통 → 분석 · 활용' 과정에서 생성된 데이터를 구축 및 운영하고 있다. 그들은 이 감지기로 데이터를

104) Bhoopathi Rapolu, "Internet of Aircraft Things: An industry set to be transformed", *Aviation Week*, January 18, 2016.

105) 연합뉴스, 2019.9.25. 참조

모아, 펌프가 작동하지 않아 정비가 필요할 시점을 미리 예측함으로써 정비에 소요되는 시간을 혁신적으로 단축하였다. 그룬드포스(Grundfos) 엔지니어들은 구 데이터를 누구나 이용할 수 있도록 공개하였다. 그러자 현지 주민이 펌프의 사용가능 여부를 집에서 손쉽게 확인할 수 있도록 전화기용 애플리케이션을 개발했다. 이를 이용하여 펌프의 상태를 사전에 확인하고 업무를 진행할수 있게 되었다. 데이터에 접근할 권한을 만인에게 개방할 때 나타나는 현상 중 가장 훌륭한 사례로 손꼽힌다. 이처럼 데이터를 공유하면 여러 사용자의 요구사항과 그것을 해결하는 효율적인 방안을 동시에 만족시킬 수 있다.

다른 사례로 천식환자가 디지털 치료법 전문기업 미국 프로펠러헬스(Propeller Health)에서 내놓은 스마트 흡입기에 사용자등록을 하면, 흡입기로 숨을 들이마시기만 해도 사실상 미국정부 보건복지부의 데이터베이스가 된다. 스마트 흡입기 사용자로부터 발생한 데이터를 '수집 · 생산→저장 · 관리→가공 · 유통→분석 · 활용'하는 것이다. 환자가 사용한 흡입기에 내장된 장치가 정확히 언제 어디에서 천식 발작이 일어났는지를 본부에 실시간으로 알리므로, 위급한 상황에서 구급대들이 환자의 위치를 찾아내 문제를 즉시 해결할 수 있다.

아울러 대화형 내비게이션 웨이즈(Waze)와 협약을 맺은 미국도시에서는 운전자가 스스로 교통을 정리한다. 대화형 내비게이션 웨이즈(Waze)를 통해 생성된 데이터를 '수집 · 생산→저장 · 관리→가공 · 유통→분석 · 활용'하는 것이다. 도로에서 불법주차한 차량이나 교통사고 등을 목격한 운전자가 그 사실을 웨이즈에 알리면 웨이즈가 자동으로 도로교통부와 경찰에 신고해 대응시간을 놀랍도록 짧게 줄인다.

기업이 데이터를 독점하지 않고 개방하고 공유할 때 얻는 또 다른 이익은 '현명한 사익추구(Enlightened Self-Interest)'다. 그 대표적인 사례가 민 · 관 협력으로 추진되는 '스마트 시티'다. 스마트 시티란 다양한 출처에서 '수집 · 생산→저장 · 관리→가공 · 유통→분석 · 활용'된 실시간 데이터를 이용해 행정을 간편화하고 자원을 더 경제적으로 운영함으로써, 시민의 삶을 증진시키는 디지털 혁신을 통한 데이터 기반 융합도시정책이다. 수백년간 이어진 도시의 역사 속에서 해결하지 못한 문제들, 즉 교통문제 · 환경문제 · 주거문제 · 빈곤문제 등이 디지털 기술을 통해 획기적인 해결의 전환기를 맞이하고 있다. 스마트 시티 정책의 핵심은 공익을 위해 실시간 데이터를 기꺼이 공유함으로써 막대한 이익을 창출하는 데 있다. 데이터가 더 많이, 더 원활하게 공유될수록 스마트 시티는 더 효율적으로 편리하게 구현될 것이다.

그림 3-21 | 스마트 시티 통합플랫폼 개요

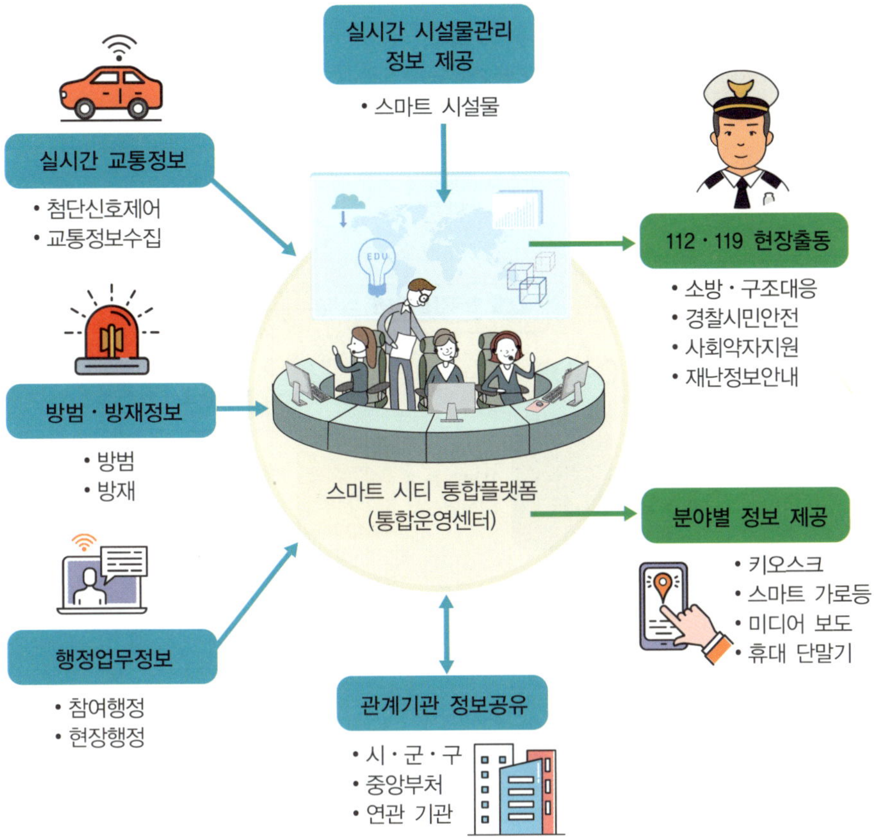

자료: 국토교통부, 연합뉴스

「2019년 데이터산업백서」에 의하면, 비트코인의 암호화폐와 다양한 가상화폐 및 디지털 화폐의 활성화와 금융체계 및 글로벌 금융질서가 변화하고 있다. 중앙은행이 발행하는 디지털 화폐, CBDC(Central Bank Digital Currency) 도입을 두고 각국 중앙은행들이 속도를 내고 있다. 즉, 삼성페이, 카카오페이, 네이버페이, 중국 알리페이, 위챗페이, 2020년 중국정부의 디지털 화폐 시험추진, 페이스북의 리브라[106] 등으로 다양하게 변화하고 있다.

106) 2019년 6월 페이스북은 '국경없는 금융사회'를 만들겠다며, '리브라'라는 이름의 '가상화폐 연합'을 출범시켰다. 2020년 12월 1일 블록체인 업계의 이슈메이커 '리브라 연합(Libra Association)'이 '디엠(Deim)'으로 명칭이 변경되었다.

그림 3-22 | 금융권 빅데이터 활성화 및 생태계 조성

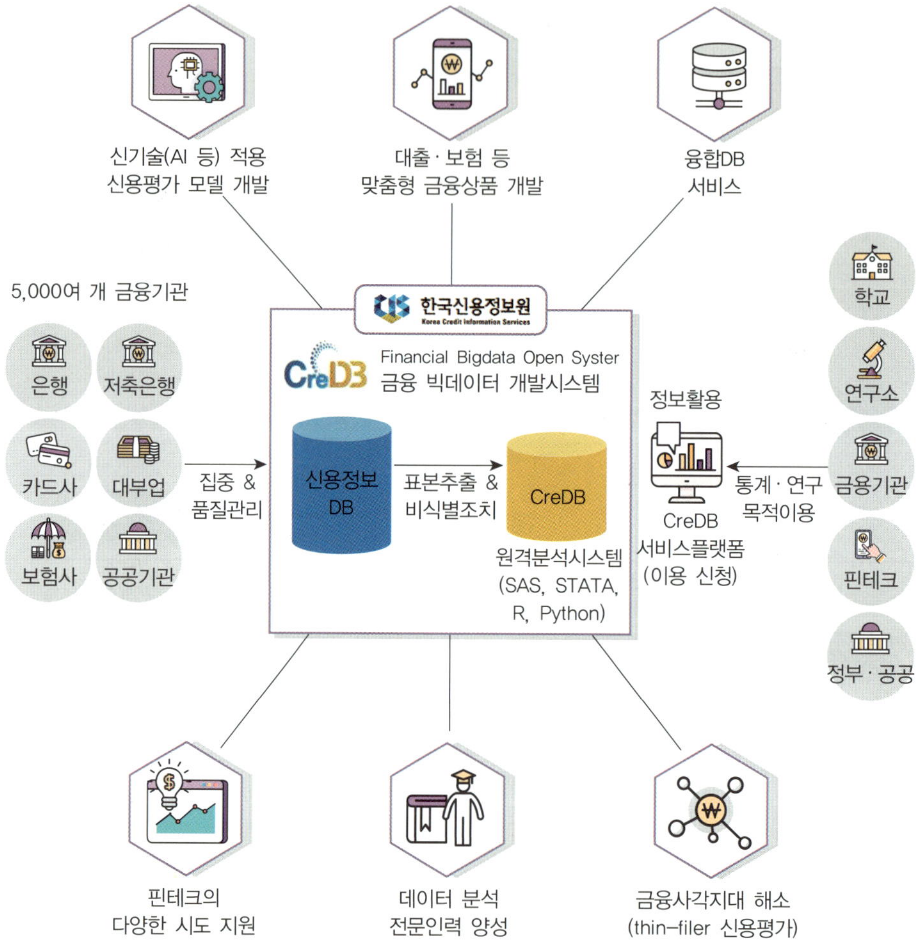

자료: 금융위원회, 금융분야 빅데이터 인프라 구축방안, 2019.6.

2017년 11월 국토교통부는 과학기술정보통신부, 서울특별시와 함께 서울시에 광역도시 안전망을 구축하는 내용의 스마트 시티 통합플랫폼을 제시하였다.

구체적으로 서울시는 2019년 3월 13일 시청에서 열린 '스마트 시티 좌담회'에서 2022년까지 총 1조 4천억원을 투자해 서울을 '빅데이터 수도'로 만드는 내용의 '스마트 시티 추진계획'을 발표했다. 즉 IoT 기반 기술을 중심으로 다양한 데이터를 수집 · 관리하여 교통, 안전, 환경, 복지, 경제, 행정서비스를 강화 지원하는 것이다. 시민들에게 맞춤형 서비스를 실시간 제공하여 시민의 삶의 질과 행복감을 높이고자 하는 것이다. 아울러

국토교통부는 대전시 스마트 시티센터와 법무부 위치추적센터 간 CCTV 영상정보 연계 시스템을 구축하고 4월 1일부터 서비스를 개시한다고 2019년 3월 31일 밝혔다.

그림 3-23 | 서울시 '스마트 시티' 추진계획

2022년까지 총 1조 4천억원 투자

분야	주요 정책	분야별 총투자금액
교통	IoT(사물인터넷) 활용 공유주차시스템 확대 – 스마트폰 앱으로 주차공간 확인 · 예약 · 요금결제	2,421억원
안전	지능형 CCTV 그물망 구축 – 싸움, 방화 등을 자동 인식해 실시간 파악	1,556
환경	버추얼 서울(Virtual Seoul) 시스템 구축 – 도시환경을 3D로 구현해 변화 예측	6,212
복지	홀몸어르신 실시간 돌봄 서비스 – 전력 사용량을 IoT 플러그로 감지해 위험상황 감지	307
경제	스마트 서울 협치시스템 개설 – 기획부터 사업화까지 시민 · 기업 · 전문가 참여	3,442
행정	IoT 기반 도시데이터 관리 시스템 구축 – 5만 개 IoT센터 설치, 시민 · 기업에 공공데이터 개방	787

자료: 서울시, 연합뉴스

그림 3-24 | 스마트 시티센터–위치추적센터 연계 서비스

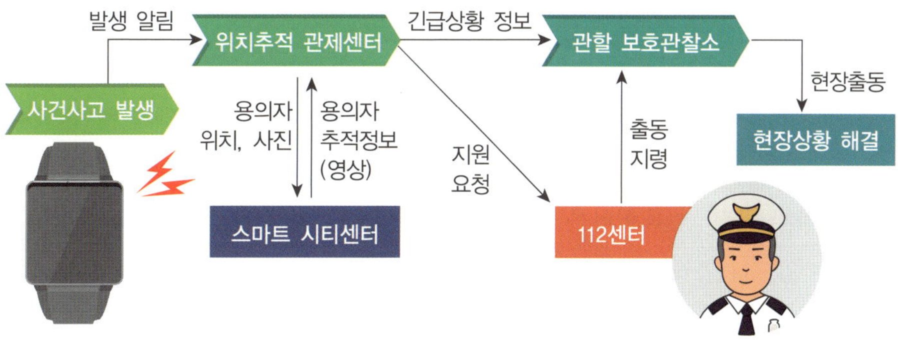

자료: 국토교통부, 연합뉴스

3.2.4.2 Open Data Innovation과 디지털 트랜스포메이션 경영전략

- 데이터를 지속적으로 순환시키고, 디지털 혁신과 디지털 비즈니스로 새로운 관점 필요

대표적인 가전제품 노트북, TV, 세탁기는 공장이나 매장에서 구매자에게 전달되고 나면 부품고장 신고 등으로 국한된 고객의 의견만을 받게 된다. 기업과 고객 간의 의사소통이 일방적이고 선형으로 나타났으며, 다양한 정보가 공유되지 않는 구조로는 새로운 혁신을 기대하기 어려웠다. 이러한 문제점을 해결하기 위해 디지털 솔루션을 운영할 때 모든 데이터가 '수집 · 생산→저장 · 관리→가공 · 유통→분석 · 활용' 과정에서 멈추지 않고 순환하도록 해야 한다. 데이터의 개방과 공유와도 연계되어 있다. 더 나은 결정을 내리거나 업무를 더 효율적으로 수행하려면 데이터가 필요한 모든 사람과 데이터를 공유하는 것은 물론이거니와, 데이터가 멈추지 않고 계속 흐르도록 업무 방침과 절차를 혁신시켜야 한다. 디지털 혁신을 통한 데이터 기반 융합시대의 데이터를 끊임없이 순환시켜야 한다.

디지털 혁신을 통한 데이터 기반 융합시대에는 디지털 기술 덕분에 조립라인뿐 아니라 공급망 · 유통망, 더 나아가 제품으로 사용하는 고객에게서도 실시간 데이터로 수집해 공유할 수 있다. 독일 암베르크에 있는 지멘스 미래공장은 이러한 디지털 기술, 특히 IoT의 잠재력을 활용하여 현실에서는 거의 불가능에 가까운 불량률 제로이면서, 현장의 요구 및 다양한 특성을 고려한 생산관리시스템인 스마트 팩토리(Smart Factory)를 구현하고 있다. 독일 'Industry 4.0'의 대표적 정책으로 지원되는 것이 바로 스마트 팩토리라 하겠다.

스마트 팩토리는 과거부터 존재한 공장자동화의 연장선상과 비즈니스 현장에서 발생하는 데이터가 실시간으로 연계되어 생산공장 및 생산공정 최적화에 반영 · 구현되는 개념이다. 생산시설을 무인화하고 관리를 자동화한다는 공통점이 있다. 반면 스마트 팩토리는 전후 공정 간 데이터를 자유롭게 연계할 수 있어 총체적인 관점에서 최적화를 이룰 수 있으나 공장자동화는 단위공정별로만 최적화가 이루어져 있어 전체 공정이 유기적이라고 보기 어렵다. 스마트 팩토리 핵심은 '자동화'에서 한 단계 진화한 '디지털화'를 의미하며, 다양한 데이터를 기반으로 활용하는 시스템으로 다음과 같은 특징으로 설명할 수 있다.

첫째, 스마트 팩토리는 기획, 설계, 생산, 유통, 판매 등 전 생산과정을 정보통신기술(ICT)로 통합해 최소의 비용과 시간으로 고객맞춤형 제품을 생산하는 진화된 공장을 의미한다. 이러한 전 과정은 사물인터넷(IoT), 인공지능(AI), 빅데이터 등으로 통합되어 자동화와 디지털화를 구현하는 게 기존공장 자동화와 차별되는 요소이다.

둘째, 스마트 팩토리는 제조에 관련된 조달, 물류, 소비자 등 객체가 존재한다. 이 객체에 각각 지능을 부여하고 이를 사물인터넷(IoT)으로 연결해 자율적으로 데이터를 연결 · 수집 · 분석하는 공장이다. 반면 공장자동화는 컴퓨터와 로봇과 같은 장비를 이용해 공장 전체의 무인화 및 생산과정의 자동화를 만드는 시스템을 의미한다.

셋째, 스마트 팩토리는 기획, 설계, 생산, 유통 등 전 과정을 정보통신기술(ICT)로 통합해 최소 비용 및 시간으로 고객맞춤형 제품을 생산하는 공장으로 말한다면, 공장자동화는 컴퓨터 이용 설계 및 컴퓨터 이용 제조, 해석 시스템, 다품종 소량생산을 가능하게 하는 생산시스템 등을 유기적으로 조합시킨 것을 뜻한다.

넷째, 스마트 팩토리는 최근 다양해진 고객의 요구사항에 대응하기 위한 수평적 통합으로 'Smart' 범위이며, 공장자동화는 수직적 통합으로 'Factory'와 'Manufacturing'의 범위로 볼 수 있다.

마지막으로, 스마트 팩토리의 수평적 통합지원 기술은 제품설계 도구인 CAD · CAE 등을 포함하는 PLM 솔루션, 시제품 생산을 빠르게 지원할 수 있는 3D 프린터, 가상과 실재의 연동이 가능한 사이버물리시스템, 제조 프로세스 분석을 위한 공정시뮬레이션 등이 포함한다. 반면 공장자동화의 수직적 통합지원 기술로는 생산설비의 많은 데이터를 획득하기 위한 스마트 센서와 사물인터넷(IoT) 기술, 생산현장 에너지절감기술, 제조데이터 분석을 위한 제조 빅데이터 기술 등이 포함한다.

3.2.4.3 디지털 보안과 디지털 교육 및 디지털 윤리 강화 전략

- 디지털 혁신 및 제품설계와 동시에 보안을 설계하라.
- 디지털 혁신을 통한 디지털 윤리 정립이 필요하다.
- 데이터 기반 전문인력 교육을 강화해야 한다.

디지털 혁신의 첫 번째 필수조건은 보안이다. 특히 IoT 기술의 가장 큰 특징은 초연결, 협력이다. 정보를 보호하는 일 역시 긴밀한 협력이 필요하다. 소중한 데이터를 보호하는 일은 끝이 없는 싸움이다. 따라서 데이터를 다루는 모든 기업은 디지털 기반 IoT 프로젝트를 착수하기 전부터 보안을 보장할 합당한 조치를 취해야 하고, 이에 대해 끊임없고 지속적인 모니터링과 재점검이 필요하다. 기업의 디지털 기기와 서비스가 제 아무리 멋져도 개인정보를 보호하고 데이터 보안을 최우선으로 하려는 각오와 준비가 없다면 디지털 비즈니스에 참가할 자격이 없다고 하겠다. 예를 들면, 고속도로에서 100킬로미터 이상으로 주행 중인 지프가 해커의 공격으로 갑자기 시동이 꺼졌다. 소프트웨어가 해커의 공격에 얼마나 취약한지를 보여준 사건이다. 물론 〈와이어드(Wired)〉의 기자가 화이트해커와 벌인 자작극이었다. 2016년 10월 미국 뉴햄프셔에 본사를 둔 인터넷 호스팅 서비스 업체가 'DDos'[107]공격을 받은 사건인데, 해커들은 'Mirai'라는 악성코드로 값싼 IoT 기기를 광범위하게 감염시켰다. 공격대상은 보안조치가 거의 없거나(이를 테면 암호가 '1234'인 경우) 아예 없는 프린터, IP 카메라, 베이비 모니터 등이다.[108]

디지털 혁신을 통한 데이터 기반 융합시대의 데이터 경제에 대한 대응과 산업기술혁신을 위해 빅데이터와 인공지능 등을 관리할 전문인력 양성이 절실한 상황이다. 이러한 전문인력 양성을 위해 세계 각국은 다양한 교육 및 산업인력양성 프로그램을 추진 중이다. 미국은 '국가 AI 연구개발전략'계획 발표와 '데이터 과학과 AI 교육을 위한 교육과정 개설에 대한 가이드라인' 제시로 현재 193개의 데이터 과학 과정이 운영 중이다. 중국은 '빅데이터 산업발전계획'을 발표하고 데이터 강국 건설을 목표로 총력을 기울이고 있으며, 2017년 97개의 대학에서 데이터 과학 전공을 개설하고 있다. 유럽은 빅

107) 서비스 거부 공격(denial-of-service attack) 또는 디오에스/도스(DoS)는 시스템을 악의적으로 공격해 해당 시스템의 자원을 부족하게 하여 원래 의도된 용도로 사용하지 못하게 하는 공격이다. 특정 서버에게 수많은 접속 시도를 만들어 다른 이용자가 정상적으로 서비스 이용을 하지 못하게 하거나, 서버의 TCP 연결을 바닥내는 등의 공격이 이 범위에 포함된다. 수단, 동기, 표적은 다양할 수 있지만, 보통 인터넷사이트 또는 서비스의 기능을 일시적 또는 무기한으로 방해 또는 중단을 초래한다. 통상적으로 DoS는 유명한 사이트, 즉 은행, 신용카드 지불 게이트웨이, 또는 심지어 루트 네임 서버(root name server)를 상대로 이루어진다. 2002년 10월 22일과 2007년 2월 6일의 DNS 루트 서버에 대한 DNS 백본 DDoS 공격은 인터넷 URL 주소 체계를 무력화시킨 인터넷 전체에 대한 공격이었다. 분산 서비스 거부 공격(Distributed DoS) 또는 디디오에스/디도스(DDoS)는 여러 대의 공격자를 분산적으로 배치해 동시에 서비스 거부 공격을 하는 방법이다. 이는 IAB의 정당한 인터넷 사용 정책에 반하는 것으로 여겨지며 거의 모든 인터넷서비스 공급자의 허용할 수 있는 사용 정책도 위반한다. 또한 개별국가의 법률에도 저촉된다.

108) W. 데이비드 스티븐슨, 초연결, 다산북스, 2019. 참조

데이터와 클라우드 컴퓨팅 기반의 데이터주도 경제 추진을 위한 실행계획을 발표하고, '빅데이터 활성화'를 포함하여 '데이터산업 육성을 위한 구체적인 전략과 실행계획'을 수립하였다. 일본 경제산업성은 장기적 경기침체를 벗어나 경제를 재건할 목적으로 '일본재흥전략'을 발표하고 '창조적 IT 인재 육성 정책'을 수립하였다. 따라서 4차 산업혁명 시대 우리나라도 빅데이터와 인공지능 등에 대한 전문교육기관과 전문인력 양성 프로그램 구축과 투자 및 계획이 매우 필요한 상황이다.

4차 산업혁명 시대의 정치 · 경제 · 사회뿐만 아니라 전 산업분야와 기업의 생산 · 연구 · 관리 · 지배구조에 맞는 윤리지침 필요성 증대와 아울러 4차 산업혁명 시대의 연구데이터 집단지성 및 생태계가 구축됨으로써, 새롭게 급속히 변화하는 연구현장과 그에 따른 연구윤리의 일반적인 지침과 가이드가 필요하다. 연구데이터의 집단지성과 생태계가 구축되면서 연구윤리에 대한 사회적 기대치가 높아지고, 연구부정사건은 연구계 내부의 단순이슈가 아니라 사회적인 복합이슈로 재생산되고 있다. 그 이유는 연구부정사건의 피해가 연구계 종사자들에게만 국한되는 것이 아니라 사회 전반으로 확대되고 있기 때문이다.

최근 EU · 미국 · 일본 등 AI 선도국 중심으로 윤리원칙 가이드라인이 마련되고 있으며 지속적으로 수정 · 보완이 진행되고 있다. 구체적으로 OECD는 2017년 'OECD Digital Economy Outlook 2017'보고서에서 인공지능 알고리즘의 규범적 대응원칙 및 정책방향을 제시했다. 우리나라도 2017년 12월 방송통신위원회 '인터넷윤리 이슈보고서'와 한국정보화진흥원에서 '지능정보화사회 윤리가이드라인' 및 2019년 '기업윤리브리프스'에서 다양한 4차 산업혁명 시대의 윤리가이드라인을 제시하고 있다. 특히 대통령직속 4차 산업혁명위원회에서 4차 산업혁명 시대의 윤리이슈에 대한 집중적인 논의가 진행되고 있다.[109)]

디지털 혁신을 통한 데이터 기반 융합시대에는 데이터 전문가교육이 요구된다. 수학과 통계학 및 심리학 등과 전자공학 · 컴퓨터공학 · 유전공학 등의 공학분야, 그리고 경제학과 경영학 및 기술경영 등이 상호 연계된 학문분야의 분야별 전문가는 있지만 융합된 내용을 모두 이해하고 이를 기업활동에 연계하는 것이 가능한 데이터 전문가는 현실적으로 만나기 매우 어렵다 하겠다. 국내외에서 데이터 사이언스(Data Science)와 데이터 사이언티스트(Data Scientist)라는 분야로 많은 논의가 진행되고 있지만, 다양한

109) 김용환, 연구윤리포럼, 연구재단. 2020. 참조

학문이 연계된 구체적인 솔루션이 미비한 실정이고 데이터 사이언스와 관련된 모든 분야를 이해하는 전문가들을 찾기가 어렵다. 따라서 현실적 대안으로 본인의 전공에서 디지털 데이터를 사용 및 활용하는, 즉 프로그래밍 기술이나 전문분석 기술에 이해도가 낮더라도 자동화 플랫폼 솔루션을 이용 및 활용하는 시민데이터 과학자(Citizen Data Scientist)가 현실적 대안으로 최근에 많은 주목을 받고 있다. 시민데이터 과학자(CDS)는 데이터 분석에 대한 전문가는 아니지만, 현장의 경험을 바탕으로 실제로 비즈니스에 필요한 분석결과가 무엇인지, 그 결과를 얻기 위해 필요한 데이터가 무엇인지 정확히 파악할 수 있는 사람을 의미한다. 데이터에 대한 전문적인 지식을 갖추고 현장에 접근하는 데이터 과학자(Data Scientist)가 현실적으로 부족한 상황에서, 현장에 대한 전문성을 갖추고 데이터 분석에 대한 기본적인 지식을 가진 시민데이터 과학자의 필요성이 제기되고 있다.[110] 4차 산업혁명 시대는 데이터 경제학을 이해하지 않고서는 다양한 경제활동 및 혁신적인 비즈니스를 추진하기 더욱 어려워진다는 점에서, 새로운 학문 아젠다(Agenda)로 데이터 자본주의의 데이터 경제학(Economics of Data)을 주목해야 한다.

3.2.4.4 데이터 기반 경쟁력 강화 전략[111]

디지털 혁신을 통한 데이터 기반 융합시대에 기업 의사결정권자들은 대안적 데이터가 기존 데이터 세트로 이미 수행하고 있는 모델링이나 확률분석을 강화해줄 수 있음은 알고 있다. 하지만 경쟁 압력이 높아짐에 따라 이제는 공급망 데이터, 방문객수(foot traffic) 데이터, 앱 등의 전략적 데이터 세트가 기업에게 정보우위를 부여할 수 있게 되었다. 경쟁우위 확보의 열쇠는 대안적 데이터의 실질적 활용방법을 찾아 보다 스마트한 전략적 의사결정에 도움이 되는 정보를 찾는 데 있다.

1) 미래계획 수립의 동력으로서의 가치

2018년 블룸버그 기술 및 데이터 서밋(Bloomberg Tech and Data Summit)의 핵심 주제 중 하나는 기업의 대규모 데이터 분석에 대한 요구가 급속히 성장하는 배경에 있

110) 시민데이터 과학자는 선택이 아닌 필수다, 2020년 7월 27일 접속 (http://www.comworld.co.kr/news/articleView.html?idxno=49315)

111) 블룸버그 프로페셔널 서비스, 2019.5.28.

다. 시장과 경제적 동력의 변화에 적응하기 위해서는 전통적 데이터 세트에서 얻을 수 있는 것과는 다른 통찰력이 필요하다.

그러나 현재까지 회사들은 대안적 데이터를 제한적으로만 활용하고 있다. 이해관계자들은 소매판매 데이터나 소셜미디어 지표 등을 단순히 이미 내린 자체적 판단을 뒷받침하기 위해 사용하는 경우가 있다. 이를테면 제품 변경이나 마케팅 전술 등 기존에 나온 제안을 뒷받침하기 위해 활용하는 방식이다.

하지만 보다 풍성한 분석과 보다 전술적인 데이터 세트의 구성은 전략적 데이터의 가치를 훨씬 더 증폭시킬 수 있다. 기업들은 이 새로운 정보를 활용하여 가설에 반복 적용하여 시험하고 기각하는 방식으로 선진화할 수 있다. 예를 들어, 특정 공급업체의 데이터 세트를 분석하여 어떤 통찰을 얻어낼 수 있는지 살펴보자. 공급망 데이터를 활용하여 다른 성과 분야의 회귀분석 등 계량분석을 강화하면 미래 의사결정에 도움이 되는 아래와 같은 보기식(look-back) 질문에 해답을 할 수 있다.

- 어떤 지역에서 배송 또는 물량 기대치가 달성되지 못했는가?
- 그 물량 부족이 공급업체 관계에 대한 ROI에 영향을 주는가?
- 어떤 요소들이 공급업체의 성과 결과를 악화시켰는가? 날씨, 오류, 정전이 있었는가?
- 이러한 요인들이 미래에 얼마나 큰 리스크가 되는가?

이러한 가설 시나리오를 통해 예측되는 거래상대방 리스크에 대해 보다 탄탄한 이해를 가질 수 있다. 즉, 기존의 인식이나 정적인 성과보고서가 아니라 신선하고 신뢰도 높은 통찰에 기반하여 새로운 협상의 레버리지를 갖게 되는 것이다.

2) 목표 중심 분석 및 평가 사용

전략적 데이터 세트는 그 자체로 통찰이 되는 경우는 별로 없다. 진정한 가치를 얻기 위해서는 기업이 명확한 목표를 가지고 있어야 한다. 그래야 고객과 경쟁업체, 이익률 등에 대한 이해를 높이기 위해 데이터를 정밀히 분석할 수 있다.

- **고객**: 리테일 환경이 진화하면서, 소비자행동은 점차 측정가능하고 가치 높은 데이터 포인트가 되고 있다. '매장 방문객 데이터'와 '앱 인텔리전스 데이터'를 결합하면 소비자 트렌드와 유지를 이해하는 데 도움이 된다.

- **경쟁업체**: 지리적 확장이든 잠재적 인수 대상이든, 기회를 잡으려면 남들보다 일단 기회를 먼저 포착해야 한다. 경쟁업체의 '펀더멘털 데이터'를 곱씹어 분석하면 경영이나 체결의 약점을 포착하게 될 수도 있으며, 이를 통해 확장 또는 M&A 계획에 필요한 정보를 얻을 수도 있다.
- **이익률**: '공급망 데이터'는 상품의 이동 추세에 기반해 생산비용을 낮추거나 가격을 변경할 수 있는지 가늠하도록 도와준다. 어느 시장이 둔화 또는 가속화되는지 알면 실물거래와 전자상거래 전반의 유통과 상품화에 대한 투자를 변경할 수 있다.

의사결정을 강화할 정보를 얻으려면 데이터 자체가 신뢰성, 적시성, 목적지향성을 갖추어야 한다. 회사는 어떤 데이터가 수집되었는지(언제 수집되었는지) 알아야 하며, 그 정보로 어디에서 무엇을 기각하거나 지원하고자 하는지 정확히 알고 있어야 한다.

3) 경쟁적 우위를 위한 전략적 데이터

미래는 기업이 전략적 데이터에 보다 익숙해져야 한다. 디지털 기술과 자동화로 정보가 관리되고 사용되는 방식이 바뀌면서, 산업들은 기존의 데이터 분석으로는 따라잡기 어려울 만큼 빠르게 변화하고 있다. 내부적으로는 인재와 기업문화가 성공의 동력이 된다. 서로 연결되고 정제된 데이터 세트에 회사 내 여러 팀들이 쉽게 접근하여 활용할 수 있도록 학습과 실험의 문화를 포용할 필요가 있다.

신뢰할 수 있는 솔루션 제공업체와 협력하면 출처가 확실하고 정확한 데이터를 활용할 수 있다. 일례로 블룸버그의 데이터 솔루션은 2018년 제공하는 데이터 폭을 크게 확장하여 데이터 라이선스에 8개의 데이터 범주를 신설했다. 블룸버그의 견고한 솔루션을 이용하면 전통적 및 전략적 데이터 범주 전반을 아우르는 대규모 데이터 분석을 구축할 수 있어, 경영보고를 위한 통합 데이터 액세스 포인트가 생긴다.

결국 전통적 데이터는 비즈니스 의사결정에 늘 핵심적일 것이다. 그러나 전략적 데이터는 그 분석에 풍성한 맥락과 색상을 주입함으로써 기업은 경쟁적 우위를 창출할 수 있으며, 잠재적으로 이해의 빈틈을 채워줌으로써 보다 구체적이고 영향력이 높은 예측분석과 의사결정에 힘을 실어 주게 된다.

3.2.5 마이데이터의 활용과 전망

3.2.5.1 마이데이터

데이터 산업백서에 의하면, 세계 최대 비상장 정보기술(IT) 기업인 델테크놀로지스(Dell Technologies)의 마이클 델(Michael Dell) 회장은 2018년 4월 30일 미국 라스베이거스 샌즈 엑스포(Las Vegas Sands Expo)에서 열린 '델테크놀로지스 월드 2018'에서 기조연설을 했다. 앞으로 발생하는 데이터의 양이 폭발적으로 증가할 것이며, 데이터의 대부분은 사람이 아니라 사물에서 생성될 것이라고 예측했다. 그는 "2020년이면 전 세계 대표 도시에서 매일 200페타바이트(HD급 영화 약 5,000만 편 용량)의 데이터가 발생할 것"이라며, "특히 데이터의 99%를 사물이 만들어낼 것"이라고 전망했다.

사물이 생산하는 데이터 외에, 사람이 만들어내는 데이터의 양도 기하급수적으로 늘어날 것으로 전망된다. 사물이 생산하는 데이터의 일부 역시 사람과 사물의 교류에서 나오는 만큼, 결과적으로 사물과 사람이 데이터 생산의 주체가 되고 있다. 이처럼 데이터 폭증 시대가 오고 있지만, 생산되는 데이터의 대부분은 기업·정부·공공기관이 거의 독점적으로 관리하고 있다. 구글, 페이스북, 아마존, 에어비앤비, 우버 등 정보기술 기업들은 데이터 중심 플랫폼을 기반으로 데이터를 통합해 그들의 비즈니스에 반영하고 있다. 하지만 데이터 제공자로서 사용자에게 이들 기업의 데이터 활용 전략은 불공평하고, 비대칭하며, 불평등하다는 지적이 나온다.

이러한 관점에서 최근 주목받고 있는 것이 '마이데이터(MyData)'이다. 마이데이터는 데이터에 대한 업계의 요구와 디지털 인권을 결합한 개인데이터 관리의 인간 중심적 접근 방식이다. 마이데이터는 개인이 자신의 데이터를 제어할 수 있게 하는 것이다. 각 개인의 통제하에 있지 않은 개인데이터는 마이데이터라고 할 수 없다. 구매데이터, 교통데이터, 통신데이터, 의료기록, 재무정보 등 다양한 온라인 서비스에서 파생된 개인정보를 포함하는 자신의 데이터에 접근하고, 이를 자유롭게 활용할 수 있게 하는 것이 마이데이터이다.

마이데이터의 사회적·경제적·실용적인 가치가 점차 커지고 있다. 세계경제포럼(World Economic Forum)은 "개인데이터는 21세기 사회의 모든 측면을 다룰 새롭고 가치 있는 자원이 됐다"고 강조한다. 마이데이터는 데이터 흐름을 단순화하고 기업이 개인정보를 보존하면서 혁신적인 개인데이터 기반 서비스를 개발할 수 있는 새로운 기회를 열어준다. 글로벌 시장에서는 인간 중심 개인데이터의 기회를 탐색하는 중으로 에너지, 건강, 웰빙, 금융 등 전체 산업에서 이를 주목하고 있다.

마이데이터의 개념은 개인의 권리와 자유를 더 중요한 개념으로 여기는 유럽연합(EU)을 중심으로 본격화되고 있다. EU에서는 2018년 5월부터 GDPR(General Data Protection Regulation)의 본격적인 발효로 개인정보에 대한 전향적인 움직임이 일어나고 있다. 이 법안은 모든 개인에 대해 수집된 데이터와 관련된 특정 권리를 보장하는 것을 목표로 한다. 개인정보를 취급하는 모든 기업은 해당 규정하에 정보를 보유하면서 개인에게 해당 정보의 삭제나 교정을 요청할 권리를 부여하고, 개인이 동의하지 않으면 사용할 수 없게 된다. 자연스럽게 마이데이터와 관련한 다양한 사업 역시 유럽을 중심으로 활발히 추진되고 있다.

3.2.5.2 스마트 시티, 헬스케어 등 분야에서 활발[112)]

바르셀로나의 스마트 시티 개발 계획을 살펴보면 마이데이터와 관련한 다양한 사업이 추진되고 있어 주목된다. 바르셀로나시는 'BCN City Data Commons'라는 투명성, 프라이버시, 보안 및 혁신 핵심 데이터의 윤리적 사용을 중점으로 하는 새로운 도시 수준의 데이터 전략을 추진하고 있다. 주요 내용으로는 ① 윤리 기반 데이터 혁신, ② 데이터 주권, 보안 및 개인정보, ③ 도시 차원의 데이터 인프라(개방형 표준, 단일 API), ④ 책임 기술(알고리즘 투명성), ⑤ 새로운 데이터 소유권, ⑥ 새로운 권리 수호자로서의 도시의 역할 등이 설명된다.

오늘날 도시는 이전보다 많은 데이터를 보유하고 있다. 하지만 현재 도시가 보유한 데이터의 90%는 불과 몇 년 전에는 존재하지 않았다. 설령 도시가 데이터를 보유하고 있더라도 이 데이터는 조직적이지 않고 개인이 접근할 수 없다. 바르셀로나시는 시민들이 실시간 정보와 크라우드소싱(crowdsourcing)을 통해 데이터를 생성하고 사용할 수 있게 하고 있다. 지식은 중앙집중식이 아닌 분산화하고, 데이터에 의거해 더 빠르고 더 민주적인 결정을 내리고, 혁신을 촉진하며, 공공서비스를 개선하고, 사람들에게 권한을 부여한다는 목적으로 수집된다.

이러한 데이터는 합리적인 주택 제공을 위한 빅데이터 분석을 통해 임대료 상승을

112) 'MYDATA 2017' 컨퍼런스 자료(Presentation Materials and Videos, http://mydata2017.org/presentations) 참고

통제하고 관광산업의 부정적인 영향을 완화하기 위해 활용된다. 'BCN 주택가격지수'가 바로 그것이다. 도시데이터 분석 사무실(City Data Analytics Office)은 모든 도시 데이터 분석의 중심 허브다. 이곳은 도시 행정기관과 시민들이 투명하게 도시 차원에서 더 나은 의사결정을 내리고 시정의 책임을 물을 수 있도록 한다.

제조업 차원의 마이데이터 활용 사업도 속도를 내고 있는 분위기다. 스마트 헬스케어 워치(Watch) 전문 업체인 순토(Suunto)는 심박계 등의 센서가 달린 스마트워치를 공급해 개인데이터를 생성해내고 새로운 가치를 찾는 데 주력하고 있다. 순토는 마이데이터 측면에서 수집된 데이터의 ① 투명도, ② 권한 부여, ③ 접근성, ④ 상호 운용성을 확보했다. 이를 기반으로 친구와 공유, 쉬운 프라이버시 정책 및 조건, 보안 서비스와 데이터 공유 기능 등을 지원하고 있다.

개인의 건강데이터와 관련된 연구도 진행 중이다. 마이헬스마이데이터(MHMD: MyHealthMyData)는 EU 기금 지원 프로젝트다. 의료기관, 연구 및 비즈니스 목적으로 임상기관, 개인, 연구센터 및 업계 간에 개인건강데이터를 공유하고 교환하기 위한 플랫폼을 개발하고 있다. MHMD는 시민들의 개인건강데이터의 소유 및 관리 권한을 부여하는 한편, 데이터 보호 및 보안, 의료용 데이터 세트의 가치 활용에 주목하고 있다. MHMD는 마이데이터 측면에서 블록체인 기술을 적극 활용하고 있다. 모든 트랜잭션이 네트워크에 의해 트랜잭션 블록을 형성하는 항목으로 지정된다.

데이터에 블록체인 방식을 적용하면 접근에 있어서 보안이 보장된다. 개별 데이터 소유권과 개인데이터의 저장소인 클라우드는 개인이 블록체인을 통해 모든 장치에서 데이터에 액세스하고 개인 용도로 사용하도록 한다. 서로 다른 소스(소셜미디어 계정, 임상데이터 저장소, 개인용 드라이브, 웨어러블 장치 등)의 단일 개인데이터를 단일 사용자 소유 계정으로 집계한다.

전력 사용에서도 마이데이터의 움직임이 본격화되고 있다. 'MyData 2017' 자료를 따르면, '스마트 미터(Smart Meter)'는 디지털 방식으로 에너지 측정을 보내고 원격으로 작동하는 가스 및 전기 계량기다. 스마트 미터를 적용함으로써 로드 밸런싱, 그리드(Grid)관리, 재생에너지 통합, 정전감지, 운영비용 절감효과 등을 기대하고 있다.

프랑스의 전기 유틸리티 회사인 '에네디스(Enedis)'는 프랑스 전기의 95%를 공급·관리하고 있다. 에네디스는 유럽에서 가장 큰 전력공급업체로서 3,600만 명의 고객을 보유하고 있다. 에네디스는 전력 거래 프로그램인 '키위파워(KiWi Power)'로 고객 동의 아래 고객의 데이터를 전송한다. 고객은 키위파워를 통해 전력 사용량이 집중되는 피크타임(peak time)에는 소비량을 줄일 수 있다. 에네디스는 공공에너지 유통 서비스 및 데이터 활용의 원칙으로 마이데이터에 주목함으로써 ① 에너지 데이터 시스템 신뢰 강화, ② 시민을 위한 새로운 서비스 기회 제공, ③ 성공적인 에너지 전환의 기회를 이끌어 내고 있다.

핀란드 헬싱키의 칼라사타마(Kalasatama) 지역은 친환경 차량을 이용하고, 신재생에너지를 생산하는 스마트 시티로 개발 중인 파일럿 도시다. 이 지역의 에너지관리 업체인 헬렌(Helen)은 지역 태양에너지, 전기자동차를 지원하는 기반시설, 에너지 저장, 에너지 효율적인 빌딩 자동제어를 사용해 칼라사타마의 스마트 에너지시스템을 구축하고 있다. 헬렌은 에너지데이터를 사용하고자 하는 고객을 위해 API를 제공한다. 민간 아파트 API를 통한 에너지데이터와 다양한 API 및 응용 프로그램을 통해 다양한 종류의 데이터를 결합해 '코티힐리(Kotihiili)'라는 개인용 실시간 이산화탄소(CO_2) 계산기 등을 제공하고 있다.

3.2.5.3 마이데이터의 미래

인테넷 시대를 시작한 웹 1.0과 웹 2.0이 많은 권력구조를 민주화하고 새로운 기회를 만들었지만, 동시에 경제구조와 비즈니스는 대부분 사유화되고 독점되어 갔다. 글로벌 테크기업인 애플, 구글, 아마존, 페이스북, 우버, 에어비앤비는 그들이 지배하고 있는 인프라를 위한 폐쇄적인 네트워크를 설치 운영했다. 웹 3.0은 이와 정반대로 프라이버시가 보장되는 반독점적인 웹이다. 공개된 네트워크를 통해 다양한 가치를 공유하는 것이다. 4차 산업혁명 시대는 암호화를 기반으로 한 전화, VPN, 분산형 저장장치, 암호화폐 지갑, 디지털 화폐가 일반화되고 있다. 개인정보와 데이터를 감시하는 네트워크와 이동통신사가 필요 없는 데이터 민주주의와 마이데이터가 구현될 것이다. 마이데이터는 수많은 곳에 분산된 나의 데이터를 효과적으로 관리하고, 더 나아가 내 데이터가 어디서 어떻게 쓰이고 있는지를 모니터링하고, 개인데이터 활용동의를 승낙하거나 철회할 수 있게 하는 것을 의미한다.

다만 경제활동이 온라인으로 이동하는 디지털 트랜스포메이션 시대에 데이터가 디지털 화폐가 되면서, 개인이 일일이 자신의 정보와 데이터를 관리하는 것이 쉽지 않은 것도 사실이다. 이에 따라 최근에는 개인데이터에 대한 관리를 해주고 이 정보를 중개해주는 개인정보중개자(Personal Data Manager) 역할이 커지고 있다.

개인정보중개자 혹은 개인정보사업자는 개인의 동의하에 개인정보를 원하는 기업들을 대상으로 개인정보를 제공하고 이에 대한 가치를 다시 고객에게 제공하는 것을 목적으로 한다. 국내에서도 금융당국이 '본인신용정보관리업' 도입을 추진하고 있다. 본인 정보관리업자는 예금 · 대출 · 카드거래 등의 정보를 망라하는 본인 신용정보의 통합조회서비스를 제공한다. 이를 기초로 소비패턴, 위험성향 등을 파악해 자산관리서비스 제공 및 맞춤형 금융상품 추천 등을 할 것으로 전망된다.[113]

3.2.5.4 국내외 데이터 거래 시장 현황

데이터의 생산과 소비를 이어주는 데이터의 유통 · 거래는 데이터를 융복합해 새로운 가치를 창출하는 전제조건으로서 데이터산업의 핵심 부문이다. 그러나 국내 데이터 유통 · 거래 시장은 다소 부진해 오히려 데이터산업 활성화의 걸림돌로 작용하고 있다. 이에 정부는 데이터가 안전하고 원활하게 유통 · 거래될 수 있도록 다양한 지원정책을 펼치고 있다.

국내 데이터 거래 시장은 2017년 기준 2,409억원 규모로 파악된다.[114] 국내 데이터 거래 유형은 크게 플랫폼을 통한 거래와 개별 거래로 구분할 수 있다. 플랫폼을 통한 거래는 무료 개방과 유료 거래로 구분된다. 한국정보화진흥원(NIA)의 공공데이터포털을 비롯해 지방자치단체 등에서 데이터를 무료로 개방하고 있다. 한국데이터진흥원에서 운영하는 '데이터스토어'는 범용 데이터포털로 공공 · 민간데이터의 등록 · 중개 · 판매 · 거래를 지원한다. 이밖에 민간에서 운영하는 데이터 플랫폼은 자사의 데이터와 외부 데이터를 상품화해 제공하는데 SK텔레콤의 빅데이터허브(Bigdatahub), LGCNS의 오디피아(ODPia), KTH의 APIStore 등이 있다. 개별거래는 데이터 활용이 비교적 활발한 통신, 금융, 기업정보 분야 등에서 판매자와 수요자 간 직접 구매계약을 통해 이루어진다. 그러나 개별거래라 하더라도 데이터 가공 · 분석을 통한 컨설팅 매출이 대다수를 차지하고 있어 데이터 자체 거래는 미흡한 실정이다.

해외현황을 살펴보면, 미국은 개인정보 활용이 비교적 용이한 환경하에서 1,500억 달러에 이르는 세계 최대 규모의 데이터 브로커 시장[115]이 형성돼 있다. 액시엄(Acxiom),

113) 데이터산업백서, 2018. 2019. 각 연도
114) 한국데이터진흥원, 2017년 데이터산업 현황조사, 2018.

엡실론(Epsilon)과 같은 데이터 브로커 기업은 각종 소비자의 고객데이터를 수집·가공·분석해 금융·유통회사 등에 적합한 맞춤형 마케팅서비스를 제공한다. 중국은 정부의 빅데이터산업발전 클러스터 구축 계획[116]에 의거, 공공데이터 가공·판매를 위해 공업신식화부 비준을 받아 2015년 '구이양 빅데이터 거래소'를 설립해 운영 중이다. 설립 이후 2018년 5월 기준으로 약 3억 위안(약 505억원)의 거래가 이루어졌다. 데이터 유통 플랫폼(GBDEX) 운영을 통한 공공·민간데이터의 중개·거래뿐 아니라 데이터 가공·가치평가 등의 서비스를 제공한다. 일본은 2016년 4차 산업혁명에 대응하기 위한 범정부 차원의 7대 추진전략을 발표하고 이 중 데이터 활용 촉진을 위한 환경정비 전략의 일환으로 2020년까지 IoT 빅데이터 판매·유통시스템을 구축하기로 했다. 이는 로봇, 공작기계 등 강점을 가진 분야와 IoT 데이터를 접목해 시장 주도권을 차지하려는 전략이다. NTT, 히타치, 도쿄전력 등 민간 대기업 100개사가 참여하며, 준비위원회가 인터넷정보 거래기준 마련 등 각종 준비작업을 담당한다.[117]

3.2.5.5 데이터 거래 특성 및 장애 요인

데이터의 대표적인 특징은 복제가능성과 가격차별성이다. 데이터는 무형자산으로 일반 재화와는 달리 일단 확보되면 소진되지 않고 재활용할 수 있다. 이는 데이터 복제가 가능해 동시에 여러 사람이, 반복적으로 이용할 수 있기 때문에 자칫 데이터 소유자가 아닌 타인이 불법적으로 데이터를 사용하기 용이하다. 데이터를 융합·가공하면 새로운 가치를 창출할 수 있으며, 동일한 데이터도 활용목적·범위, 지불능력 등에 따라 차별적인 가격을 부과할 수 있다.

데이터 거래가 성립되기 위해서는 좋은 품질의 가치 있는 데이터가 공급되고, 적절한 가격의 데이터 구매력이 확보돼야 한다. 아울러 데이터 소유권·개인정보 등 법적 문제 해소가 필요하다. 그러나 실제 데이터 사업자들은 데이터 거래가 원활하지 못한 장애요인으로 데이터를 무료로 사용하려는 이용자 인식(28%), 데이터 상품 검색의 어려움(24%), 개인정보 및 법·제도 문제(20%), 거래방법 정보 부재(14%) 등을 지적하고

115) 미국 Jay Rockefeller report: A Review of the Data Broker Industry - Collection, Use, and Sale of Consumer Data for Marketing Purposes, 2013.

116) 중국 구이저우성, 빅데이터산업 응용계획요강 3단계 발전계획(2014-2020年), 2014.

117) 서울경제, "일본, 2020년까지 세계 첫 IoT데이터 거래소 만든다", 2017.5.23.

그림 3-25 | The updated European Data Market Monitoring Tool

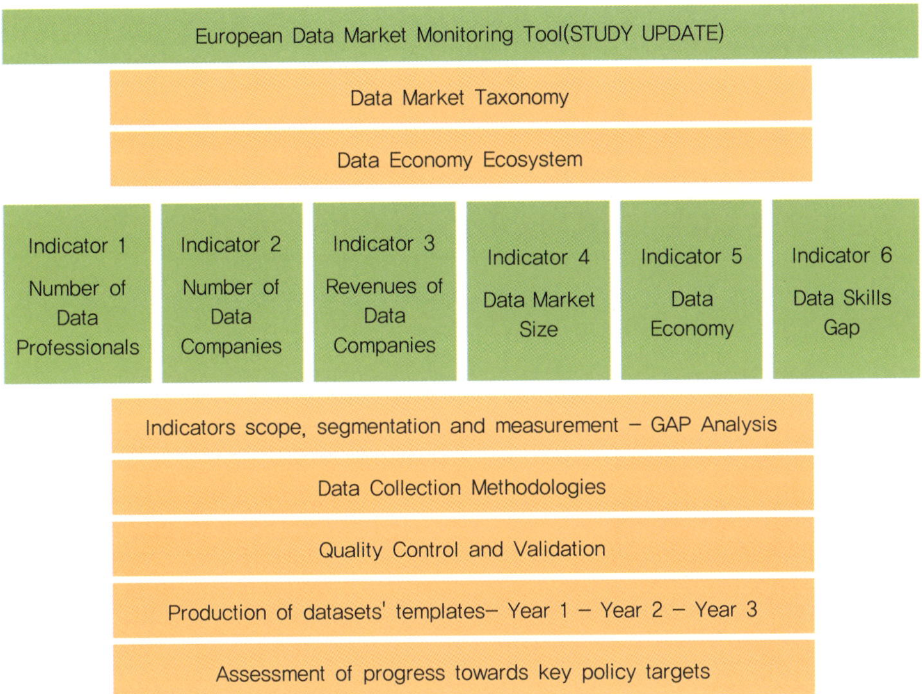

자료: IDC, 2017.

그림 3-26 | 대한민국 국가연구 데이터 플랫폼 개념도

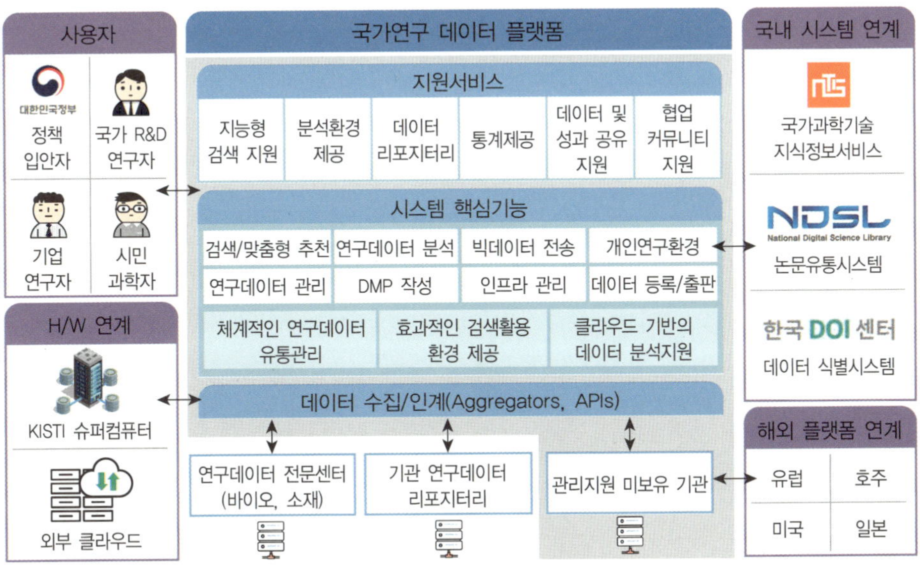

자료: 국가연구 데이터 플랫폼 개념도

있다.[118] 특히 공급자 입장에서는 데이터를 안전하고 원활하게 제공할 수 있는 장(場)을 원하고 있고, 수요자 입장에서는 원하는 데이터를 구하려 해도 어디에 있는지 모르거나 원하는 형태가 아니어서 가공·정제하는 데 상당한 비용과 시간이 소모됨을 어려움으로 호소하고 있다. 아울러 자기결정권에 따른 개인정보 거래에 있어서도 여전히 개인정보를 활용한다는 것 자체가 부정적이고, 활용하더라도 실제 본인에게 어떤 혜택이 있는지 알 수 없다는 인식이 지배적이다.

118) 한국데이터진흥원, 2017년 데이터 활용 및 사업화 지원 사업 결과보고서, 2017.

3.3 데이터 기업들

기존 비즈니스에서 활용된 정형데이터와 디지털 소셜미디어에서 생성된 SNS, 동영상 및 사진 등 비정형의 다양한 데이터가 비즈니스에서 활용되면서, 디지털 혁신을 통한 데이터 기반 융합시대의 새로운 데이터가치를 기반으로 하는 기업활동과 데이터 경영 전략이 급속히 증가하고 있다. 구체적으로 데이터 수집 · 생성 → 저장 · 관리 → 가공 · 유통 → 분석 · 활용의 가치사슬을 통해 '직접적'으로 파생되는 다양한 산업 및 서비스 영역과, 데이터 활용으로 인해 기업 · 공공 · 개인에게 '간접적'으로 파급되는 경제적 가치와 영향이 폭발적으로 확장되고 있다. 단순히 비즈니스뿐만 아니라 디지털 통신과 디지털 의료장비 등으로 해서 인공지능기반 원격의료 정보 및 진료, 예방으로 진화하고

그림 3-27 | Big Data Landscape

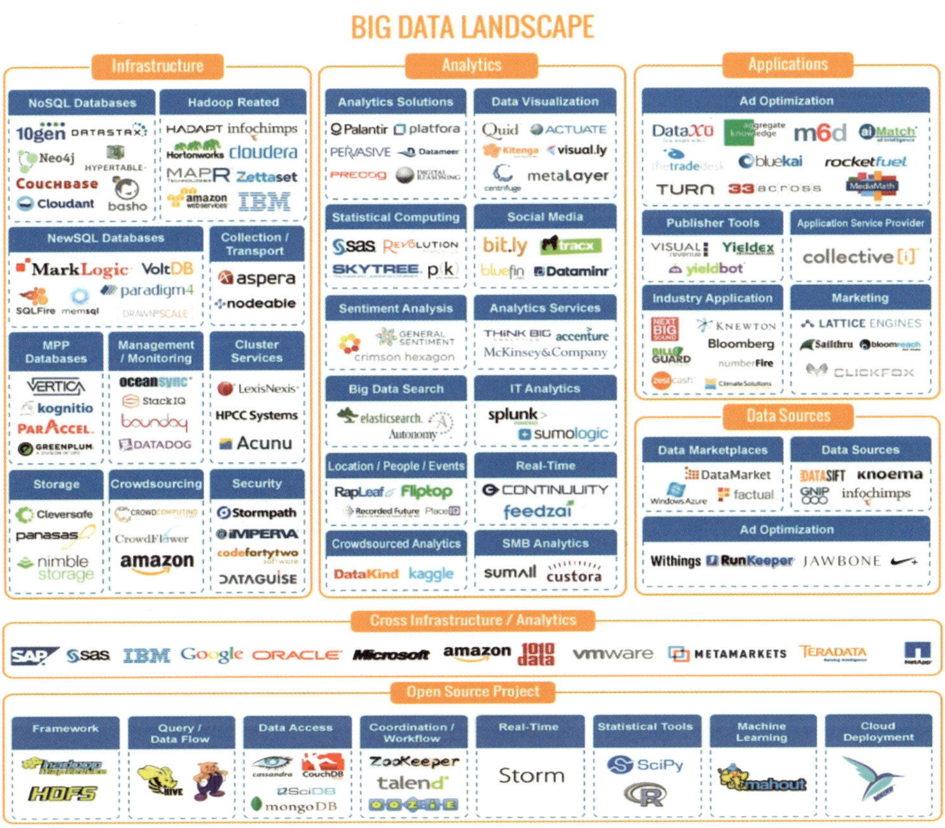

있다. 즉 의료데이터의 수집 · 생성→저장 · 관리→가공 · 유통→분석 · 활용의 가치 사슬은 병원 등 의료기관이 '치료라는 서비스와 가치에서, 사전 질병예방과 맞춤형 조치라는 새로운 가치'를 창출하고 있다는 것이다.

시가총액 기준 글로벌 5대 기업은 전통 기업인 석유, 제조, 하드웨어 기업에서 모두 ICT 기업으로 바뀌었으며, 미국 IT 업계를 이끌고 있는 GAFA(Google, Apple, Facebook, Amazon)는 2015년 프랑스 주요 40대 기업(CAC40)의 시가총액(Market cap)을 추월하고 있다. 즉, 전통적인 대기업이 아닌 새로운 경쟁의 원천인 대규모 데이터를 확보하고 소프트웨어를 활용하는 데이터 기업이 전 세계 시장을 주도하고 있다. 또한, 이들 GAFA의 시가총액(1,852조원, 2015.7 기준)은 대한민국의 GDP(1,637조원, 2016 기준)[119]를 추월하고 있다.

디지털 혁신 중심의 데이터 경제 시대에서는 데이터를 활용하는 기업이 주도권을 쥐게 될 것이며, 이에 대비해 주요 기업은 다양한 '수집 · 생산→저장 · 관리→가공 · 유통→분석 · 활용' 과정에서 생성되는 데이터 기반 기업으로 변화 중이다. 전통 대기업인 GE는 설비 데이터를 수집 · 분석해 적용하는 데이터 기업으로 변화하고 있으며, 중국 전자상거래 기업 알리바바는 데이터 기반 새로운 서비스를 제공하는 기업임을 강조하고 있다. 차량공유서비스를 제공하는 우버는 차량과 승객의 데이터를 '수집 · 생산→저장 · 관리→가공 · 유통→분석 · 활용' 과정에서 구현하여 전략적 의사결정을 내리는 데이터 기업으로 변화하고 있다.

빅데이터의 조건을 가장 잘 만족하는 빅데이터 플랫폼을 갖고 있는 대표적 기업이 아마존이다. 아마존은 전 세계 전자상거래 데이터를 지속적으로 '수집 · 생산→저장 · 관리→가공 · 유통→분석 · 활용'하고 있다. 이러한 전자상거래를 통해서 얻어진 빅데이터와 AI 알고리즘을 결합해서 전 세계 수십억 인구의 성격, 심리, 구매성향, 경제력 등을 파악할 수 있다. 그래서 결국 누가, 언제, 어디서, 무슨 상품을 얼마나 구매할 수 있는가를 실시간으로 예측할 수 있다. 그러면 재고 없는 상품을 생산하고, 최단거리에 배치해 역시 최단시간에 상품을 배송할 수 있다. 그렇게 되면 재고가 없고, 금융비용이 최소화되고, 배송이 가장 빠른 서비스 제공 기업이 된다. 그러면 아마존과 경쟁해서 살아남을 수 있는 기업이 없게 된다. 앞으로 아마존이 가전제품, 전기자동차, 자율주행차를 생산하고 배송할 수도 있다. 여기에 만족하지 않고 아마존은 가정 내의 상황과 정보

119) 설진아, GAFA 플랫폼 비즈니스 전략과 다면 네트워크 효과, 2018.6.

를 파악하고, 구매정보를 미리 얻기 위해서 집안에 AI 스피커인 알렉사까지 설치하려 하고 있다. 알렉사는 일종의 가정 내 데이터 수집장치인 것이다. 마찬가지로 구글과 애플은 스마트폰 플랫폼을 이용해 빅데이터를 확보하고 있고, 마이크로소프트는 컴퓨터를 빅데이터 플랫폼으로 활용하고 있다.[120)]

미래에는 자율주행차가 새로운 빅데이터 플랫폼 후보로 등장할 것으로 전망된다. 자율주행의 편리성을 제공하여 자동차 내에서 발생하는 모든 빅데이터를 '수집 · 생산→저장 · 관리→가공 · 유통→분석 · 활용' 과정을 통해 독점하고자 하는 의도로 보인다. 이와 같이 양질의 빅데이터 플랫폼은 인간 본성에 충실하면서 동시에 개인의 정신적 · 경제적 · 사회적인 사적 활동에 관한 정보를 최대한 모으기 위한 장치이다. 이러한 데이터 생산은 매우 개인적인 공간에서 개인적인 활동으로 발생한다. 정보의 검색, 전자상거래 구매행위, 가정과 자동차 안에서 일어나는 행동이 여기에 해당한다고 볼 수 있다.

표 3-11 ▌주요 빅데이터 기업들

기업	주요 내용
알파벳	• 사용자들의 구글 검색기록, 안드로이드 운영체제(OS) 사용 정보, 유튜브 동영상 등과 딥마인드사 중심의 헬스케어 데이터와 인공지능 융합서비스 – 문자/음성변환시스템 'Tacotron2'를 개발하여 인공지능업계 선도 – 2016년 인공지능서비스 전력효율 향상을 위해 인공지능 연산에 최적화된 추론용 ASIC인 TPU를 개발하였으며, 2017년에는 학습용 ASIC인 TPU를 공개
아마존	• 상품검색 및 구매정보, AWS(Amazon Web Service) 등
페이스북	• 페이스북과 인스타그램에서 사용자가 좋아한 게시물, 기재한 글 · 사진 등 소셜미디어 활동 정보 등 – 빅데이터 이미지를 이용해 얼굴인공지능 솔루션인 'DeepFace'를 개발
넷플릭스	• 회원들이 시청한 영화 및 드라마 정보와 AI 추천서비스, 다양한 콘텐츠 등
스포티파이	• 회원들이 듣는 음원, 청취횟수 등 정보
우버	• 회원들 위치정보, 탑승횟수, 평판 별점 등 정보
에어비앤비	• 숙박장소, 횟수, 별점 등 정보
스티치픽스[121)]	• 인공지능을 활용한 개인고객 맞춤형 코디정보 등

120) 세계일보, 2019.3.13.

121) '패션계의 넷플릭스'라는 스티치픽스(STITCH FIX)는 인공지능(AI)에 패션을 접목했다. 넷플릭스 빅데이터 분석팀과 미국 유명디자이너 1,000명이 참여하여, 고객의 패션 취향을 분석하였다. 소비자가 스티치픽스가 보여준 전신 스타일링 샘플을 평가하면 AI가 '당신이 좋아할 만한 옷'을 추천해 준다. 회원 320만 명, 연매출 15억달러(2019년 기준)로 나스닥에 상장도 했으며, 2020년 8월 5일 시가총액기준 25억 9,340만달러이다.

렌트더런웨이122)	• 급변하는 패션 트렌드를 따라가기 위해 옷도 대여하기를 원하는 소비자들 정보 및 공유서비스 정보 등 빅데이터와 구독경제
Oracle	• 세계적인 DB업체 '하이페리온사'를 인수하여 분석기술 확보 • 오라클 Big Data Appliance 제품 제공 • Endeca, Exalytics 등 빅데이터 솔루션 제공
HP	• BI 솔루션 기업 'Vertica'와 기업용 검색엔진 기업 'Autonomy' 인수 • 'Autonomy'에서 제공하는 정보처리 레이어와 버티카의 고성능 실시간 분석엔진의 조합을 토대로 빅데이터 인프라 서비스 제공
Microsoft	• Hadoop on Window, Hadoop on Azure 서비스 제공 • Hortonwork의 Hadoop 탑재 서비스 • MS R 서버 서비스
IBM	• 의료용 인공지능인 왓슨포온콜로지 기술을 개발했으며, 의료데이터를 분석하여 의사의 진료 · 진단 및 정보 • 분석용 데이터 저장 관리기업 'Netezza', 데이터 통합기업 'Ascential Software', 분석기업 'Cognus' 등 비즈니스 분석 관련 기업 인수
SAP	• 'HPA(High Performance Analytics) 기반의 SEMMA' 방법론 제시 • ICT+분석+비즈니스 총합 플랫폼 구현(SAS 빅데이터 분석 플랫폼 SolutionMAP), 인메모리 컴퓨팅 기반의 어플라이언스 HANA 서비스 제공
Palantir	• Enterprise Intelligence Platform 보유와 Big Data Mining 서비스 • 미국정부 및 월가 금융사들 중심의 대형 범죄분석, 사기분석, 재단구조 등의 사업 레퍼런스 확보 및 서비스 제공
Teradata	• 데이터웨어 하우징 및 비즈니스 인텔리전스(BI) 전문 서비스 제공 • 비정형 데이터의 고급분석, 관리솔루션 기업체 인수(eSTER) • 'Ester MapReduce Platform' 서비스
EMC	• 데이터 저장, 관리, 분석까지 빅데이터에 관한 모든 것을 제공하기 위한 빅데이터 솔루션 및 데이터 관련 다수 기업체 인수
Salesforce123)	• CRM 데이터와 BI 테이터를 데이터 저장 · 관리 · 분석 솔루션 서비스 제공 CRM 데이터 시장 글로벌 1위 기업임 • 다양한 디지털 기술혁신 및 인공지능 발전과 함께 향후 '로봇업무 처리 자동화(RPA: Robotic Process Automation)'를 활용한 빅데이터와 클라우드 기반 CRM 서비스를 진행

122) '렌트더런웨이(Rent the Runway)'는 2009년 하버드 비즈니스 스쿨 동기인 제니퍼 하이만과 제니퍼 플라이스가 공동 창업한 미국 온라인 패션대여 기업이다. 고가브랜드 드레스부터 저가브랜드의 일상복, 주얼리와 가방까지 대여 서비스한다. 대여할 수 있는 브랜드만 500여 곳, 옷은 수 만 벌이며, 대여가 불가능한 화장품이나 스타킹, 속옷 등은 판매를 진행하고 있다. 창업 5년 만에 누적매출 3억달러(약 3,500억원), 2016년에는 연매출 1억달러(약 1,170억원)를 돌파, 회원수 600만 명을 기록 중이다. 2019년 중국 전자상거래 업체 '알리바바'의 창업자 마윈(馬雲)이 2,000만달러(약 234억원)를 투자하면서 기업가치가 10억달러(약 1조 1,700억원) 이상으로 평가받고 있다.

123) 세일즈포스는 2017년 미국 경제전문지 포천이 선정한 '가장 일하기 좋은 기업' 1위로 선정됐다. 세일즈포스는 가격과 품질이라는 두 분야에 차별화된 마케팅전략을 추진하였다. 세계 최초

표 3-12 ▌한국 · 미국 · 중국 Top ICT 기업 10년간 시가총액 비교 (단위: 천억원)

국가명	구분	기업명	2010년(8.4 기준)	2020년(8.4 기준)	연평균증가율(%)
한국	디지털	삼성전자	1,187	3,421	11.2
		SK하이닉스	127	594	16.6
		NAVER	91	510	7.3
		LG화학	225	453	18.8
		카카오**	75	325	63.1
미국	비디지털	엑손모빌	3,732	2,196	-5.2
	디지털	애플	2807	22,409	23.1
		마이크로소프트	2602	19,286	22.2
		아마존	667	18,785	39.6
		알파벳	1885	11,940	20.3
		페이스북	512	8,504	42.1
중국	비디지털	페트로차이나	3,271	1,343	-8.5
	디지털	알리바바	2,304	8,473	29.8
		텐센트	419	8,059	34.4
		평안보험	654	2,403	15.5
		메이톤 디엔핑**	568	1,975	247.2
		징둥닷컴**	312	1,204	25.2

* 비디지털 기업: 10년 전(2011년) 각종 증시에서 가장 높은 순위 기록한 기업
** 카카오, 페이스북, 알리바바 메이톤 디엔핑, 징둥닷컴은 상장일 이후 8월 4일 기준 비교
자료: 전경련, 2020.8.

디지털 혁신을 통한 데이터 기반 융합시대의 대표적인 데이터 기업인 MS는 1997년부터 2008년까지 총 20년간 시총 1~4위 차지하다가 애플, 구글 등 후발 IT 기업에 밀려

로 클라우드 기반으로 CRM 소프트웨어를 매월 소정의 요금을 받고 제공하는 개념(서비스형 소프트웨어, SaaS)을 만들었다. 기업이 고객의 방대한 데이터를 세일즈포스의 클라우드에 저장하면 언제 어디서나 필요할 때 여러 직원이 다양한 기기를 통해 인터넷에 접속해 이용할 수 있게 한 것이다. 인터넷만 연결돼 있으면 소프트웨어를 바로 실행하고 이용할 수 있다. 소프트웨어를 따로 구매하거나 설치하지 않아도 된다는 서비스를 제공하는 차별화 마케팅전략을 구현하였다. 즉, SaaS는 소프트웨어의 여러 기능 중 사용자가 필요한 서비스만 이용할 수 있도록 만든 것이다. 소프트웨어 유통방식에 근본적인 변화를 가져온 개념이다. 소프트웨어 회사가 하나의 플랫폼을 이용해 여러 고객에게 서비스를 제공하고, 사용자는 이용한 만큼 요금을 낼 수 있기 때문이다. 이 방법은 기업이 새로운 소프트웨어를 구매하는 데 드는 비용을 대폭 줄여주고, 인프라 투자와 관리 부담도 줄여준다는 차별화된 마케팅 서비스전략이다.

2009년에는 시총 10위 밖으로 밀려나기도 했다. 그러나 빅데이터와 클라우드 사업 확장, 구독 서비스 제공 등의 변화를 통해 2020년 현재 애플과 시총 1위를 다투며 디지털 혁신에 성공할 수 있었다. 자동차를 데이터 기반 디지털 디바이스 개념으로 개발함으로써 패러다임을 전환한 테슬라는 지난 10년간 시총 연평균증가율 64.3%를 기록해 현재(2020. 8.4. 기준) 시총 16위로 Top 10에 진입했고, 자율주행전기차 시장의 호황으로 급속한 성장을 하고 있다. 이는 세계 1위 자동차 기업 도요타가 연평균 4.5% 증가한 것과 비교했을 때 폭발적으로 증가한 수치다. MS의 경우 독보적 위치에 있으나 끊임없는 디지털 혁신으로 기업가치를 상승시켰고, 테슬라는 전통제조업인 자동차산업을 디지털과 결합하여 새로운 형태의 고부가가치 비즈니스를 창조한 것이다.

3.3.1 구글(Google, www.google.com)

구글은 모든 인터넷 사용자가 전 세계의 정보를 편리하게 이용할 수 있도록 하는 것을 목표로 1998년 설립된 인터넷 검색서비스 중심 기업이다. 검색엔진 사용이력분석을 기반으로 하는 개인맞춤형 검색서비스를 이용자에게 2000년부터 제공하면서, 현재 구글검색서비스는 전 세계 검색량의 90% 이상을 차지하는 '데이터 제국'이다. AI 소프트웨어로 바둑AI 알파고와 알파고제로, 그리고 헬스케어 AI 알파폴드 및 AI 플랫폼으로 랜스플로어를 서비스하고 있다. 구글의 사업구조는 크게 온라인광고 사업과 기타 사업으로 구분할 수 있다.

첫째, 구글 온라인광고는 구글닷컴, 유튜브 등에서 광고주들의 광고를 노출시키는 사업으로, 구글 전체 매출의 85.4%를 차지하고 있다. 구글의 대표적인 광고방식은 검색결과에 광고를 노출하는 검색단어 광고 애드워즈(Ad Words)와 다른 웹사이트에서 구글의 광고를 노출하는 애드센스(Ad Sense) 등이다. 2018년 10월 구글은 유럽연합(EU)의 반독점 벌과금에 맞서 유럽에서 판매되는 스마트폰에서 자사 앱을 사용하면 그 스마트폰 제조사들에게 특허권 사용료를 부과하기로 해 이슈가 되었다. EU는 2018년 7월 구글이 안드로이드 스마트폰, 태블릿 등 IT 기기에 자사의 검색 및 다양한 앱들을 의무적으로 설치하게 함으로써 시장지배적 지위를 남용했다고 판단해 약 43억유로(약 5조 6천억원)의 벌과금을 부과했다. 참고로 구글은 현재 구글 플레이스토어, 유튜브, 구글맵, 지메일(Gmail), 뉴스, 구글 드라이브, 구글 캘린더 등 각종 모바일 앱들을 안드로이드 스마트폰에 제공하고 있다. 이에 대응해 구글은 2018년 10월 유럽에서 스마트폰 제조사들에게 지메일, 구글맵, 유튜브 등 구글의 앱 사용에 대해 최대 40달러의 사용료를 부과하는 방안을 검토했다. 최근에는 구글이 애플처럼 모든 앱에 인앱결제(앱 내 결제)와 결제수수료 30%를 강제하면서 콘텐츠 산업생태계 위축과 소비자 부담을 증가시키고 있다. 구글에 익숙한 전 세계 수요자를 대상으로 글로벌 플랫폼 독점의 악영향을 나타내고 있는 것이다. 구체적으로 구글은 유로존 국가군을 크게 3개로 나누어 유럽에서 판매되는 안드로이드 스마트폰 및 태블릿 제조사들에게 대당 2.5~40달러까지 부과할 것으로 알려졌다. 한편 구글은 2010년 중국 시장에서 철수한 후 중국에서 검색서비스를 제공하지 않는다. 그러나 현재 2018년 9월 구글의 CEO 순다르 피차이(Sundar Pichai)는 2010년 철수한 중국시장에 재진출하기 위해 중국의 검열 기준에 맞춘 중국용 검색엔진을 개발하는 '드래곤플라이(Dragonfly) 프로젝트'를 준비하고 있다고 인정한 바 있다.

둘째, 구글의 기타 산업에는 클라우드 서비스(구글 클라우드 플랫폼, Google Cloud Platform, GCP), 열기구를 이용한 LTE 통신 프로젝트 룬(Loon), 드론 배송 프로젝트 윙(Wing), 자율주행차 웨이모(Waymo) 등 다양한 사업들이 포함된다.

특히 데이터 기반의 음성기반 인공지능비서 서비스는 구글 데이터 비즈니스의 핵심기능이다. 구글은 음성기반 인공지능비서 서비스 '구글 어시스턴트'를 80개 국가 30개 언어로 서비스 중이다. 스마트폰이나 구글 인공지능 스피커에 '헤이 구글(Hey, Google)'이라고 대화를 시작하면 인터넷 검색, 알람 설정 등 다양한 기능을 수행할 수 있고, 커피숍이나 도넛 가게에 메뉴를 주문하고 결제도 가능하다. 구글의 인공지능비서 서비스는 AI 스피커 '구글 홈(Google Home)'에도 탑재되어 있다. 최근 구글 홈에는 구글 어시스턴트와 디스플레이 화면이 탑재되어 있어, 사용자는 이를 이용해 유튜브 영상 감상, 음식 레시피 검색, 영상통화 등을 음성명령으로 이용가능하다. 구글은 최근 음성기반 인공지능을 이용한 상점예약서비스, '구글 듀플렉스(Google Duplex)'도 발표했다. 구글은 기존 구글 어시스턴트를 더욱 발전시켜 날씨안내, 시간확인 등의 단순한 음성기반 서비스뿐만 아니라 음성기반 인공지능 상점예약서비스까지 가능하게 했다. 구글 듀플렉스는 인공지능이 주인의 지시를 받은 후 주인을 대신해 인간처럼 미용실이나 식당에 전화를 걸어 실시간으로 상대방과 전화를 하면서 미용실을 예약하거나 식당을 예약하는 식의 서비스로, 2018년부터 테스트 버전으로 도입되었다. 또한 2020년 구글은 라이브커머스 시장에 진출했다. 2020년 7월 구글이 공개한 영상쇼핑 플랫폼 샵루프(Shop loop)는 이용자에게 다양한 제품 관련 90초 분량의 영상을 서비스하고 소비자가 마음에 드는 상품을 저장하거나 셀러의 웹사이트에서 바로 구매할수 있도록 했다.

2020년 1월 미국 나스닥 증시 역사상 네 번째로 시가총액 1조달러(약 1,160조원) 기업이 탄생했다. 구글의 지주회사인 알파벳(Alphabet, 나스닥 코드 GOOGL)이다. 알파벳은 2020년 1월 13일 시가총액 9,934억달러로 마감해 애플, 아마존, 마이크로소프트(MS)의 뒤를 이어 '꿈의 시총'이라 불리는 1조달러 고지를 달성했다.[124] 구글을 비롯한 디지털 데이터 비즈니스 기업들이 미국 나스닥 역사를 새롭게 쓰는 성장세를 보이고 있다.

그러나 2020년 3월 이후 미국을 휩쓴 코로나-19 사태로 인해 알파벳의 2020년 1분기 매출은 411억 6,000만달러(약 50조원)로 지난해 같은 기간에 비해 13% 증가했다. 월가의 예상치(408억 달러)보다 다소 높지만 그간의 연간 20~25% 성장세에 비하면 상대적으로 낮다. 분기 기준으로는 2015년 2분기(전년동기 대비 11.1% 증가) 이후 5년 만에 최저다.[125] 구체적으로 클라우드 사업부문은 지난해 동기 대비 매출이 52%나 증가해 28억 달러(3조 4000억원)를 기록했다. 특히 생산성 지원서비스 지스위트(G Suite)와 영상회의 구글 미트(Google Meet) 등 원격근무 지원서비스들의 성장이 주목받고 있다. 또한 유튜브도 2019년 동기 대비 33%나 매출이 늘어 40억 4,000만달러(4조 9,200억원)를 기록했으며, 알파벳 전체 광고수익의 12% 수준이다. 하지만 코로나-19로 집안에서의 인터넷 접속시간이 늘면서 구글 · 유튜브 등 핵심 서비스는 이전보다 더 증가하였으나, 코로나 이후 유튜브 사용자 급증에도 불구하고 광고매출 증대로 이어지진 않았다. 2020년 1분기 매출은 지난해 마지막 분기 47억 2,000만달러(5조 7,500억원)에 비해선 15%가량 줄었다.[126] 미국 금융서비스 코언앤드코는 2020년 구글의 광고매출 감소분이

124) 이날 알파벳 주가는 전날 대비 0.77% 상승한 1,440달러로 마감했다. 지난해 7월 1일 1,100달러였던 알파벳 주가가 6개월 동안 30.9% 상승한 것이다. 시가총액 1조달러까지 불과 66억달러를 남겨뒀다. 포브스, CNBC 등 외신은 '알파벳이 1조클럽을 향해 가고 있다'는 소식을 앞다퉈 전했다.

125) 미국 IT 전문매체 더버지는 "글로벌 웹광고 침체와 트래픽 확보 비용증가로 수익 성장세가 감소했다"고 분석했다. 2019년 알파벳 매출의 83%를 광고에서 벌어들인 만큼 코로나-19 사태로 광고시장 매출 부진이 그대로 알파벳 실적에 반영됐다고 하겠다.

126) 블룸버그 인텔리전스의 분석가 지텐드라 워럴은 "코로나-19로 인해 구글이 광고매출의 불확실성을 인지하고 클라우드 등 사업영역을 더 다각화할 것"이라고 전망했다.

440억달러(54조 4,000억원)에 이를 것으로 예상했다. 이는 2019년 전체 구글 광고매출의 3분의 1 수준이다.[127)]

1998년 실리콘밸리의 한 차고에서 래리 페이지(Larry Page)와 세르게이 브린(Sergey Brin)이 창업한 구글은 검색엔진을 통한 데이터 비즈니스 모델을 중심으로, 2020년 기준 전 세계 95% 이상의 컴퓨터에 구글 검색엔진이 활용되고 있다. 즉, 2000년 초 구글 검색엔진을 이용하는 수십억 명의 데이터 이력조사를 통해 개별고객만을 위한 구글 검색엔진 화면을 세계 최초로 서비스하였고, 이를 기반으로 전 세계에서 가장 많이 사용되는 지메일 서비스를 7년간 안정화시켰다. 2020년에 들어 기업가치 1조달러 클럽에 가입하고 22년 만에 하나의 전기를 맞게 됐다. 2019년 12월 두 창업자는 구글 경영에서 공식적으로 물러나며 전문경영인인 순다르 피차이 최고경영자에게 경영권을 넘겼다. 미국 테크기업 1세대가 저물고 인공지능(AI)으로 대표되는 새로운 세대가 오고 있음을 상징하는 사건으로 평가하기도 한다. CEO 피차이 체제에서도 성장세가 지속될 것이라는 점을 시장이 평가하고 있다.[128)] 구체적으로 데이터 기반 비즈니스 모델 중심의 구글은 유튜브 등의 소셜미디어 플랫폼을 이용해 빅데이터를 확보하여, 다양한 서비스 및 비즈니스로 활용하고 있으며 최근에는 디지털 헬스케어 분야로 이동하고 있는 추세다.

구체적으로 구글은 2020년 초 중국에서 발생한 코로나-19를 대응하기 위해 디지털 방역대응으로 인공지능(AI)과 다양한 빅데이터를 적극 활용하고 있다. 인공지능(AI)과 빅데이터를 기반으로 구글은 검색과 이메일, 구글지도 등 디지털 서비스와 안드로이드 스마트폰을 통해 전 세계 수십억 명으로부터 수집한 막대한 양의 데이터를 '수집 · 생산 → 저장 · 관리 → 가공 · 유통 → 분석 · 활용' 과정을 통해 보유하고 있다. 구글 검색기록 분석만으로 감염자를 높은 확률로 찾아낼 수 있다는 것이다. 예컨대 구글 검색에서 우한 코로나 감염 증상을 찾아보고, 가까운 병원 위치나 연락처를 검색해본 사람, 또 치료약 등을 검색해본 사람 등 특정 검색어를 찾아본 사용자 중 감염자가 있을 확률이

127) 블룸버그는 주요 디지털 매체 광고주의 70%가 2020년 2분기 예산을 기존 대비 3분의 1까지 축소했다고 보도했다.

128) 2010년만 해도 구글은 파이낸셜타임스 선정 글로벌 500대 기업 중 16위에 머물렀다. 2018년 5,000만 명의 개인정보 유출 문제가 불거져 CEO가 국회 청문회에 불려나가는 등 홍역을 치르기도 했다. 이때 구글은 자체 소셜네트워크서비스(SNS)인 구글플러스를 폐쇄했다. 크고 작은 스캔들에도 신성장 사업이 발목을 잡히진 않았다. 2006년 인수한 유튜브의 글로벌 대박과 함께 AI, 양자컴퓨터, 자율주행 등 글로벌 신산업 시장을 이끌며 구글은 미래 가능성을 여전히 높게 평가받고 있는 것이다.

높다는 것을 예측하고 서비스를 제공할 수 있다. 또한 구글의 일정관리 앱 구글 캘린더의 개인일정 데이터와 구글지도의 '타임라인' 기능을 활용하면 구글의 데이터로 확진자의 동선을 확인하는 것도 가능할 것이다. 현재 구글지도 앱은 앱 사용자의 동선을 스마트폰이 켜져 있는 동안 계속 기록해 놨다가 날짜별, 월별, 연도별로 일목요연하게 보여주는 기능을 제공하고 있는데, 일정과 동선 데이터를 이용해 누구를 만났고 이동 과정에서 어떤 사람과 마주쳤는지 쉽게 알 수 있고 분석할 수 있다. 굳이 CCTV를 뒤져보거나 통신사 기지국의 휴대전화 접속 정보를 뽑아볼 필요가 없다는 것이다.

2020년 3월 초 순다르 피차이 구글 CEO(최고경영자)는 임직원을 대상으로 한 이메일에서 아시아에서 몇 주간 겪은 일이 유럽과 미주 지역에 현실로 다가오고 있다며 AI(인공지능)를 활용해 코로나 치료법 개발에 기여할 것이라고 설명했다. 이세돌과 대국한 인공지능 바둑소프웨어인 '알파고'와 '알파고 제로'를 개발한 AI 자회사 '딥마인드'[129]가 의료용 AI '알파폴드'를 코로나방역과 대처에 활용하겠다는 것이다. 또한 구글은 AI로 우한 코로나를 일으키는 바이러스인 'SARS-CoV-2'의 단백질 구조를 파악할 계획인데, 일반적으로 사람 세포에 침투하는 바이러스의 돌기 부분의 단백질 구조만 파악하면 백신과 치료제를 만들 수 있다는 점에서 구글이 중장기적으로 헬스케어 분야를 성장전략으로 추진하고 있다 하겠다.

구글 데이터 비즈니스의 대표적인 사례로 네스트(Nest)와 핏비트(Fitbit)의 데이터 서비스를 간략하게 설명하면 다음과 같다.

첫째, 네스트의 홈오토메이션의 데이터 서비스 사례이다. 네스트는 보일러 기업체로, 구글이 인수하였을 때 구글이 엉뚱한 사업확장을 한다고 비판을 받았다. 그런데 네스트가 제공한 서비스는 사물지능 센서에 연계된 인터넷을 일반가정의 보일러 및 전기기기를 종합적으로 제어하도록 제공하였다. 거의 40% 이상의 효율적인 보일러 경비절감으로 새로운 소비를 촉진시켰고, 디지털 데이터의 자연어처리를 활용하여 스마트한 홈오토메이션의 새로운 서비스 등으로 다양하게 확대되고 있다. 특히 2018년 새로운 구글 어시스턴트 기능과 연계하여 매우 편리한 서비스를 제공하고 있다.

컴퓨터로 만들어진 인터넷 대신에 사물지능, 즉 센서를 통해 축적한 디지털 데이터

129) 딥마인드는 2016년 이세돌 9단을 꺾은 '알파고'를 개발한 세계적인 인공지능 개발 및 서비스회사로 런던에 소재하고 있으며, 최근에는 영국에서 디지털 헬스케어 분야인 안과질환 데이터 서비스를 제공하고 있다.

를 연결하는 인터넷 환경을 구축하여, 데이터의 '수집 · 생산→저장 · 관리→가공 · 유통→분석 · 활용' 과정으로 서비스를 하는 것이다. 가정에 있는 보일러와 전자기기에 연계한 데이터 서비스로 개발한 것이다. 특히 디지털 데이터는 가전용품에 응용하기 쉬워서, 점점 빠른 속도로 일상 도구 및 가전제품의 '스마트' 버전으로 시장에 등장한다. 스마트 버전은 텔레비전, 목욕탕 저울, 스포츠 장비, 주방용품, 심지어 전구 등으로 확장되고 있다.

네스트는 데이터 기반 지능형 기계들이 우리 가정에 들어오기 시작하면서 유명해진 회사이다. 스마트 온도조절장치, 연기 및 일산화탄소 감지기 등 최근 네스트의 제품들은 수천의 가정에 설치되어 있다. 2013년에 이 회사는 구글에 인수되었는데, 분석가들은 이에 대해 검색 거인이 '가정용 운영시스템'을 개발하는 데 흥미를 느낀 것으로 해석했다.

아파트 생활을 하는 우리나라의 주거환경과 달리, 미국은 개별하우스에서 거주하면서 엄청난 양의 에너지가 가정용 난방시스템에서 비효율적으로 소모된다는 점을 고려해볼 때, 대부분의 경우 고장보다는 사용자의 부주의 때문이었다. 겨울 난방의 경우 대부분 온도조절장치를 짐작으로 설정하며, 이것이 비효율성을 유발한다. 그래서 개별 집을 비웠을 때 예상하지 못한 한파가 오면 파이프가 얼어서 터지고 비싼 수리비가 드는 재앙도 발생한다. 또한 에너지 회사들은 에너지 낭비를 막기 위해 해야 할 역할이 있는데, 그들은 피크타임 동안에는 충분한 에너지 사용량을 보장해야 한다. 그러기 위해서는 불필요한 부분에서 에너지가 낭비되는 것을 최소화해야 한다.

네스트의 보일러 온도조절장치는 사용자의 일상적인 움직임을 데이터화하여 모니터링하고 사용자에게 적합하도록 스스로를 가르쳐서 집이 항상 쾌적한 온도를 유지하는데 가장 효과적인 전략을 제공하는 것이다. 즉, 온도를 설정할 때마다(간단하게 다이얼을 조작하며 할 수 있다) 온도조절장치는 사용자의 행동과 시간을 데이터로 저장한다. 또 모션 센서를 이용해서 언제 사용자가 집에 들어오고 언제 나가는지도 데이터로 저장한다. 데이터 저장 및 관리를 통해 자연적으로 이 스마트 온도조절장치 기계는 사용자의 행동패턴을 이해하기 시작하고, 사용자 집의 난방시스템을 적합한 최선의 주기를 실행한다. 그것은 어떤 가정난방시스템과도 통합될 수 있어서 사용자의 행동에 대한 이해를 바탕으로 집의 온도가 쾌적한 수준을 유지하도록 능동적으로 온도를 조절할 수 있다. 특히 2018년 새로운 구글 어시스턴트 기능과 연계하여 매우 편리한 서비스를 제공하고 있다.

그 외에도 스마트 온도조절장치는 에너지 회사에 의해 활용되어 원격으로 조절될 수 있다. 많은 에너지 공급자들은 에너지 수요의 등락에 대응하기 위해서 특정 시간에 온도조절장치를 통제할 권한을 네스트에게 주는 조건으로, 집주인들에게 온도조절장치를 무료로 설치해주는 서비스를 제공하고 있다. 에너지 회사들은 이 서비스에 동의한 고객 한 명당 네스트에게 50달러 정도를 지불한다. 이 손실은 피크타임의 에너지 사용을 조절함으로써 생기는 에너지 비축으로 보상받을 수 있다.

네스트의 창업자이자 최고경영자인 토니 파델(Tony Fadell)에 따르면, 자기 회사와 협정을 맺은 전력회사는 그들이 전력을 공급하는 지역에서 최대 50%까지 에너지 낭비를 감소시켰다고 설명했다. 2015년 초, 네스트의 온도조절장치를 사용하는 가구의 비용 절감에 대한 세 가지 연구가 이루어졌다. 그 연구에 의하면 네스트의 온도조절장치가 난방비는 10%에서 12%를, 에어컨을 통한 냉방비는 15% 정도 절감시킨다고 한다.

데이터 수집 및 저장관리 측면에서 보면, 네스트의 스마트 온도조절장치는 설정상태에서 위치정보나 설치된 장소가 집 또는 회사인지와 같은 정보를 사용자로부터 수집한다. 온도조절장치 내부의 센서는 온도나 습도뿐만 아니라 어느 방에서 사용하고 있는지를 파악하기 위해서 밝기에 대한 정보도 수집한다. 또한 모션센서를 이용해서 사람이 집에 있는지의 여부를 모니터링하면서 데이터를 수집한다. 그리고 사용자가 온도를 조절하느라 직접 접촉할 때도 데이터를 수집한다. 온도조절장치는 이 모든 정보를 통해서 사용자의 습관과 일정을 이해하고, 그들이 안락함을 느낄 수 있도록 온도를 유지한다. 또 네스트의 연기 및 일산화탄소 방지 센서는 연기와 이산화탄소의 레벨을 탐지한다. 필요할 때 경보를 울리기 위해서이다. 이 센서는 온도조절장치와 상호작용해서 화재가 일어나는 것을 막기 위해서도 사용된다. 네스트의 카메라는 시청각 자료를 기록하고 저장한다(사용자의 설정 레벨에 따라 최대 30일까지). 그리고 이것을 분석해서 실시간으로 보안서비스를 제공한다. 예를 들어, 사용자가 집을 비웠는데 집 안에서 움직임이 감지된다면 네스트는 사용자의 휴대폰으로 침입자 경보를 보낼 수 있다.

네스트의 다양한 기기들은 오픈소스 운영체제인 리눅스와 그 외의 다른 오픈소스 기술들로부터 유래한 독자적인 운영체제를 중심으로 구축된다. 또한 이 기기들은 집이나 회사에 있는 기존의 무선 네트워크의 인프라와 독립되어, 그들 고유의 무선통신 프로토콜을 이용해서 서로 교신한다. 네스트는 또한 웍스 위드 네스트(Works With Nest) 프로토콜을 개발해서 세탁기나 스마트 콘센트, 피트니스 추적 밴드, 스마트워치 같은 다른 회사의 사물인터넷 기기들과 연동될 수 있도록 했다. 특히 아마존의 스마트 스피커인 알렉사와 연계하였고, 필립스의 다양한 조명기구에 스마트 센서를 구축하여 사용자에게 스마트한 융복합 서비스를 제공하고 있다.

디지털 데이터 저장관리는 사용자에게 매우 편리함과 경비절감 등 다양한 장점을 제공하지만, 개인정보보호 문제를 어떻게 담보할 것인가? 사용자의 개인정보를 보호하는 것이 구글의 비즈니스 모델에서 매우 중요하다. 사용자의 집 안에서 하는 사소한 행동 같은 매우 민감한 데이터를 가지고 구글이 과연 무엇을 할 것인가에 대한 두려움 때문에 개인정보보호 정책은 매우 중요하다. 특히 이러한 데이터에는 우리의 일상 활동에 대한 상세한 정보가 담겨 있다는 점에서, 보험회사나 에너지회사 같은 기업들이 탐낼 만한 엄청난 가치가 있을 것이다.

둘째, 헬스케어 데이터 서비스를 제공하는 핏비트(Fitbit)이다. 2019년 11월 구글은 핏비트를 인수 확정했고, 애플과 삼성은 스마트워치 전쟁을 본격화하고 있다. 2019년 11월 구글이 21억달러 규모의 핏비트(Fitbit) 인수가 결정적인 합의에 들어갔다고 발표했다. 핏비트는 네스트, 웨이즈, 유튜브에 이어 알파벳 산하에 편입되는 또 하나의 유명 브랜드가 된다. 공동 보도자료는 핏비트의 이름이나 회사의 운영이 어떻게 바뀌는지는 구체적으로 밝히지 않았기 때문에 구글의 기존 웨어OS나 이미 시장에 판매되고 있는 핏비트 디바이스에 어떤 변화가 생길지는 확실하지 않다. 가장 가능성이 높은 것은 네스트처럼 두 브랜드가 합쳐지고, 일부 제품은 계속 독립적으로 판매하는 것이다. 네스트 홈 허브와 네스트 와이파이는 구글의 자체 제품으로 통합됐다.[130]

핏비트는 현재 아마존의 알렉사와 다양한 서드파티 앱을 내세운 스마트워치와 밴드 제품을 판매한다. 웨어OS 기반 스마트워치에 비해 기능이 약하지만, 핏비트는 피트니

130) 인수합병이 알파벳이 아니라 구글에 의해 진행된다는 점도 주목할 필요가 있다. 즉 핏비트가 독립적인 회사로 운영을 계속하지 않고 웨어OS와 픽셀 제품군에 흡수될 수도 있다. 구글 부사장 릭 오스텔로는 구글이 "각각 최고의 스마트워치와 피트니스 트래커 플랫폼을 결합하기 위해 핏비트와 긴밀하게 협업하고 있다"고 밝혔다. 핏비트 CEO 제임스 파크는 같은 취지의 발언을 했는데, 핏비트가 "웨어러블 범주의 혁신을 가속화하고 시장을 더 빠르게 키우고 모두가 건강에 더 쉽게 다가가게 할 수 있을 것"이라고 밝혔다. 파크는 특히 "구글 자체 제작 웨어러블 디바이스를 시장에 출시하는 것은 물론, 웨어OS에 더 많은 투자를 할 기회"를 강조했다. 구글은 지난 달 행사에서 완전 무선 픽셀 버드를 발표한 바 있다.
버나드 마, 빅데이터, 학고재, 2017, pp.133-140.

스 및 수명 모니터링을 강화했고 배터리 수명과 가격도 장점이다. 이들 디바이스가 어떻게 변할지는 아직 알 수 없으며, 최근 출시한 핏비트 프리미엄 서비스 역시 미래가 불확실하다. 하지만 2018년 새로운 구글 어시스턴트 기능으로 재무장한 이후에도 제대로 된 성과를 낸 웨어OS 기반의 스마트워치는 드물었다. 이 플랫폼은 새로운 방향성이 필요한 상황이다. 핏비트 인수는 이런 추동력을 가져다줄 것이고, 이제 스마트워치 전쟁이 본격적으로 시작될 것이다.

구체적으로 핏비트(Fitbit)는 개인 피트니스에 빅데이터를 적용하는 서비스를 제공하고 있다. 웨어러블 피트니스 시장의 선두주자인 핏비트는 샌프란시스코를 기반으로 하는 기업이다. 핏비트의 기기들은 피트니스트 트랙커로서 기능하며, 사용자들이 다양한 활동 수치를 추적해 더 건강한(그리고 더 많은 정보를 가진) 삶을 살 수 있도록 돕는다. 핏비트는 2014년에 거의 1천1백만 개의 기기를 판매했다. 핏비트는 성공 요인을 정보와 데이터가 더 많은 사람들이 더 스마트한 라이프스타일을 선택한다는 개념에 두고 있다. 이를테면 핏비트의 기기는 사람들이 스스로를 모니터링하고 자신의 생활습관을 개선할 수 있도록 도와줌으로써 더 잘 먹고 충분히 운동할 수 있게 지원해준다. 핏비트가 수집하는 풍부한 데이터는 개인들이 더 건강해지도록 도울 뿐만 아니라 고용주, 건강관리 전문가, 심지어 보험회사에게도 의미가 있다.

핏비트는 사용자의 활동, 운동, 칼로리 섭취 그리고 수면을 추적하면서 다양한 헬스케어 데이터를 저장·관리하고 있다. 사용자들은 자신의 생활습관에 대한 실시간 정보에 접근할 수 있으며, 그 통계량은 기기로부터 사용자의 스마트폰이나 컴퓨터로(무선, 그리고 자동으로) 동기화된다. 계기판은 사용자들이 자신의 진행 상황을 유용한 차트와 그래프를 통해서 추적하고, 개인의 헬스케어 데이터를 기반으로 개인맞춤형 동기부여를 할 수 있게 한다.

핏비트의 와이파이 스마트 체중계인 아리아(Aria)는 사용자의 체중, 체질량지수(BMI), 근육량과 체지방비율을 추적한다. 이 체중계는 최대 8명의 개별 사용자를 인식할 수 있고(그래서 온 가족이 사용할 수 있다), 그들의 정보를 분리해서 개별적으로 관리할 수 있다. 통계량은 사용자의 홈 무선 네트워크를 통해 동기화되며, 또한 핏비트의 웨어러블 기기를 통해서도 동기화할 수 있다. 또 온라인 계기판은 사용자가 목표를 설정하고 자신의 진행상황을 추적하는 것을 돕는다.

분명히 이와 같은 헬스케어 데이터는 개인 사용자를 넘어서 다른 이들과도 매우 유용하고 가치 있게 공유될 수 있다. 핏비트는 피트니스 습관과 건강 통계에 대한 데이터를 집계해서 전략적 파트너들과 공유한다. 개인적이며 개별적인 데이터 또한 사용자가 허락하면 공유될 수 있다. 예를 들어, 마이크로소프트의 헬스 볼트(Health vault) 서비스는 사용자들이 피트니스 트랙커가 제공하는 정보를 업로드해서 의료 전문가들과 공유할 수 있게 함으로써, 어쩌면 의사가 상담이나 진찰을 통해서 얻는 것보다 환자의 전반적인 건강 및 생활습관에 대해 더 완벽하게 파악할 수 있도록 한다. 그리고 보험회사 존 핸콕이 핏비트 기기를 착용한 보험계약자에게 할인을 해주겠다는 최근의 발표는 시사하는 바가 더 크다. 할인을 받는 대신에 보험계약지는 자신의 신체활동 및 식단과 연계되어 있는 그들의 핏비트 데이터를 공유해야 한다. 이것은 사람들 사이에서 자신의 개인정보를 더 나은 제품이나 서비스 또는 금전적인 보상과 '교환'하려는 의지가 커지고 있다는 것을 보여준다. 그렇지만 거래는 투명해야 한다는 측면에서 개인들이 어떤 데이터를 왜 제공했는지를 정확히 인식해야 한다.[131)]

2007년에 설립된 이후 핏비트는 2015년 3월까지 거의 2천1 백만 개의 기기를 판매해서 웨어러블 피트니스 시장을 지배하게 되었다. 이 회사의 성장은 확실히 인상적이다. 그들은 2014년 한 해 동안 1천1백만 개의 기기를 판매했는데, 이는 전년 450만 개에 비하면 두 배가 넘는다.

그리고 이들의 분석 모니터링을 통한 데이터 서비스는 핏비트 기기를 착용하고 있는 사람들에 의해서 확실히 효과적으로 사용되고 있다. 핏비트 플랫폼에 등록된 사용자는 1천9백만 명(판매된 기기 2천1백만 개 중에서)으로, 핏비트가 최신 유행의 피트니스보다 더 인기 있다는 것을 보여준다. 이것은 수백만 명의 사람들이 더 나은 헬스케어 데이터를 가지고 건강을 유지할 수 있도록 도와주는 유용한 도구이다. 이 회사가 고용주를 대상으로 한 시장으로 이동하고 있다는 것은 건강 관련 데이터의 힘이 개인 사용자보다 고용주에게 더 의미가 있다는 것을 핏비트가 제대로 이해하고 있음을 보여준다. 그러므로 핏비트는 그 시장에서도 놀라운 속도로 계속 성장할 것으로 보인다.

데이터 수집 및 저장과 관리 측면에서 보면 핏비트 기기는 사용자로부터 발걸음 숫

131) 핏비트는 그들의 추적기와 특수 추적 소프트웨어를 아메리카 같은 고용주에게 판매했다. 그래서 그들은 직원들의 건강과 활동수준을 추적(직원들의 동의하에)할 수 있다. 포브스와의 인터뷰에서 핏비트의 최고경영자인 제임스 파크는 고용주들에게 핏비트 기기를 판매하는 것이 그들의 사업에서 가장 빠르게 성장하고 있는 분야 중 하나라고 말했다. 그러므로 점점 더 많은 기업들이 그들 직원의 체력을 매일매일 모니터링하게 될 것이라고 예상할 수 있다.

자, 계단을 오른 양, 걷거나 뛴 거리, 흡수한 칼로리, 소비한 칼로리, 하루 동안 활발하게 움직인 시간, 수면 패턴, 몸무게 및 BMI를 포함하는 헬스케어 분야의 광범위한 정형 데이터를 수집하여 활용하고 있다. 또한 핏비트는 빅데이터 인프라에 대한 자세한 정보를 공개하지 않았지만, 그들의 구인광고를 보면 SQL 데이터베이스 기술과 하둡, 파이썬, 자바를 사용한다는 것을 알 수 있다.

헬스케어 데이터 '수집 · 생산 → 저장 · 관리 → 가공 · 유통 → 분석 · 활용' 과정에서 가장 큰 현실적 한계는 개인 헬스케어 데이터 보안문제이다. 의료 및 건강정보와 데이터보다 더 개인적인 자료는 없기 때문에, 그 정보와 데이터를 허락된 사람들만 볼 수 있게 하는 매우 안전한 보호장치가 필요하다. 그럼에도 불구하고 컴퓨터 해커들은 일상적으로 의료기록을 목표로 삼는다. 그리고 신용카드의 세부 정보를 훔치는 것보다 건강 데이터를 훔치는 것이 더 큰 돈이 된다고 보도되기도 했다.132) 결론적으로 구글은 데이터 기반 기업 브랜드 가치를 계속 이어가면서, 데이터 기반 다양한 기술 혁신과 서비스 혁신을 선도하는 기업으로 발전할 가능성이 매우 높은 기업이다. 특히 구글은 빅데이터와 인공지능을 기반으로 중장기적으로 디지털 헬스케어 산업의 선두기업으로 발전할 투자 확대 전략을 구체화하고 있다. 이는 향후 구글의 데이터 생태계가 성장잠재력에 있어 매우 긍정적으로 작용할 것이다.

미국에서 코로나-19 확진자가 급증함에 따라 코로나 확진자의 이동경로 정보를 확인할수 있는 코로나 추적앱 '구글-애플 코로나앱'이 등장했지만, 프라이버시 침해에 대한 경각심과 함께 서드파티들의 데이터 노출 이슈가 발생하고 있다.133)

3.3.2 애플(Apple, www.apple.com)

애플은 공식적으로 세계에서 가장 가치 있는 브랜드 기업이며, 애플 플랫폼 생태계를 구축해 글로벌 비즈니스를 선도하는 기업이다. 애플의 CEO 스티브 잡스가 제시한

132) 2015년 2월, 해커가 미국의 의료보험 중 두 번째로 큰 앤섬(Anthem)의 8천만 명 환자 기록을 훔쳤다. 역사상 가장 큰 규모의 의료 관련 데이터 도난 사건이었다. 다행히 그들은 이름과 주소 같은 신원정보만 가져갔기 때문에 질병이나 치료에 관한 상세한 정보는 노출되지 않았다. 그러나 그 정도 규모로 환자 기록이 누출되는 것은 시간문제라는 우려가 커지고 있다. 버나드 마, 빅데이터, 학고재, 2017, pp.206-211.

133) 한국데이터산업진흥원, Data Economy, Vol.1.No.1. 2020.7.

상징적인 제품 디자인과 사용자 친화적인 인터페이스로 유명한 애플은 코로나-19 팬데믹 이후 발생한 대한민국 동학개미운동에서 서학개미가 가장 많이 투자한 기업이다.

1976년 스티브 잡스(Steve Jobs), 스티브 워즈니악(Steve Wozniak), 로날드 웨인(Ronald Wayne)은 애플 컴퓨터(Apple Computer)를 창립했고, 애플 I(Apple I)을 시장에 출시했다. 이후 애플 II, 매킨토시(Macintosh) 컴퓨터 등으로 승승장구하는 PC제조 전문기업으로 지속 성장하였다. 최초로 PC를 제품화하여 하드웨어 혁신을 제공하는 글로벌 기업으로 성장하였다. 1985년 경영진의 내분으로 인해 스티브 잡스는 애플을 퇴사하고 넥스트(NeXT)사를 창업했다. 스티브 잡스 대신 존 스컬리(John Scully) 등 다른 경영자들이 애플의 CEO가 되었으나 기업 경영성과가 지속 하락하게 되자, 애플은 1997년 다시 스티브 잡스를 CEO로 복귀시켰다. 복귀한 스티브 잡스는 1999년 반투명 일체형 컴퓨터 아이맥(iMac), 2001년 MP3 플레이어 아이팟(iPod), 2003년 음원을 구입할 수 있는 아이튠스(iTunes)를 출시했다. 디자인 혁신과 새로운 디지털 생태계를 제공하는 글로벌 혁신기업으로 성장하였다.

그리고 2007년 드디어 아이폰(iPhone) 3GS를 발표하면서 본격적으로 스마트폰의 시대를 열었다. 이때 스티브 잡스는 회사명을 애플컴퓨터에서 컴퓨터라는 이름을 떼고 애플로 변경했다. 모바일을 중심으로 하는 새로운 시장과 생태계를 제공하면서, 글로벌 혁신을 선도하는 아이콘 기업으로 성장하였다. 2012년 1월 19일 뉴욕에서 아이북스2와 iBooksAuthor, 그리고 iTunes U 앱을 발표하면서 교육시장에 진출했다. 2012년 9월 12일은 아이폰5를 출시하고, 2013년 9월 10일 아이폰5S와 아이폰5C를 공개했다. 2014년 9월 9일 아이폰6와 아이폰6 플러스 그리고 애플워치를 공개했다. 2015년 4월 24일 디지털 웨어러블 장치인 애플워치 발매를 시작했다. 2015년 9월 25일 아이폰6S와 아이폰6S 플러스 발매가 시작되고, 2016년 3월 31일 아이폰SE가 발매되었다. 2016년 9월 8일 아이폰7, 아이폰7 플러스, 애플워치시리즈2, 그리고 애플의 무선 이어폰인 에어팟이 공개되었다. 2016년 11월 2016년형 맥북프로 발표 및 판매, 2017년 6월 맥북시리즈 및 아이맥이 모두 성능이 업그레이드되었고(맥북에어11인치, 맥미니, 맥프로 제외), 아이맥프로가 새로 출시되었으며 아이패드 프로가 새로 업그레이드 공개되었다. 2017년 9월 아이폰8과 아이폰8 플러스, 애플의 10주년 아이폰인 아이폰X가 공개 및 출시되었다. 2018년 3월 2018년형 교육용 아이패드를 출시하고, 2018년 7월 2018년형 뉴맥북프로가 출시되었다. 2018년 11월 아이폰XR과 아이폰XS가 한국에 공식 출시되고, 2019년 9월 아이폰11, 아이폰11 프로, 아이폰11 프로맥스, 아이폰12가 출시되었다. 그 외 애플은 아이패드(iPad), 애플TV(Apple TV), 애플워치(Apple Watch), AI 스피커인 홈팟(Home Pot), 인공지능 스피커인 시리 등을 출시했다.

기업 설립 이후 애플은 그동안 프라이버시 문제 등을 이유로 폐쇄적인 정책을 유지해 왔지만, 서서히 플랫폼 비즈니스를 개방하고 있다. 전문가들은 애플의 이 같은 행보가 자연스러운 것이라고 평가한다. 고(故) 스티브 잡스가 회사를 이끌던 시절부터 유지해 온 폐쇄주의 전략으로는 더 이상 경쟁에서 살아남기 힘들다는 걸 애플 스스로도 잘 알고 있다는 것이다. 애플의 팀 쿡 CEO는 다양성을 존중하는 인물로 잘 알려져 있으며, 전문가들은 애플이 이미 하드웨어 분야에서는 과거의 '독불장군'식 고집을 버리고 시장이 선호하는 스타일의 제품을 개발하고 있다는 평가이다. 스티브 잡스 CEO 시절과 달리 팀쿡 CEO는 시장 유행에 민감하게 반응하면서 대중성과 시장성을 쫓기 시작했다는 의미이다.

특히 애플의 데이터 비즈니스 플랫폼인 20년된 아이튠즈서비스를 구조 · 조정시키고 있다. 애플이 음악 · 영화 · 팟캐스트 유통채널인 '아이튠즈(iTunes)'를 종료하는 수순에 들어갈 예정이라는 것이다. 맥이나 아이폰, 아이패드 등의 애플기기 이용자들이 아이튠즈 없이도 자유롭게 콘텐츠를 받아 쓰도록 하기 위해서이다.[134] 아이튠즈 중심 서비스 체계의 변화는 소비자 타깃을 세분화하고, 구독 · 관리 역시 다양한 옵션을 넣을 수 있다. 번거롭게 아이튠즈를 거치지 않고도 콘텐츠를 쓸 수 있다는 게 최대 장점이다. 업계에선 애플이 아이튠즈를 접으려 한다는 루머가 수년 전부터 계속되었다. 2019년 초 애플이 각각 콘텐츠를 독립시키려는 작업에 속도를 붙여왔다. 애플은 2019년 4월엔 팟캐스트도 웹에서 바로 들을 수 있도록 개선한 바 있다. 팟캐스트 웹페이지에서 팟캐스트를 바로 듣도록 재생 버튼을 추가한 것이다. 팟캐스트 홈페이지 디자인도 바꿨으며, '아이튠즈 팟캐스트' 역시 '애플 팟캐스트'로 이름을 바꿨다. 조만간에 맥 환경에서도 음악, TV, 팟캐스트앱 등을 런칭할 예정이다.[135]

---

134) 아이튠즈 종료에 대한 공식 발표는 2019년 6월 개최하는 애플개발자컨퍼런스(WWDC)에서 나올 예정이다. 블룸버그와 포브스등 주요 외신은 "애플이 18년만에 아이튠즈의 플러그를 뽑기로 했다"고 보도했다. 음악, 영화, 팟캐스트앱으로'따로 따로' 하려는 애플이 아이튠즈를 없애려는 이유는 콘텐츠유통시장이 그만큼 성장했기 때문이고, 경쟁기업들의 개방성/확장성에 대응한 경영전략이다. 영화, 음악, TV 혹은 팟캐스트 등의 콘텐츠시장이 급성장한 상태에서 이들 카테고리를 독립적인 앱으로 서비스할 예정이다.

135) 블룸버그는 "이런 독립 서비스는 아이폰이나 아이패드에 대한 미디어 앱전략과도 맞아떨어진

시장조사업체 IDC의 자료에 따르면, 스마트워치의 판매호조로 웨어러블기기 출하량이 2019년 9천180만 대에서 2023년 1억3천160만 대로 크게 늘어날 전망이다. 애플의 시장점유율은 최신 모델의 인기로 2019년 41.2%에서 2023년 43.5%로 확대될 것으로 분석 전망된다. 애플은 웨어러블 시장에서 가장 큰 영업이익마진으로 많은 매출을 올렸다. 애플의 워치OS 외에 안드로이드, 웹OS, 타이젠 등의 운영체제(OS)가 시장에서 경쟁하고 있다. IDC는 이런 애플의 시장 장악력이 향후 5년간 계속될 것으로 분석 전망하고 있다. IDC의 보고서에서 애플은 2018년에 1년 전보다 39.5% 많은 애플워치 4천620만대를 공급했다. 당시 애플의 스마트워치 시장점유율은 26.8%였다. 특히 애플은 2023년까지 블루투스이어폰과 스마트워치 시장에서 1위 자리를 고수할 것으로 예상된다. 이 두 개 항목을 포함한 웨어러블 시장에서 애플은 78.3%의 점유율로 핏비트(18.2%)를 크게 앞설 것으로 분석된다. 한편 IDC는 2023년 웨어러블기기 출하대수를 3억230만 대로 예상한다.

2020년 시총 1조클럽에 들어간 4개 기업들은 미국 디지털테크 공룡들이다. 애플은 2018년 8월 나스닥 역사상 처음으로 시총 1조달러를 돌파한 데 이어, 구글은 2020년 1월 1조 3,900억달러로 기업규모 및 시장가치가 성장하였다. 2018년 9월 아마존, 2019년 4월 MS가 차례로 1조클럽에 이름을 올렸는데, 각각 현재 시총은 9,377억달러, 1조 2,500억달러다. 2019년 영업실적을 분석해보면, 고(故) 스티브 잡스 창업자에 이어 10

그림 3-28 | 애플의 시장가치 변화 분석

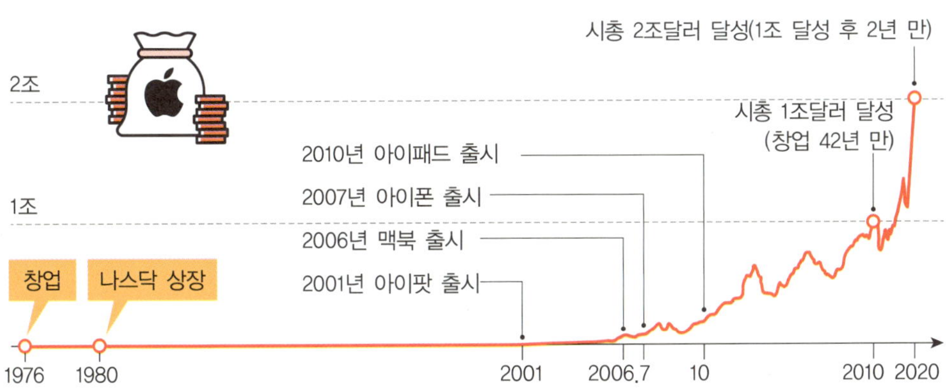

다"면서, "소비자들은 아이튠즈 없이 개별 음악 앱을 통해서도 음악을 사거나 스트리밍할 수 있게 된다"고 설명한다.

그림 3-29 | 애플 주식가격의 변화 분석

(단위: 달러)

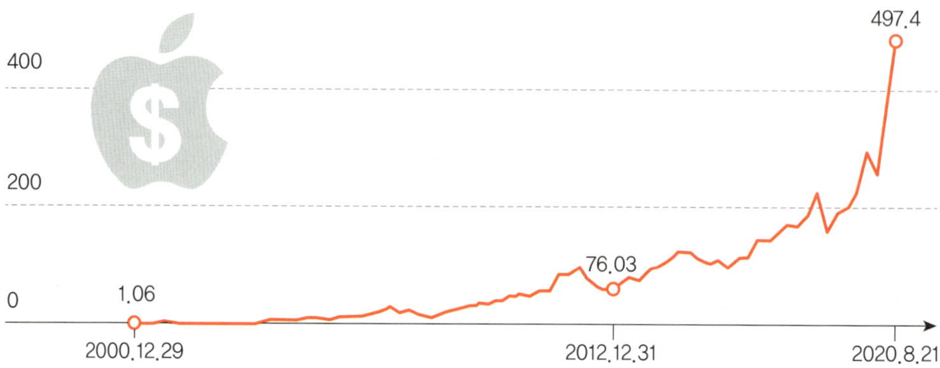

년째 최고경영자(CEO) 자리를 지킨 팀 쿡 애플 CEO가 애플의 실적을 사상 최대로 끌어올렸다. 애플은 2020년 1월 28일 2019년 4분기 매출이 전년 같은 기간보다 8.9% 증가한 918억 2,000만달러(약 108조 700억원)를 기록했다고 발표했다. 순이익은 11% 늘어난 222억 3,600만달러였다. 매출과 순이익은 분기 기준으로 사상 최대로 평가된다.

애플은 2018년 4분기에 2007년 아이폰 출시 이후 처음으로 역(逆)성장을 기록하고, 2019년에는 미·중 무역분쟁과 글로벌 경기침체를 겪으면서 전성기가 저무는 게 아니냐는 비판도 들었다. 그러나 2019년 4분기 실적으로 이런 비관론을 한방에 날려버렸다. 애플은 스마트폰과 아이튠즈 플랫폼을 이용해 빅데이터를 확보하고 있다. 애플은 2020년 1분기 실적 발표에서 2020년 1~3월 매출이 583억 1천만달러(71조 798억원)로 작년 동기 대비 0.5% 증가했다고 설명하면서 주당순이익은 2.5달러라고 밝혔다. 코로나-19로 아이폰 생산공장과 매장이 문을 닫으면서 아이폰 매출은 7% 줄었지만 애플TV 등 콘텐츠 서비스 부문의 매출은 늘어 시장 기대에 비해서는 선방했다. 금융정보업체 레피니티브가 집계한 월가 예상치는 매출이 545억 4천만달러였고 주당순이익은 2.26달러였다.

미국 글로벌 테크기업 애플이 2020년 8월 21일 뉴욕증시에서 시가총액(기업가치) 2조달러(약 2,374조원)를 기록했다. 1976년 스티브 잡스가 샌프란시스코 실리콘밸리 차고에서 애플을 창업한지 44년 만이다. 시가총액 2조달러를 넘은 건 2019년 말 사우디아라비아의 국영 석유회사 아람코에 이어 두 번째, 미국 기업으로는 처음이다.[136] 삼성전

136) 사상 두 번째 시총 2조달러 고지는 애플이 세계 두 번째로 밟아본 기록이다. 2019년 12월 사

자 · 현대차 등 우리나라 상장사(2,220곳 시가총액 1,857조원) 전부를 팔아도 애플 하나를 살 수 없다. 2020년 8월 21일 애플 주가는 이날 오전 전날보다 1.4% 오른 497달러 40센트를 기록, 시총 2조달러를 넘었다. 뉴욕타임스는 "애플이 시총 1조달러를 넘기는 데 42년 걸렸지만 2조달러 돌파는 2년이면 됐다"고 보도했다. 애플의 시총 2조달러는 코로나-19 팬데믹으로 발생한 비(非)대면 경제를 이끄는 IT 기업이 포스트 코로나 시대의 승자라는 점을 다시 확인하는 상징적 사건이라는 평가다. 동시에 '코로나 버블' 논란도 불러오고 있다. 많은 유동성이 자산가치(주식, 금 등)를 급등/하락시킬 가능성이 있다. 코로나 사태 이후 각국 정부가 경기부양을 위해 푼 대규모 자금이 애플을 비롯한 테크기업의 주가를 지나치게 밀어올렸다는 지적도 있다. 코로나-19 팬데믹 시대 애플 주식의 급성장은 '민스키 모멘트'라는 금융위기가 발생할 가능성은 없는가?[137]에 대한 우려가 있다.

아이폰은 세계 최고로 인기 있게 만든 일상의 애플리케이션인 지도와 내비게이션, 음성인식 그리고 이동 중에 사용하고 싶어 하는 다른 컴퓨터 기술들이 융합된 디지털 서비스 기기이다. 이런 이유로 애플은 경쟁업체들보다 우위에 설 수 있었다. 애플은 리더로서의 지위를 다지기 위해서 고객데이터를 '수집 · 생산→저장 · 관리→가공 · 유통→분석 · 활용'하고 있다. 특히 모바일시장에서 애플은 강력한 존재감을 드러내며, 수백만 명의 손에 애플의 기기를 들려주었고, 사용자 데이터의 공유와 모니터링을 기반으로 애플리케이션 개발을 열렬히 장려해 왔다. 주목할 만한 예로는 의료 관련 모바일 앱의 개발을 촉진하기 위해 IBM과 협력관계를 맺었다는 최근의 발표이다. 이로써 아이폰과 애플워치 사용자들은 IBM의 왓슨 헬스 클라우드에 기반 의료분석 서비스와 데이

우디아라비아의 국영 석유회사 아람코가 장중 한때 2조달러를 찍은 게 유일이다. 사우디아라비아 재정을 사실상 책임진 국영 석유회사이자 구(舊)경제체제를 상징하는 아람코와 민간기업이자 테크놀로지라는 신(新)경제 대표주자 애플의 2조달러 돌파 의미는 다르다. 전 세계 모든 전문가들이 애플이 아람코를 넘을 것이란 예측을 하지 못했지만 코로나 팬데믹의 영향으로 7개월만에 상황이 바뀐 것으로 분석한다.

137) 20세기 경제학계 거장인 슘페터의 제자 하이먼 민스키 이름을 딴 '민스키 모멘트'는 누적된 부채가 임계점을 지나면서 자산가치 붕괴와 경제위기로 분출하는 순간을 의미한다. 글로벌 금융위기 이후 주목받은 그의 이론은 금융투자에서 국가재정, 국내외 정치 이슈까지 폭넓게 적용된다. 하버드대학 케네디스쿨 리처드 로즈크랜스(Richard Rosecrance) 교수가 집필한 「다음번 세계대전(The Next Great War)」에서 지적했듯 미 · 중 갈등과 불신이 쌓여 변곡점에 도달할 때 세계대전으로 번질 수 있다는 분석도 맥을 같이 한다. 최근 블룸버그통신은 코로나 여파로 닥쳐올 '부채 쓰나미'에 대비하란 메시지를 보도. 당면한 위기극복 과정에서 2020년 전 세계 20조달러에 달하는 재정 통화 유동성 확대가 초래할 후유증에 대한 경고이다.

터를 공유할 수 있게 되었다. 이 서비스는 잠재적으로 수백만 명의 사람들에게 클라우드소싱된, 빅데이터 기반 의료혜택을 줄 수 있을 것이다. 또 이 획기적인 거래는 IBM의 빅데이터 고속처리 엔진이 전 세계에서 애플 기기를 사용하는 수백만 명의 사용자들로부터 얻은 실시간 활동 및 생체데이터에 접속할 수 있게 함으로써 의료분야를 더 향상시킬 수 있다.

애플은 또한 IBM과의 협력으로 개발한 항공여행, 교육, 금융과 보험 등 여러 산업분야를 겨냥한 다양한 애플리케이션을 제공해 왔다. 이와 더불어 애플의 모바일기기를 사용하는 사람들에게 그 분야의 분석능력을 제공하는 것을 목표로 하고 있다. 2015년 4월에 출시한 애플워치는 출시 이후 거의 3백만 개의 기기가 팔리면서 이 과정을 극적으로 가속화할 수 있었고, 스마트워치를 주류로 만드는 것에 일조했다. 애플워치는 하루 종일 착용하도록 디자인되었으며, 추가적인 센서를 통해 더 광범위한 데이터를 수집할 수 있었다. 이것은 애플워치가 훨씬 더 개인적인 데이터를 분석에 사용할 수 있다는 것을 의미한다.

애플워치는 빅데이터의 '조력자'로서 사람들의 삶에 자리잡았고 애플의 내부 시스템에도 적용되었다. 애플은 보통 그들의 가장 큰 강점이라고 생각되는 제품 디자인 과정에 대해서는 종종 비밀을 유지해 왔다. 그러나 빅데이터가 여기에서도 역할을 하는 것으로 알려져 있다. 애플의 제품들(스마트폰, 태블릿, 컴퓨터 그리고 이제 시계까지)이 언제, 어디서, 어떻게 사용되는지에 대한 데이터는 모두 수집된다. 이 데이터는 애플의 제품에 어떤 새로운 기능이 추가되어야 하는지, 작동 방법을 어떻게 바꾸어야 사용자들에게 가장 편안하고 적절한 경험을 제공할 수 있는지를 결정하는 데 사용된다.

애플 시리의 음성인식 기능은 사용자들에게도 인기가 있다는 것을 보여주었는데, 이 기능 또한 빅데이터에 의해 구동된다. 기계에 의해 수집된 음성 데이터는 애플의 클라우드 분석 플랫폼에 업로드되고, 수백만 명의 다른 사용자들이 입력한 명령들과 함께 비교·분석되어서 말하기 패턴을 더 잘 인식할 수 있도록(기계학습의 예) 돕는다. 그리고 사용자들이 찾고 있는 데이터와 더 정확하게 일치시킨다. 애플은 개인정보보호를 보장하기 위한 타협책으로 이 데이터를 실명과 분리시켜 익명의 고유 표시를 할당해서 2년 동안 보관한다.

그들의 가장 큰 경쟁자들과 마찬가지로 애플 역시 소비자와 기업 모두를 위해 클라우드 기반 스토리지와 컴퓨팅 및 생산성 솔루션을 제공한다. 2015년 3월에 애플은 빅데이터 애플리케이션에서 널리 사용되는 유명한 독점적인 데이터베이스 아키텍처 회사인 파운데이션디비(FoundationDB)를 인수했다. 이것은 아이클라우드, 애플 프로덕티비티 웍스(예전의 아이워크), 그리고 최근에 출시한 음악 스트리밍서비스가 그들의 온라인 서비스 전체에 걸쳐 분석 기량을 향상시키는 데 사용될 것으로 보인다.

또한 애플은 판도라, 스포티파이 그리고 구글뮤직에 의해 지배되는 시장에서 점유율을 확보할 목적으로 새로운 애플뮤직 서비스를 시작했다. 이것은 2014년 비트 뮤직을 인수해 획득한 기술을 바탕으로 구축되었다. 비트 뮤직은 아마존이나 넷플릭스에서 사용하는 추천 엔진과 비슷한 방식으로 사용자와 그들이 즐겨 들을 만한 음악을 매치하도록 고안된 알고리즘이다. 애플의 아이튠즈 서비스를 통한 매출은 감소했는데, 온라인 음악에 접속하는 방식에서 스트리밍서비스의 인기가 다운로드 방식을 추월했기 때문이다. 2015년 6월에 출시된 애플의 스트리밍 서비스는 이런 추세를 반영한 시도이다.

애플은 제품과 서비스를 향상하기 위해서 빅데이터에 집중하고 있다. 애플워치와 애플뮤직의 초기 시장의 반응은 긍정적이었다. 애플워치는 출시된 이후 처음 몇 달 동안 3백만 개가 팔렸으며, 애플 뮤직의 무료 평가판은 단 4주 동안에 천백만 명의 아이폰 사용자가 가입했다. 데이터의 수집 및 저장과 관리 측면에서, 애플은 그들의 제품과 서비스를 사용하는 사용자들이 만들어내는 내부 데이터에 집중하고 있다. 예를 들어 애플워치는 심박수 센서와 속도계가 포함되어 있어서 사용자들의 활동과 전반적인 건강 상태를 추적할 수 있다. 2019년부터 동영상 스트리밍서비스인 애플TV서비스를 제공하면서, 세계 1위 기업인 넷플릭스와 경쟁하고 있다.

애플은 수많은 라이벌들보다 빅데이터의 이해나 분석에서 다소 늦었지만 그들이 업계의 선두를 유지하려면 미래에 큰 역할을 수행해야만 한다는 것을 확실히 알고 있다. 애플은 비용이 많이 들고, 또 제품을 가끔씩 출시하는 방식에서 벗어나기 위해 빅데이터를 사용할 것으로 보인다. 이제는 소프트웨어와 서비스 시장에서 경쟁자들이 선호하는 방식인, 더 유기적이고 지속적으로 재생산되는 성장 모델로 추진해 나갈 것이다. 만약 애플이 트레이드 마크인 뛰어난 디자인과 사용자 친화성을 빅데이터 분석의 혁신적인 사용과 융화시킬 수 있다면, 아이맥, 아이폰, 아이팟, 동영상 스트리밍 애플TV처럼 우리의 일상생활에 문화적으로 깊이 스며드는 제품과 서비스로 전 세계 소비자들을 계속 놀라게 할 수 있을 것이다.[138)] 2020년 8월 세계 최초로 시총 2조달러 시대를 열었던

138) 버나드 마, 빅데이터, 학고재, 2017, pp.275-281.

애플의 데이터 생태계는 앞으로도 한동안 세계에서 가장 가치 있는 브랜드 기업으로 남게 될 것이다. 요약하면, 2021년 현재 애플은 공식적으로 세계에서 가장 가치 있는 브랜드 기업이며, 데이터 기반 애플 플랫폼 생태계를 구축해 글로벌 비즈니스를 선도하는 기업이다. 애플의 CEO 스티브 잡스가 제시한 상징적인 제품 디자인과 사용자 친화적인 인터페이스로 유명한 애플은 코로나-19 팬데믹 이후 발생한 대한민국 동학개미 운동에서 서학개미가 가장 많이 투자한 기업으로 브랜드 가치를 계속해서 이어갈 것이다. 데이터 생태계는 애플의 잠재성장력을 계속 강화시킬 것이다.

세계 최대기업인 애플이 자율주행 전기자동차 시장에 진출하면서, 애플의 생태계와 연계한 새로운 비즈니스 서비스를 제공하고 있다. 2020년 12월 로이터통신에 의하면, 애플은 자율주행자동차를 생산하는 '프로젝트 타이탄'을 2014년부터 진행하면서, 자율자동차의 소프트웨어 개발을 추진했다. 2024년 자체 개발한 배터리를 탑재한 자율주행 전기자동차를 공급할 계획이다. 모빌리티 분야에서 생성하는 엄청나고 다양한 데이터를 애플의 생태계와 연계하고자 하는 것이다. 모건스탠리 분석에 의하면, 애플이 기존 자동차기업과의 경쟁을 지양하고, 교통관련 데이터 구독서비스(Transportation Subscription)를 제공할 것이라고 전망했다. 애플의 강점인 디자인과 소프트웨어 및 데이터의 집단을 활용해, 업그레이드된 승차경험과 체험을 위한 구독서비스 비즈니스를 하는 수익모델을 창출할 것이란 전망이다.

| 찾아보기 |

| 저자 소개 |

김용환(金容煥, Yonghwan Kim) **교수**

차의과학대학교 데이터경영학과 김용환(金容煥, Yonghwan Kim) 교수는 경희대학교 일반대학원 경제학 박사를 취득하고, 한국과학기술연구원(KIST)에서 연구정책실장과 한러과학기술협력센터 소장 등으로 20여 년 동안 활동하였다. 특히 2000년 한국기술벤처재단(구 홍릉벤처밸리)을 설립하고, 사무총장으로 파견근무하였다. 현재 재직 중인 차의과학대학교에서는 산학협력단 단장/연구처 처장/창업지원단 단장/평생교육원 원장/차의과학대학교 빅데이터-인공지능연구소 소장 등으로 활동하고 있다. 또한 산·학·연·관에서 활동하였는데, 서울시 산하 DMC(Digital Media City)산학진흥재단 상임이사/국무조정실 정책평가위원회 전문위원/대통령 산하 국가균형발전위원회 평가위원/대통령 산하 수도권광역경제권발전위원회 광역위원/서울특별시 디지털 미디어시티(DMC) 실무위원회 위원/서울시 산학연정책위원회 위원/서울시 희망경제위원회 산업경제분과위원장/사단법인 국제지역학회 회장/사단법인 소비자와 함께 공유경제위원장/사단법인 서울평양학회 회장/사단법인 대학연구윤리협의회 부회장·학술위원장/사단법인 경기도 산학협력단장협의회 이사/재단법인 한국과학기술지주 사외이사 등으로 활동하고 하고 있다. 주요 연구학술 활동으로 「기술혁신」, 「홍릉벤처밸리」, 「동북아시대의 코리아벤처밸리」, 「기술혁신의 산업경제발전론」, 「연구윤리포럼」 등 단행본 및 보고서 100권과 "A Study on the Trend of Employment Effect and Employment Policy in the Digital Bio-healthcare Industry"(2021) 논문 등 발표자료 200건 이상의 학술 활동을 하고 있다. 현재, 4차산업혁명과 AI경영/디지털경제와 디지털트렌드 분석/디지털기업 사례분석과 비즈니스 모델/빅데이터와 데이터비즈니스 혁신/연구윤리 등에 집중해서 연구 중이다.

임희정(林熙廷, Heejung Lim) **박사**

경기도일자리재단 임희정(林熙廷, Heejung Lim) 박사는 미국 University of Utah에서 경제학 박사를 취득하고, 현재 경기도일자리재단에서 일자리지원팀장, 중장년일자리센터장, 정책연구팀장으로 활동하고 있다. 주요 경력으로는 현대경제연구원 경제동향실장·연구위원/RehabCare Group Inc.(USA)의 Business Consultant/기술경제경영연구원 연구위원/한국과학기술연구원(KIST) 대소과학기술협력센터 연구보조원 등의 활동을 하였다. 주요 연구업적으로 「Measuring Productivity in Frontier and Non-frontier model」, "경기도 중소기업 청년근로자 지원 정책 도입방안 기초연구", "경기도 청년층 일자리 정책 개선방안 연구", "국내 지식기반서비스업의 특징과 과제", "국내 서비스업 수급 현황과 시사점", "국내 적자가구의 가계수지 특징과 시사점" 등이 있다.

AI(인공지능) 시대의 **데이터 경제학**

2021년 3월 5일 1판 1쇄 인쇄
2021년 3월 10일 1판 1쇄 발행

저 자 | 김용환 · 임희정
발 행 인 | 이수영
발 행 처 | 도서출판 청람
서울시 마포구 독막로 288(대흥동, 세양상가 109호)
전 화 | 02) 3272 – 2601~2
팩 스 | 02) 3272 – 2603
홈페이지 | http://www.crbooks.co.kr
이 메 일 | crbooks@daum.net
등 록 | 2000년 8월 26일 제6 – 0509호

ISBN 978-89-5972-811-4 93320 [정가 25,000원]